U0947518

中华人民共和国经济与社会发展研究丛书（1949—2018）

编 委 会

国家出版基金资助项目
“十三五”国家重点图书出版规划项目
中华人民共和国经济与社会发展研究丛书（1949—2018）
丛书主编：武力

● 全国高校出版社主题出版
● 2015年度国家社会科学基金一般项目“当代中国社会治理史研究”（编号：15BDJ026）成果

中国社会治理演变研究

Research on Social Governance Evolution of the People’s Republic of China

吴　超◎著

中国·武汉

图书在版编目(CIP)数据

中国社会治理演变研究/吴超著. —武汉:华中科技大学出版社,2019.6
(中华人民共和国经济与社会发展研究丛书:1949—2018)
ISBN 978-7-5680-5411-9

Ⅰ. ①中… Ⅱ. ①吴… Ⅲ. ①社会管理-研究-中国-1949—2018 Ⅳ. ①D63

中国版本图书馆 CIP 数据核字(2019)第 130059 号

中国社会治理演变研究 吴 超 著
Zhongguo Shehui Zhili Yanbian Yanjiu

策划编辑:周晓方 周清涛
责任编辑:李文星
封面设计:原色设计
责任校对:李 琴
责任监印:周治超
出版发行:华中科技大学出版社(中国·武汉) 电话:(027)81321913
武汉市东湖新技术开发区华工科技园 邮编:430223
录 排:华中科技大学惠友文印中心
印 刷:湖北新华印务有限公司
开 本:710mm×1000mm 1/16
印 张:23.75 插页:2
字 数:398 千字
版 次:2019 年 6 月第 1 版第 1 次印刷
定 价:189.00 元

内容提要

ABSTRACT

当代中国的社会治理发展道路，是在中国共产党领导下，在对社会经济的变化、政治发展的逻辑、新型政治文化的形成和全球化冲击的综合考量下做出的历史选择，经历了一个从传统的社会管理到现代的社会治理的发展历程。

本书以新中国成立以来社会治理的探索实践和历史发展为研究对象，围绕中国共产党执政以来“建立什么样的社会”以及“怎样进行社会治理”，按照新中国成立初期社会治理体制的创建(1949—1957)、计划经济体制时期的社会治理(1957—1978)、社会治理体制的调整与变革(1978—1992)、稳定观指导下的社会治理变革(1992—2002)、社会管理发展道路的转型(2002—2012)以及全面推进社会治理现代化的新型发展(2012—2018)六个阶段展开，紧紧扣住社会的“发展”和“探索”这两个重要特色主题，通过系统的梳理和分析研究，进而得出：全面深化社会治理改革，实现社会治理能力和社会治理体系现代化，必须坚持中国共产党的领导，坚持经济和社会的协调发展，调动各种力量。

总 序

GENERAL PREFACE

早在2013年6月，习近平总书记就指出，历史是最好的教科书，学习党史、国史，是坚持和发展中国特色社会主义、把党和国家各项事业继续推向前进的必修课。这门功课不仅必修，而且必须修好。要继续加强对党史、国史的学习，在对历史的深入思考中做好现实工作，更好走向未来，不断交出坚持和发展中国特色社会主义的合格答卷。党的十八大以来，习近平总书记多次强调要加强历史研究，博古通今，特别是总结中国自己的历史经验。在以习近平同志为核心的党中央领导下，中国特色社会主义进入了新时代。2017年是俄国十月革命胜利100周年；2018年是马克思诞辰200周年和《共产党宣言》发表170周年，同时也是中国改革开放40周年；2019年是中华人民共和国成立70周年；2020年中国完成工业化和全面建成小康社会；2021年是中国共产党成立100周年。这些重要的历史节点，已经引发国内外对中共党史和新中国历史研究的热潮，我们应该早做准备，提前发声、正确发声，讲好中国故事，让中国特色社会主义主旋律占领和引导宣传舆论阵地。

作为专门研究、撰写和宣传中华人民共和国历史的机构，中国社会科学院当代中国研究所、中国经济史学会中国现代经济史专业委员会与华中科技大学出版社一起，从2014年就开始策划出版一套总结新中国经济与社会发展历史经验的学术丛书。经过多次研讨，在2016年5月最终确立了编撰方案和以我为主编的研究写作团队。从2016年7月至今，研究团队与出版社合作，先后召开了7次编写工作会议，讨论研究内容和方法，确定丛书体例，汇报写作进度，讨论写作中遇到的主要问题，听取学术顾问和有关专家的意见，反复讨论大纲、改稿审稿并最终定稿。

这套丛书是以马克思列宁主义、毛泽东思想、邓小平理论、“三个代表”重要思想、科学发展观、习近平新时代中国特色社会主义思想为指导，以中华人民共和国近70年经济与社会发展历史为研究对象的史学论著。这套丛书共14卷，分别从经济体制、工业化、区域经济、农业、水利、国防工业、交通、旅游、财政、金融、外贸、社会建设、医疗卫生和消除贫困14个方面，研究和阐释新中国经济与社会发展的历史和经验。这套丛书从策划到组织团队再到研究撰写专著，前后历时5年，这也充分反映了这套丛书各位作者写作态度的严谨和准备工作的扎实。从14个分卷所涉及的领域和研究重点来看，这些问题都是中共党史和新中国历史，特别是改革开放以来历史研究中的重要问题，有些是非常薄弱的研究环节。因此，作为研究中华人民共和国近70年经济与社会发展的历程和功过得失、总结经验教训的史学论著，这套丛书阐述了新中国成立前后的变化，特别是改革开放前后两个历史时期的关系、改革开放新时期与新时代的关系，这些论述不仅有助于坚定“四个自信”、反对历史虚无主义，而且可以为中国实现“两个一百年”奋斗目标提供历史借鉴，这是这套丛书追求的学术价值和社会效益。

今年是中华人民共和国成立70周年，70年的艰苦奋斗，70年的壮丽辉煌，70年的世界奇迹，70年的经验教训，不是一套丛书可以充分、完整展示的，但是我们作为新中国培养的史学工作者，有责任、有激情去反映它。谨以这套丛书向中华人民共和国成立70周年献礼：祝愿中华民族伟大复兴的中国梦早日实现！祝愿我们伟大的祖国像初升的太阳，光芒万丈，照亮世界，引领人类命运共同体的构建！

中国社会科学院当代中国研究所

武力

2019年5月

目录
CONTENTS

绪论

第一章　革故鼎新:新中国成立初期社会治理体制的创建(1949—1957)

第二章　艰辛探索：计划经济体制时期的社会治理（1958—1978）

第三章 改革开放:社会治理体制的调整与变革(1978—1992)

第四章 市场化转轨:稳定观指导下的社会治理变革(1992—2002)

第五章　和谐社会:社会治理发展道路的转型(2002—2012)

第六章　新型发展:全面推进社会治理现代化(2012—2018)

绪　论

一、问题的提出与研究意义

新中国成立以来，为了实现国家富强、民族振兴、人民幸福，根据国内外形势发展变化，党和国家始终高度重视社会治理，围绕“建立什么样的社会”以及“怎样进行社会治理”，为建立适应我国国情的社会治理制度进行了长期探索和实践。习近平总书记指出：“独特的文化传统，独特的历史命运，独特的国情，注定了中国必然走适合自己特点的发展道路。”[①]当代中国社会治理发展道路是一个历史的、动态的、发展的、与时俱进的探索历程，经历了一个从传统的社会管理到现代的社会治理的发展历程。

新中国成立初期，社会治理纳入政府职能体系之中，由内务部[②]专门从事社会管理，其他政府部门、经济组织和事业单位也承担着具体的社会管理。

改革开放以来，党和国家的工作重心从阶级斗争转移到经济建设上，社会治理在政府职能中处于从属地位，在较长的一段时间内被忽略或轻视。经济体制的深刻变革推动着中国的社会转型，中国社会发生了深刻变化，社会治理逐步提上了议事日程。1993 年，党的十四届三中全会提出，政

① 习近平：《出席第三届核安全峰会并访问欧洲四国和联合国教科文组织总部、欧盟总部时的演讲》，人民出版社 2014 年版，第 43 页。

② 1949 年成立中央人民政府内务部，1954 年改称“中华人民共和国内务部”，1969 年撤销。1978 年设立“中华人民共和国民政部”，并延续至今。

府经济管理部门要转变职能，加强政府社会管理职能，确保国民经济正常运行和良好的社会秩序。1998年，国务院机构改革方案中明确提出政府的基本职能是宏观调控、社会管理和公共服务。

2002年，党的十六大强调，要完善政府经济调节、市场监管、社会管理、公共服务职能，改进管理方式，保持良好社会秩序。社会管理作为政府的四大职能之一，被写入纲领性文件。2003年，中共十六届三中全会通过的《中共中央关于完善社会主义市场经济体制若干问题的决定》从完善社会主义市场经济的视角，提出完善政府社会管理职能，这就把社会管理和全面建设小康社会紧密联系起来。2012年，党的十八大进一步丰富和发展了社会管理理论，提出建立"党委领导、政府负责、社会协同、公众参与、法制保障"的社会管理体制，强调法制保障，社会管理不仅是行政性的管理，而且将法治作为社会管理基础性的保障。2013年，党的十八届三中全会通过《中共中央关于全面深化改革若干重大问题的决定》，明确全面深化改革的总目标是完善和发展中国特色社会主义制度，推进国家治理体系和治理能力现代化，将"社会管理"表述为"社会治理"，第一次在中央文件中独立成篇，"社会治理"成为国家治理体系和治理能力现代化的重要内容。在不断的探索中，逐步建立社会治理工作领导体系，构建社会治理组织网络，制定社会治理基本法律法规，确保社会既充满活力又和谐稳定，我国经济社会获得了前所未有的发展活力，各项事业呈现出欣欣向荣的生动局面。

当代中国社会治理的发展道路，是一串串探索前进的足迹。当代中国社会治理发展道路，是在社会经济的变化、政治发展的逻辑、新型政治文化的形成和全球化冲击的综合考量下做出的历史选择，是中国人民在中国共产党领导下经艰苦探索而找到的一条中国特色的社会治理创新之路，一条确保社会既充满活力又和谐稳定的必由之路。

当代中国社会治理发展之路是在当今世界发生广泛而深刻的变化、当代中国发生广泛而深刻的变革的大背景下不断推进的，社会治理发展之路始终围绕党和国家的中心任务，为党和国家工作大局服务。当今时代的最大主题就是实现中华民族伟大复兴的中国梦。中国梦是国家富强、民族振兴、人民幸福的梦，是当代中国最具凝聚力、感召力，最具广泛性、包容性的奋斗目标。实现中国梦要从当代中国的发展中找答案，同时要从历史的发展中找答案，从这两者发展的交汇点上找答案。任何社会现象都不是简单的重复，都是向前发展，或者是螺旋式上升的。只有了解一个国家走过的发展之路，才能更好地把握当前事态的发展，才能更好地知晓其未来走向。

2013年，习近平在主持中共中央政治局第七次集体学习时强调指出："历史是最好的教科书。""学习党史、国史，是坚持和发展中国特色社会主义、把党和国家各项事业继续推向前进的必修课。"[①]加强和深化当代中国社会治理发展道路研究，阐释好中国梦，传播好中国声音，阐释好中国特色，是伟大的时代赋予每位学人的神圣使命和重要任务。

中国道路和中国模式是近年来学界探讨的一个热点，中国社会有着自己独特的制度、文化和历史背景，在社会转型时期，又存在许多变动性和不确定性因素，这使得社会治理的形态非常复杂，时代发展给当前的社会治理带来了一系列新课题。因此，迫切需要系统、全面地研究"当代中国社会治理发展道路"这一时代课题，进一步证明中国特色社会主义现代化道路的历史必然性与正确性。加强和深化当代中国社会治理发展道路研究，探讨社会治理发展变革的内在规律和逻辑演进过程，分析社会治理的得失经验及发展趋势，从中总结和发现规律，从而为构建具有中国特色的社会治理体系、促进社会和谐稳定发展提供一些思路和建议。同时对全球现代化背景下发展中国家的社会治理道路的选择，也具有一定的理论价值和现实意义。加强中国特色社会治理发展道路的实践探索和理论研究，对于继续抓住和用好我国发展重要战略机遇期，对于全面建成小康社会、建成富强民主文明和谐的社会主义现代化国家，实现中华民族伟大复兴的中国梦具有重大战略意义。

二、研究综述

（一）国外研究进程

1. 历史进程

在历史发展过程中，西方社会治理也在不断地发生变化。不同社会历史时期，根据社会经济发展状况，不断调整和完善社会治理方式，西方国家积累了丰富的社会治理经验，形成了众多的社会治理理论，社会治理的理想、主体、体制和运行机制都有着明显的时代特征。二战以后，对社会治理具有重大实际影响的理论，从社会政策层面来说，主要有福利国家理论、"第三条道路"理论，从社会治理主体和方式角度来看有"新公共管理"理论、治理与善治理论等。

① 中共中央党史研究室：《历史是最好的教科书——学习习近平同志关于党的历史的重要论述》，《人民日报》2013年7月22日。

社会治理的发展演变与一个国家的社会经济发展阶段和特定的历史条件状况密切相关。西方国家社会治理的发展演变与资本主义市场经济的建立和发展是相伴随的。西方主要生产方式经历了自由竞争时期、国家垄断资本主义时期和全球化市场时期，其理论研究大体经过了产生、发展与反思三个大的发展阶段，西方社会治理的实践也大体上经历了政府有限社会治理阶段、政府全面社会治理时期、社会治理改革时期。

1）自由竞争时期：政府有限社会治理阶段

从18世纪中后期的工业革命到20世纪初是资本主义自由竞争阶段。在这一时期，资本所有者在市场机制的作用下自由竞争、自由经营和自由贸易。政府对社会采取自由放任的态度，政府与私人领域相分离，即公共部门与市场相分离，政府公共权力的行使以不干涉私人领域为前提。因此，政府充当社会的“守夜人”，承担了较少的社会管理职能。社会管理主要是在经济领域和社会安全领域，目的是维护社会秩序。18世纪资产阶级启蒙思想家的自然权利学说、社会契约论、三权分立学说和人民主权学说中对公权与私人领域的分离都做了描述和宣扬。洛克在《政府论》中指出，“个人的自由、生命和财产是自然法为人类规定的自然权利”，管得最少的政府是最好的政府，政府是社会的“守夜人”。以追求社会和谐、社会均衡为目标的社会秩序理论的产生，是西方社会治理理论产生的标志。但这一时期古典经济学思想占社会主流，政府的社会治理职能有限。政府的社会治理职能主要是进行社会秩序管理，济贫的职能由政府承担，但其履行尽量利用非政府组织进行。社会济贫是社会保障制度的重要组成部分，也是政府社会管理职能之一，但在早期主要由教会组织的社会慈善机构来担任。西方国家的教会慈善救济有着比较长久的历史。尤其是19世纪中后期以来，随着资本主义竞争的加剧，为解决工业化和城市化快速发展所带来的一系列社会问题，一些教会在社区纷纷建立慈善组织。例如，1869年，英国伦敦成立了第一个以济贫为主要功能的社区服务组织——慈善组织会社。

2）国家垄断资本主义时期：政府全面社会治理阶段

19世纪末20世纪初，西方主要国家进入国家垄断资本主义时期，从19世纪末到20世纪70年代，西方发达国家经历了两次科技革命和两次世界大战。随着竞争的加剧和资本的膨胀，资本主义的经济发展跌宕起伏，这一时期既是西方国家经济高速发展的黄金时期，又是国家全面干预社会治理的时期。一方面，两次科技革命使资本主义国家不断焕发出巨大的生机和活力，与此同时激烈而无序的竞争也带来了经济危机和世界大战的灾难；另一方面，劳动人民被剥削和被压迫的程度日益加深，不断陷入贫困之中，西方国家对此采取了全面干预经济的措施，建立和完善福利国家。尤其是罗斯福“新政”和凯恩斯的国家干预经济学说为二战后西方国家普遍建立福利国家制度和强化社会治理奠定了实践基础和理论基础。在这一时期，政府的社会治理职能不断加强，社会治理的领域不断扩大，政府干预涉及收入分配、社会保障、社会福利、社会事业、社会治安、社会稳定等领域。二战后，20 世纪六七十年代是西方国家经济高速增长的黄金时期，也是福利国家建立和完善的阶段。“1929—1933 年世界性经济危机的爆发，使人们认识到市场的作用是有限的，凯恩斯主义兴起，政府在社会管理格局中的作用进一步加强。”①由其倡导的政府对经济和社会的宏观控制得到重视，以社会福利最大化为目标的社会福利理论与福利国家理论使西方社会治理理论逐渐走向成熟，建立了完善的社会保障制度、基本社会关系管理制度，努力建设福利国家或福利社会。始终注重提高消费需求，以促进充分就业、维护宏观经济稳定作为政府施政的重要目标。

一是普遍建立起覆盖面广、保障项目多、保障水平高的社会保障和福利制度。这主要表现在：医疗、养老、失业等完善的社会保障使民众生活无忧；名目繁多的福利补贴提高了民众实际收入，其中包括家庭补贴，各种医疗现金补贴；西方国家的社会福利成为民众的法定权利。二是建立和完善基本社会关系管理制度等。按照马克思的观点，基本社会关系主要是指生产关系。生产关系决定人们在社会生活中的政治、文化、科技、法律等其他社会关系。二战后，西方国家普遍建立了资本与劳动合作的制度，大大提高了工人的经济和社会地位。这种资本与劳动合作的制度主要体现在劳资关系和集体劳动权利的管理上，如利润分享制度化、集体谈判和集体合同制度、劳资共同决定制度等。三是扩大政府投资，刺激消费需求，促进充分就业，维护宏观经济稳定。四是加强社会安全防护，维护社会稳定。二战的创伤以及战后经济的高速发展刺激了个人主义、拜金主义和物质主义的盛行，造成了西方国家普遍的个人精神和信仰的空虚，带来了一系列社会问题，如家庭危机、吸毒、酗酒、犯罪、精神病发病率不断上升等。此外，政府机构的不断膨胀，政府职能的无限扩张，以及僵硬的科层制和官僚作

① 翟茂娜、林帆：《中西方社会管理格局和体系的历史沿革与经验教训——“我国社会管理格局和管理体系构建”课题研究报告之三》，《甘肃行政学院学报》2008 年第 4 期。

风使民众的不满情绪高涨。不断爆发的各种妇女、种族和学生运动影响了社会的稳定与发展，使得政府不得不采取高压手段以维持社会秩序。

3）全球化市场时期：社会治理改革阶段

20世纪后半期，在新技术革命的推动下，经济全球化迅速发展，"信息革命"日趋成熟并广泛渗透到国民经济和社会生活的各个领域，国际分工不断扩大和深化，世界各国形成多层次、多向性的联系和依存关系；西方各国原来的社会结构也发生了分化并重新组合，"公民社会"日益壮大并要求更多地参与社会管理过程，希望公共行政改革的过程是一个更大程度还政于民的过程。经济全球化迅速发展，一方面使得资金、技术、信息和劳动力等生产要素在全球自由流动，实现了资源的优化配置，推动了生产力的发展和劳动效率的提高，给世界各国带来了前所未有的发展机遇；另一方面，经济全球化又增加了各种贸易和金融风险，加剧了世界各国的竞争。

20世纪70年代，沉重的社会福利压力和社会管理上的失误，使西方国家出现了自身难以克服的社会危机，政府社会管理面临着巨大的压力。20世纪80年代以来，西方国家开始反思福利国家建设理论，出现了重视教育、就业培训、科技与知识投入的"第三条道路"理论、"社会投资型国家"理论、"风险社会"理论，标志着西方社会治理理论进入了反思阶段。因此，在全球化市场时期，西方国家在促进生产力发展，全面参与全球化和市场竞争的同时，更加注重人才培养和科学技术创新，增加社会事业的投入，注重国家的经济安全和社会稳定，社会管理出现了新的动向，调整政府与市场、社会的关系，已成为一种时代呼声。

美国的里根政府和英国的撒切尔政府先后对传统公共管理进行了改革，不断改革和调整政府社会管理职能和社会政策。英国现代社会学家吉登斯提出了"第三条道路"理论和"社会投资型国家"理论。这是西方高度现代性社会面对全球化同时带来的风险和机遇所做出的回应。20世纪90年代以来，由于英国布莱尔政府的推动，吉登斯的"第三条道路"理论，先在英国，继而在欧盟、美国演绎成一种新的思潮。英国布莱尔政府以教育、培训、基础科技领域为主要投资方向，以人力资本投资为核心，将"消极的福利国家"转变为"积极的福利国家"或"社会投资型国家"。美国克林顿政府从1993年开始推行大规模的政府改革，即"重塑政府运动"，改革的内容是精简政府机构、裁减政府雇员、放松管制、引入竞争机制以及推行绩效管理。1986年，德国学者乌尔里希·贝克出版了《风险社会》一书，该书指出我们正处在从古典工业社会向风险社会的转型过程中，这种转型正在以全球规模悄悄地发生。针对风险社会，许多学者提出要实施全球治理，以此来避免全球化带来的社会风险。

这一时期社会治理的主要特点：在社会福利方面，改革福利国家制度，变消极福利为积极福利，实施积极充分的就业政策，将“福利”转变为“工作”，并适度限制福利支出的增长，达到平衡经济发展与社会保障的目标，社会保障和福利方面走向多元化和民主化。在管理模式方面，积极寻求社会组织参与社会管理，主动利用基本社会组织、社会利益群体、非政府组织进行社会协作治理，重视社会资本、社区建设与社区发展，探索公民参与，政府、企业、社区、家庭和个人共同治理的社会管理模式，社会管理的主体由政府一元主体走向多元主体协作治理。①

西方资本主义国家为了维护资产阶级统治地位和促进社会发展，不断调整和完善社会治理方式，长期以来积累了丰富的社会治理经验，形成了比较成熟的社会治理理论。二战后，对社会治理具有重大实际影响的理论主要有福利国家理论、“第三条道路”理论、“新公共管理”理论、治理与善治理论等。前两者主要是从社会政策层面出发的，后两者主要是从社会治理主体和方式的角度出发的。

国外关于全球化对社会治理影响的研究，一方面为我国在这一领域的研究提供了切入点和理论背景，另一方面为我国学者研究全球化背景下的社会治理问题提供了借鉴。同时，各国在这一领域的实践为我国社会治理机制改革和创新提供了借鉴。加强和创新社会管理，事关国家长治久安，事关人民安居乐业。当前，我国既处于发展的重要战略机遇期，又处于社会矛盾凸显期，在我们这样一个有 13 亿人口、经济社会快速发展的国家，解决社会管理领域存在的问题既十分紧迫又需要长期努力。②

2. 代表性理论

1）社会控制理论

社会控制理论作为一种社会治理理论，可以追溯到 19 世纪末 20 世纪初的欧美社会学研究。19 世纪末 20 世纪初，欧美的社会学家开始关注社会控制领域，从社会学的层面对社会控制系统做了比较全面的阐述，对社会控制的原理、方式及其变迁进行了研究，应对广泛存在的转型期越轨行

① 黄耀霞：《西方国家社会管理的发展演变及对我国的启示》，《河南商业高等专科学校学报》2010 年第 1 期。

② 于景辉：《全球化背景下的我国社会管理机制创新研究》，吉林大学博士学位论文，2011 年。

为，探寻社会秩序的实现。

20世纪初的美国社会学家罗斯作为第一个系统提出"社会控制"概念并进行大量研究的学者，极大地推动和丰富了社会控制理论。19世纪末20世纪初，正是美国经济社会迅速变迁的时期。这一时期内的快速工业化、城市化与大规模的人口流动和移民，导致私有观念的极度增长，使得人性中的"自然秩序"遭到破坏，越轨行为频繁发生。因此，必须建立一种新的共赢机制来维护社会秩序。社会控制是由舆论、法律、信仰、社会暗示、宗教、个人理想、礼仪、艺术、人格、启蒙、幻象、社会价值观、伦理法则等多种手段来实施的。而这些与社会心理密切相关。罗斯的社会控制理论是积极的，确保社会成员的共同利益，而不是以某一群体的利益为代价所实施的阶级控制。这就要求实施社会控制的主体必须是社会集体利益的保障者，具有正义、友善、无私等美好道德，而不是有着私利动机的阶级统治者。当然，社会控制并不是一成不变的。社会控制由于需要、阶级、文化和习惯等因素的变化，必然会发生变迁，但是这种社会变迁应当有利于人类的福利，有利于个人的自由，促进社会竞争，从而达到保护社会财产和精神财富的目的。罗斯的社会控制理论是建立在社会美德基础上的优于自然秩序的社会管理理论。社会控制的实施在于确保社会公共利益和共同秩序，而这为政府等社会公共管理部门实施社会控制提供了直接的理论依据。①

2）福利国家理论

"福利国家"一词最早由英国大主教威廉·坦普尔在1941年提出。1942年的《贝弗里奇报告》（贝弗里奇向英国内阁提交的《社会保险和相关服务报告》）正式采用"福利国家"的表述，按照报告规划，英国政府开始实施"贝弗里奇计划"，并于1948年宣布建成"福利国家"。之后，瑞典、法国、丹麦、挪威等国纷纷成为"福利国家"。20世纪50年代到70年代，是西方社会福利制度的"黄金时期"，普遍福利政策的广泛实施，逐步实现了社会保障全民化。到20世纪70年代末福利国家的"黄金时期"结束之前，西欧社会开支占国民收入总值的比例已经超过45％。② 20世纪70年代以后至今，西方福利体制进入调整和改革期。福利国家理论的基本观点③如下：第

---

① 李培林：《国外社会管理研究》，载魏礼群主编：《新形势下加强和创新社会管理研究》，国家行政学院出版社2011年版，第221—222页。

② 周弘：《福利国家向何处去》，社会科学文献出版社2006年版，第70页。

③ 唐铁汉：《强化政府社会管理职能的思路与对策》，《国家行政学院学报》2005年第6期。

一，只要政府实行充分就业、公平分配、社会福利等政策，通过对遗产和收入实行累进所得税、举办各种社会福利事业等措施，就可以解决市场经济存在的许多缺陷，如失业、贫困和不平等。第二，一个国家只要致力于经济增长，使人均国民收入达到一定水平，并使国民享有社会保障和失业救济等福利待遇，就算得上是一个福利国家。第三，福利国家的主要任务是通过加强国家对社会经济活动的管理和监督，扩大社会福利，实现国民收入的公平分配。

福利国家模式在世界主要国家得到传播和复制，成为社会发展和国家进步的象征。20 世纪 50 年代后期到 70 年代初期，是西方社会福利制度的鼎盛时期。从 20 世纪 50 年代起，社会保障进入新的发展阶段，其主要标志是普遍福利政策的广泛实施、“福利国家”的纷纷出现。普遍福利型的社会保障政策，使社会保障的覆盖面向全体社会成员扩展，逐步实现了社会保障全民化，并在西方世界建立起了从“摇篮”到“坟墓”的国家保障体系。

福利国家以国家对社会领域的积极干预为典型特征。这种干预行为在战后资本主义社会的恢复和发展中，对于稳定社会、解决战争遗留创伤、促进就业、发展经济等都发挥了重要作用。福利国家的实施也产生了很多问题，其持续性不断受到质疑。早在 20 世纪 70 年代末 80 年代初，西方学术界就已意识到社会福利制度的严重弊端，这些弊端在 20 世纪 80 年代初期的经济危机中均以不同形式和不同程度暴露出来。这表现在：一方面，福利国家政策加重了福利国家政府的财政负担，赤字严重；福利国家政策在经济萧条时期缺乏持续性。另一方面，是众所周知的问题，福利国家政策的实施，造成了西方国家严重的“懒惰病”。社会成员工作积极性受到很大损害，自愿性失业严重，社会成员享受福利的“搭便车”现象十分普遍。社会面临着丧失活力和发展动力的潜在危险。此外，十分严重的老龄化问题、福利刚性等因素使福利国家面临的挑战和危机更为严峻。福利国家作为一种工业国家的国家形态，是为了应对工业化和市场化给整个社会带来的生存危机所实施的一项国家干预行动，却在发展中遭遇了严重的制约问题。当前，改变政府崇尚福利多元主义或混合的福利经济的新思想正在重塑西方国家的发展。一种新的不同于福利国家理论的福利社会观念正在西方兴起，与之相随的是社会管理和治理理念的变化。

3）“风险社会”理论

德国社会学家乌尔里希·贝克（Ulrich Beck）在 1986 年出版的《风险社会》一书中提出“风险社会”（risk society）。在风险社会理论看来，风险社会是一种全新的现代性，是自启蒙运动以来理性和科技现代性内部裂变所产生的现代性的新发展，是现代性发展的继续。和吉登斯的晚期现代性观点类似，贝克并不认同现代性的终结，人类社会仍存在着一个完全现代性的阶段。当今工业社会日益消逝，并不意味着现代性的终结，而是表明一种更加充分现代性的开端——这种新的现代性是一种超越古典工业设计的现代性，也可以称为反思性现代性或者第二次现代性。

在工业社会中，“财富生产的逻辑”统治着“风险生产的逻辑”，而在风险社会中，这种关系颠倒过来了。当全球化到来时，这种“风险的逻辑”便超越了“生产的逻辑”。占据当今时代中心舞台的是现代化的风险和后果，表现为对人类及其他生命体的不可抗拒的威胁，如环境污染、核事故等。因此，超越工业社会的风险社会，则将人们从工业社会的不确定性和生活模式中解放出来。

4）“第三条道路”理论

20世纪70年代以来，福利国家受到自由主义的强烈批评。新自由主义最显著的特征就是反对政府干预，反对福利国家，主张市场自由主义。该理论认为福利国家是一切罪恶的根源，福利国家“给它所设想的受益者——被它界定为弱者、贫穷者和不幸者的人——造成了极大的损害……它削弱了个人的进取和自立精神，并且在我们这个自由社会的基础之上酝酿出某种一触即发的怨恨”；认为市场是配置资源的最好方式，对市场的任何干预都将产生不利影响。市场是“永动机，它们只需要一个法律框架和不干预它的政府，就能提供不间断的增长”①，而增长是最好的社会政策，政府再分配不能真正解决贫穷问题。20世纪80年代，西方各国普遍将新自由主义或新右派的理论作为指导思想，采取减少社会福利支出的社会政策。西方学者经过对福利国家的反思和政策调整，提出了“第三条道路”理论。20世纪90年代以来，西方发达国家普遍采用了“第三条道路”理论。“第三条道路”指的是一种思维框架或政策制定框架，它的意义在于试图超越老派的社会民主主义和新自由主义。“第三条道路”政治支持一种新型的混合经济，这种经济试图在公共部门和私人部门之间建立一种协作机制，在最大限度地利用市场的动力机制的同时，把公共利益作为一项重要

① 安东尼·吉登斯：《第三条道路——社会民主主义的复兴》，北京大学出版社2000年版，第13—14页。

的因素加以考虑。[①] 它主张动态地看待平等问题，强调机会均等同样需要再分配。“对福利制度的改革是第三条道路政治哲学的一个主要部分。”[②]“第三条道路”关于福利的基本观点就是，倡导一种积极的福利（positive welfare），主张用“社会投资国家”（social investment state）的概念取代“福利国家”的概念。在可能的情况下尽量在人力资本上投资，而最好不要直接提供经济资助；“积极福利”的福利开支将不再是完全由政府来创造和分配，而是由政府与其他机构（包括企业）一起通过合作来提供；这种福利不仅关注富人，而且关注穷人。[③]

5）“新公共管理”理论

这一理论缘起于 20 世纪 70 年代以来对国家干预主义经济政策造成的“滞胀”困境以及对传统官僚制管理模式弊端的反思。所谓“新”，是相对于建立在马克斯·韦伯的官僚制（科层制）基础上的传统公共管理（公共行政）来说的。传统的公共行政模式突出的特征是：通过法规和等级权威实施管制；政府是公共物品和服务的唯一提供者；政治与行政分开，文官在政治上保持中立；行政必须由终身受雇的职业化官僚担任，等等。“新公共管理”（new public management，NPM）有不同的名称，如“管理主义”“企业化政府”“市场导向型公共行政”等。它的内涵还没有一个统一的界定，人们往往把它与商业管理、市场机制、“三 e”（economy，efficiency，effectiveness，即经济、效率和效益）联系起来。《布莱克维尔政治学百科全书》把在新公共行政的模式中公共服务组织的规范性含义概括为：“在提供公共服务上宁要小规模机构不要大规模机构的倾向；宁要劳务承包而不要通过没有终结的职业承包而直接劳动的倾向；宁要提供公共服务的多元结构（宁可出现多种提供者的竞争，并存在使用者对供给者运用控制手段，如美国选举产生的校董事会制度）而不要单一的无所不包的供给方式结构的倾向；宁可向使用者收费（或至少是指定了用途的税收），而不是把普通税金用于资助不具公共利益的公共事业的基础的倾向；宁要私人企业或独立企业而不是官僚制作为提供服务工具的倾向。”[④]“新公共管理”在许多方面突破了传统公共行政的范围：它关注管理者和被管理者的关系，而不只是管理者本

① 安东尼·吉登斯：《第三条道路——社会民主主义的复兴》，北京大学出版社 2000 年版，第 103—104 页。

② 安东尼·吉登斯：《第三条道路及其批评》，中共中央党校出版社 2002 年版，第 105 页。

③ 安东尼·吉登斯：《第三条道路——社会民主主义的复兴》，北京大学出版社 2000 年版，第 103—132 页。

④ 《布莱克维尔政治学百科全书》（修订版），中国政法大学出版社 2002 年版，第 660 页。

身;它重视政府在公共管理中的作用,但政府不再被认为是唯一的管理主体;它本质上仍然是统治手段,却强调政府与民间、公共部门和私人部门之间的合作与互动。[①] 然而,"新公共管理"理论与实践模式也绝不是完美无缺的,对于其内在缺陷及其以此为取向的政府改革前景如何,国内外仍持有不同评价甚至是完全对立的观点。

6) 治理与善治理论

长期以来,英语中的"治理"(governance)一词与"统治"(government)一词交叉使用,并且主要用于与国家的公共事务相关的管理活动和政治活动中。"新公共管理"发展的一个重要结果是,随着政府与社会关系的调整以及政治与行政的关系在理论上的重新定位,官僚制下的"统治"概念已无法涵盖"新公共管理"所引发的一些新内容。20 世纪 90 年代以来"治理"被赋予了新的含义。

英国学者罗伯特・罗茨在分析梳理几种不同的治理定义的基础上指出:"治理标志着统治(government)的含义发生了变化,指的是一种新的管理过程,或者是一种变化了的有秩序的统治状态,或者是一种新的社会管理方式。"全球治理委员会于 1995 年发布了题为《我们的全球伙伴关系》的研究报告,对治理下了如下定义:治理是各种公共的或私人的个人和机构管理其共同事务的诸多方式的总和。它是使相互冲突的或不同的利益得以调和并且采取联合行动的持续的过程。这既包括有权迫使人们服从的正式制度和规则,也包括各种人们同意或认为符合其利益的非正式的制度安排。它有四个特征:治理不是一整套规则,也不是一种活动,而是一个过程;治理过程的基础不是控制,而是协调;治理既涉及公共部门,也包括私人部门;治理不是一种正式的制度,而是持续的互动。[②] 治理理论的主要创始人之一罗西瑙(J. N. Rosenau)在其代表作《没有政府的治理》中,将治理定义为一系列活动领域里的管理机制,它们虽未得到正式授权,却能有效发挥作用。与统治不同,治理指的是一种由共同的目标支持的活动,这些管理活动的主体未必是政府,也无须依靠国家的强制力量来实现。[③] 格里・斯托克(Gerry Stoker)对流行的各种治理概念做了一番梳理,认为作为

① 王长江:《中国政治文明视野下的党的执政能力建设》,上海人民出版社 2005 年版,第 177 页。

② 俞可平:《治理和善治引论》,《马克思主义与现实》1999 年第 5 期。

③ 詹姆斯・N. 罗西瑙:《没有政府的治理》,张胜军、刘小林等译,江西人民出版社 2001 年版,第 5 页。

一种理论的治理有五种主要的观点。[①] 可以看出，治理的目的是指在各种不同的制度关系中运用权力去引导、控制和规范公民的各种活动，以最大限度地增进公共利益。治理可以弥补国家和市场在调控和协调过程中的某些不足，但治理不可能是万能的，它也内在地存在着许多局限。[②]

治理理论打破了社会科学中长期存在的两分法的传统思维方式，即市场与计划、公共部门与私人部门、政治国家与公民社会、民族国家与国际社会，它把有效的管理看作是两者的合作过程。在西方的治理理论中也存在着一种危险的倾向，尤其是全球治理理论，强调治理的跨国性和全球性，削弱国家主权和主权政府在国内和国际治理中的重要作用，客观上有可能为强国和跨国公司干涉别国内政、推行国际霸权政策提供了理论上的支持。所以，对于治理理论，特别是全球治理理论的这一危险倾向，必须给予高度警惕。[③]

法国学者斯莫茨在此基础上提出了"善治"的概念。善治的本质特征，就在于它是政府与公民对公共生活的合作管理，是政治国家与市民社会的一种新型关系，是两者的最佳状态。在斯莫茨看来，善治的基本要素有以下 6 个：合法性、透明性、责任性、法治、回应、有效。[④] 善治（good governance）是治理的一种理想状态，是使公共利益最大化的社会治理过程。有学者认为善治有以下基本要素：合法性、法治、透明性、责任性、回应、有效、参与、稳定、廉洁和公正。[⑤]

总之，善治的过程就是一个还权于民的社会治理过程，在这一过程中，公民广泛参与、政府与各级各类社会组织有效合作，良性互动，以保证公共利益最大限度地得以实现。可见，健全和发达的社会组织是实行善治的基础。各国因社会组织的发展状况千差万别，善治的程度也有很大不同。但随着市场经济体制的广泛发展和全球化进程的加快，越来越多的学者和国际组织倾向于使用善治这一分析框架分析国际国内问题。近年来，作为治理理论发展形态的善治理论，在社会科学领域尤其在政治学和经济学领域逐渐显示出它的理论魅力。

---

① 格里·斯托克、华夏风：《作为理论的治理：五个论点》，《国际社会科学杂志（中文版）》1999 年第 1 期。

② 应星：《国外社会建设理论述评》，《高校理论战线》2005 年第 11 期。

③ 应星：《国外社会建设理论述评》，《高校理论战线》2005 年第 11 期。

④ 玛丽-克劳德·斯莫茨、肖孝毛：《治理在国际关系中的正确运用》，《国际社会科学杂志（中文版）》1999 年第 1 期。

⑤ 俞可平：《民主与陀螺》，北京大学出版社 2006 年版，第 84—86 页。

受到地区历史、文化传统等因素的影响，各个国家和地区表现出了比较明显的社会治理模式差异。其中，以美国为代表的新兴移民国家特别强调以市场机制为核心的市场取向型社会管理模式；以英国、瑞典为代表（包括法、德等国家在内）的西欧和北欧国家形成了以中央政府福利干预为核心的福利国家取向型社会管理模式；而东亚国家受转型前威权国家特征的影响而形成了国家支配型社会管理体制，并试图在市场和福利国家的不同取向中实现平衡。这三种模式是在结合各地区历史、文化等国情因素和现实实践特征的基础上得出的，作为社会管理基础，国家、市场和社会三方关系的不同形成了各自不同的社会管理模式。①

上述主要介绍的几种理论，均有其复杂的理论渊源和实践背景，学术界对它们的评价褒贬不一，在不同地区的实践也有很大差别。以上要点绝不是这几种理论关于社会治理意义的全部论述，更不可能概括理论本身的全部内涵。即便如此，对分析中国特色社会主义社会治理也已经足够。我们至少能从中得出以下几点启示。

第一，社会治理没有统一的模式。任何一种社会治理理论和实践，都是特定经济社会发展阶段和特定文化背景下的产物，借鉴国外的经验和理念，必须充分考虑经济社会发展阶段，不能简单“拿来”。例如，关于发展社会保障问题，邓小平在改革开放之初，针对一些人脱离中国经济社会发展实际提出搞福利国家的观点指出，我们“反对现在要在中国实现所谓福利国家的观点，因为这不可能。我们只能在发展生产的基础上逐步改善生活”②。经过二十多年的发展，中共十七大报告才提出“人人享有基本生活保障”“人人享有基本医疗卫生服务”③的发展目标。

第二，正确认识“福利国家”。我们应从政治学层面认识“福利国家”，把它作为政治学概念。无论是“福利国家”“福利社会”，还是“第三条道路”理论主张的“社会投资型国家”，都意在强调国家的社会职能。“福利国家”正是资产阶级为维护其政治统治而突出社会治理职能的一种改良资本主义的国家形态，它并未改变资本主义社会的性质。马克思、恩格斯在《共产党宣言》中指出，“保守的或资产阶级的社会主义”的改良“丝毫不会改变资

---

① 魏礼群主编：《新形势下加强和创新社会管理研究》，国家行政学院出版社 2011 年版，第 227—228 页。

② 《邓小平文选》（第 2 卷），人民出版社 1994 年版，第 257 页。

③ 胡锦涛：《高举中国特色社会主义伟大旗帜　为夺取全面建设小康社会新胜利而奋斗——在中国共产党第十七次全国代表大会上的报告》，人民出版社 2007 年版，第 20 页。

本和雇佣劳动的关系，至多只能减少资产阶级的统治费用和简化它的财政管理”①。这种改良的实质是，“资产阶级中的一部分人想要消除社会的弊病，以便保障资产阶级社会的生存”②。马克思、恩格斯这一科学判断用来分析“福利国家”同样是正确的。“福利国家”不仅不是马克思主义意义上的科学的社会主义，而且“实际上，创立福利国家的目的之一就是要驱散社会主义的威胁”③。“福利国家”在一百多年的实践中，有得也有失。对此，我们应该用马克思主义的立场、观点和方法去分析，以促进中国特色社会主义的发展。目前政界和学界好像过多地关注了“福利国家”消极的一面，如政府财政压力增大、有悖于资本主义固有的竞争精神、助长懒惰之风、阻碍经济发展等，而对其积极的一面关注不够，如通过突出国家的社会职能，克服市场失灵、促进社会和谐、提高全民文化素质等。另外，近年来，西方国家对“福利国家”的反思也并不是对其进行全盘否定。

第三，创新社会治理体制，必须构建新型的政府与社会关系。无论是“第三条道路”理论用“社会投资型国家”取代“福利国家”的主张，还是“新公共管理”理论和治理与善治理论，它们的共同点，都是主张政府与社会的合作、互动，以高效地实现公共利益。为此，就要进行社会治理体制改革，大力培育社会组织，建立健全政府与社会开展合作的体制机制。我国经历了长期的政企不分、政事不分、政社不分的阶段，当前，加强社会治理，推进社会治理体制创新，应在中国共产党的领导下，努力把握西方社会治理的规律，积极借鉴有益成果。

总之，国内外社会治理理论的研究都在发展之中，尤其是我国的社会治理理论研究还很不成熟。国内2000年前的整体性研究以及取得的部分成果已失去了其实践基础，而且在概念上也易与目前提出的“社会治理”概念相混淆。但整体性研究也包含狭义社会治理的研究，如对社区、社会组织、社会保障等问题进行了初步研究，更重要的是这种探索的开拓性意义，它将为进一步的探讨提供宝贵的启示。在已有成果的基础上，积极学习借鉴西方国家的有益成果，是深化我国社会管理理论研究的重要方法，也是改革开放以来建设中国特色社会主义的一条重要经验。④

---

① 《马克思恩格斯选集》(第1卷)，人民出版社1995年版，第302页。

② 《马克思恩格斯选集》(第1卷)，人民出版社1995年版，第301页。

③ 安东尼·吉登斯：《第三条道路——社会民主主义的复兴》，北京大学出版社2000年版，第115页。

④ 王勇：《中国特色社会主义社会管理研究》，天津师范大学博士学位论文，2010年。

（二）社会治理研究的发展历程

“社会治理”（十八届三中全会前多表述为“社会管理”）作为一个相对独立的概念及其所涵盖的知识体系，形成于20世纪80年代初期。根据30多年来的研究状况，对社会治理研究大致可以分为三个阶段。

第一阶段：引进（1980—1992）。该阶段主要涉及国外尤其是苏联及东欧社会主义国家的社会管理理论。如（苏）В. Г. 阿法纳西耶夫的《社会管理中的人》（贾泽林等译，知识出版社1983年版）、（苏）С. И. 波波夫和 Б. И. 休休卡洛夫的《社会认识和社会管理》（赵承先等译，上海译文出版社1986年版）、（苏）А. М. 奥马罗夫的《社会管理——某些理论与实践问题》（王思斌等译，浙江人民出版社1987年版）、（保）М. 马尔科夫的《社会管理学》（俞仲文译，同济大学出版社1988年版）等社会主义相关著作。在引进的同时，我国学者也开始了对社会管理问题的研究，并取得了一些初步成果，如施九青著的《社会管理体制中的党政关系》（山东大学出版社1987年版），马洪、孙尚清主编的《经济社会管理知识全书》（1—4）（经济管理出版社1988年版）。王兰垣、金愈庆、荣长海主编的《科学社会主义：理论・运动・社会制度》（白山出版社1989年版）一书，把社会管理作为社会主义社会发展的一个专门问题，单列一节进行了全面阐述。田杰、林德根主编的《社会管理哲学》（哈尔滨工业大学出版社1989年版），运用马克思主义哲学原理对管理活动和理论进行多侧面、多角度的分析研究。

第二阶段：创建（1992—2002）。该阶段，更多的学者开始关注社会管理，出现了一些研究社会管理的专门著作，但与经济管理、行政管理研究的盛况相比，明显不足。能够收集到的成果有：《社会管理学概论》有三个版本，分别由童星编著，南京大学出版社1991年版；商英伟等编著，厦门大学出版社1995年版；风笑天等编著，华中科技大学出版社1999年版。此外，还有王兰垣等主编的《社会管理学纲要》（天津人民出版社1994年版）、张明锁编著的《社会管理概论》（河南人民出版社1994年版）和赵万里等著的《中国社会管理引论》（中国科学技术出版社1995年版）。刘瑞主编了《社会发展的宏观管理》（中国物价出版社1998年版）。严实编著的《新加坡的廉政与社会管理》（华夏出版社1993年版）介绍了新加坡概况，良好的社会秩序，精神文明建设及管得严、管得好的几点启示。马志刚，刘健生所著的《新加坡的社会管理》（群众出版社1993年版）介绍了新加坡的基层组织、公共行政制度、法律与执行、社会福利政策、住房问题及税收、教育、人口、公务员制度等。骆承烈、张林主编了《儒家思想与社会管理》（黄河出版社

1997 年版)。此外,还有白锡能、骆沙舟主编的《基层社会管理与基层政权建设》(厦门大学出版社 1996 年版)。这一阶段的研究围绕我国社会管理的实际情况进行了理论探索和框架梳理,既有总体性的理论架构,也有具体部门社会管理的专题探讨,呈现出深入细化的研究趋势。

第三阶段:深入(2002—2012)。2003 年的"非典",尤其是十六届四中全会以来,有关社会管理的研究明显增多,学术论文成倍递增。仅 2011 年,直接以"社会管理"命名的就有图书 74 种,论文 3891 篇,各种文章 19882 篇。代表性的著作有窦玉沛主编的《社会管理与社会和谐》(中国社会出版社 2005 年版)、郑杭生主编的《中国人民大学中国社会发展研究报告 2006——走向更讲治理的社会:社会建设与社会管理》(中国人民大学出版社 2006 年版)、丁元竹所著的《社会发展管理》(中国经济出版社 2006 年版)、黄舜著的《中国社会管理研究》(民主与建设出版社 2007 年版)、邓伟志、张钟汝、范明林主编的《社会管理与社会政策——境外公共政策扫描》(上海人民出版社 2007 年版)、何增科主编的《社会管理与社会体制》(中国社会出版社 2008 年版)、邓伟志主编的《创新社会管理体制》(上海社会科学院出版社 2008 年版)、冯必扬等主编的《当代中国社会管理研究》(黑龙江人民出版社 2011 年版)、魏礼群主编的《新形势下加强和创新社会管理研究》(国家行政学院出版社 2011 年版)。这一阶段,有关社会管理的研究取得了重要的理论进展,包括概念的界定、特征、分类、发展环境与发展特征、国外相关研究理论与方法介绍以及对个案的实证性研究等,为进一步深化研究提供了宝贵的资料和很好的借鉴。

第四阶段:繁盛(2012 年至今)。2012 年,党的十八大报告在第七部分"在改善民生和创新管理中加强社会建设"中,将社会建设置于"五位一体"的现代化建设整体布局中,提出建立"党委领导、政府负责、社会协同、公众参与、法制保障"的社会管理体制。社会管理越来越受到党和国家的重视,社会治理研究也必将成为社会科学领域长期的重要研究课题。历史研究是现实研究的基础,社会治理发展道路的研究意义和价值也将随着研究的深入而凸显。中共十八届三中全会通过的《中共中央关于全面深化改革若干重大问题的决定》,明确了全面深化改革的总目标是完善和发展中国特色社会主义制度,推进国家治理体系和治理能力现代化,把"社会管理"表述为"社会治理",第一次在中央文件中独立成篇,"社会治理"成为国家治理体系和治理能力现代化的重要内容。从社会管理到社会治理,社会治理不仅在国家和各级政府的战略规划中受到重视并在实践中取得了突出成就，而且在学术研究领域成为学者们关注的热点问题。顺应当前社会发展形势，社会建设和社会治理成为诸多学者关注的热点，也是研究的重点，相关研究涉及社会治理的方方面面。

2014年，是社会体制改革不断深入的一年，政府向社会放权力度加大，中央提出创新社会治理体制，社会体制改革创新进入新阶段。2014年，有关社会治理的研究急剧增多，仅以“社会治理”或“社会管理”为标题检索读秀，中文图书41种，期刊论文1702篇，学位论文80篇，主要集中于政治学、法律、社会学、历史学方面，社会治理现代化成为研究热点，主要领域有社会治理体制、社会组织、社会矛盾化解和公共安全研究。综合研究报告有《2014中国社会管理发展报告》（西安交通大学、中国管理问题研究中心，科学出版社2014年版）、《河南社会治理发展报告（2014）》（郑永和主编，社会科学文献出版社2014年版）、《北京社会治理发展报告（2013～2014）》（殷星辰主编，社会科学文献出版社2014年版），分析了社会治理的形势、发展现状，在对实践探索进行了考察总结的基础上提出相应的对策建议。国家行政学院龚维斌主编的社会体制蓝皮书《中国社会体制改革报告（2014）》①，主要内容包括社会管理体制、现代社会组织体制、社会管理机制和社会创新典型案例，从不同侧面回顾和总结了我国社会管理的发展、变革，对2014年的改革走向进行分析，提出相关政策建议。以上报告的作者有的是相关领域的专家学者，有的是从事该领域管理工作的专家型领导，均具有较高的权威性。由王伟光主持的“全面深化改革研究书系”（社会科学文献出版社2014年6—10月陆续出版）包括15个分册，书系中关于社会治理的著作有俞可平著的《论国家治理现代化》、李培林著的《社会改革与社会治理》、王名等著的《社会组织与社会治理》、李友梅等著的《城市社会治理》等4部，是当前全面深化改革、推动社会治理发展的重要参考。着眼于历史演化、变迁方面的作品有严强的《社会治理演化的历史考察》②、王学杰的《建国以来我国社会治理的主要工具及其反思》③、代山庆的《中国共产党社会治理思想与实践》④、孙柏瑛等人的《十年来基层社会治理中党组织的行动路线——基于多案例的分析》⑤、刘震等人的《社会治理

① 龚维斌主编：《中国社会体制改革报告（2014）》，社会科学文献出版社2014年版。

② 《江苏第二师范学院学报》2014第3期。

③ 《湖南行政学院学报》2014年第3期。

④ 《学术探索》2014年第8期。

⑤ 《中国行政管理》2014年第8期。

的嬗变:历史、现状与展望》[①]等。

（三）当前社会治理研究中存在的问题

就目前社会建设史的研究现状而言,远没有跟上其他学科社会建设研究的步伐,没有起到为相关研究提供历史依据、总结历史经验、探索发展规律的作用。突出问题是:研究领域比较狭窄,还存在中共党史研究中关注领袖人物和政府决策的偏向;研究问题挖掘深度不够,很多研究停留于对历史过程的简单描述,理论分析比较单薄;缺乏长时段的全景研究,个别事件、地域的研究相对较多。

一个好的社会科学理论或政策建议,应该是逻辑与历史相统一的,不仅要求在逻辑上是严谨的,而且要求这个逻辑体系是从历史事实中归纳出来的,是能够回到历史事实中去接受检验的。当前的社会治理研究已取得了重要的理论进展,但仍远远落后于社会治理创新迅速发展的实践,已有的研究成果缺乏具有总体性、前瞻性和发展性的战略视角,大多存在以下缺憾:一是对策建议多而基础研究少;二是在实证研究中存在两种倾向,一种是照搬西方的市民社会理论或"国家-社会"分析范式来研究中国的社会治理,另一种是一味强调中国的特殊国情;三是缺乏史学的视野和历史的分析。大量关于社会治理发展和建设的理论或政策建设,不是从中国社会经济发展的整体历史规律出发,而是从某个断面或局部的经验事实出发,甚至从某种舶来的、先验的政治价值观出发去建立自己的观点,不可能做到逻辑与历史的统一。

从国内外研究的现状来看,学者们对社会治理进行了大量研究,取得了重要的理论进展。中国社会有着自己独特的制度、文化背景,在社会转型时期,又存在许多变动性和不确定性因素,这使得社会治理的形态非常复杂,运作中出现种种问题。与社会治理创新迅速发展的实践相比,理论研究远远落后于实践需求,已有的研究成果对社会治理的研究缺乏具有总体性、前瞻性和发展性的战略视角,大都存在以下缺憾。

一是急功近利,导致对策建议多而基础研究少。由于没有扎实的基础研究做支撑,对中国国情下的社会治理机制分析不够,大量对策建议失于肤浅和片面。

二是在实证研究中存在两种倾向,一种是按照西方的市民社会理论或国家-社会分析范式来研究中国的社会治理,相关研究更多的是"移植"西

---

① 《赣南师范学院学报》2014年第2期。

方相关理念，缺乏对马克思主义、中国传统文化、“单位社会”等中国具体国情的冷静分析和清醒认识。另一种倾向是一味强调中国的特殊国情。社会治理基本理论是从国外引进的，但我国的社会治理具有自己的特征，需要把国外的理论和我国的具体情况结合起来，具体问题具体分析，把理论研究的最终落脚点放在促进经济社会更好更快发展上面。

三是缺乏大历史的视野和历史的分析。大量关于社会治理创新的理论或政策建设，不是从中国社会及政治发展的整体历史规律出发，而是从某个断面或局部的经验事实出发，甚至从某种舶来的、先验的政治价值观出发去建立自己的观点，未能做到逻辑与历史的统一。一些神学理论，如上帝创世论，单就逻辑而言也是完备的，但是不符合历史事实，经不起历史事实检验。一个好的社会科学理论或政策建议，应该是逻辑与历史相统一的，不仅要求在逻辑上是严谨的，而且要求这个逻辑体系是从历史事实中归纳出来的，是能够回到历史事实中去接受检验的。研究视野又往往局限于对当前社会治理实践的研究，对于社会治理的历史发展的深入探讨和社会治理创新的战略发展定位的研究较为欠缺，有关社会治理的历史发展仅是其理论论述的背景，言之不详。迄今为止，尚没有一本专著把整个转型中社会治理变革的发展历程作为研究对象。

因此，迫切需要对我国社会治理的历史发展变革进行系统研究，理清社会治理发展的基本脉络，探讨社会治理发展变革的内在规律和逻辑演进过程，分析社会治理的得失经验及发展趋势，从中总结和发现规律，并进行理论概括，从而为有效应对社会治理迅速发展态势、促进社会和谐稳定提供一些思路和建议。

实际上，只有理性分析中外在制度背景、政治文化、法律文化、基本国情以及面临的现实问题上存在的诸多差异，充分考虑我国的特殊社会体制和政治法律文化背景，才能真正将各国制度的精华提取出来，为我国社会治理发展提供制度借鉴，为社会治理的良性发展奠定系统的理论基础。加强社会治理研究，有助于发现规律，总结经验，提供政策建议，提高基层社会治理的技术水平，推动基层社会治理制度的改革和完善；加强社会治理研究，有助于化解矛盾纠纷，维护人民权益，促进社会公平正义，确保社会既充满活力又和谐稳定，保证国家长治久安；加强社会治理研究，可以为中国特色社会主义社会治理建设提供借鉴，更好地构建社会主义和谐社会，促进社会经济又好又快发展。

三、社会治理的概念及相关理论

在我国，社会管理作为一个相对独立的概念，形成于 20 世纪 80 年代初期。苏联学者奥马罗夫在其代表作《社会管理——某些理论与实践问题》中提出社会管理的基本概念：社会管理是管理主体对社会系统的有科学根据的影响，为的是使系统实现它面临的目标和任务。这种影响能够使系统呈现有序状态，使它趋于稳定和转变为另一状态，而该影响的实现要从加工反映系统运动特征的信息的结果出发，要借助于对人们的活动的适当组织和协调。① 可以看出，奥马罗夫定义的社会管理包括三方面的内容，即主体、内容和手段，并且认为，社会管理是一种过程。这一概念建立了社会管理概念的基本框架。随后，更多的中国学者以奥马罗夫的概念为基础，根据我国经济和社会发展的特色，不断地完善这一概念。社会治理的概念起源于 20 世纪末，进入 21 世纪后成为中国学术界的重要话语。按照全球治理委员会的界定，社会治理是各种公共或私人机构和个人管理其共同事务的诸多方式的总和；社会治理是使相互冲突的或不同的利益得以调和并且采取联合行动的持续的过程。② 2013 年，"社会治理"一词正式写入《中共中央关于全面深化改革若干重大问题的决定》，"社会治理"成为国家治理体系和治理能力现代化的重要内容。

社会治理和社会管理之间有什么联系？有不少学者讲社会治理是舶来品，把社会治理和社会管理对立起来，认为二者的主体、职责、实现形式和实践路径都不同。③ 有学者指出，这种看法是片面的、不符合实际的，社会治理是社会管理的升级版，是在前 10 年探索的基础上往前走了一步。2011 年以来，中央提出了现代的社会管理应该坚持的基本原则是：以人为本，服务优先；多方参与，共同治理；关口前移，源头治理；统筹兼顾、协商协调；依法管理、综合施策。这些原则完全符合社会治理的理念和要求。所以，尽管前几年没有用社会治理这个概念，但是其思想已经逐步渗透到社会管理的主张和政策中。但是我们也遗憾地看到，在实践过程中并没有能够完全体现这些原则和要求，社会管理中存在着一些误区和偏差。十八届

---

① A. M. 奥马罗夫：《社会管理——某些理论与实践问题》，王思斌、宣兆凯、潘信芝译，浙江人民出版社 1987 年版，第 27 页。

② 全球治理委员会：《我们的全球伙伴关系》，牛津大学出版社 1995 年版，第 23 页。

③ 邵光学、刘娟：《从"社会管理"到"社会治理"——浅谈中国共产党执政理念的新变化》，《学术论坛》2014 年第 2 期。

三中全会提出社会治理这样一个新的理念、新的理论，是总结了我国历史上治国理政的经验，吸取了2003—2013年我国在社会管理理论和实践上的探索成果。现在提出社会治理，是水到渠成、实至名归，是社会管理理论的新发展。[①]

正确理解和科学界定社会治理的内涵和边界，是建设社会治理体系和实现社会治理能力现代化的重要前提。社会治理和社会管理都是具有中国特色的概念，在西方社会科学和管理科学中没有相对应的概念。西方社会中所使用的 social government、social governance 或是 social regulation、social management，都难以充分而准确地表达出中国语境下社会管理和社会治理的内涵与实质。要明确社会治理的概念，必须把握社会治理的主体、内容与对象、功能和手段这四个要素。

（一）社会治理主体

从社会治理的主体来看，有以下几种观点。一是以政府为主体，对有关社会事务进行规范和制约，即政府社会管理。在中国政府职能定位中，“社会管理”与“经济调节”“市场监管”“公共服务”相并列，成为政府自身建设的重要内容。有学者认为，社会管理是指国家通过自己的权力机关或授权部门依据一定的规则，对社会生活方方面面的干预、协调、调节、控制等行为，它是政府以调整社会关系、规范社会行为、维护社会秩序为目的而对社会活动所进行的管理。[②] 这一定义将社会管理的主体限定为国家及政府，显然将社会管理主体的范围缩小了。二是社会（即自治组织、非营利组织和公民）依据一定的规章制度和道德约束，规范和制约自身的行为，即社会自我管理和社会自治管理。[③] 大多数学者认为社会管理的主体是多元的，社会管理是中国各级地方政府的重大职责，虽然政府在其中发挥着主导作用，政府主导是中国社会管理的特色，但是无法替代社会组织以及公民个人的作用。有学者指出，中国特色的社会管理模式是“强政府、大社会”模式。“强政府”是指：我国党和政府在全社会中处于领导和协调的中心位置。“大社会”的基本含义是：政府的权力来源于人民，公民社会对政府有监督制约作用，公民参与管理国家与社会事务；同时，社会组织既是社会公共管理的客体，也是社会管理的主体，社会自治就是社会的自组织管

① 龚维斌：《社会治理是社会管理的升级版》，《理论视野》2014年第1期。

② 潘丽霞：《论第三部门与社会管理职能》，《四川行政学院学报》2004年第5期。

③ 中国行政管理学会课题组：《加快我国社会管理和公共服务改革的研究报告》，《中国行政管理》2005年第2期。

理、自组织服务、自组织发展和自组织满足。① 郑杭生指出，在由谁来管理的问题上，"党委领导、政府负责、社会协同、公众参与"的社会管理格局，以中国特有的方式，表达了社会管理主体的多元性。这与只有一个治理主体是不同的。② 李培林指出，社会管理通常是指以政府为主导的包括其他社会力量在内的行为主体，在法律、法规、政策的框架内，通过各种方式对社会领域的各个环节进行组织、协调、服务、监督和控制的过程。③ 在传统的社会管理过程中，国家、政府是整个社会管理的主体，它们通过运用行政权力对社会进行管控。这种以政府为主体的管控模式使社会管理的基础力量和手段方式较为单一。随着全球化浪潮的席卷以及社会主体的多元化趋势，社会治理的主体除党委和政府以外，还有非政府部门等其他的主体，主体是多元的。

（二）社会治理内容与对象

从字面上看，"社会治理"的对象是"社会"。因此，要明确社会治理的内容，首先要知道社会是什么。对社会的理解不同，对社会治理的看法也各有不同。概括起来，大体有三类意见。第一种是大范围的社会管理，包括对政治、经济、文化等诸多方面的关系和实物的调节和处理，提供公共服务和公共产品。"所谓社会管理，就是把社会看作一个有机整体，通过运用计划、沟通、协调、控制、指导等手段，使社会系统协调有序、良性运行的过程。"④第二种是较小范围内的社会管理，其一是指与经济相对应的各类社会活动的管理；其二是"政府、市场、社会"三分法中的"社会"，即第三部门的管理；其三是作为政府四项基本职能⑤之一的社会管理。第三种是特指的狭义的社会管理，与作为"五位一体"重要组成部分的社会建设相对应的社会管理。⑥ 这里的社会指的是作为整个社会这个大系统中一个子系统的狭义的社会，与政治、经济、思想文化各子系统并列的社会子系统的管理。"社会管理是政府和民间组织运用多种资源和手段，对社会生活、社会事务、社会组织进行规范、协调、服务的过程，其目的是为了满足社会成员生

---

① 李军鹏：《论中国政府社会管理的成就、问题与对策》，《湖北行政学院学报》2005 年第 1 期。

② 郑杭生：《社会学视野中的社会建设与社会管理》，《中国人民大学学报》2006 年第 2 期。

③ 李培林：《我国加强和创新社会管理的若干问题》（十一届全国人大常委会专题讲座第二十二讲讲稿）。

④ 风笑天、张小山、周清平：《社会管理学概论》，华中科技大学出版社 1999 年版，第 6 页。

⑤ 即经济调节、市场监管、社会管理和公共服务职能。

⑥ 龚维斌：《社会治理是社会管理的升级版》，《理论视野》2014 年第 1 期。

存和发展的基本需求，解决社会问题，提高社会生活质量。”[①]社会学通常用“社会生活”或“社会生活子系统”来表示。[②] 郑杭生认为，在市场经济条件下，社会管理就是政府和社会组织为促进社会系统协调运转，对社会系统的组成部分、社会生活的不同领域以及社会发展的各个环节进行组织、协调、服务、监督和控制的过程。[③] 从中共十六大以来党和政府有关社会管理的文献可以看出，当前所强调的社会管理，是指狭义的社会管理，即与政治、经济、文化、生态并列的社会管理，是构建社会主义和谐社会的重要组成部分。社会系统是相对于政治系统、经济系统、文化系统和环境系统而言的，它是由社会生活、社会结构、社会制度和社会观念等子系统组成的。[④] 其内容包括对社会生活的不同领域、社会结构的组成部分、社会制度的各个要素、社会事业的各个方面和社会观念的形成进行组织、协调、服务、监督和控制的过程。[⑤] 至于社会治理到底包括哪些内容，随着实践的探讨和理论的深入，也在不断变化着。

（三）社会治理功能

对于中国社会的整体发展来说，社会治理承担着多种社会功能。例如，要为市场经济的运行提供稳定的社会秩序，并保障人力资源的竞争性；要为实现社会主义的理想解决“两大差别”提供制度保障；要为国家与新兴的多元社会之间形成良性互动关系提供制度条件[⑥]，等等。有学者认为社会管理的目标是实现社会公平、公正以及社会效率，社会管理的对象是社会事业、社会事务和社会价值，社会管理的主体是社会组织和政府。他们通过综合决策建立社会管理模式。[⑦] 着重指出社会管理是建立在一定的共同价值的基础上的。社会管理的根本目的是维护社会秩序、促进社会和谐，最大限度激发社会创造活力，最大限度增加和谐因素，最大限度减少不和谐因素。中央提出社会管理有七项任务：协调社会关系、规范社会行为、解决社会问题、化解社会矛盾、促进社会公正、应对社会风险和保持社会

---

① 何增科：《论改革完善我国社会管理体制的必要性和意义——中国社会管理体制改革与社会工作发展研究之一》，《毛泽东邓小平理论研究》2007 年第 8 期。

② 李程伟：《社会管理体制创新：公共管理学视角的解读》，《中国行政管理》2005 年第 5 期。

③ 郑杭生主编：《中国人民大学中国社会发展研究报告 2006——走向更讲治理的社会：社会建设与社会管理》，中国人民大学出版社 2006 年版，第 253 页。

④ 邓伟志主编：《创新社会管理体制》，上海社会科学院出版社 2008 年版，第 5 页。

⑤ 李学举：《加强社会建设和管理　促进社会和谐与发展》，《求是》2005 年第 7 期。

⑥ 曹海军：《作为社会管制的社会管理理论初探》，《探索》2010 年第 3 期。

⑦ 丁元竹：《中国社会管理的理论建构》，《学术月刊》2008 年第 2 期。

稳定。

（四）社会治理手段

社会治理不仅要实现对社会的管理和控制，也包含社会工作与社会服务。传统的观念往往在认为国家或政府是社会管理唯一主体的基础上，强调行政手段的运用。新形势下的社会管理手段要转变到法律手段、道德手段等多种手段的综合运用，转变到社会工作、社会服务与社会监督、社会控制并行，体现以人为本、服务优先的理念。

综合以上四个方面因素，社会治理可以概括为：在我国社会、政治体制下，为了维护社会秩序、促进社会和谐，党和政府以及其他社会主体运用法律、法规、政策、道德、价值等多种资源和手段，直接或间接地对社会生活、社会事务、社会组织等社会领域中的各方面、各环节进行服务、协调、组织、监控的过程和活动。

四、研究思路、核心观点与创新之处

（一）研究思路

以新中国成立以来社会治理的实践探索和历史发展为研究对象，围绕中国共产党执政以来"建立什么样的社会"以及"怎样进行社会治理"展开，紧紧扣住社会的"发展"及"探索"这两个重要特色主题，探究中国也是世界关注的一个问题：中国特色社会主义道路为什么是历史的选择、人民的选择，为什么这样的社会治理能够团结人民，凝聚各种力量，让中华民族摆脱了积弱的历史，走向了伟大的复兴。

本书将从国家、市场和社会之间关系的角度，站在我国现代化建设顺利发展的高度，从宏观综合的视角，采用文献分析、理论研究和实践调查相结合的方法，以"大历史"的宏观视野，在对社会经济的变化、政治发展的逻辑、新型政治文化的形成和全球化冲击四个方面的综合考量中，全面梳理国内外有关社会治理的研究成果，探讨社会治理发展道路的历史选择，理清社会治理发展的基本脉络、内在规律和逻辑演进过程，就若干深层次的、内隐性的、间接关联性的问题，尝试做出具有新意的阐述论证，争取有较大程度的创新与突破，并试图从宏观、中观和微观三维角度寻求解决对策。

针对社会治理概念存在的分歧和纷争，把理论研究和社会治理的历史发展结合起来，在纵深方面，深入到两千年来的中华历史中，以宏观综合的方法，就若干深层次的、内隐性的、间接关联性的问题，挖掘社会治理发展的传统文化、制度、政治思想等本土资源。

理性分析西方国家在制度背景、政治文化、法律文化、基本国情以及面临的现实问题上与我国社会治理存在的诸多差异，然后以此为基础提供政策建议，提出一些具有前瞻性的思考和对策，以使有关政策建议建立在扎实的实践调研和理论分析基础上。

（二）核心观点

当代中国的社会治理发展史，是在中国共产党领导下，在对社会经济变化、政治发展逻辑、新型政治文化形成和全球化冲击的综合考量下做出的历史选择，经历了一个从传统的社会管理到现代的社会治理的发展历程。

社会治理的发展围绕并服务于国家的中心任务，不同阶段有不同的发展重点，最终目的是为了实现国家富强、民族振兴、人民幸福。

全面深化社会治理改革，必须同我国根本政治经济制度和经济社会发展水平相适应，必须坚持党的领导，坚持经济和社会的协调发展，调动各种力量，实现社会治理能力和社会治理体系现代化。

（三）研究方法

(1) 以历史唯物主义和辩证唯物主义为指导，采用历史研究方法和辩证思维方法研究问题。坚持马克思辩证唯物主义和历史唯物主义的理论立场，坚持历史与逻辑相统一的观点，坚持规范性研究与经验性实证研究相结合的研究方法。

(2) 史论结合，实证研究与文献分析相结合。在广泛借鉴已有的优秀研究成果、大量收集和利用一手档案资料的基础上，坚持史论结合，论从史出，从事实出发去认识、理解和解释问题。

(3) 坚持“兼收并蓄”。积极利用、吸收先进的相关科学研究方法和成果，力求将历史与现实、国内与国外、个案与通例等的多维比较、定性研究和定量研究、规范研究与实证研究、方法和技术研究与理念创新和制度安排研究结合起来，努力实现历史学与社会学、政治学、经济学、法学、管理学、统计学等多学科研究方法的整合和互补，为构建中国特色社会治理体系积累智力成果和知识沉淀。

（四）创新之处

在理论上，针对社会治理的概念的分歧和纷争，把文献分析、理论研究和社会治理的历史发展结合起来，具体问题具体分析，在理论上厘清社会治理的概念、范围、分类、功能等一系列问题。从与政治体制、经济体制相适应的角度，分析并提出社会体制的基本理论和基本框架。

在研究内容上，对当代中国社会治理的发展演变作一宏观勾勒，在纵深方面，深入到两千年来的中华历史中，去挖掘社会治理发展的传统文化、制度、政治思想等本土资源。横向比较研究方面，理性分析西方国家在制度背景、政治文化、法律文化、基本国情以及面临的现实问题上与我国社会治理存在的诸多差异，充分考虑我国的特殊国情和政治法律文化背景，将各国制度的精华提取出来，为我们进行制度创新提供了良好的制度借鉴。

在研究方法上，避免两种倾向：一是照搬西方的市民社会理论或“国家-社会”分析范式来研究中国的社会治理；二是一味强调中国的特殊国情。要采用文献分析、典型调查和政策分析相结合的手段，注重顶层设计和基层调研，由点到面、由具体到综合、由国外到国内、由基层基础到顶层设计，系统、全面、动态地研究当代中国社会治理的发展道路，努力实现历史学与社会学、政治学、经济学、法学、心理学、统计学等多学科研究方法的整合和互补，从中国社会及政治发展的整体历史规律出发，做到逻辑与历史的统一。

第一章

革故鼎新：新中国成立初期社会治理体制的创建（1949—1957）

1949年中华人民共和国的成立，取得了民族独立和人民解放，为实现国家富强、民族振兴和人民幸福创造了必要的前提，中国命运有了光明的发展前景。新中国成立初期，全国上下经济凋敝、社会停滞不前，国际上又面临帝国主义的包围和封锁。为了打破这一现实困境，并有效地整合各种社会资源，利用有限的资源推进现代化建设，新中国迅速创建了以单位制的管理体制为主、以基层地区的管理体制为辅的社会治理模式，将全社会都纳入各种各样"单位"的管理之下，并以单位作为最基本的社会调控单元和资源分配单元。①

1949—1957年，短短八年时间，中国社会经历了两次巨变：由半殖民地半封建社会到民族独立、人民当家作主的新社会，再由新民主主义社会到社会主义社会历史性转变。社会治理发生了有史以来最剧烈、最深刻、最广泛的新旧更替。这一时期，新生的中华人民共和国最大限度地整合社会力量，完成了对社会的整顿和新建，把"一盘散沙"的中国社会凝聚成一个整体，巩固了新生的政权，对国民经济的恢复、社会的稳定和党执政地位的巩固都起着十分重要的作用。

第一节　当代中国社会治理创建的历史逻辑

1840年鸦片战争爆发以来，中国逐步沦为半殖民地半封建国家，亡国

① 丁茂战主编：《我国政府社会治理制度改革研究》，中国经济出版社2009年版，第12页。

灭种的阴影始终笼罩在中国人的心头。求得国家富强、民族振兴和人民幸福是中国人的理想追求,必须解决两大历史任务:一个是求得民族独立和人民解放;另一个是实现国家繁荣富强和人民共同富裕。中国共产党把马克思主义作为解救中华民族的最好的武器,用社会主义的道路振兴中华民族。1949 年中华人民共和国成立,实现了民族独立和人民解放,标志着第一项历史任务已经实现,中国获得了实现工业化的前提条件。

要尽快摆脱落后的局面,要快速发展,要赶上并超过发达国家的水平,中国选择了优先发展重工业的工业化道路。当时的中国社会积弱已久,这一发展战略要求建立高度集权的政治体制、高度集中的计划经济体制和对整个社会秩序的整合,建立强有力的动员机制和资源配置机制,即国家全面管控的社会治理模式,以对抗各种敌对势力的威胁和开展一系列重点建设。

一、建设新社会的战略构想

中国具有古老而灿烂的文明,历史上一直是一个人口众多、地域辽阔、物产丰富、经济发达的大国、强国。但自欧洲工业革命兴起,中国逐渐落后,1840 年鸦片战争爆发以来,中国逐步沦为半殖民地半封建国家,亡国灭种的阴影始终笼罩在中国人的心头。全世界几乎一切大中小帝国主义国家,都曾欺凌过中国,除了抗日战争由于国内外各种原因取得胜利外,无不以中国失败、被迫接受丧权辱国的条约而告终。其根本原因,正如毛泽东所说:“一是社会制度腐败,二是经济技术落后。”[①]腐朽的社会制度束缚着生产力的发展,阻碍着经济技术的进步。两大历史任务就这样摆在探索救亡图存道路的中国人的面前:一个是求得民族独立和人民解放;另一个是实现国家繁荣富强和人民共同富裕。[②] 由于腐朽的社会制度束缚了生产力的发展和经济技术的进步,为了使中国重新屹立于世界民族之林,为了使中国人民过上幸福、富裕的生活,就必须破除半殖民地半封建的社会制度,争得民族独立和人民解放。无数的仁人志士为此前赴后继,进行着不屈不挠、英勇卓绝的斗争和探索,提出过工业救国、教育救国、科学救国等主张,梦想建立一个崭新的国家和社会。但是,由于没有民族的独立和国家的统一,这些良好的愿望在实践中不断碰壁,无法解救濒临危亡的中国社会。

---

① 《毛泽东文集》(第 8 卷),人民出版社 1999 年版,第 340 页。

② 《江泽民文选》(第 2 卷),人民出版社 2006 年版,第 2 页。

毛泽东曾多次指出:“没有独立、自由、民主和统一,不可能建设真正大规模的工业。没有工业,便没有巩固的国防,便没有人民的福利,便没有国家的富强”。“在一个半殖民地的、半封建的、分裂的中国里,要想发展工业,建设国防,福利人民,求得国家的富强,多少年来多少人做过这种梦,但是一概幻灭了”。[①] 尖锐的民族矛盾和阶级矛盾造成整个社会处于激烈的对抗和震荡之中,不要说发展和进步,连起码的社会安定都无法保障。

面对民族的衰落、国家的危亡,无数爱国的仁人志士提出了各种解救的方案。维新派、君主立宪派、旧民主主义革命派等提出的方案尽管各不相同,但共同之处都是主张向西方国家寻求真理。中国共产党提出了与它们不同的方案,虽然也主张向西方学习工业化,把中国由农业国变成工业国,但在社会制度上反对学习西方,而主张向俄国学习,把马克思主义作为解救中华民族的最好的武器,用社会主义的道路振兴中华民族。

就在中国的政治家与思想家苦苦探索救亡自强工业化道路的同时,19世纪晚期到20世纪初期,西方也逐步从自由贸易时代过渡到帝国主义时代,资本主义弱肉强食的严酷逻辑日益凸显,欧洲各国内部的劳资阶级冲突日益激化,社会抗争运动此起彼伏,这些情形深深地震撼了当时中国的知识分子。一战的爆发,更使得很多学人开始深刻反思西方文明的内在困境。对于中国近代的革命家与思想家而言,他们一方面要学习西方,实现国家的现代化以及富强目标;另一方面,又对资本主义工业化带来的贫富分化产生“天然的”警惕情绪。比如严复、孙中山这样的思想家与革命家,一方面,他们因为“睁眼看世界”而拥有了较为广阔的视野,了解进步与变革的历史潮流;另一方面,他们在少年和青年时期所奠定的知识基础依然与传统文化有着密切的关联,在观念层面依然受到中国传统文化中的一个悠久潜流——“大同理想”的影响。

在这样的视野中,中国人在学习西方的同时也看到西方工业文明的内在缺陷,看到了超越西方文明的可能性。尤其是苏联的社会主义工业化在短期内的迅速成长,对当时的中国人来说,是一种“赶超西方”的现实可能。社会主义的概念传入中国之后,其内含的平等理想,相对于已经使得很多中国知识精英在深入了解之后而产生失望的自由主义观念,显得更为贴近中国的古典理想。此时,社会主义一方面包含崇高的共同体价值理想,另一方面也已经经历过工业化的“洗礼”——无论是西欧的福利型国家还是

① 《毛泽东选集》(第3卷),人民出版社1991年版,第1080页。

苏联的社会主义国家，都可以与现代生产方式相容，并且有效地提高工业化的效率和水准，因此，也更容易获得中国人的认同。

对于这个认识过程，毛泽东在中国共产党成立 28 周年时所写的《论人民民主专政》一文中有过十分精彩的描述。他说："自从 1840 年鸦片战争失败那时起，先进的中国人，经过千辛万苦，向西方国家寻找真理。""帝国主义的侵略打破了中国人学西方的迷梦。很奇怪，为什么先生老是侵略学生呢？中国人向西方学得很不少，但是行不通，理想总是不能实现。多次奋斗，包括辛亥革命那样全国规模的运动，都失败了。国家的情况一天一天坏，环境迫使人们活不下去。怀疑产生了，增长了，发展了。第一次世界大战震动了全世界。俄国人举行了十月革命，创立了世界上第一个社会主义国家。""就是这样，西方资产阶级的文明，资产阶级的民主主义，资产阶级共和国的方案，在中国人民的心目中，一齐破了产。资产阶级的民主主义让位给工人阶级领导的人民民主主义，资产阶级共和国让位给人民共和国。这样就造成了一种可能性：经过人民共和国到达社会主义和共产主义，到达阶级的消灭和世界的大同。"[①]就这样，救亡自强的历史任务最终交到了中国共产党人手上："十月革命一声炮响"不仅带来列宁先锋队型政党的先进组织模式，也带来了在落后国家推进工业化的现实样板和具体方法。由此，由救亡意识催化的工业化诉求和建立社会主义国家方案，在中国发生了深刻的融合。[②] 因为中国共产党的主张最合乎中国的实际，最能把中国从灾难深重中解救出来，所以吸引和凝聚了中华民族最优秀的儿女。经过 28 年艰苦奋斗，扫清了挡在中国发展道路上的一个又一个政治障碍，建立了人民当家作主的中华人民共和国，为中华民族伟大复兴提供了政治上的现实可能性。[③]

早在 1940 年 1 月，毛泽东在《新民主主义论》中就勾画了新中国新社会的蓝图，"在这个新社会和新国家中"，我们不但要"把一个政治上受压迫、经济上受剥削的中国，变为一个政治上自由和经济上繁荣的中国，而且要把一个被旧文化统治因而愚昧落后的中国，变为一个被新文化统治因而文明先进的中国"[④]。抗战胜利后，中国大地一时呈现出和平的曙光，毛泽

① 《毛泽东选集》(第 4 卷)，人民出版社 1991 年版，第 1469、1471 页。

② 修远基金会：《社会主义 3.0——中国社会主义的现实与未来》，《文化纵横》2015 年第 2 期。

③ 朱佳木：《中国共产党与中华民族的伟大复兴》，《当代中国史研究》2011 年第 3 期。

④ 《毛泽东选集》(第 2 卷)，人民出版社 1991 年版，第 663 页。

东在《论联合政府》中设想“将中国建设成为一个独立、自由、民主、统一和富强的新国家。”①新社会的美好前景和建设新中国的强烈愿望，鼓舞和促使中国共产党人将革命进行到底。随着人民解放战争的节节胜利，以毛泽东为核心的党的第一代领导集体，从国内革命斗争形势和根据地建设实践出发，参考苏联的建设经验，对新中国的前途有了越来越清晰的认识。在筹划新中国的七届二中全会上，毛泽东明确指出，资产阶级共和国的方案在中国是行不通的，并提出中国从农业国变为工业国、从新民主主义社会转变到社会主义社会的发展方向。新中国成立前夕，毛泽东在《论人民民主专政》中进一步明晰了新中国的国体、政体，以及经济形态、文化建设的基本构架，并提出人民民主专政的任务是使中国稳步地由农业国进到工业国，由新民主主义社会进到社会主义社会和共产主义社会。新中国成立前夕，毛泽东这样憧憬：“中国人民将会看见，中国的命运一经操在人民自己的手里，中国就将如太阳升起在东方那样，以自己的辉煌的光焰普照大地，迅速地荡涤反动政府留下来的污泥浊水，治好战争的创伤，建设起一个崭新的强盛的名副其实的人民共和国。”②

1949 年 9 月 21 日，中国人民政治协商会议在北平召开，毛泽东豪迈地宣告：“我们的民族将从此列入爱好和平自由的世界各民族的大家庭，以勇敢而勤劳的姿态工作着，创造自己的文明和幸福，同时也促进世界的和平和自由。我们的民族将再也不是一个被人侮辱的民族了，我们已经站起来了。”③中国人民政治协商会议通过《中国人民政治协商会议共同纲领》（以下简称《共同纲领》），会议发表了由毛泽东起草的《中国人民政治协商会议第一届全体会议宣言》（以下简称《宣言》）。《宣言》称“将领导全国人民克服一切困难，进行大规模的经济建设和文化建设，扫除旧中国留下来的贫困和愚昧，逐步地改善人民的物质生活和提高人民的文化生活”④。《共同纲领》在一个时期内起到了临时宪法的作用，它以根本大法的形式将新中国的前景具体、详尽地规划出来。新中国的诞生标志着中国的历史从此进入了一个新时代。

---

① 《毛泽东选集》（第 3 卷），人民出版社 1991 年版，第 1029 页。

② 《毛泽东选集》（第 4 卷），人民出版社 1991 年版，第 1467 页。

③ 《人民日报》1949 年 9 月 22 日。

④ 《人民日报》1949 年 10 月 1 日。

二、工业化的任务和发展道路

1949年中华人民共和国成立,实现了民族独立和人民解放,标志着争取民族第一项历史任务的基本实现。要尽快改变贫穷落后的面貌,实现国家的富强、民族的振兴和人民的幸福,首先要把中国从一个落后的农业国变为一个工业国,实现国家的工业化。

实现经济上赶超资本主义发达国家,是20世纪社会主义国家普遍实行的国家经济发展战略。第二次世界大战以后,新产生的绝大多数社会主义国家,都是被侵略、被压迫的民族通过民族、民主革命转变到社会主义革命的。这些国家的工业化任务,与依靠外部资源和市场发展起来的资本主义国家工业化相比,非常艰巨。同时,世界两大阵营的对立和战争威胁,使得这些社会主义国家工业化任务也更加迫切。社会主义只有在经济发展上表现出超过资本主义的优越性和速度,才有可能存在和发展。①

中国共产党很早就把国家工业化,作为改善民生的主要手段和奋斗目标。1944—1949年间,毛泽东在《共产党是要努力于中国的工业化的》、《论联合政府》、中共七届二中全会报告、《论人民民主专政》等著作和文件中,就中国的工业化问题做了大量论述。他提出,中国的民族独立要有巩固的保障,就必须工业化。共产党是要努力于中国的工业化的。但是在革命年代,这个任务不能不让位于维护国家独立和建立革命政权。毛泽东指出:"实现国家工业化,这是中国近代以来无数仁人志士在追求民族独立的同时所梦寐以求的理想。但是,在帝国主义、封建主义双重压迫之下的旧中国,在腐朽的反动政权统治下的旧中国,实现国家工业化只能是一种梦想。'实业救国'的道路走不通,资本主义工业化这条路也无法实现。只是在中国共产党的领导下,推翻了反动政权,扫清了道路,中国才获得实现工业化的条件。国家工业化正是中国共产党的伟大奋斗目标。"②

为了巩固新生的人民政权,新中国成立后的头三年,把"发展生产,繁荣经济"作为根本任务,一方面肃清国民党反动派在大陆的残余武装力量,剿匪反霸,镇压反革命,召开地方各级人民代表会议,建立各级人民政权,健全人民民主专政的国家制度。另一方面,接收帝国主义在华资产,没收

---

① 武力:《中国共产党与当代中国经济发展研究(1949—2006)》,中共党史出版社2008年版,第49页。

② 中共中央文献研究室:《毛泽东传(1949—1976)》(上),中央文献出版社2003年版,第270页。

官僚资本企业归国家所有，完成新解放区的土地制度改革，发展新民主主义经济。到1952年底，全国工农业总产值达到810亿元，比1949年增长77.5%，比新中国成立前最高水平的1936年增长20%，全国工农业总产值、主要产品的产量都已经超过了新中国成立前的最高水平。① 而且经济结构也发生了深刻的变化，国营经济日益强大并迅速发展，国营工业产值在全国现代工业总产值中的比重增加到56%，国营批发商业的营业额占全国批发商业营业总额的60%。② 全国工农业生产达到历史最高水平，全面恢复了遭到严重破坏的国民经济，为开展有计划的经济建设和社会主义改造准备了条件。

然而，中国的工业水平仍然很低，现代工业在工农业总产值中的比重只有26.6%，重工业在工业总产值中的比重只有35.5%。1952年，中国许多重要工业品的人均产量甚至远远落后于印度，如人均钢产量，印度为4公斤，中国为2.37公斤；人均发电量，印度为10.9度，中国为2.67度。③ 正如毛泽东那时所说："我国过去是殖民地、半殖民地，不是帝国主义，历来受人欺负。工农业不发达，科学技术水平低，除了地大物博，人口众多，历史悠久，以及在文学上有部《红楼梦》等等以外，很多地方不如人家。"④"现在我们能造什么？能造桌子椅子，能造茶碗茶壶，能种粮食，还能磨成面粉，还能造纸，但是，一辆汽车、一架飞机、一辆坦克、一辆拖拉机都不能造。"⑤

随着民主革命遗留任务的完成和国民经济的恢复，集中力量进行经济建设，为实现第二个历史任务而奋斗被突出地提上了党和国家的议事日程，如何实现工业化就成为摆在执政的中国共产党面前最大也是最迫切的任务。摆在面前的有三条道路：第一条是欧、美等老牌资本主义国家的道路，就是先通过对内剥夺农民、对外掠夺殖民地半殖民地，然后投资轻工业，待进一步积累资金后，再来发展重工业；第二条是德、日等后起资本主义国家的道路，就是用国家的力量，对外积极参与对殖民地、半殖民地的掠夺，对内加大税收，较快积累到充足资金，优先发展重工业；第三条是苏联社会主义的道路，通过国家的统一计划和对内实行高积累，在国内原有工

① 中共中央党史研究室：《中国共产党的七十年》，中共党史出版社1991年版，第338页。

② 中共中央党史研究室：《中国共产党的七十年》，中共党史出版社1991年版，第298页。

③ 《中国近现代史纲要》，高等教育出版社2007年版，第164页。

④ 《毛泽东文集》(第7卷)，人民出版社1999年版，第43页。

⑤ 《毛泽东文集》(第6卷)，人民出版社1999年版，第329页。

业的基础上，优先发展重工业。这三条路对于中国来说，前两条不可能走也不应当走；最后一条在1945年前后考虑建立联合政府和1947年以后考虑建立人民民主专政的政权时，也不存在现实的可能性。[①]

把一个经济落后的农业大国逐步建设成为工业国，从何起步？薄一波在《若干重大决策与事件的回顾》中说："这是编制计划之初就苦苦思索的一个问题。有关部门的同志也曾引经据典地进行过探讨，把苏联同资本主义国家发展工业化的道路做过比较，提出过不同的设想。经过对政治、经济、国际环境诸多方面利弊得失的反复权衡和深入讨论之后，大家认为必须从发展原材料、能源、机械制造等重工业入手。"并进一步分析：设想多发展轻工业，按一般常识讲，一定是投资省、见效快，又能改善人民的物质生活条件，为国家多积累建设资金。但是，没有机器制造业，发展轻工业的装备从哪里来？没有钢铁等基础工业，机械制造的原材料从哪里来？没有能源和交通运输，整个经济又怎么运转？依赖进口么？办不到。一是我们没有钱，二是西方资本主义国家对我们实行禁运和封锁。全靠苏联等社会主义国家支援也不现实。特别是当时美帝国主义实际上还同我们处于军事对峙状态，我们亟须建立强大的军事工业以增强国防力量。这些因素是客观的现实，不是我们的主观意志可以改变的。因此，我们的"一五"计划不能不采取优先发展重工业的指导方针。[②]

自从1840年中国被迫进入世界资本主义开辟的全球化体系以后，中国的发展就受到了外部世界的制约。1950年爆发的朝鲜战争，以及后来的台湾海峡危机、越南战争，都使得在选择中国经济发展道路和战略时，不得不受世界形势的影响，并将国家安全放到首位来考虑。正如经过毛泽东亲自修订的党在过渡时期总路线宣传提纲所说："因为我国过去重工业的基础极为薄弱，经济上不能独立，国防不能巩固，帝国主义国家都来欺侮我们，这种痛苦我们中国人民已经受够了。如果现在我们还不能建立重工业，帝国主义是一定还要来欺侮我们的。"[③]之所以优先发展重工业，首先是基于中国极端落后的现实和尽快改变这种落后状况，实现国家独立、富强的强烈要求。

经济极端落后和非常有限的财力，与即将开始的优先发展重工业建设所需要的巨额资金之间存在着巨大的缺口，而朝鲜战争和随后的第一次台

---

① 朱佳木：《对工业化的追求与当代中国的历史走向》，《教学与研究》2004年第7期。

② 薄一波：《若干重大决策与事件的回顾》(修订本)，人民出版社1997年版，第299页。

③ 《建国以来重要文献选编》(第4册)，中央文献出版社1993年版，第705页。

海危机又使得新中国必须加快工业化的步伐，而此时苏联又答应全面援助中国经济建设，特别是尖端科技和国防工业，这也是一个难得的历史机遇。在这种严峻形势下，西方国家政治与经济上的孤立和封锁，以及与苏联、东欧社会主义国家的经济同构，也决定了新中国只能在半封闭的状态下发展内向型经济，这意味着中国必须依靠自身实行迅速而大规模的资本积累来启动工业化进程，有限和分散的农业剩余几乎是我们获取这种积累的唯一途径。西方经济学家罗斯托在《经济增长的阶段：非共产党宣言》中也认为："历史的事实是，具有逆反作用的多民族主义——反抗更先进的国家的入侵——素来是从传统社会转变为现代社会的最重要的和最强大的推动力，其重要性至少与利润动因等量齐观。"①综合国际国内各种因素，中国不可能再走西方那种依靠对外扩张来实现工业化的资本主义道路；而严峻的国际环境又不允许中国慢慢地走先发展轻工业道路②，特别是在国民收入水平非常低的条件下，既要保证高积累的实现，又要保证人民生活的安定。在这种情况下进行以重工业为重点的工业化建设，除了争取苏联的先进工业技术援助外，必须加强国内资金积累、集中配置各种资源、统一调配技术人员和快速提高农业生产。在资金奇缺而劳动力资源丰富的国情下，把有限资金集中于资本密集型的重工业，从经济的角度看是不合理的，从历史的角度看却是当时的必然选择。

为了加速工业化，中国就需要建立起一个高度集中的计划经济体制，以确保国家拥有强大的资源动员和配置能力，而新民主主义经济体制不能满足这样的要求。所以，新中国很快开始了由新民主主义经济向苏联模式的社会主义经济过渡。1953 年，中国共产党根据国内经济、政治条件及国际形势的变化，正式提出党在过渡时期的总路线："从中华人民共和国成立，到社会主义改造基本完成，这是一个过渡时期。党在这个过渡时期的总路线和总任务，是要在一个相当长的时期内，逐步实现国家的社会主义工业化，并逐步实现国家对农业、对手工业和对资本主义工商业的社会主义改造。"③过渡时期的总路线又被简要表述为"一化三改"。"一化"，即逐步实现国家的社会主义工业化，这是主体；"三改"，即逐步实现国家对农

① W. W. 罗斯托：《经济增长的阶段：非共产党宣言》，郭熙保、王松茂译，中国社会科学出版社 2001 年版，第 243 页。

② 从历史的发展过程看，以英国为典型代表的轻工业优先发展道路是在工厂手工业的基础上发展的，当时棉纺织工业的机器材料有一些甚至是木制的，靠水车提供动力。技术的时代特点决定了当时的工业化只能从轻工业开始，重工业是作为满足轻工业的生产条件的需要而出现的。

③ 《建国以来重要文献选编》（第 4 册），中央文献出版社 1993 年版，第 695 页。

业、手工业的社会主义改造,逐步实现对资本主义工商业的社会主义改造,这是"两翼"。1954 年 2 月,中共七届四中全会正式批准了这条总路线。1954 年 9 月,第一届全国人民代表大会把过渡时期总路线载入了《中华人民共和国宪法》。周恩来在政府工作报告中正式提出,"建设起强大的现代化的工业、现代化的农业、现代化的交通运输业和现代化的国防","经过几个五年计划,把中国建设成为一个强大的社会主义的现代化的工业国家"。[①] 这是文献中关于"四个现代化"的最早表述,并于 1956 年 9 月 26 日被写进中共八大通过的党章。

1955 年 7 月,一届全国人大二次会议审议通过的《中华人民共和国发展国民经济的第一个五年计划》中写道:"采取积极的工业化的政策,即优先发展重工业的政策,其目的就是在于求得建立巩固的国防、满足人民需要和对国民经济实现社会主义改造的物质基础。因此,我们把重工业的基本建设作为制定发展国民经济第一个五年计划的重点,并首先集中力量进行苏联帮助我们设计的一五六个工业单位的建设。"[②]国家计委主任李富春在会上就此所做的报告中也提出:"社会主义工业化是我们国家在过渡时期的中心任务,而社会主义工业化的中心环节,则是优先发展重工业。"[③]如何进行社会主义建设和社会主义改造?中央政治局听取了中央工业、农业、运输业、商业、财政等 34 个部门的工作汇报,在 1956 年 4 月的政治局扩大会议上,毛泽东在讲话中指出,综合起来,一共有十个问题,也就是十大关系。提出这十个问题,都是围绕着一个基本方针,就是要把国内外一切积极因素调动起来,为社会主义事业服务。[④] 这篇讲话,以苏联的经验教训为鉴戒,总结了中国的经验,提出了调动一切积极因素为社会主义事业服务的基本方针,对适合中国情况的社会主义建设道路进行了初步的探索。1956 年 9 月 27 日,中共八大通过的关于政治报告的决议,完整阐述了中国现代化的道路选择问题以及对社会主义制度的认识。决议指出,在现代中国条件下,只有建立社会主义制度,才能真正解决工业化问题。[⑤]

在选择怎样的工业化发展战略的决策上,新中国从西方帝国主义战争

① 周恩来:《政府工作报告》,《人民日报》1954 年 9 月 24 日。

② 《中华人民共和国发展国民经济的第一个五年计划(1953—1957)》,人民出版社 1955 年版,第 15 页。

③ 《中华人民共和国发展国民经济的第一个五年计划(1953—1957)》,人民出版社 1955 年版,第 164 页。

④ 《毛泽东文集》(第 7 卷),人民出版社 1999 年版,第 23 页。

⑤ 《中国共产党第八次全国代表大会关于政治报告的决议》,《人民日报》1956 年 9 月 28 日。

的威胁和苏联工业化道路的成功经验出发，打破了原来设想的先发展农业、轻工业再发展重工业，从改善人民生活入手的计划，挑战中国工业化基础十分薄弱，资金、技术、人才十分匮乏的现实，优先发展重工业，以最快的速度集中力量构筑强大的现代化的国防。经过反复研究、编制、修订，最终形成了以苏联援助的156项工程项目为重点的第一个五年计划。统购统销政策出台，农业合作化和资本主义工商业改造步伐的加快，都是加快工业化的产物。国家向重工业投资比重，除了“一五”时期和1963—1965年调整时期外，都占50%以上。1952—1978年，重工业投资高达3500亿元，轻工业投资不过320亿元。① 在工业劳动力中，重工业所占比重1952年为29.9%，1958年曾一度达到80.4%，1976年为61%。② 同期工业总产值中，重工业所占比重从35.5%上升到55.8%，轻工业比重从64.5%下降到44.2%③，形成了一个典型的重型化产业结构和就业结构。

三、国家全面管控的社会治理模式选择

对于有着4.5亿人口又正处在中国历史上最深刻、最伟大社会变革中的新中国来说，如何把整个社会更好地组织和动员起来，实现迅速向社会主义过渡和工业化同时并举的战略目标，显得尤为重要和迫切。毛泽东曾多次强调“组织起来”：“我们应当进一步组织起来。我们应当将全中国绝大多数人组织在政治、军事、经济、文化及其他各种组织里，克服旧中国散漫无组织的状态，用伟大的人民群众的集体力量，拥护人民政府和人民解放军，建设独立民主和平统一富强的新中国。”④在毛泽东看来，将社会组织起来是彻底切断封建主义和中国贫困落后的唯一途径，组织社会不仅具有发展经济的现实意义，更具有彻底切断与旧制度联系的革命性历史意义。

要尽快摆脱落后的局面，要在尽可能短的时期内建立自己的工业化体系，要快速发展，要赶上并超过发达国家的水平，这是当时全国人民的共同理想。实现这一理想的途径是提前向社会主义过渡和优先发展重工业的工业化道路，必然要求建立高度集权的政治体制、高度集中的计划经济体制和对整个社会秩序的整合，也客观地要求国家的建设和发展能在一个具有高度权威和力量的中央政府领导下进行。况且，当时的中国社会积弱已

① 马洪、孙尚清主编：《中国经济结构问题研究》，人民出版社1981年版，第412、420页。

② 《当代中国的人口》，中国社会科学出版社1988年版，第238页。

③ 《中国统计年鉴1985》，中国统计出版社1985年版，第29页。

④ 《建国以来毛泽东文稿》（第1册），中央文献出版社1987年版，第11—12页。

久,新生的共和国政权必须建立强有力的动员机制和资源配置机制,即国家全面管控的社会治理模式,以对抗各种敌对势力的威胁和开展一系列重点建设。

这种社会治理体制的形成和确立有着政治、经济和历史文化传统等多方面的复杂原因,但主要是为了应对国家安全和快速发展经济的迫切需要。

一是维护国家安全和社会的稳定。新中国成立后,面临着一个从晚清时期开始的整个中国政治解体与社会解组相结合的社会危机。鸦片战争后的一百多年来,连续不断的列强入侵与军阀混战,使中央政权日渐式微,民族危机、社会危机日益深重,人民生活困苦不堪。长年的战乱导致传统的社会秩序遭到破坏,整个社会陷入前所未有的混乱局面,整个国家处于一盘散沙的状态。西方列强的经济封锁和军事威胁,朝鲜战争爆发和美国派兵进驻台湾地区所引发的中国与以美国为首的西方的直接冲突,使中国时刻面临西方威胁。毛泽东指出:"如果不在今后几十年内,争取彻底改变我国经济和技术远远落后于帝国主义国家的状态,挨打是不可避免的。"[①]他强调:"中国民族和人民要彻底解放,必须实现国家工业化。"[②]"工业化了,帝国主义就不敢欺负我们了。"[③]同时,中国也才有可能对人类做出更大的贡献。只有把人民组织起来,万众一心、众志成城,把国内事情办好,才能更好地应对外来压力和威胁。收拾长期战乱遗留下来的烂摊子,恢复饱受战争创伤的国民经济,使中国经济、政治发展步入正常轨道,就必须迅速结束混乱状态,恢复社会秩序。这一时期社会急剧转型,无论是由新民主主义社会向社会主义社会转变,还是由农业国向工业国转变,其对经济社会的冲击都前所未有。随着过渡时间不断被压缩,步伐不断加快,这种转型更加急促剧烈。如何解决由此引发的各种矛盾,凝聚各种社会力量和有效配置各种资源,保持社会稳定有序,首要的工作是将全社会组织起来,构筑有效的组织体系。

二是发展的需要。当时,由于社会资源总量相对缺乏,生产力发展水平极低,人均产出连维持人民基本生存都十分困难,国家需要采取高度集中的管理手段全面控制社会资源,尽量满足所有人的基本生存需要,集中统一配置社会资源,动员一切积极因素,才能保证工业化建设的实现,通过

① 《毛泽东文集》(第8卷),人民出版社1999年版,第340—341页。

② 《毛泽东文集》(第6卷),人民出版社1999年版,第223页。

③ 《毛泽东著作专题摘编》,中央文献出版社2003年版,第829页。

单位组织来调控社会资源总量成为在落后的状况下推进现代化建设的便利选择。由于此时的中国社会本身底子薄弱，社会自治和自我组织功能丧失严重，现代国家治理体系与现代国家治理结构不完整，因此为了使整个社会系统走上正轨，必须对其进行全面的干预，并集中有限的资源实现突击式、运动式的治理。现代化工业建设，首先要把处于"原子化"分散状态的个人整合起来，在全社会构筑起一个统一、有效的组织体系。新中国成立时，生产力水平十分低下，国民经济基础非常薄弱，现代工业很少，科技水平不高，经济关系和经济结构又比较简单，社会利益关系相对单纯，特别是处在外部被包围、封锁的情况下，在这样的基础上进行工业化建设，集中管控的社会治理体制才能够比较顺利地运行和发挥作用，有利于迅速、有效地集中全国的各种力量，为大规模工业化建设创造各种条件。国家与单位、单位与个人的关系总是处于这样一种状况：国家全面占有和控制各种社会资源，处于一种绝对的优势地位，进而形成对单位的绝对领导和支配；单位全面占有和控制单位成员发展的机会以及他们在社会、政治、经济及文化生活中所必需的资源，处于一种绝对的优势地位，进而形成对单位成员的绝对领导和支配。① 在计划经济条件下，市场中的自由流动资源非常匮乏，社会资源几乎全部被纳入国家行政体系之中，社会成员只有通过单位才能获得自身生存和发展的必要资源，在单位之外则很难找到替代性资源。单位不仅为社会成员提供必需的经济资源，还是其全部社会生活的支持网络，为其提供各种福利保障，例如就业、住房、养老、保险、医疗、子女教育等。不仅如此，单位还掌握着政治资源和社会资源，掌握着提干、入党、出国进修等机会；单位赋予成员社会身份、地位和权力的合法性。绝大多数人被纳入了行政控制范围之内，实现了整个社会的高度组织化。国家的触角通过单位的作用延伸到社会生活每一个领域，整个社会实现了高度整合。也正是通过单位对社会资源的配置作用，国家能够集中主要力量和资源投入经济建设，实现工业先行的目标。

单位的组织动员和政治动员功能十分突出。每个单位都有一定的行政级别，依据所处的级别高低、掌握资源的多寡以及单位性质等因素，被纳入不同的国家行政体系。在国家的直接领导与控制下，每个单位都设置了健全的党组织，成为各单位的实际最高领导机构，同时也是政治动员与组

① 李汉林、渠敬东：《制度规范行为——关于单位的研究与思考》，《社会学研究》2002 年第 5 期。

织动员的主导力量。由于单位对成员的全面管理和控制，能够形成迅速有效的动员机制。党和政府可以运用自上而下的行政手段，利用单位这一组织形式，大规模地组织群众投入工业化建设中。

这个阶段，政府把社会管理纳入其职能体系，设立了以内务部[①]为代表的专门从事社会管理的组织机构。在政府制度设置方面实行的是中央集中领导的行政管理体制。1949 年执行的《中央人民政府组织法》基本构架是仿照苏联的政府结构设置的。中央人民政府设立以下 4 个委员会，即政治法律委员会、财政经济委员会、文化教育委员会和人民监察委员会，分别指导共计 30 个部、署、院单位。履行社会管理职能的主要是政治法律委员会指导的内务部、公安部，财政经济委员会指导的劳动部，文化教育委员会指导的文化部、教育部、卫生部等。内务部的工作重点是政权建设、优抚和救灾工作，下设办公厅、干部司、民政司、社会司、地政司和优抚司等 6 个单位，办理的公共事务基本上是社会管理的内容。第一任内务部部长谢觉哉当时提出，凡属人民的政事，若无专业部门管的，都属于民政(司)部门管理。其后，内务部的业务范围几经调整，初步定型为优抚、复员安置、救灾、社会救济、社会福利等几个方面。在当时，民政和公安、司法联系密切，同属于政治法律委员会指导。除此之外，其他政府部门、各生产组织和事业单位也承担着各种具体的社会管理职责。

"一五"计划的实施要求对经济权力的管理高度集中，这对党政关系，尤其是党和各种社会组织之间的关系产生了巨大影响。随着计划经济的确立，国家政权机关的职能逐步弱化，党对各种社会组织采取直接管理和领导的方式。根据战争年代的经验和新中国成立初期复杂的社会现实，毛泽东认为，必须加强党对政治、军事、经济、文化的一元化领导，政策最终决定权必须掌握在党的中央机构，集中在政治局和书记处。1953 年 3 月 10 日，中共中央下发《关于加强中央人民政府系统各部门向中央请示报告制度及加强中央对于政府工作领导的决定(草案)》(以下简称《决定》)，《决定》明确要求，政府工作中一切主要的和重要的方针、政策、计划和重大事项，都必须事先请示中共中央，只有经过中共中央讨论决定或批准以后方可执行。[②] 1955 年 10 月，中共中央批准了中共中央组织部的工作报告，要求各级党委建立分口领导政府工作的机构和制度。此后，各级党委不仅管

① 1969 年，内务部在"文革"期间被撤销，1978 年恢复时改为"民政部"。
② 《建国以来重要文献选编》(第 4 册)，中央文献出版社 1993 年版，第 68 页。

干部、党的方针政策的执行情况、思想政治工作和基层党组织工作，并且直接抓生产、抓业务。

第二节　破旧立新的全面社会改造

新中国成立后，迅速肃清国民党反动派在大陆的残余武装力量和各种社会黑恶势力，打碎长期压迫、剥削人民的旧的国家机器，建立各级人民政权，饱受压迫的劳动人民成为国家和社会的主人。为建设一个全新的社会，一方面全面整顿改造旧社会，着力从废除旧的婚姻制度、禁毒、禁娼等方面着手，迅速荡涤旧社会的污泥浊水；另一方面，对社会团体进行清理整顿，重构社会阶级阶层的结构和秩序，促进新的社会关系和社会风尚的形成。

一、荡涤旧社会的污泥浊水

封闭妓院、查禁赌毒、打击反动会道门等旧社会毒瘤和丑恶现象的斗争，是新中国社会改造的首要内容。

封闭妓院、改造妓女，是清除旧社会遗毒、进行社会改革的重要举措之一。旧中国娼妓制度盛行，使很多妇女沦为娼妓，经受着人间地狱般的苦难。妓院、娼馆，堪称城市的赘瘤，不仅是淫乱的罪恶场所，而且是犯罪活动藏污纳垢之地。新中国成立后，政府把取缔娼妓制度作为改造社会的一项重要内容。具体做法是：封闭妓院，惩治老板，取缔娼妓，改造妓女，要求各地根据当地的实际情况，有准备、有步骤地进行。北京最先采取措施废除娼妓制度。1949 年 11 月 21 日，北京市第二届各界人民代表会议通过《关于封闭妓院的决议》。当晚，仅用 12 个小时就将全市尚存的 224 家妓院全部封闭，将 424 名妓院老板、领家集中审查处理，1268 名妓女被安置在生产教养院。① 其后，上海、天津、哈尔滨、沈阳、大连、武汉、西安等各大中小城市均采取了行之有效的措施，在 3 年多的时间里，先后查封妓院 8400 多所。据不完全统计，全国共有 32 万余名妓女在生产教养院里获得新生。② 同时，生产教养院让她们学习党的政策、文化知识，参加生产劳动，学习生产技艺，并帮助安排就业。通过这些措施，她们中的绝大部分都成为

---

① 《北京市人民政府关于封闭妓院的工作经验总结》(1950 年 1 月)，《党的文献》1996 年第 4 期。

② 《当代中国的民政》(上)，当代中国出版社 2009 年版，第 69 页。

自食其力的劳动妇女,有的后来成为劳动模范,有的加入了共青团、共产党,组建了幸福家庭。

吸毒、贩毒、制毒是旧中国危害社会的重要公害。新中国刚成立时,社会上的吸毒情况触目惊心。据统计,当时吸毒者约2000万人,占全国总人口的4.4%。城乡烟馆林立,昆明有1100多家,贵阳有1000多家,重庆有3000多家。制毒、贩毒现象也相当严重,重庆发现制毒场所330家,每天销售烟土3400两,察哈尔、山西、绥远、河北四省及京津两市,贩毒者多达万人。[①] 消除吸毒、贩毒等严重影响社会安定的因素,在当时不仅是国家刻不容缓的任务,也是人民群众的迫切期望。1950年2月24日,政务院向全国下达《关于严禁鸦片烟毒的通令》(以下简称《通令》),规定了全国的禁毒纲领。《通令》指出毒祸的实质和根源,提出了禁绝烟毒的意义、方针和措施,要求各级政府设立禁烟禁毒委员会,制定查禁办法及禁绝种吸日期,"从禁令颁布之日起,全国各地不许再有贩运制造及售卖烟土毒品情事,犯者不论何人,除没收其烟土毒品外,还须从严治罪"[②]。各级政府根据《通令》精神,一方面强制封闭烟馆,严厉打击和制裁制毒、贩毒者;另一方面发动群众规劝吸毒者自觉戒毒,对于贫困者给予免费或减价医治。为了加大对毒犯的打击力度,除恶务尽,1952年4月15日,中共中央发布《关于肃清毒品流行的指示》,要求"在全国范围内有重点地大张旗鼓地发动一次群众性运动,来一次集中的彻底的扫除"[③]。1952年7月30日,中央批准公安部的《关于开展全国规模的禁毒运动的报告》。在全社会禁毒的强大压力下,毒犯受到极大震慑,全国坦白登记的毒犯总数达36万多人。到1952年底,禁烟禁毒运动取得了巨大成就。据统计,在全国1200多个禁毒重点地区,共查出制造、贩卖、运送毒品的毒犯36.9万余人,逮捕8.2万余人,其中判刑、劳改、管制5.1万余人,处决罪大恶极的毒犯880人。[④] 经过这场运动,全国吸食鸦片者已陆续戒绝,鸦片烟毒被彻底消灭,净化了社会风气。

旧中国土匪猖獗,严重危害人民群众的生命财产安全。在国民党的正规军被基本消灭后,还有200多万溃散武装和120多万反动党团骨干分子和特务分子,隐匿各处、烧杀抢掠、欺压人民,成为新的匪患。他们企图与

① 当代中国研究所:《中华人民共和国史稿》(第1卷),人民出版社2012年版,第118页。

② 国务院法制办公室编:《中华人民共和国法规汇编1949—1952》(第1卷),中国法制出版社2005年版,第75—76页。

③ 《建国以来重要文献选编》(第2册),中央文献出版社1992年版,第152页。

④ 《中国共产党历史》(第2卷,上册),中共党史出版社2011年版,第110页。

人民政权进一步较量，伺机配合台湾国民党军队反攻大陆。据统计，1950年1月至10月，全国共发生妄图颠覆新生政权的武装暴动816起，西南地区被匪特攻打、攻陷的县城有100个以上，福建、云南、贵州有37个县城被土匪占领，土匪还在大别山及广西14个县建立了伪政权。1950年，全国有近4万名干部和群众积极分子惨遭杀害。[①] 1950年3月，中央军委发出指示，进一步强调要把土匪剿灭干净。人民解放军先后有41个军140多个师，大约150万人的兵力参加了剿灭土匪的斗争。[②] 地方公安机关和人民群众积极配合主力部队，追剿散匪、开展联防。到1953年，大规模剿匪任务基本完成，共毙、伤、俘土匪和争取土匪投降自新270多万人，人民政权站稳了脚跟。

恶霸地痞、帮会把头、流氓恶棍是骑在人民头上的另一大祸害，他们欺男霸女、无恶不作，老百姓对之深恶痛绝。他们仇恨新中国，无视共产党和人民政府对他们采取的镇压与宽大相结合的政策，伺机进行各种破坏活动。朝鲜战争爆发后，他们以为蒋介石反攻大陆的时机已经到来，反动气焰更加嚣张，不断制造破坏公共设施、暗杀干部群众等反革命活动。1950年7月23日，政务院与最高人民法院联合发布《关于镇压反革命活动的指示》，提出必须镇压一切反革命活动，必须坚决肃清一切危害人民的土匪、特务、恶霸及其他反革命分子。1951年2月，中央人民政府颁布了《中华人民共和国惩治反革命条例》，重点打击土匪、恶霸、特务、反动党团骨干、反动会道门头子等五个方面的反革命分子。采取的政策是首恶者必办，胁从者不问，立功者受奖；坦白从宽，抗拒从严。镇压反革命运动，给反动残余势力以毁灭性的打击，摧毁了他们妄图复辟的罪恶阴谋。恶霸分子被绳之以法，人民群众真正翻了身。全国各地社会治安状况大大好转，社会生产和生活秩序井然，出现了前所未有的安定局面。

二、社会阶级阶层的重构

新中国成立后，迅速肃清国民党反动派在大陆的残余武装力量、特务和土匪、反动会道门等社会黑恶势力，完成剿匪反霸、没收官僚资本、废除外国在华特权、土地改革、企业民主改革、镇压反革命等民主革命遗留下来的任务。官僚买办阶级、地主阶级作为阶级被消灭，旧中国不平等的社会

① 当代中国研究所：《中华人民共和国史稿》(第1卷)，人民出版社2012年版，第34页。

② 何沁主编：《中华人民共和国史》(第2版)，高等教育出版社1999年版，第27页。

关系被彻底摧毁，翻身解放、当家作主的人民将新政权牢牢掌握在自己的手中。到1952年，最终完成了新民主主义革命任务，中国社会结构呈现出在共产党领导之下的、以工农联盟为基础、四大阶级并存的格局。这四大阶级是工人阶级、农民阶级、城市小资产阶级和民族资产阶级，知识分子阶层被归入城市小资产阶级。在城市是以国营企业为主，存在着个体工商业和民族资产阶级的私营企业；在农村则是耕者有其田的自给自足的小农经济。

在政治经济有利于向社会主义过渡的大好形势下，中共中央1953年正式提出向社会主义过渡的总路线：逐步实现国家的社会主义工业化，逐步实现国家对农业、对手工业和对资本主义工商业的社会主义改造。1955年，社会主义改造进入高潮，仅用一年多的时间就提前完成了生产资料所有制的社会主义改造任务，农业、手工业者的个体所有的私有制基本上转变为劳动群众集体所有的公有制，资本家所有的资本主义私有制基本上转变为国家所有即全民所有的公有制。民族资产阶级和小资产阶级作为阶级基本被消灭，他们中的绝大多数逐步转变为工人阶级中的一员。社会结构形成了工人阶级、农民阶级两大基本阶级和一个知识分子阶层的简单而稳定的格局。

伴随着社会经济制度和政治制度的根本变化，我国社会的阶级关系也发生了根本的变化。帝国主义侵略势力已被清除出中国大陆，官僚资产阶级在中国内地被消灭，原来的地主、富农和民族资产阶级被改造成自食其力的劳动者。工人阶级成为国家的领导阶级，随着工业化建设的全面开展，工人阶级队伍迅速壮大，思想觉悟也得到进一步提升。到1956年底，全国职工总数已经达到2473万，比1949年增加了3倍多。[①] 农民阶级和其他个体劳动者在合作社中参与集体生产劳动，其组织性、纪律性和思想文化水平都得到了提高和发展，变成社会主义集体劳动者。在1956年初中共中央召开的知识分子问题会议上，周恩来宣布知识分子“已经是工人阶级的一部分”，充分肯定了知识分子在社会主义建设中的重要作用。[②] 广大劳动人民摆脱了被剥削被奴役的地位，世代贫穷、社会地位低下、忍辱负重的被压迫阶级获得了做人的权利，成为掌握生产资料的国家和社会的主人以及掌握自己命运的主人。旧中国把人分成三六九等，很多职业被看成

① 《我国工人阶级队伍空前壮大　去年职工人数增长过快造成部分浪费现象》，《人民日报》1957年1月19日。

② 周恩来：《关于知识分子问题的报告》，《人民日报》1956年1月30日。

是下贱和卑微的。很多体力劳动者，如剃头和修脚的工匠、奴仆甚至艺人等被称为“下九流”，备受凌辱和歧视。新社会提倡只有从事职业的不同，没有尊卑贵贱之分。无论哪个社会阶层，无论从事什么职业，无论是男是女，人与人之间一律平等。那些在旧中国带有封建等级色彩的称呼，如“大人”“老爷”“老妈子”“下人”，已被新型的称呼“同志”所取代。

工人阶级中的干部在许多方面明显区别于产业工人，因此从阶层结构上来看，一般划分为三大阶层：工人、农民、干部（知识分子一般属于干部序列）。按照这种制度，干部身份和工人身份便有了泾渭分明的区别。干部身份的获得关键是要由人事部门按照有关规定而列入干部编制。产生干部的途径有以下几条。首先，教育是最主要的途径，凡是由国家正式全日制中等专业技术学校、高等学校毕业的具有中专、大专、大学本科以上学历的学生，在按国家计划分配到工作单位后，均可取得干部身份。其次是转干，即根据人事部门分配的干部指标而将聘用到干部岗位上的非干部身份的人员转为干部编制。再次，由部队转到地方上来的转业人员。干部身份和工人身份的区别不仅仅是档案管理的一种方式，而且有着重大的物质利益差别。一般来说，具有干部职业身份的人，在工资类别、工作待遇、出差补助、住房条件、医疗、退休等福利待遇，以及由此形成的职业声望上要远高于具有工人身份的人，他们构成传统职业身份体系的最上层。由于国家对进入干部身份的严格限制，对于绝大多数被划为工人身份的人来说，其升入干部身份的难度并不亚于从农村户籍身份转变为城市户籍身份。

三、社会团体清理整顿和发展

社会团体广泛地联系着各个阶层、各种职业的群众，其政治动向如何，对政权的巩固和社会秩序的安定有着不可低估的作用。面对新中国成立初期社会组织的复杂局面，为了巩固新生的人民政权，建立稳定的社会政治秩序，这一时期社会组织方面的主要工作，是清理和改造为旧政权服务的社会组织，建立为中华人民共和国服务的新型社会组织。针对社会组织的不同情况采取了不同对策：对于一切反动社会组织予以坚决取缔，并镇压其一切反革命活动；整顿改组没有政治问题的各种旧中国遗留社会组织，主要是宗教性和公益性社会团体，使其确立新的方向和发展目标；对于新中国成立前后成立的符合人民利益的社会组织进行登记，保护其合法权益。这一时期，新生的中华人民共和国最大限度地整合社会力量，完成了对社会团体的整顿和新建，社会团体呈现出有史以来最剧烈、最深刻、最广泛的新旧更替。

1950 年 9 月 29 日,中央人民政府政务院第 52 次政务会议通过《社会团体登记暂行办法》(以下简称《暂行办法》),这是中华人民共和国第一部关于公民结社的行政法规。《暂行办法》共 17 条,确立了社团类别,登记的范围,筹备登记、成立登记的程序、原则,登记事项以及处罚等内容。它把社团分为人民群众团体、社会公益团体、文艺工作团体,学术研究团体、宗教团体和其他合乎人民政府法律组成的团体。[①] 为了使社团登记工作顺利进行,1951 年 3 月 23 日,中央人民政府内务部公布《社会团体登记暂行办法施行细则》(以下简称《施行细则》)。[②]《施行细则》依据《暂行办法》的十六条规定制定,对各类社会团体的范围、登记的有关事项进行了具体规定。社会团体的登记过程也是新政权用自己的社会主义价值观对当时存在的社团进行判断和选择的过程。经过清理和登记,独立于政府的社团基本上已经消失,中国进入了高度的国家统合社会的一体化的时代。那些与社会主义价值观不符合的社团被认为是“封建主义”或者“反动”的而被取消。有一些社团被加以改造。[③] 一部分政治倾向明显、对建立新中国做出过贡献的政治团体被称为“民主党派”,其领导成员大多参加了政治协商会议或政府部门,其组织已转化为政党组织,如中国民主同盟、九三学社等;对一些公益性、学术性的旧有社会团体也进行了整顿和改造;宗教团体则通过革新运动走向自治、自养、自传的发展道路。公益性社会团体改造较突出的是中国红十字总会。学术性社会团体的改造可以中华医学会为例,该会在当时已是一个有 30 多年历史的学术团体,但在旧中国,“学会的工作范围不大,会员也不多”,只有 35 个地方分会,会员 4000 人。1952 年 12 月,中华医学会召开了第九届全国会员代表大会,进行了改组,使其组织有了迅速发展,到 1956 年,地方分会比以前增加了 8 个,会员达到 15059 人,并陆续成立了 14 个分科学会,出了 16 种杂志,订户达到 21 万户以上。“这与解放前只有两种杂志,并且每期发行数不过数千册相比,有天壤之别。”[④] 在发展我国医疗卫生事业上起到了促进作用。

新中国成立初期,五大宗教内部宗派林立,种类繁多,全国信教人数约

---

① 《人民日报》1950 年 10 月 21 日。

② 公安部政策法律研究室编:《公安法规汇编(1950—1979)》,群众出版社 1980 年版,第 469—471 页。

③ 托马斯·西尔克主编,中国科学基金会主译:《亚洲公益事业及其法规》,科学出版社 2000 年版,第 83—84 页。

④ 中华医学会:《中华医学会近四年来的学术活动》,《光明日报》1956 年 7 月 25 日。

1亿人，占全国总人口的五分之一。在佛教、道教和伊斯兰教中先后开展了宗教制度的民主改革，其主要任务是在新解放区的土地改革中，将寺庙、道观的土地收归国有，废除了其中的封建特权和压迫制度，僧尼、道士也和农民一样，分得了一份土地，开始参加生产劳动，自食其力。在西北地区因土地问题和民族、宗教问题相交织，因此在保证民族团结的前提下，采取了更加稳妥、放宽政策、放长时间的方针逐步对清真寺的土地进行改革。对少数有血债和民愤以及在寺院内欺压下层僧侣的住持，进行了不同程度的制裁。在镇反和肃反中，又将混在宗教界的反动分子清理出来，进一步净化了宗教队伍，使宗教走上了正确的发展轨道。佛教、道教和伊斯兰教纷纷开始筹建新的组织机构。1953年5月，中国佛教协会成立大会在北京召开，会议通过了《中国佛教协会章程》，选举圆瑛法师为会长。同月，中国伊斯兰教第一次代表会议也在北京召开，信仰伊斯兰教的10个少数民族中有111位穆斯林代表出席。会议通过了《中国伊斯兰教协会章程》，明确了今后的任务，选举包尔汉·沙希迪为中国伊斯兰教协会主任。1957年4月，道教各派代表92人参加了在北京召开的第一次全国代表会议，成立了中国道教协会，通过了《中国道教协会章程》，选举岳崇岱为会长。各宗教协会是群众性的爱国团体，在协助政府贯彻宗教政策、团结宗教人士和信教群众、维护世界和平等方面做出了贡献。在旧中国，天主教和基督教一直被西方帝国主义势力所操纵和利用。新中国成立时，两教仍被罗马教廷和外国在华传教机构所控制，妄图继续利用教会进行破坏活动。全国共有天主教徒230万，共有139个主教区；基督教徒有70多万，分属100多个教派；伊斯兰教徒有500多万，为10个少数民族所信仰。[①] 帝国主义势力力图保持其在教会中的影响和实际领导权，外国神职人员也继续居留中国。刘少奇在给斯大林的报告中指出："仅仅英、美两国，在中国设立的教会就有3729所，宗教团体93个。"[②]针对基督教、天主教的具体情况，党和政府采取了通过其中进步分子和爱国民主人士，积极争取团结中间分子和落后群众，孤立少数为帝国主义及其追随者服务的人员，在其内部展开民族民主觉醒运动，使其在政治上、经济上与国内外反动势力割断联系的对策。针对各种宗教的不同情况，综合考虑其涉及的各方面关系，采取了运用不同方法逐步解决的对策。1951年、1953年、1955年召开了三次全国

① 李平晔：《当代中国宗教概况》，载吕大吉、龚学增主编：《马克思主义宗教观与当代中国宗教卷》，民族出版社2008年版，第341页。

② 《建国以来刘少奇文稿》（第1册），中央文献出版社2005年版，第13页。

宗教工作会议,研究和指导宗教工作。1950 年 9 月 23 日,《人民日报》在第一版全文刊登了中华基督教青年会全国协会 40 位基督教各教派代表联名发出的题为《中国基督教在新中国建设中努力的途径》的宣言和第一批拥护宣言的 1527 位基督教人士的全部名单,同时发表了题为《基督教人士的爱国运动》的社论。从此开始了基督教革新运动,运动的中心是"割断教会与帝国主义的联系,肃清帝国主义在中国基督教会的影响,实行自治、自养、自传(通称'三自'),以达到革新中国基督教的目标"①。从此,中国基督教"三自"爱国运动在全国范围内迅速展开。1950 年 11 月 30 日,四川广元县(今广元市)王良佐等 500 余名天主教代表,联名发表《天主教自立革新运动宣言》,主张摆脱梵蒂冈的控制,走独立自主、自办教会的道路。1951 年 3 月 5 日,中共中央发出《关于积极推进宗教革新运动的指示》,说明基督教、天主教全国范围内的自立革新运动应采取的工作方法、政策以及应具备的四个条件等。对正在开展中的回教、佛教的爱国运动亦应注意提倡鼓励。② 1954 年 7 月,中国基督教三自爱国运动委员会、中国天主教爱国会在北京正式成立。从此以后,我国基督教、天主教摆脱了帝国主义的控制,走向了独立自主、自办教会的道路。

会道门是以散布"鬼神论""宿命论""躲灾避难"等异端邪说,用扶乩降神赶鬼等手法愚弄、欺骗群众的民间秘密团体。新中国成立初期,许多会道门组织迅速转入秘密状态,寻求职业掩护,甚至向基层党政组织渗透,试图获取"合法"身份。据公安部门统计,全国各类会道门组织有 300 多种,道徒约 1300 万人,道首和骨干分子约 82 万人,约占全国总人口 4.75 亿人的 2.9%。③ 诸多反动会道门敌视人民政府,利用暴力邪说,控制教徒,不择手段,聚敛钱财,扰乱社会,残害群众,甚至拥有武装暴力,称王称帝,妄图颠覆新生的人民政权。1950 年 10 月,罗瑞卿在第二次全国公安会议上指出,华北有的党支部领导权已落入会道门之手,民兵中也有会道门。④ 结合社团登记和镇压反革命运动,各级人民政府对具有破坏性质的社会团体进行了坚决取缔。取缔反动会道门的过程,由上而下,由轻及重,由点到面,逐步展开。1950 年 10 月 16—21 日,第二次全国公安会议在北京召开。会议传达贯彻中央 10 月 10 日"关于镇压反革命活动的指示"(即"双十指

① 《基督教人士的爱国运动》,《人民日报》1950 年 9 月 23 日。

② 《建国以来重要文献选编》(第 2 册),中央文献出版社 1992 年版,第 94—99 页。

③ 《当代中国的公安工作》,当代中国出版社 1992 年版,第 65 页。

④ 《罗瑞卿论人民公安工作》(1949—1959),群众出版社 1994 年版,第 7 页。

示”)，部署在全国范围内开展镇压反革命运动。会议对镇压反革命工作做了具体部署(包括取缔会道门在内)，提出“对会门实行公开的正面进攻的方针，结合侦察工作，党政军民一齐动手，求得彻底摧毁这一反革命组织。”①1951 年 2 月 21 日，中央人民政府公布的《中华人民共和国惩治反革命条例》规定，“利用封建会门，进行反革命活动者，处死刑或无期徒刑；其情节较轻者处三年以上徒刑”②。中央人民政府内务部关于社团登记的“代电”指出：“对有反动确证”的社会团体，“应立即解散，并依惩治反革命条例处理”③。到 1953 年上半年，在全国范围内基本解决了明清以来未能解决的会道门问题，瓦解了反动会道门组织体系，为巩固新生的人民政权、维护社会治安奠定了坚实基础。

经过对旧中国遗留社会团体的清理整顿，沉重打击了隐藏在社团里面的反革命分子，基本清除了反动势力对社团的影响，消除了社会隐患。经过内务部和各级人民政府 3 年多的工作，绝大多数地区对符合当时社会需要的人民群众团体、学术研究团体、社会公益团体、文艺工作团体和宗教团体进行了依法登记，确立了它们的法律地位，并对它们的合法权益予以保护，呈现出一幅崭新的面貌。这一工作对于巩固新生的人民政权，以及保证社团的健康发展，维护公民的结社权利起到了极其重要的作用。新中国成立初期，全国社会组织总量的变化没有档案文献记录，但从各地的资料当中能够找到一些零星数据(见表 1-1)。

表 1-1　1949—1956 年部分省市社团注册情况④

年份	1949	1950	1951	1952	1953	1954	1955	1956
北京	28	232	443⑤					
上海	1336			904				590

① 《建国以来重要文献选编》(第 1 册)，中央文献出版社 1992 年版，第 444—445 页。

② 《中华人民共和国惩治反革命条例》，《人民日报》1951 年 2 月 22 日。

③ 中南军政委员会民政部编：《民政工作手册》(第 3 辑)，1951 年印，第 217 页。

④ 资料来源：《北京志 · 政务卷 · 民政志》，北京出版社 2003 年版；《上海民政志》，上海社会科学院出版社 2000 年版；《南京民政志》，海天出版社 1994 年版；《江西省民政志》，黄山书社 1999 年版；《福建省志 · 民政志》，方志出版社 1997 年版；《广东省志 · 民政志》，广东人民出版社 1993 年版；《辽宁省志 · 民政志》，辽宁人民出版社 1996 年版；《天津通志 · 民政志》，天津社会科学院出版社 2001 年版；《江苏省志 · 民政志》，方志出版社 2002 年版。

⑤ 1951 年 7 月 14 日，申请登记的社团累计有 443 个。其中，人民群众团体 187 个，公益团体 11 个，文艺团体 6 个，学术团体 37 个，剧艺团体 153 个，会馆财产管理委员会 18 个，其他 31 个。《北京志 · 政务卷 · 民政志》，北京出版社 2003 年版，第 446—447 页。

续表

年份	1949	1950	1951	1952	1953	1954	1955	1956
南京	278		1116			1474		
江西								
福建				9231				
广东			504					
天津	350			377				
辽宁			485					

四、新型婚姻家庭关系的建立

旧中国婚姻家庭关系是以夫权为中心、压迫妇女并剥夺男女婚姻自由的封建主义婚姻制度，束缚和摧残人性、人权，还牵涉到社会观念、伦理道德、宗法习俗等许多方面的问题，对整个社会的影响根深蒂固。在民主革命时期，中央苏区就制定过《中华苏维埃共和国婚姻法》、闽西根据地颁布过《保护妇女青年条例》等。新中国成立后，开始有领导、有步骤地对旧的婚姻制度进行改革。

首先废除了一切歧视、压迫妇女的法律，并赋予了女子同男子平等的法律地位，妇女真正成为国家的主人。《共同纲领》明确规定，注意保护母亲、婴儿和儿童的健康；妇女在政治上拥有与男子平等的权利。① 1953 年颁布的《中华人民共和国选举法》、1954 年的《中华人民共和国宪法》中，均明确规定妇女有与男子同等的选举权和被选举权。1953 年 12 月，在中国有史以来第一次大规模的普选运动中，全国共选出基层人民代表大会代表 5669144 人，其中妇女代表占 17.31%。② 1954 年召开第一届全国人民代表大会时，共有女代表 147 人，占代表总数的 12%。③

1950 年 5 月 1 日，《中华人民共和国婚姻法》(以下简称《婚姻法》)颁布实施。这是新中国成立后制定的第一部基本法律。《婚姻法》第一章规定了两条原则：第一条，废除包办强迫、男尊女卑、漠视子女利益的封建主义婚姻制度。实行男女婚姻自由、一夫一妻、男女权利平等、保护妇女和子女合法利益的新民主主义婚姻制度。第二条，禁止重婚、纳妾，禁止童养媳，

---

① 《中国人民政治协商会议共同纲领》，人民出版社 1952 年版，第 3 页。

② 刘政：《中国历史上第一次规模巨大的普选》，《人民日报》2004 年 9 月 8 日。

③ 《中国妇女的状况》，《人民日报》1994 年 6 月 3 日。

禁止干涉寡妇婚姻自由，禁止任何人借婚姻关系问题索取财物。[①] 这是对旧中国社会盛行的包办婚姻和干涉婚姻自主的旧制度的彻底否定。依据上述原则，《婚姻法》以调整婚姻关系为主，同时也涉及作为社会细胞的家庭关系的调整，是在土地改革基础上进一步肃清封建残余和建立新的社会生活的一项重大社会改革，并为广大妇女从封建婚姻制度的压迫束缚下解放出来，投入革命和生产建设事业，提供了法律上的保障。

由于经济社会发展不平衡，各地区贯彻实施《婚姻法》的情况也不平衡。在许多地方，特别是在农村中，包办、强迫与买卖婚姻，仍然大量存在。干涉婚姻自由与侵害妇女人权的事件，时有发生，甚至严重到迫害妇女的生命，致使全国各地有不少妇女因婚姻问题而被杀或自杀。据不完全统计，山东全省从 1950 年 1 月至 10 月，有案可查的因婚姻问题自杀和被杀的妇女达 1200 余名。苏北淮阴专区 9 个县 1950 年 5 月到 8 月的统计数据显示，因婚姻关系被迫自杀和被打死的妇女有 119 人。[②]

为了保证《婚姻法》的正确贯彻和有力执行，1951 年 9 月 26 日，中央人民政府政务院发出《关于检查婚姻法执行情况的指示》。1951 年 10 月下旬，由最高人民法院、最高人民检察署等 19 个单位派人组成《婚姻法》执行情况中央检查组，分赴华东、中南、西北、华北进行检查，历时近两个月。检查结果表明，华北及山东等老解放区执行《婚姻法》的情况较好，但在华东、中南、西北等新解放区，特别是边远地区，贯彻《婚姻法》很不够，包办婚姻和早婚现象仍严重存在，童养媳陋俗、蓄婢纳妾的恶习还有保留，妇女被虐待或因婚姻问题自杀、被杀的现象依然存在。1952 年 11 月和 1953 年 2 月，中共中央、中央人民政府政务院先后发出指示，要求各地在土地改革、镇压反革命等政治运动结束之后，开展一次贯彻《婚姻法》的运动。1953 年 3 月，全国开展了宣传贯彻《婚姻法》的运动月活动。

结合《婚姻法》的颁布，各级政府及有关部门用群众喜闻乐见的形式，在全国城乡开展了广泛的宣传活动，男女权利平等、婚姻自由等新的道德观念在人民群众中很快树立起来，“嫁汉嫁汉，穿衣吃饭”等旧的婚姻观念开始改变。我国成为世界上少数几个女性结婚以后可以不随丈夫的姓氏而继续使用自己姓氏的国家。据内务部 1955 年对 27 个省市的统计，全国符合《婚姻法》登记的已占申请结婚人数的 95％。[③] 同时在妇女生育、妇女

---

① 《中华人民共和国法规汇编》(第 1 卷)，中国法制出版社 2005 年版，第 13 页。

② 《坚决贯彻执行婚姻法》，《人民日报》1950 年 8 月 5 日。

③ 当代中国研究所：《中华人民共和国史稿》(第 1 卷)，人民出版社 2012 年版，第 116 页。

就业、提高妇女教育方面制定了许多相关的政策。在1952年、1956年和1958年进行的扫盲活动中,全国各地纷纷建立夜间学校、民办学校、识字班等。到1958年,全国已有1600万名妇女摆脱了文盲状态,初步改变了愚昧无知的状况。[①] 1949年,城镇女职工人数为60万人,仅占全国职工总数的7.5%。[②] 1958—1959年间,女职工人数猛增到700多万人。[③] 1949—1957年这8年间,全国女职工人数从60万人增加到328.6万人,1952年后,平均年增长率在12.7%,女职工占职工总数的比例由7.5%逐步上升为13.4%。[④] 男女同工同酬作为一项基本原则,在国营企业普遍得到实施。1953年修订后的《中华人民共和国劳动保险条例》和1956年制定的《中华人民共和国女工保护条例》明确规定对女工劳动的特殊保护(四期保护和产假规定),政府机关、国营企事业单位女职工的孕、产、哺乳期保护都得到了有效的落实。此外,很多单位建有女工冲洗室、孕妇休息室、托儿所、幼儿园等设施,定期对女职工进行妇科病普查、普治等,体现了国家对妇女生育劳动的尊重和肯定。

这次改革从根本上动摇了封建婚姻制度和旧有家庭关系的根基,也从根本上触动了旧的传统思想观念和伦理道德,在全社会逐步建立起新型婚姻家庭关系,并且促进社会风气发生了很大改变。同时,这场婚姻制度改革的进程也表明,中国封建社会沿袭两千多年的封建婚姻习俗对整个社会的影响根深蒂固,特别是在广大农村和偏远落后地区,婚姻家庭方面的许多封建观念和不良习俗不是一时能够改变的。要彻底清除旧婚姻制度在人们头脑中残留的封建思想影响,建立合乎新时代道德标准的新型婚姻关系,特别是使广大妇女真正获得解放和提高社会地位,最终取决于生产力的发展和经济社会的发展。[⑤]

五、树立新型社会风尚

改善生活环境、培养卫生习惯是新中国成立后革除陋习、树立新风的又一项重要工作。新中国成立后,各地发动了大规模的清洁扫除运动。1950年,全国各城市共清除垃圾175万吨。[⑥] 沈阳市在1949年春秋两季

---

①② 《中国妇女的状况》,《人民日报》1994年6月3日。

③ 蔡畅:《女职工同志们要更好地成为先进工作者》,《中国妇女》1959年第21期。

④ 蒋永萍:《两种体制下的中国城市妇女就业》,《妇女研究论丛》2003年第1期。

⑤ 《中国共产党历史》(第2卷,上册),中共党史出版社2011年版,第108页。

⑥ 《全国环境卫生和卫生工程工作两年来有很大发展》,《人民日报》1951年9月23日。

及1950年春季共清除伪满以来积存的垃圾55万多吨。上海市解放后的5个月内，集中清理垃圾、修整地下水道，同时进行苏州河疏浚工程。太原市用3个月的时间，全市共清除垃圾6万多车，修复市内排水沟4700米，市容大为改观。西南地区在全区各大中城市均进行了清洁卫生运动，仅昆明一地，在6天内就清除垃圾1200多吨。全国各地还利用水道清淤及清除垃圾、粪便等适时开展积肥运动，既清洁了环境又促进了农业生产。从1952年开始，一场全民性爱国卫生运动在全国范围内开展起来。从中央到地方，从军队到学校都先后建立了爱国卫生运动委员会，宣传卫生科学知识，破除封建迷信，动员一切社会力量，人人动手，讲究卫生，改善环境，创造了中外公共卫生史上的奇迹。

1956年4月27日，在中央工作会议上，参加会议的党和国家的高级干部签名倡导身后实行火葬，只留骨灰，不保留遗体，并且不建坟墓。这一签名活动，为中华民族冲破几千年的土葬习俗，实行殡葬制度改革拉开了帷幕。殡葬方式既是传承文化的载体，又是封建迷信、陈规陋习赖以生存的土壤。通过改革，大力倡导文明治丧，有利于破千年旧俗，树一代新风。推行殡葬制度改革，还有利于节约资源，保护环境。通过推行火葬，改革土葬，可节约土地和木材，保护生态环境，又有利于减轻人民群众的负担，对移风易俗和社会主义精神文明建设产生了深远的影响，利国利民，泽及子孙。

在旧社会农村，封建迷信盛行，传统封建道德观念对人们的影响根深蒂固，只有通过各类教育，不断提高农村文化水平，才能促进农村社会观念和风气根本好转。为适应农村实际，新中国成立初期，全国开展了以扫除文盲为重点的文化教育普及运动，通过开办农民夜校和冬学、读报识字组、民教馆、俱乐部等形式对农民进行思想政治、文化知识、职业技能教育，促进农村社会观念和风气根本转变。首先通过教育运动，农民阶级意识进一步增强，并开始取代其浓厚的家族意识。农民政治觉悟有了很大提高，“天下农民是一家”，“庄稼人向着庄稼人”，逐渐坚信阶级斗争的重要性。同时农民的心理发生了巨大变化，不断克服小生产者自私心理，农业的生产积极性不断提高，农民的集体主义责任感增强。通过教育运动，农村的社会风气也在发生根本改变，妇女社会地位得到提高，男女平等观念广泛传播；婚姻习俗发生根本变化，形成正确的婚姻观，强调婚姻自主，自由恋爱开始成为一种趋势；克服农村赌博、懒惰现象，农闲时间组织起来学习文化知识，树立“劳动光荣、懒汉可耻”的农村社会道德新标准；教育改造一大批

“二流子”,巩固了社会的安定。通过教育运动,农村社会日渐形成健康向上的良好风气。

新中国成立初期,国际和国内都存在着一些企图颠覆中国社会主义政权的反动势力,社会的主要矛盾仍然是敌我矛盾,而人民内部矛盾则是服从于国家统一和国内和平的,所以当时我国仍然沿袭战争时期全民动员、全民参与的管理策略,实行党政军一体化管理,这样更有利于调动社会力量,取得社会主义革命的胜利。当然,在这种高度集权化、一体化的社会管理下,民间自我管理的力量有所削弱。

第三节　基层社会治理体系的创建

建设新社会,不是把旧社会整个打烂,而是对旧社会进行必要的改造整顿,在此基础上着手建立基层社会治理机构。在农村,创建区乡政权,在农业合作化运动中发展为“村社合一”的具有政治、经济与社会三位一体功能的高级社。在城市,建立组建了“街居制”(街道办事处-居委会体制)和“单位制”。通过户籍制度、统购统销,限制人口流动,城乡二元分离的社会治理结构逐步形成。城乡基层社会治理体系的建立,把全国人民组织和动员起来,对实现资源配置、社会整合以及社会动员发挥了重要作用。

一、农村社会的重构

在传统的农业社会,乡村实行自给自足的自然经济,以家庭作为传统组织生产单位,同时,在宗族势力的基础上形成的乡绅集团,通过对地方公权或者公共利益的控制,成为乡村治理的权威。[①] 因此,国家或者其他政治权威在乡村社会的影响往往极其有限,难以对乡村社会进行有效整合,造成几千年来中国乡村社会散漫无序的状态,孙中山先生曾痛心疾首地把广大农村比作“一盘散沙”。国民党统治时期,为镇压人民的反抗,实行保甲制度强化其统治。国民党保甲制度通过乡绅集团控制着基层社会的运作,实现了对人民的严密监视和控制,并成为剥削和压迫人民的工具。早在七届二中全会报告中,毛泽东就明确把当时占国民经济总产值90%的分散的个体的农业经济和手工业经济向着现代化和集体化的方向发展,看作是由

① 中国历史上的“农村基层政权”已有诸多学者涉足,其中心问题是基层社会的稳定或动乱来源以及国家政权的进入(在农村建立统一管制秩序)同其原有秩序的关系。大致有“双轨政治”(费孝通,1947)、“士绅操纵”(孔飞力,1980)、“经纪体制”(杜赞奇,1995)等。

新民主主义社会发展到将来的社会主义社会，巩固无产阶级领导权的一项根本举措。① 后来随着实践的发展，他又进一步指出："为了完成国家工业化，必须发展农业，并逐步完成农业社会化。"②

新中国成立后，新生的人民政权必须彻底摧毁乡村社会旧有权威，树立人民群众当家作主的新权威，重整乡村社会资源，开展社会动员，完成民主革命遗留的任务，并实现对乡村社会的彻底改造。

中国整个大陆的解放，为在全国范围内确立农村新的基层政权体制提供了根本的政治保障。1949 年 9 月，中国人民政治协商会议通过的《中国人民政治协商会议共同纲领》规定：国家政权机关具有人民性，其组织形式为各级人民代表大会和各级人民政府，后者由前者选举，前者为人民普选出的代表直接或间接选举产生。政权结构具有严密的一体性，各级政权机关一律实行民主集中制。这样，国民党政权的以权制权、议员专职、地方自治等项原则就被完全摧毁，农村基层政权成为新政治制度的有机组成部分。

1949 年春季，随着解放战争形势的迅猛发展，人民解放军胜利渡过长江向江南挺进。在此背景下，中国共产党在乡村政权工作方面的重点遂转变为新解放区政权的接管与和平过渡。《中国人民政治协商会议共同纲领》规定：凡人民解放军初解放的地方，应一律实施军事管制，取消国民党反动政权机关，由中央人民政府或前线军政机关委任人员组织军事管制委员会和地方人民政府，领导人民建立革命秩序。③ 因此，在初解放的地区，军管会是统一领导军政的最高权力机关，负责对旧政权的接管和改造工作。

在人民解放军进驻广大农村后，通过开展清匪反霸、减租减息、土地改革、打击宗族势力等斗争，初步完成了对旧政权和社会组织的改造。首先在发动群众比较充分、群众觉悟初步提高的地方，普遍建立有广大农民群众参加的、带有半政权性质的农民协会组织，继而建立了民兵、自卫队等群众武装组织，配合乡政府和解放军开展剿匪、肃特运动，承担起维护乡村治安、组织人民群众的社会责任。1950 年 7 月 15 日，政务院颁布《农民协会组织通则》，规定全乡农民直接选举出乡农民代表大会的代表，通过乡农民

① 《毛泽东选集》(第 4 卷)，人民出版社 1991 年版，第 1432 页。

② 毛泽东对《中共中央关于实行精兵简政、增产节约、反对贪污、反对浪费和反对官僚主义的决定》的批语和修改，1951 年 12 月 1 日。

③ 《中国人民政治协商会议共同纲领》，《人民日报》1949 年 9 月 30 日第 2 版。

代表大会和由其选举出的农民协会委员会行使农民协会的权力。[①] 通过农民协会,把全国绝大多数的农民充分组织起来,从根本上改变散沙式的传统社会结构。此后,在合作化运动中,长期稳定的农业生产合作社被确立下来,它们在组织农民生产互助、协作的同时,也发挥了把党和国家的方针、政策贯彻到群众中,保障正常社会生活秩序等社会组织的作用。

在农民的政治优势已经确立的基础上,各地陆续废除保甲制度,并同时进行划乡和建立基层政权的工作。各地农民在乡农民协会会员大会或农民代表会议上,民主选举乡人民政府。1950 年 12 月 8 日,政务院第 62 次会议通过《区各界人民代表会议组织通则》《区人民政府及区公所组织通则》《乡(行政村)人民代表会议组织通则》《乡(行政村)人民政府组织通则》,具体规定了区、乡人民政权的性质、职能和组织机构。

1953 年 2 月,中央人民政府委员会第 22 次会议通过《中华人民共和国全国人民代表大会及地方各级人民代表大会选举法》,并于 3 月 1 日公布实施。同年,在全国范围内,由人民用普遍、直接选举的办法选举产生基层人民代表大会,逐级选举产生县、省(市)和全国人民代表大会。到 1953 年,全国有 28 万多个乡(村)的人民代表会议代行人民代表大会的职权,选举了乡(村)人民政府委员会。[②] 这样国家政权组织一直延伸到乡村社会的最基层,并通过国家政权的力量对农村社会进行全国性的根本变革,也是中国社会政治结构的一次重大变革,极大地推动了乡村社会与国家政权的契合。把农村社会与国家政权紧密地联系在一起,符合了后现代化国家的发展之路,清除了 20 世纪初叶以来中国农村社会的大动荡,达到国家对社会高度整合的目标。从一定意义上说,“要想建立一个完整的国家政治体系,政府就必须以一种前所未有的方式渗入社会的各个角落”[③]。同时,随着基层政权体系的建立,党的组织系统后来也在农村广泛建立起来,并实现在乡村治理中的领导核心作用,这些都从根本上改造了农村社会,通过国家政权的下移,前所未有地强化了国家对农村社会的有效控制。

1954 年,一届全国人大一次会议通过《中华人民共和国宪法》(以下简称《宪法》)和《中华人民共和国地方各级人民代表大会和地方各级人民委

① 《农民协会组织通则》,《人民日报》1950 年 7 月 16 日第 1 版。

② 《全国民主建政成就巨大　为召开人民代表大会准备了充分条件》,《人民日报》1953 年 3 月 1 日第 1 版。

③ 费正清、罗德里克·麦克法夸尔主编:《剑桥中华人民共和国史(1949—1965)》,王建朗等译,上海人民出版社 1990 年版,第 72 页。

员会组织法》(以下简称《组织法》),为农村基层政权的进一步规范和完善指明了方向,新中国农村基层政权建设就进入了规范化、法制化的阶段。《宪法》明确规定,乡、民族乡和镇是最基层的行政单位。[①]《组织法》明确规定了农村人民委员会的建设原则:由乡、民族乡、镇的人民代表大会选举本级人民委员会组成人员,乡级人民委员会可设立民政、治安、武装、生产合作、财粮、文化教育、调解等工作委员会,必要时,可增设文书一人。[②] 这种机构设置存在至人民公社体制出现前。人民公社时期,国家基层政权组织与人民公社组织合为一体。

从 1954 年至 1957 年,中国农村基层政权建设是与农业合作化运动紧密联系在一起的。这一时期的农村基层政权建设都是围绕农业合作化运动开展的,加上国家工业化的压力,使合作化运动不断加速,集体化成为必然,这一运动最终影响了中国农村基层政权的设置。[③] 实现社会主义工业化的总路线不仅要求工业经济的高涨,而且要求农业经济也要有一定的相适应的高涨。但孤立的、分散的、落后的个体经济限制了农业生产力的发展,小规模的互助式的农业生产无法满足工业化和广大人民群众改善生活的需要。1953 年 12 月,中共中央发布《关于发展农业生产合作社的决议》,农民在生产上逐步联合起来的具体道路,就是经过简单的临时互助组和常年互助组,到实行土地入股、统一经营而有较多公共财产的农业生产合作社,到实行完全的社会主义的集体农民公有制的更高级的农业生产合作社。[④] 1954 年 1 月,中央人民政府政务院公布的《第二次全国民政会议决议》提出,要"继续加强和健全农村基层政权组织,使之适应农业互助合作运动发展的需要"[⑤]。从互助组、初级社到高级社,国家通过多种渠道逐步完成了对农村的合作化改造,农村的社会结构和社会关系发生了深刻的变化。初级合作社社员依然保持农户对土地和其他生产资料的所有权,社员的土地具有入股分红的含义,社员之间其实依然保持互助合作的关系,只是互助合作的规模比互助组期间来得大(从 3～5 户扩大到 40～50 户)。

高级社不仅在所有制程度和规模上大于初级社,性质也完全不同。高级社农户的土地无代价地转为集体所有,不再有土地分红;其他生产资料

---

① 《中华人民共和国宪法》,《人民日报》1954 年 9 月 21 日第 2 版。

② 《中华人民共和国地方各级人民代表大会和地方各级人民委员会组织法》,《人民日报》1954 年 9 月 30 日第 2 版。

③ 江燕:《新中国农村基层政权初创时期的历史考察》,《当代中国史研究》2009 年第 4 期。

④ 《建国以来重要文献选编》(第 4 册),中央文献出版社 2011 年版,第 570 页。

⑤ 《第二次全国民政会议决议》,《人民日报》1954 年 1 月 13 日第 3 版。

如耕牛、大农具作价转为集体所有;入社农户允许保留少量的自留地;全社按照统一计划,实行集体劳动,统一经营;全社收入扣除各种费用和提留之后全部按工分制分配,即按劳动量多少分配。而且在管理和组织农村进行经济活动的同时,还要负起对社员进行政治教育、维护农村社会秩序、执行上级行政部门命令、发展农村文化的任务和责任。据1956年底的统计,全国加入农业合作社的农户已达到1.18亿户,占总农户的96.3%。随着高级社的发展和巩固,实现了村社合一,这一组织结构在职能和形式上整合了政权组织、经济组织、社会组织,具有政治、经济与社会三位一体的功能,对实现资源配置、社会整合以及社会动员发挥了重要作用。这一组织结构也成为我国农村基层政权的新基础,为优先发展重工业的社会主义工业化打下了坚实的政治基础,也为后来实行"政社合一"的人民公社化奠定了基础。

农业合作化运动对农村社会管理所产生的作用也许大于它的经济意义。由于实现了合作化,上亿分散的农户被组织了起来。政府为了对农村社会实施有效的管理,传统的乡以下开始形成"行政村"的概念,就是把传统农民聚居的一个或数个自然村落(称为"自然村")合并为一个个具有社会管理职能的"行政村"。它体现为这一时期国家对于乡村控制能力的变化。农业合作化模式第一次将绝大多数农民集合在跨家庭的集体组织中,根据生产力和生产工具的合理配置来构建组织,创造了把家族共同体组织起来的社会组织形式。这些措施从逻辑上超出了血缘关系,超出了宗族体制,很大程度上削弱了农村家庭的生产功能,从而削弱了维系农村基层社会管理的宗族存在根基。这就像同时期里国家在城市组织居民委员会一样,出于党和国家巩固政权的需要和实现社会主义的发展目标把行政体系向最基层的社会组织覆盖,制约了城市市民社会的形成。[①] 总之,通过对农村的社会改造,彻底打倒了农村的封建统治势力,维护农民群众的根本利益,改变了乡村社会的权利结构,渗透政党权威,一大批忠诚于党的新的领导阶层获得了权力,成为农村社会新的精英群体,农村的社会风气彻底改变,实现了对农村社会的重构。

二、城市街居制的建立和发展

20世纪上半叶,中国民众几乎一直是在战乱中生存和生活的。当新政

① 卢汉龙,等:《新中国社会管理体制研究》,上海人民出版社2009年版,第37—38页。

权建立起来之后，饱经战乱之苦的广大民众最渴望的是安宁和秩序，这种社会心态与新政府的愿望显然是一致的。在中国共产党的工作中心开始由农村转向城市时，其必须承担起城市重建所面临的一切任务——“建立公共秩序、恢复生产、抑制通货膨胀、控制失业率”[①]。如何管理城市和建设城市、如何管理好社会事务、如何协调好各种社会关系、如何保证正常社会秩序，成为新生政权面临的重大课题。中国城市居民自治制度是随着中国城市管理工作的需要而逐步发展起来的。从保甲制度到居委会的建立过程，彻底改造了城市里弄空间，同时国家政权的成功介入，强化了国家对城市社会的控制与管理，这对于彻底摧毁保甲制度、实现工人阶级的领导地位、维护城市正常的社会秩序起到了积极作用。

(一) 初创(1949—1954)

城市解放后各地先后成立军事管制委员会，通过军事管制建立必要的社会秩序后，开始对城市基层政权进行系统改造。在国民党统治时期，政府也在城市实行并不断强化保甲制度，劳动人民对这种反动的基层行政制度深恶痛绝，城市解放后人民政府即刻明令废除保甲制度。为稳定社会秩序，保留了大量的保甲人员。

在经过军事管制建立必要的社会秩序之后，各地对城乡基层政权进行了系统的改造。这是铲除国民党反动统治根基的一项重要工作。在国民党统治时期，依照封建旧制，在城乡基层重建和不断强化“联保连坐”的保甲制度，对人民的行为言论实行严密控制和监视，经济上征收田粮赋税、摊派劳役、征募壮丁，以维护其统治。为此，各地一经解放，即明令宣布在广大城乡废除保甲制度。各城市在区人民政府下初步建立起街闾两级基层组织，将原来的保改为街，设正副街长；甲改为闾，设正副闾长。1950 年，一些城市成立了各种居民组织取代闾组织，其名称有所不同，例如，天津为居民小组，上海为冬防队，武汉为治安保卫委员会，等等。这些居民组织的主要负责人由街道派出所指定专职干部担任，其他成员则在当地居民中聘任。其主要任务是：传达政府的方针、政策和法规，开展与居民日常生活密切相关的各项活动，如防空、防特、防火、防盗，并兼办诸如改造游民与娼妓、贫民救济、卫生防疫、清查户口等大量社会工作。[②]

① 泰韦斯：《新政权的建立和巩固》，载费正清、罗德里克·麦克法夸尔主编《剑桥中华人民共和国史(1949—1965)》，王建朗等译，上海人民出版社 1990 年版，第 75 页。

② 《中国共产党历史》(第 2 卷，上册)，中共党史出版社 2011 年版，第 39—40 页。

从1952年开始,在城市广泛发动群众,普遍开展了民主建政运动,试点建立具有自治性质的基层居民组织。一些城市实行“街派合并”,以街道派出所(街公所)取代街政府,并在其下建立居民自治组织——居民委员会,居民委员会成员均从居民中产生。居民委员会带有半政权性质,协助政府做好城市的管理与建设工作。公安部和政务院先后在1952年8月和1954年3月颁布了《治安保卫委员会暂行组织条例》和《人民调解委员会暂行组织通则》,又在居民委员会内逐步建立起治安保卫委员会、人民调解委员会等专职委员会,承担基层社区的安全保障和社会调解职能。1954年12月以后,各城市都相继成立了居委会,成为群众自治组织。这些自治组织,当时带有半政权性质。这对于彻底摧毁保甲制度,完成新旧政权的更迭,恢复工商业,维护正常的社会秩序,协助政府做好城市的管理与建设工作起了重要作用。

(二)建设(1954—1958)

1954年,军队开始退出社会管理,在城市基层设立了居民委员会(简称“居委会”),居民委员会作为基层群众自治组织管理社会事务。1954年12月,第一届全国人大常委会第四次会议制定并通过《城市居民委员会组织条例》,第一次以法律的形式统一将城市基层居民组织的名称规定为居民委员会,其性质是“群众自治性的居民组织”,规定了居民委员会的任务、组织机构、工作原则以及与有关部门和单位的关系等。在这一条例颁布的同时,还颁布了《城市街道办事处组织条例》,规定街道设办事处作为市辖区的派出机关,而非一级政府,并进一步明确了居民委员会和政府机关的关系。1955年12月,内务部和财政部联合发布了《关于规定城市居民委员会经费开支标准的联合通知》,进一步完善了《城市居民委员会组织条例》的有关规定。[①] 此后,街道办事处、居民委员会开始普遍建立,以市辖区、街道办事处、居民委员会为主体的国家行政力量与居民自治力量相结合的城市管理体制逐步形成。

这一时期,街道办事处-居民委员会体制基本适应了当时城市社区管理的需要,并处于良性运行与健康发展的态势。街道办事处和居民委员会在恢复和发展生产,收容和改造游民、散兵、娼妓,维护社会治安、优抚救助、开展卫生运动、改善环境、扫盲、移风易俗和生活服务等方面做出了突出的贡献,调动了城市居民积极参与各种活动的热情。这一时期,居委会的资

① 浦兴祖主编:《中华人民共和国政治制度》,上海人民出版社2005年版,第510—511页。

质程度相对较高，较好地体现了居委会作为“群众自治性居民组织”的性质，较好地发挥了自我管理、自我教育、自我服务的作用，这一时期可以说是我国居民自治和居民委员会工作的“黄金时期”①。但是，被纳入街道、居民委员会管辖之内的居民基本上是无正式工作单位的居民，其主体是所谓“社会闲杂人员”“无业人员”与“家庭妇女”等。

三、以单位为主体的城市社会的形成

单位是中国城市社会中一种特殊的组织形式和社会调控形式，即基本的社会调控单位和资源分配单位②，或者可以视为传统公有制下的基本细胞。单位是适应计划经济体制而设立的一种特殊的组织形式，具有政治、经济与社会三位一体的功能，以行政性、封闭性、单一性为特征。③ 单位制是在计划经济时期特殊的历史条件下，为实现国家现代化而逐渐形成的，是新中国公有制和计划经济体制的产物和保障。各级单位代表国家管理着社会的生产和工作，也是治理、改造社会的工具，在我国社会主义建设和发展中发挥了巨大的作用。

新中国的单位有着特殊的形成发展过程，因此而获得了特殊的意义，是一种特殊类型的单位。这样的单位的前身是中国共产党在领导和组织革命战争的过程中，为了革命战争的需要而建立的各种政治、经济、社会服务和文化教育的组织和机构，这些组织和机构都隶属于党政军机关。新中国成立，中国共产党执掌国家政权后，这些组织和机构也就成为所谓的单位。一方面中国共产党肃清国民党反动派在大陆的残余武装力量，剿匪反霸，镇压反革命，召开地方各级人民代表会议，建立各级人民政权，健全人民民主专政的国家制度，奠定政党和行政体制，以快速、简捷的方式将高度紧密、纯洁的行政单位体系构筑起来，逐步实现对革命后社会的整合和治理。党领导国家工作的制度初步形成。单位制保证了中国共产党作为执政党对全社会的政治领导作用，使党的方针政策得到迅速有力的贯彻执行。在中央人民政府成立后，为了保证党对政府工作的领导，1949 年 11 月，中共中央做出《关于在中央人民政府内组织中国共产党党委会的决定》和《关于在中央人民政府内建立中国共产党党组的决定》。上述决定，在中央和地方各级政府部门均予以实行。党组制度由中央国家机关推及地方

① 潘小娟：《中国基层社会重构——社区治理研究》，中国法制出版社 2004 年版。

② 王沪宁：《从单位到社会：社会调控体系的再造》，《公共行政与人力资源》1995 年第 1 期。

③ 李君如主编：《社会主义和谐社会论》，人民出版社 2005 年版，第 219 页。

各级政府部门，包括各级政协组织、人民团体等。基层企事业单位根据党员人数和规模大小设党委或者党总支部、党支部。单位党组织通过单位行政部门和工会、共青团、妇联、民兵组织，将中央和国家的方针政策精神落实到基层，对单位的生产、工作进行具体部署领导。新中国成立后，在干部人事制度方面，实行党管干部的原则，即国家的一切干部都要按照党的有关方针政策和原则实行统一的管理。除军队干部实行单独管理外，其余所有干部都统一由中央和各级党委的组织部门管理。[①] 党组织还通过发动政治和经济运动，组织政治学习、思想教育、宣传鼓动和组织整顿，保证各个单位进而保证全社会的政治动员和稳定。到1952年，新中国已经巩固了自己对所有省份和边远地区的行政控制。[②]

另一方面，国家又建立了许多与这些单位性质一致的单位，同时还通过政权力量将城市社会中既存的各种经济和社会、文化组织改造成为这样的单位。在这些单位的基础上，为了将人民"进一步组织起来"，"将全中国绝大多数人组织在政治、军事、经济、文化及其他各种组织里，克服旧中国散漫无组织的状态"[③]，党政群机关、事业单位和公有制企业属于严格意义上的单位，其中单位化程度最高的是党政群机关、全民所有制企事业单位，它们作为国家组织及其附属物，既受到国家全面而直接的控制，又受到国家全面而直接的保障；其次是城镇集体所有制企事业单位，它们依照国家计划的分类，由国家"归口"管理。[④] 从单位的级别来说，单位组织按照科层制原则都被纳入了统一的国家行政序列之中，并被赋予不同的行政级别，从而在行政权力、资源分配、利益和机会的获得上均表现出明显的级差。[⑤]

这种社区最早是以"军队大院""干部大院"等形式出现的。20世纪50年代初，先是在一些党、政、军机关集中的城市中，出现了一块块被圈在一定地域范围内的单位社区，这些社区有高高的围墙和气派的大门以及森严的门卫。"大院"的里面则是一个"小社会"：工作区、家属区、食堂商店、娱乐体育场所等几乎一应俱全。随着"单位制"的形成和普及，城市基层出现

① 《中国共产党历史》(第2卷，上册)，中共党史出版社2011年版，第174页。

② 莫里斯·迈斯纳：《毛泽东的中国及后毛泽东的中国——人民共和国史》，杜蒲、李玉玲译，四川人民出版社1992年版，第79页。

③ 《毛泽东选集》(第5卷)，人民出版社1977年版，第9—10页。

④ 王琼：《单位制的消解与政府治理模式的变迁》，《理论观察》2007年第2期。

⑤ 李路路、李汉林：《中国的单位组织——资源、权力与交换》，浙江人民出版社2000年版，第202—204页。

了与传统的街坊社区完全不同的单位社区。[①]

这样一来，单位就遍及整个城市社会，既有行政单位、事业单位，还有企业单位。计划经济体制建立和三大改造完成后，分散于中国社会的绝大多数私人企业和个体农民经济，被汇集到全民或集体所有制的公有制中，由国家实行“条”和“块”两大系统的计划统一管理。“条”是指国家自上而下按照行业划分的系统；“块”是指按照地域的划分，除了中央直属单位外，工厂的职工、生产资料及生产利润，都属于地方管理。在大多数情况下，各个单位都要接受“条”和“块”的双重交叉领导。这样，各级单位在国家的计划指导下进行生产、工作，单位之间相互协作，实行全国一盘棋，通过经济调拨做到效益最大化，避免了重复建设和积压资源等浪费。单位呈现社区化发展，就业场所与生活场所重合及单位功能复合性发展。

从国家对资源调配的角度看，单位社会是社会主义社会建立初期，在物质和文化资源总量匮乏的条件下，采用政府调控形式的产物。政企不分，政事不分，政社不分，是单位社会的显著特征。单位将经济控制权力和国家行政权力结合在一起，为社会管理机构对各种社会力量的调节和控制提供了新的制度架构[②]，体现了社会主义公有制“各尽所能、按劳分配”的优越性。只有当千千万万的单位服从国家统一的指令性安排之时，才能保证达到在短时期内实现扩充社会资源总量的目的，为中国的现代化向纵深方向发展提供保障。用陈云的话来说就是：“为了战胜暂时的财政困难，在落后贫困的经济基础上前进，必须尽可能地集中物力财力，加以统一使用。”[③]致力于社会资源总量的扩充就成为单位体制的实践起点。这种在国家权威支配下的单位体制曾经爆发出巨大的能量，但也滋生了至今都难以解决的问题。当社会资源总量富足到一定程度时，当生产力的发展和社会资源的扩充超过了单位体制所容纳的限度时，单位制的改革也就提上议事日程了。正如马克思所说：“当社会生存的物质条件发展到迫切需要变革它的官方政治形式的时候，旧政权的整个面貌就发生变化。”[④]因此，我们应对单位体制给予客观的、历史的评判。

① 吴群刚、孙志祥：《中国式社区治理——基层社会服务管理创新的探索与实践》，中国社会出版社 2011 年版，第 38 页。

② 李路路、李汉林：《中国的单位组织——资源、权力与交换》，浙江人民出版社 2000 年版，第 7 页。

③ 《陈云文选》(第 2 卷)，人民出版社 1995 年版，第 61 页。

④ 《马克思恩格斯选集》(第 1 卷)，人民出版社 1972 年版，第 180 页。

四、城乡二元社会结构的形成

社会结构和社会关系是决定社会生产力快速发展的重要条件。制度安排中重要的一点在于有一个好的社会结构,以及在好的社会结构下和谐的社会关系,这是任何一个社会得以发展所应具备的最基本的条件。著名发展理论学者沃勒斯坦曾经说过,“社会结构是人类关系的珊瑚礁”①,也就是说,观察社会结构是了解人类社会的最佳途径。中国城乡分割的二元社会制度是逐步强化的。

新中国成立之前,中国领导人确信,伴随国家工业化,将有一个人口城市化的进程。1945 年,毛泽东在《论联合政府》中指出:“将来还要有几千万农民进入城市,进入工厂。如果中国需要建设强大的民族工业,建设很多的近代的大城市,就要有一个变农村人口为城市人口的长过程。”②在资本稀缺的经济中,推行资本密集型重工业优先发展战略,不可能依靠市场来引导资源配置,因而必须通过计划分配的机制,把各种资源按照产业发展的优先序进行配置。由此,以资本和劳动力为代表的资源或生产要素,既无必要、也不允许根据市场价格信号自由流动。与轻工业相比,重工业的资本密集程度高,劳动吸纳能力较弱。因而,推行重工业优先发展战略,意味着要牺牲掉大量的就业机会。为了进一步控制劳动力从农村流出,同时保障城市居民充分就业以及其他福利的不外溢,国家要做出相应的制度安排。户籍制度的建立,一方面是为了解决秩序问题,另一方面就是为这一理想服务的。新政权试图通过一种有效的制度安排,以便在社会中营造一种“人工维持的秩序”③,把社会主义国家的力量渗透到社会之中,以确保新兴民族国家的安全和稳定。在计划经济和优先发展重工业的条件下,逐步形成了城乡二元社会结构。

(一)短暂的自由流动时期

从公民居住迁徙自由到城乡二元分野布局,是新中国人口管理模式形成的第一阶段。在 20 世纪 50 年代初期,户口管理主要服务于肃反和治安等政权巩固的需要,控制人口流动的职能还没有提上日程。公民的居住、迁徙自由是一项基本权利。作为新中国成立之初“临时宪章”的《中国人民

---

① 伊曼纽尔·沃勒斯坦:《现代世界体系》(第 1 卷),尤来寅等译,高等教育出版社 1998 年版,第 1 页。

② 《毛泽东选集》(第 3 卷),人民出版社 1991 年版,第 1077 页。

③ 詹姆斯·科尔曼:《社会理论的基础》(上),邓方译,社会科学文献出版社 1992 年版,第 92 页。

政治协商会议共同纲领》第五条就把“迁徙”作为公民的11项自由权之一。[①] 1954年9月，一届人大通过的《宪法》仍然规定：“中华人民共和国公民有居住和迁徙的自由。”1950年，全国第一次治安工作会议召开，要求先在城市开展户籍制度管理工作，同时，明确户口工作的任务是保证居民居住迁徙之自由。为了对反革命分子或可疑分子进行监视和控制，以便“搞好社会治安，保障安全”，1950年8月，公安部制定了《关于特种人口管理的暂行办法（草案）》，开始对重点人口进行管理，这是新中国户籍制度开始的起点。同年11月，第一次全国治安工作会议召开，决定先在城市开展户籍制度管理工作，明确户口管理的任务是了解社会动态和阶级关系，搜集人口资料，“保证居民居住迁徙自由，安心从事生产建设”。1951年7月16日，公安部颁布《城市户口管理暂行条例》，统一规范了城市的户口登记和管理，其目的在于建立城市公共秩序，恢复城市经济建设。该条例仅对城市居民依属地进行户口登记和管理，并未限制城市居民的迁移。

（二）限制人口自由流动，二元社会结构的形成

新中国成立之初仍然承袭历史上的人口自发流动和迁移的惯例，1949年至1952年三年间，全国市镇人口从5765万增加到7163万，增加了1398万，市镇人口占全国总人口的比重也从10.6%上升到12.5%，三年时间增加近2个百分点。[②] 由于城市建设尚处于起步阶段，所需的劳动力有限，农民大量入城，使城市失业人口增加。而农村又因劳动力减少，造成农业生产上的损失。这时已经出现农民自发进城和城市不容的矛盾，由于城乡、工农差别的存在，城市生活对于农民具有吸引力，导致农民进入城市寻求工作者日渐增多。从1952年起，政务院多次在有关文件中提出劝阻农民盲目流入城市的问题，规定各单位未经劳动部门许可或介绍，不得擅自到农村招收工人。1952年11月26日，《人民日报》开始发出预警信号：近来有不少地区发现农村剩余劳动力盲目流入城市，应劝阻农民盲目向城市流动。1953年，中国开始了以重工业为重点的大规模工业化建设，与此相伴随的是三大改造的加速和全社会计划化的加强，统购统销体制的建立，构建了一套城乡有别的社会保障体制，导致大量的农村人口涌向城市，出现了新中国第一次人口迁移的高潮。开始，计划供应粮食的范围比较大，包

① 《共同纲领》第五条规定：中华人民共和国人民有思想、言论、出版、集会、结社、通讯、人身、居住、迁徙、宗教信仰及示威游行的自由权。参见《人民日报》1949年9月30日。

② 《中国统计年鉴1985》，中国统计出版社1985年版，第186页。

括县以上城市、农村集镇、缺粮的经济作物产区人口、一般地区缺粮户、灾区的灾民。按这个范围供应,吃商品粮的人口接近2亿,超过全国总人口的1/3。[①] 城市粮食供应太宽,引起农村人口流入城市,或者城市粮食向乡间倒流,加剧了粮食供应的紧张。[②] 1953年9月11日,梁漱溟在全国政协会上发言说:“近几年,城里的工人生活提高快,而乡村的农民生活却依然很苦,所以各地乡下人都向城里(包括北京)跑,城里不能容,又赶他们回去,形成矛盾。”[③]城乡之间的巨大经济差距吸引大量的非城市人员涌进城市,城市开始不堪重负。中央决定实行定产、定购、定销的政策和办法;同时,对人口迁移的限制逐渐严格起来,从户口管理、粮油供应、劳动用工和社会保障等方面进行严格控制。1953年起,涉及人口流动、迁移的政策陆续发生了一系列重大变化,城乡二元社会结构逐渐形成。

1. 建立区分城乡户口的登记制度

1953年,有两个情况推动了户口管理制度在全国的建立:一是为第一届全国人大和地方人大代表普选做准备;二是即将开始的工业化建设。大规模、有计划的经济建设需要准确的人口数据,实行粮油棉布等生活必需品计划供应,需要核准供应对象,控制供应规模和范围,户籍管理和人口的流动及迁移开始纳入国家计划之内。1953年4月,为了解全国准确的人口数字和做好各级人民代表大会的选举工作,政务院发布《为准备普选进行全国人口调查登记的指示》,并制定《全国人口调查登记办法》。随后,以1953年6月30日24时为时点,开始了第一次全国人口调查登记。1954年12月,内务部、公安部、国家统计局联合发出通知,要求普遍建立农村的户口登记制度。这次人口调查和登记的结果是在农村建立起简易的户口登记制度,为全国统一的户籍管理奠定了基础。[④] 1955年6月22日,国务院颁布《关于建立经常户口登记制度的指示》,要求乡、镇人民委员会应当建立乡、镇户口簿和出生、死亡、迁出、迁入登记册,以及时准确掌握人口出生、死亡、迁入、迁出等动态情况。全国户口登记工作由内务部和县以上政府民政部门主管,办理户口登记的机关是公安派出所。[⑤] 从此开始在全国

① 殷志静、郁奇虹:《中国户籍制度改革》,中国政法大学出版社1996年版,第5页。

② 参见《关于粮食的统购统销问题》,国务院副总理陈云1955年7月21日在第一届全国人民代表大会第二次会议上的发言。

③ 汪东林:《梁漱溟问答录》,湖南人民出版社1988年版,第132页。

④ 殷志静、郁奇虹:《中国户籍制度改革》,中国政法大学出版社1996年版,第3页。

⑤ 公安部政策法律研究室编:《公安法规汇编(1950—1979)》,群众出版社1980年版,第138—141页。

城乡全面建立统一的户口登记制度。1956年1月13日，国务院决定将内务部主管的农村户口登记工作移交公安部门，从而使全国户口工作实现了统一的管理。同年3月，全国第一次户口工作会议召开，明确户口三项基本功能：证明公民身份、统计人口数字、发现与防范反革命和各种犯罪分子活动。1958年颁布的《中华人民共和国户口登记条例》明确规定：农村居民迁往城镇一定要持有城市劳动部门或学校录取证明以及城市户口登记机关的准迁证明。至此，国家通过法令的形式把我国的人口硬性地分为城镇人口和农村人口，并限制劳动力的自由流动，二元户籍制度正式形成。

2. 逐步限制人口流动

1953年4月17日，政务院下达《关于劝止农民盲目流入城市的指示》，第一次以政府文件形式阻止农民进城，要求对从农村流入城市的农村劳动力实行计划管理。[①] 1954年3月，内务部、劳动部发布《关于继续贯彻劝止农村人口盲目外流的指示》。1956年8月，中共中央批发劳动部党组《关于解决城市失业问题的报告》时提出：各企业事业单位招收人员时，仍应遵守先城市、后农村的原则。为了避免被遣返农民又跑回城市，1958年2月25日，国务院再次发出通知，要求"遣返农民应送至离其家乡最近的一站，不应只送至中途或超程远送省会"[②]。以政府出面强行遣返在城市中没有亲友的农民的做法对阻止农民进入城市几乎没有产生作用。河北、河南、安徽、江苏、山东等省农民仍然像潮水般涌入城市。1957年内务部的一份报告说：河南一个村庄98个劳动力只剩下队长和副队长两人坚持在农村劳动。在这种情况下，1956年底至1958年初，中央连续数次发出有关应对农民盲目流入城市的指示[③]，从"劝止""防止"到"阻止"，再到"制止"，进而"收容"和"遣返"，阻止农民进城的措施逐步严厉，开始了中国持续46年的"收容遣送"制度。1957年12月18日，中共中央、国务院联合发出的《关于制止农村人口盲目外流的指示》设置了三道关卡：乡不得开、发证明；铁路

① 张培田主编：《新中国法制研究史料通鉴》（第7卷），中国政法大学出版社2003年版，第7534页。

② 国务院：《关于制止农村人口盲目外流的指示中发生的问题的通知》（1958年2月25日），参见《中华人民共和国中央人民政府大事记》（第5卷），第24页。

③ 国务院《关于防止农村人口盲目外流的指示》（1956年12月30日），国务院《关于制止企事业单位盲目招收工人和职员的通知》（1957年1月12日），国务院《关于防止农民盲目流入城市的补充指示》（1957年3月2日），国务院转批公安部《关于实施阻止农民盲目流入城市和削减城市人口工作所面临的问题及解决办法的报告》（1957年7月），国务院《关于防止农民盲目流入城市的通知》（1957年9月），中共中央、国务院《关于制止农村人口盲目外流的指示》（1957年12月18日），国务院《关于制止农村人口盲目外流的指示中发生的问题的通知》（1958年2月25日）。

或交通要道加强“劝阻工作”;城市和工厂区“动员”其返回原籍,严禁流浪乞讨,在大城市设置收容所,“临时收容,集中送回原籍”。[①] 同时规定,企业事业单位招用临时工,必须尽量使用城市剩余劳动力,需要从农村招用的,必须经省、自治区、直辖市人民委员会批准。[②] 1958 年 1 月 9 日,第一届全国人大常委会第 91 次会议制定《中华人民共和国户口登记条例》,标志着中国的人口迁移政策的重大调整,改自由迁移政策为控制城市人口规模政策。

3. 实行统购统销政策

1953 年统购统销政策的制定,是中国城乡结构二元化发展的一个历史转折点。1953 年我国基础建设投资比 1952 年增加了一倍以上,就业人数和工资量大增,城市和工业对粮食需求量大增;同时,由于食用粮增多,加上自由市场的存在和投机商的负面作用,社会的供给远不能满足需求。农业生产赶不上工业建设的需要,粮食等生活消费品供不应求。1953 年 10 月的全国粮食会议上,陈云认为,要解决粮食问题,应该处理好四对关系:国家跟农民的关系,国家跟消费者的关系,国家跟商人的关系,中央跟地方、地方跟地方的关系。而处理这些关系所要采取的基本办法是:“在农村实行征购,在城市实行定量配给,严格管制私商,以及调整内部关系。”在周密的调查研究和广泛征求各方面意见的基础上,陈云提出了八种解决方案:①又征又配,即农村征购,城市配给;②只配不征,只在城市配给,农村不征购;③只征不配;④原封不动;⑤“临渴掘井”;⑥动员认购;⑦合同预购;⑧各行其是。在经过反复比较后,陈云认为:“看来只能实行第一种,又征又配,就是农村征购,城市配给。其他的办法都不可行。”[③]1953 年 10 月 16 日,中共中央发出《关于实行粮食的计划收购与计划供应的决议》[④],在农村向余粮户实行粮食计划收购(简称“统购”)政策;对城市人民和农村缺粮人民实行粮食计划供应(简称“统销”)政策,即实行适量的粮食定量配售政策。

1953 年 11 月 19 日,陈云主持政务院第 194 次会议,通过了《关于实行粮食的计划收购和计划供应的命令》和《粮食市场管理暂行办法》,决定在全国范围内有计划、有步骤地实行粮食的计划收购和计划供应,所有私营

① 《中华人民共和国法规汇编》(第 3 卷),中国法制出版社 2005 年版,第 637—638 页。

② 《当代中国的劳动力管理》,中国社会科学出版社 1990 年版,第 128 页。

③ 《陈云文选》(第 2 卷),人民出版社 1995 年版,第 207—210 页。

④ 《建国以来重要文献选编》(第 4 册),中央文献出版社 2011 年版,第 412—421 页。

粮商一律不许私自经营粮食，由国家统一经营。[1] 又于1953年11月做出了《关于在全国实行计划收购油料的决定》[2]，1954年9月发出《关于实行棉花计划收购的命令》，国家对油料、棉花实行计划收购和计划供应。1954年9月23日，陈云在第一届全国人民代表大会第一次会议上发表了题为《关于计划收购和计划供应》的讲话，肯定了国家对粮食、油料、棉花、棉布的计划收购和计划供应的政策。1955年8月，为贯彻粮食统购统销与粮食计划供应政策，增加粮食生产，提倡节约粮食，保证粮食合理分配，以利于国家经济建设，国务院发布《市镇粮食定量供应暂行办法》和《农村粮食统购统销暂行办法》，在城市建立了凭供给凭证定量供应的制度，在农村强化了粮食的统购统销。为了保证统购统销，国家对农村自由市场也实行了严格管制。1957年8月9日，国务院全体会议第五十六次会议通过了《国务院关于由国家计划收购（统购）和统一收购的农产品和其他物资不准进入自由市场的规定》。从1953年到1957年的一系列制度安排，建立粮、棉、油等统购统销制度，稳住了市场物价，并且有助于把分散的小农经济纳入国家计划轨道，引导农民走上互助合作的道路，保证了国家建设和人民生活的需要，在当时我国主要农产品生产还不丰富的历史条件下是完全必要的。到1957年，国务院各部门直接管理的工业企业已由1953年的2800多个增加到9300多个；国家计划管理的工业产品由115种增加到290种；国家统一分配的物资由220多种增加到530多种；国民收入分配中，国家财政收入所占的比重已经达到34%，国家财政收入中有75%归中央支配；国营企业的利润除少量奖励基金和福利基金可以留归企业外，余者全部上交；全国基本建设项目的投资和建设，绝大部分由国务院各部门直接管理，企业没有基本建设的投资权，地方政府投资权限也很小。"统购统销"一方面压缩了农民的消费；另一方面则通过保障城市居民的低价均等的农副产品供给，降低了工业化的成本，保证了物价的稳定。在物资匮乏阶段，由于人均收入只够维持基本生存，如果分配稍有不均，势必有人连基本生存也得不到保障。统购统销制度的实施，既保障了人民的基本生活需要，又保障了农业为优先发展重工业提供必需的原料和资金，为国家工业化的快速推进提供了强有力的支撑。

---

① 《建国以来重要文献选编》（第4册），中央文献出版社2011年版，第483—485、486—487页。

② 《建国以来重要文献选编》（第4册），中央文献出版社2011年版，第482页。

4. 确立城乡划分标准

1955年11月7日,国务院颁布《关于城乡划分标准的规定》,具体规定了城镇、城镇型居民区和乡村的划分标准。城镇的标准是设置市人民委员会的地区和县(旗)以上人民委员会所在地(游牧区行政领导机关流动的除外),或者常住人口在2000人以上,居民50%以上是非农业人口的居民区。"由于城市人民同乡村人民的经济条件和生活方式都不同,政府的各项工作,都应当对城市和乡村有所区别,城乡人口也要分别计算",明确将"农业人口"和"非农业人口"作为人口统计指标。[①] 中国的户籍人口由此分割出两种——"农业人口"与"非农业人口",确立了城乡二元社会管理的基本框架。1956年,公安部的人口统计指标中,除"农村人口"外,增加了"农业户数"。[②]

这一时期内,城市和农村的户口登记和管理及相应的办法已初步定型。城市户口管理基本由公安机关负责,登记户口、发放簿册,"肃反"工作、就业安置、粮食供应计划以及公共秩序的维护几乎连为一体。在农村,基层政府组织承担起了部分户口管理工作,这种管理更多的是带有政治的和经济的目的。这种方法在当时的历史背景下,确实对公共秩序的建立、生产的恢复及社会问题的解决起到了积极的作用。但是,从政策的变化可以看到,户籍制度已渐渐趋向于以界定与区分家庭和个人身份,对人进行分类控制为目标。随着政府对粮食进行集中控制,粮食及日用品供应和分配与户口开始联系起来。[③] 由于这些政策的制定和实施,公民自由迁徙权利受到严格限制,城乡分割和计划控制的人口管理理念和体制轮廓开始形成。

中国在工业化起步阶段,既是一个典型的落后农业国,又长期处于封闭半封闭环境。要实现工业化,不能不主要依靠内部积累来获得资金,而国内积累相当大的部分是从农业中来。因此,只有实现广泛的农村动员,才能获得国家工业化的经济和政治资源。这种积累模式是由一系列制度安排实现的,其中一个关键性环节就是采取城乡二元结构的治理模式。通过不等价交换,农业为国家工业化提供主要的资金积累,有时直接征调农民工进行劳动积累;同时严格控制非农业劳动力和人口,人为压低原材料、工资和生活必需品价格,压低城市居民的消费,维持高积累。通过单一公

---

① 《中华人民共和国法规汇编》(第2卷),中国法制出版社2005年版,第596页。

② 殷志静、郁奇虹:《中国户籍制度改革》,中国政法大学出版社1996年版,第5页。

③ 陆益龙:《1949年后的中国户籍制度:结构与变迁》,《北京大学学报(哲学社会科学版)》2002年第2期。

有制和集中计划体制的建立，把有限的工商业经济剩余最大限度地集中到国家特别是中央政府手里，并运用行政手段投资于工业化特别是重工业化。① 事实上，当代中国工业体系的建立，很大程度上是得益于工农业“剪刀差”政策。据统计，1978 年前农业部门为工业化提供的资金为 4881 亿元，而在 1952 年至 1978 年中国工业投资累计才只有 3679.6 亿元。② 农业提供的资金甚至大于同期国家固定资产投资的总额。

而新中国成立以后，实行了以户籍制度为核心的一系列城乡分割的制度(见表 1-2)，把这种二元结构制度化、凝固化了。严格地限制人口流动和迁移，主要是严格限制农民向城市流动和迁移，迟滞了城市化进程。近年来，随着“三农”问题日益突出，理论界和舆论界对于以户籍制度为核心的城乡分割的二元社会结构提出了越来越多的批评，同时，把解决目前的农业、农民、农村问题的出路聚焦在加快城镇化上，而加快城镇化的突破口放在改革户籍制度上。这不能说没有道理，但有些把问题简单化了。城乡二元社会结构的形成，是诸多经济的、社会的因素作用的结果，是保障赶超型工业化战略的以户籍制度为核心的一系列制度安排。如果不能全面地了解这些历史因由，就难以找到解构中国二元社会结构的途径。③

表 1-2　城乡二元社会结构形成的主要法律制度

年份	法规制度	主要内容
1949	《共同纲领》	第五条规定：中华人民共和国公民有居住、迁徙的自由权
1950	公安部《特种人口管理暂行办法(草案)》	特殊人口管理
1951	公安部《城市户口管理暂行条例》	统一规范城市常住人口登记管理
1953	政务院《为准备普选举行全国人口调查登记的指示》《全国人口调查登记办法》 政务院《关于劝止农民盲目流入城市的指示》 政务院《关于实行粮食的计划收购和计划供应的命令》	常住人口调查和登记。 实行统购统销政策

①③　肖冬连：《中国二元社会结构形成的历史考察》，《中共党史研究》2005 年第 1 期。

②　王育琨，等：《中国：世纪之交的城市发展》，辽宁人民出版社 1992 年版，第 15 页。

续表

年份	法规制度	主要内容
1954	《中华人民共和国宪法》	第九十条第二款规定:中华人民共和国公民有居住和迁徙的自由。
	内政部、公安部和国家统计局联合通告	普遍建立农村户口登记制度
1955	国务院《关于建立经常户口登记制度的指示》	人口和户口变动登记、管理。
	国务院《农村粮食统购统销暂行办法》(1955年8月25日)和《市镇粮食定量供应暂行办法》(1955年8月5日)	粮食供应、粮票和粮油转移证管理。
	国务院《关于城乡划分标准的规定》	具体规定了城镇、城镇型居民区和乡村的划分标准
1956	国务院《关于防止农村人口盲目外流的指示》	
1957	国务院《关于防止农民盲目流入城市的通知》;中共中央和国务院《关于制止农村人口盲目外流的指示》	严格控制农民流入城市
1958	《中华人民共和国户口登记条例》	改自由迁移政策为控制城市人口规模政策

第四节　社会治理初创的基本特征分析

1949年到1957年,“党的绝对一元化领导”不断加强,国家权力不断集中,经过“一五”计划的实施,到1957年,工农业生产已经基本纳入公共决策的领域,而统购统销又使国家掌控了主要农副产品的销售渠道。这样,具有强大动员能力的计划经济体制的组织体系已告建立。[①] 这一阶段社会管理的主要任务在于改造旧社会,建设新中国,稳定新政权。“稳定和巩固政权是社会管理的首要任务。”[②]同时学习苏联的经验,加强基层组织建设,

① 赵农:《中国经济发展阶段及其演化——关于计划经济历史分析的一种新视角》,《学术界》2014年第9期。

② 丁元竹:《中国社会管理的理论建构》,《学术月刊》2008年第2期。

并且也通过意识形态的建构来进行社会管理，初步形成了高度集中的计划经济体制和政治、经济、社会一体化的中央高度集权的一元化领导管理体制。与中央高度集权的管理体制相适应，形成了一种以中央权力为中心、以行政命令为主导的自上而下单向式的管理模式。在高度集权的政治体制和计划经济体制基础上，建立了一套与计划经济体制相匹配的社会管理体制，形成了“国家-单位-个人”的一元主体社会管理格局。政府承担着几乎全部社会职能，由政府来配置资源，以单位为基础对社会实行总体控制，社会运行成为政府运行的组成部分。有学者将其称为行政吸纳社会或社会运行行政化的管理体制。[①] 集体化时期社会治理结构如图 1-1 所示。

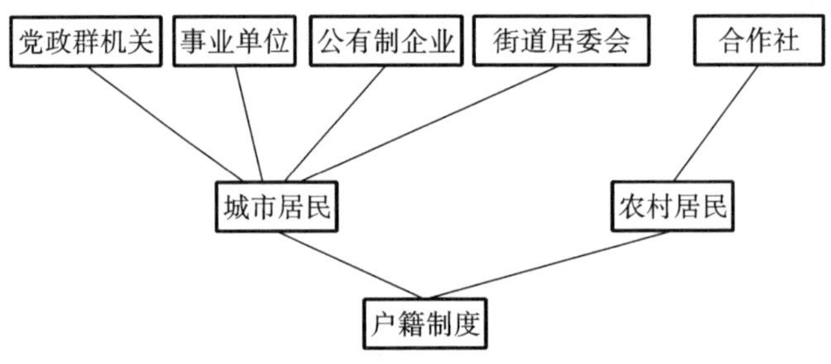

图 1-1　集体化时期社会治理结构

总体来看，新中国成立初期，社会管理的特点主要体现在以下几个方面。

一、立足基本国情，开启了中国自己的社会管理道路的探索

中国社会治理发展道路的选择是由中国独特的历史与国情决定的，受到所处的历史阶段、发展条件以及国际环境的影响和制约。世界各国的发展目标都是要消灭贫困、实现公平正义和发展成果全体人民共享，发展历程也都是要经过工业化、市场化和城市化，以及政治上的民主化，但是就发展的途径来说，则没有现成的可以照搬的发展模式。[②]

新中国成立初期，全国上下经济凋敝、社会停滞不前，中国人均资源的极度匮乏，所处的国际环境和特殊的时代，以及中国的大国地位和心态，使它在 20 世纪 50 年代选择了强大的政府主导型的计划经济体制和优先发展重工业的赶超战略，通过全体人民“勒紧裤腰带”来加快工业化进程，保

① 李培林：《创新社会管理是我国改革的新任务》，《人民日报》2011 年 2 月 18 日第 7 版。

② 武力主编：《中国发展道路》（上），湖南人民出版社 2012 年版，第 57 页。

障国家的安全和发展。为了实现这一目标,就必须有效地整合各种社会资源,利用有限的资源推进现代化建设,因而迅速创建了以单位制的管理体制为主、以基层地区的管理体制(街居制和人民公社制)为辅的社会治理模式,将全社会都纳入各种各样"单位"的管理之下,并以单位作为最基本的社会调控单元和资源分配单元。

国家成为无所不管、无所不包的"全能国家"。在城市,逐步建立了以"单位制"为主、以街居制管理为辅的社会管理体制。国家在城市主要通过党政机关、企事业单位和社会团体管理城市居民并为他们提供相关服务,或称之为"单位办社会"和"企业办社会",将绝大多数社会成员纳入国家行政体系之中,实现国家对社会成员的整合与控制。对于少数游离于单位体制之外的社会闲散人员、民政救济和社会优抚对象等,由政府的派出机构街道和居委会进行管辖,从而实现对城市全体社会成员的管理和整合,达到社会稳定和巩固政权的目的。在农村主要通过合作社这种政治经济合一的组织以及严格的城乡隔离的户籍制度、统购统销控制农民并为农民提供最基本的社会服务。

在借鉴苏联经验的同时,在社会主义建设问题上,要探索适合中国自己情况的社会主义建设的形式和方法。1956 年 8 月,毛泽东在对中共八大政治报告稿的批语和修改中指出:"不可能设想,社会主义制度在各国的具体发展过程和表现形式,只能有一个千篇一律的格式。我国是一个东方国家,又是一个大国。因此,我们不但在民主革命过程中有自己的许多特点,在社会主义改造和社会主义建设的过程中也带有自己的许多特点,而且在将来建成社会主义社会以后还会继续存在自己的许多特点。"①

在这个阶段里,建立起统一的就业和工资福利制度、统购统销制度、计划生育制度、以政治意识形态为导向的思想政治工作制度、治安管理制度,以及政经社合一的单位体制和合作社体制,等等。农村合作社和城镇单位成为社会管理的主要执行者。这一时期的社会因缺乏结构、功能和利益的分殊化和多元化而被称为"整体性社会",企事业单位、群团组织和社区组织均为政府行政机构的附属物而缺乏独立性和自主权,个人利益服从于国家利益和集体利益,私人利益和特殊利益受到批判和压制。这一时期的国家是社会管理的唯一主体、社会服务的唯一提供者,行政手段是主要的管理手段,政府管理、强制秩序、政府包揽、政府统管的高度一元化管理成为

① 《建国以来毛泽东文稿》(第 6 册),中央文献出版社 1992 年版,第 143 页。

这一时期社会管理模式的主要特征。

从适应当时形势任务的发展，将人民群众组织和动员起来，到针对前进中出现的问题及时提出正确处理人民内部矛盾的命题，再到把加强民生建设作为减少和化解各种矛盾的治本之策，并最后落脚到群众工作和基层工作，一路走来，虽十分不易，但也成效卓著，为创造性地实现由新民主主义革命向社会主义革命的转变，实现中国历史上最深刻最伟大的社会变革，团结一切可以团结的力量共同建设社会主义，创造了良好的社会环境和社会条件。1972 年，英国学者汤因比在与日本学者池田大作的对话中，认为中国和东亚在“人类统一”中可能发挥主导作用，“就中国人来说，几千年来，比世界上任何民族都成功地把几亿民众，从政治文化上团结起来。他们显示出这种在政治、文化上统一的本领，具有无与伦比的成功经验。”①这一时期中国对自己的社会治理道路的探索和实践，也正如其所言。

二、群众运动与思想动员相结合的治理形式

新中国成立后，如何尽快地发展生产力，满足人民日益增长的物质文化需要，实现社会主义现代化，成为中国共产党执政的基本目标和历史使命。这一时期，社会管理建设也是以巩固人民政权、改造旧社会、建设新中国、加速从新民主主义社会向社会主义社会的过渡为主线的。面对社会的急剧转型，创造性地探索了如何减少社会震荡、保持社会稳定有序的正确方法。在这个过程中，中国共产党成功实现了由革命党到执政党的历史转变，更多地采取灵活、渐进的方式，强硬手段和柔性措施相结合的办法进行社会治理，巩固政权，稳定局面。群众运动和思想动员在社会治理中发挥着重要作用，通过社会舆论导向、道德建设、思想政治教育和政治压力攻势等方式来改造人们的思想意识，进而通过改变人们的行为来实现管理的目标。

思想政治教育集中反映了当前社会的政治要求，因而成为社会软管理中最重要的组成部分。一种社会制度和社会秩序只有在大多数社会成员对其持有相对一致的态度时才能获得存在的价值和自身发展的基本条件。新中国成立初期，我党在领导艺术和管理方式方面十分注重思想政治工作，注意利用政治意识形态的管理功能，善于发动群众和依靠群众来实现

① A. J. 汤因比、池田大作：《展望二十一世纪——汤因比与池田大作对话录》，荀春生等译，国际文化出版公司 1985 年版，第 294 页。

党的执政和政府管理。

新中国成立后,党和国家通过多方面的努力,改造旧社会意识形态,确立和巩固马克思主义意识形态的主导地位。

(1) 肃清帝国主义文化、封建主义意识影响。党和政府通过"五评白皮书"、抗美援朝运动、取缔从事反动宣传的各种反动组织和书刊、接管和处理我国境内过去接受美国等西方国家津贴的文化教育机关及宗教团体,消除帝国主义的文化影响;结合土地改革运动、婚姻制度改革,使包括民族资产阶级在内的全国各阶层人民接受了反封建的思想教育,逐渐消除封建意识形态在思想文化领域的统治地位。

(2) 组织发动学习、宣传马克思主义、毛泽东思想的全国性运动。人民民主专政的新中国毫无疑问"要以马列主义思想为指导","确立马列主义即工人阶级的思想领导,巩固与加强这种领导,是在政治上、经济上加强工人阶级领导的前提。"[①]为此,1951 年 2 月,中共中央发出《关于加强党的宣传教育工作的指示》。1954 年 8 月,中央政治局又批准了第二次全国宣传工作会议的报告和总结提纲,强调党在思想战线上的根本任务,是以马克思列宁主义为指导对人民群众进行社会主义思想的教育以及向一切资产阶级思想开展严肃的斗争。

(3) 改革旧的教育制度、教育内容和教育方法,给青年知识分子以革命的政治教育。在各类学校建立共产党和共青团的组织系统;设立新民主主义革命的政治课程;引导旧社会过来的知识分子学习马列主义和毛泽东思想,组织他们参加生产劳动、抗美援朝、土地改革等各项政治运动,使他们逐步确立了为社会主义服务的思想。

(4) 在理论研究和文学艺术领域宣传历史唯物主义,批判资产阶级唯心主义思想。新中国成立初期先后开展了对电影《武训传》、俞平伯红学思想、胡适派及其他资产阶级唯心论的批判,使旧知识分子就自己的学术思想进行自我批评,改造自己的资产阶级唯心主义世界观,接受马克思主义。

(5) 开展整风运动,加强党的思想建设。早在党的七届二中全会上,毛泽东就提醒全党同志做到"两个务必"。1950 年 5 月,中共中央发出了《关于全党全军进行大规模整风运动的指示》和《关于发展和巩固党的组织的指示》,决定从 1951 年下半年开始,用三年时间有计划、有准备、有领导地进行一次整风整党运动。这次整风整党运动强调在政治上、思想上加强党

① 《刘少奇选集》(下卷),人民出版社 1985 年版,第 78—91 页。

的建设，进行共产主义远大目标和怎样做一个共产党员的教育，抓住了党的基层组织这一环节，获得了巨大成功。从1953年大规模经济建设开始，为了加快工业化的步伐，我国选择了以苏联为榜样的社会主义工业化道路。于是以中国共产党提出过渡时期总路线并写入1954年的宪法为标志，我国开始了鸦片战争以来的价值观的第三次大转变，即放弃了在中国共产党领导下工人、农民、小资产阶级和民族资产阶级和平共处、"公私兼顾、劳资两利"的新民主主义价值观，转向以单一公有制和计划经济为特征的社会主义价值观。

新中国成立初期，党坚持以马克思主义为指导改造旧社会意识形态，结束了帝国主义文化、封建主义残余、官僚买办资产阶级思想等反动意识形态在思想文化领域的统治地位，为确立新民主主义及其以后的社会主义意识形态的主导地位奠定了基础，迅速形成了人心安定、思想活跃、心情舒畅，思想文化初步发展与繁荣的局面。但在对学术问题以及资产阶级思想的批判过程中也暴露出一些简单化和"左"的倾向。毛泽东以党和国家最高领导人的身份直接干预学术争论，使许多领域学有专长的知识分子受到牵连，胡风等人被打成所谓"反革命集团"的成员而受到错误处理，混淆了两类不同性质的矛盾。这是在意识形态领域发动群众性政治批判运动并不断推动它的发展所必然造成的历史结局。从此，对科学研究和文艺活动进行不适当的行政干预和强制限制倾向日益发展起来。①

新中国成立之初，中国共产党和中央人民政府把发展民族的、科学的、大众的新民主主义文化，肃清封建的、买办的、法西斯主义的思想，发展为人民服务的思想，作为思想文化和意识形态领域的主要任务②，积极配合党和国家的中心任务开展马克思主义教育和各项思想文化斗争，为巩固新生的人民民主政权和恢复国民经济提供了有力的思想和政治保证，同时也为展开大规模社会主义建设奠定了初步的思想基础。在对各种反动的或错误的思想斗争中，党和政府一方面强调，"要肃清帝国主义思想、封建主义思想，批评一切非无产阶级的思想，这样才能确立马列主义——工人阶级思想的领导权"；另一方面，根据党和国家允许资本主义经济、小资产阶级和农民个体经济存在的基本政策和社会现实，认为"对于资产阶级、小资产阶级、农民阶级的思想体系，既非马列主义、非无产阶级的思想体系，要批

① 廖胜刚：《新时期社会主义意识形态建设基本经验研究》，青海人民出版社2009年版，第41页。

② 《建国以来重要文献选编》（第1册），中央文献出版社1992年版，第11页。

评，但不能肃清，也肃不清”[①]。1951 年 5 月，中国共产党第一次全国宣传工作会议提出：“用马列主义的思想原则在全国范围内和全体规模上教育人民，是我们党的一项最基本的政治任务。我们要向社会主义、共产主义前进，首先就要在思想上打底子，用马列主义的立场、观点和方法来教育自己和全国的人民。这就是今天在新形势、新条件下，党的宣传工作的任务。”[②]从过渡时期总路线的提出，到 1956 年社会主义改造基本完成，新中国在逐步建立社会主义政治制度和经济制度的同时，积极开展社会主义意识形态建设和意识形态领域的斗争，这既是对生产资料私有制大规模社会主义改造的必然要求，也是巩固社会主义政治制度和经济制度的重要保证。在社会主义的政治制度和经济制度取得决定性胜利的同时，社会主义意识形态建设也毋庸置疑地取得了决定性胜利。[③] 艾思奇曾指出，意识形态的斗争是“思想上的解放战争”：“内外反动派的影响以及其他旧社会遗留下来的坏习惯和坏思想，是很有害的东西，它是使得我们在认识上以及工作上发生错误的主要根源。如果不加以改造、推翻，无疑是会妨碍我们新中国建设事业的前进的。”[④]

思想和意识形态理论的强化同时伴随政治运动的开展。政治运动是为完成一定的政治任务而开展的群众运动，一般具有明确的政治目标和指导思想，是在特定的历史时期，由发动者进行发动，有组织、有计划、有贯穿始终的宣传鼓动工作来调动人们积极参与的一种政治行为。新民主主义革命中，由于革命的艰难性和暴力性特点(没有合法的议会斗争条件)，加上马克思主义指导思想的内在规定性，都决定了这场革命必须充分发动和组织群众，走群众路线，调动可利用的各种资源才能实现革命的胜利。新中国成立初期，政权刚刚建立，缺乏比较完备的法律，而且民主革命遗留的任务本身具有其复杂性。这就决定了在当时的历史条件下，民主革命任务的完成不能单纯依靠法律来解决，而必须主要依靠党的政策，依靠人民群众的直接行动。刘少奇在党的八大报告中曾经对这种状况做了解释，他说：“在革命战争时期和全国解放初期，为了肃清残余的敌人，镇压一切反革命分子的反抗，破坏反动的秩序，建立革命的秩序，只能根据党和人民政府的政策，规定一些临时的纲领性的法律。在这个时期，斗争的主要任务

① 《刘少奇选集》(下卷)，人民出版社 1985 年版，第 82 页。

② 《中国共产党宣传工作文献选编(1949—1956)》，学习出版社 1996 年版，第 591 页。

③ 张星星：《新中国社会主义意识形态的基本确立》，《当代中国史研究》2007 年第 1 期。

④ 艾思奇：《学习——思想领域的解放战争》，《学习杂志》1950 年第 1 期。

是从反动统治下解放人民，从旧的生产关系的束缚下解放社会生产力，斗争的主要方法是人民群众的直接行动。”①董必武在谈到党领导土地改革时说：“仅仅靠中央人民政府发布一个法律而不动员人民群众是不行的，必须发动群众，让群众来参加，问题才能解决得比较彻底。”②在这种情况下，更多地运用政策直接动员社会力量来处理和解决社会治理和社会生活中的基本的重大的问题。董必武曾经谈到，土地改革法、惩治反革命条例、惩治贪污条例是从群众运动中产生的，都是在群众运动中总结了群众斗争的经验才制定出来的。当时党估计到不这样搞，就不能解放全国的生产力。③在恢复国民经济、巩固国家政权乃至向社会主义过渡时期，群众运动仍发挥了巨大的历史功用，如抗美援朝、“三反”、“五反”、土地改革、镇压反革命，等等。在夺取、巩固政权的政治革命中，群众运动适应中国的具体国情和中国革命的实际特点，能够迅速动员、整合革命力量，为既定的目标服务，是行之有效的斗争手段。④

从1949年到1957年，一些涉及全国性的重要的社会改造运动有：减租减息与土地改革；镇压地主恶霸；镇压反革命运动；反特肃谍斗争；剿匪反特斗争；取缔反动会道门；铲除帮会势力；在接管与改造中废除保甲制度，成立里弄居民组织；反盗匪斗争；禁毒、禁赌；禁娼运动和改造妓女；识字扫盲、读书、读报活动；处理反动、淫秽、荒诞书刊工作及对私营书摊铺的安排改造；民间职业剧团、流散艺人的改造；清除帝国主义在教育界的残余势力——对教会大学的改造；改造旧的卫生状况、开创预防医疗工作的新局面（包括大规模地对血吸虫病进行群众性防治工作等）；对游民的教育改造；国营企业民主改革；私营企业民主改革；港湾码头、搬运等八个方面的民主改革；“三反”运动，即针对共产党干部队伍的反贪污、反浪费、反官僚主义斗争；“五反”运动，即针对资本家的反行贿、反偷税漏税、反盗骗国家财产、反偷工减料、反盗窃国家经济情报斗争；互助-初级合作社；高级合作社；对私社会主义改造；整风运动与反右派斗争。这些社会改造工作，也包括一些社会建设方面的工作都是以政治运动的方式展开的。它伴随着马克思主义、毛泽东思想的意识形态，成为在一定时期内为完成一定政治任

① 《刘少奇选集》（下卷），人民出版社1985年版，第253页。

② 董必武：《论社会主义民主和法制》，人民出版社1979年版，第79—80页。

③ 董必武：《论社会主义民主和法制》，人民出版社1979年版，第151—152页。

④ 阚和庆、陈长生：《建国后政治运动的历史反思——兼论邓小平“不搞运动”的政治发展思想》，《云南行政学院学报》2004年第6期。

务或实现一定的战略目标而开展的带有群众性的政治斗争。[①]

这样,中国的社会管理从新中国诞生之日起就具有强烈的共产主义意识形态和无产阶级专政的政治责任目标。一旦公众的需求和意识形态或政治目标不相吻合,首先考虑的不是管理制度和管理方式的改变,而是首先考虑如何做好思想政治工作。但是,思想工作也许是"软"的,但政治工作就难免会是"硬"的。这种"软""硬"结合的办法正应了中国传统的"一张一弛,文武之道"的统治理国的原则。[②]

在中华人民共和国成立前,中国经济剩余极为有限且广为分散,用于工业化的资金积累能力极其微弱。中央与地方财政收入仅占国民生产总值的 3%～6%,而其中用于经济和文化教育事业支出仅占 1/10 强,70%～80%用到了偿债、赔款和战争上。[③] 中华人民共和国成立后,特别是 1953 年开始工业化以后,中国一直获得了只有发达国家才能达到的约 30%的高积累率。这种高积累率是怎么获得的? 就是依托高度集中的计划经济体制,运用国家的力量,运用群众运动和思想动员,以计划和行政手段配置资源,实行一种强制性赶超型工业化,即所谓"勒紧裤带搞工业化"。

政治运动严重干扰了经济建设,在那时即使是搞经济建设也会染上政治运动的色彩。邓小平在总结历史教训时深刻指出:"历史经验证明,用政治运动的方法,而不是用透彻说理,从容讨论的办法,去解决群众性的思想教育问题,而不是用扎扎实实,稳步前进的办法,去解决现行制度和新制度的建立问题,从来都是不成功的。"[④]"违反群众路线的所谓的'群众运动',不仅不能真正反映群众的意见和要求,而且损害了群众的积极性,损害了党的威信。"[⑤]1980 年 6 月 11 日,《中共中央批转中央统战部〈关于爱国人士中的右派复查问题的请示报告〉的通知》指出:"今后全党对于某一时期出现的重大思想动向和社会思潮,一定要经过深入的调查研究,冷静地、细致地加以分析,查明来龙去脉,做出符合客观实际的判断,问题发生在什么范围、什么领域,就应当在这个范围和领域内解决,而不要任意扩大,更不

---

① 卢汉龙,等:《新中国社会管理体制研究》,上海人民出版社 2009 年版,第 40 页。

② 卢汉龙,等:《新中国社会管理体制研究》,上海人民出版社 2009 年版,第 41 页。

③ 罗荣渠:《现代化新论——世界与中国的现代化进程》,北京大学出版社 1993 年版,第 108 页。

④ 《党和国家领导制度的改革》(1980 年 8 月 18 日),《邓小平文选》(第 2 卷),人民出版社 1994 年版,第 336 页。

⑤ 《刘少奇选集》(下卷),人民出版社 1985 年版,第 404 页。

能搞一刀切，发动带动全局性的政治运动。”[①]1985 年 9 月 23 日，邓小平在中国共产党全国代表会议上的讲话，对于思想上的不正确倾向，应当坚持“以说服教育为主的方针，不搞任何运动和‘大批判’”[②]。

三、新型矛盾纠纷化解机制：人民调解制度的建立

人民调解是在我国古代民间调解的基础上融入现代法治理念和法律规范逐步发展起来的，发端于传统调解中的民间调解，但又不同于民间调解。人民调解作为中国共产党领导新民主主义革命时期开始创建的一种新型调解制度，自其诞生之日起，就在人民自治的基础上，注入了党的领导和司法、行政机关的指导等元素，是一种民间主导、官方指导的全新的调解制度。新中国成立后，作为制度化的人民调解正式形成，发展为一种具有法律保障的解决社会纠纷的机制，成为解决社会纠纷、维护社会安定的“第一道防线”，在国际上被誉为“中国司法制度中最有特色的法律制度之一”[③]。

新中国成立之初，人民调解工作继承和发扬了抗日根据地和老解放区调解工作的优良传统。当时的人民调解既包括民间自行调解、群众调解，也包括政府调解和法院调解。1954 年 2 月 25 日，政务院第 206 次政务会议通过《人民调解委员会暂行组织通则》（以下简称《通则》），并于同年 3 月 22 日发布实施。《通则》全面系统地规定了人民调解委员会的性质、任务、组织领导、职权范围、工作原则、工作方法和纪律等。《通则》规定：“城市一般以派出所辖区或街道为单位，农村以乡为单位建立专门的调解组织——人民调解委员会，调解委员会在基层人民政府和人民法院的指导下开展调解工作”，其主要任务是“调解民间一般民事纠纷与轻微刑事案件，并通过调解对群众进行政策法令的宣传教育”。人民调解制度的形成是对传统民间调解方式的进一步规范化和制度化。[④] 人民调解委员会是由国家权力机关授权并代表国家行使纠纷调解职能的机构，因而具有明显的行政性。但由于人民调解委员会的成员具有广泛的群众性，因而它又是一个群众性的调解组织，它所做的调解工作也属于民间调解的范围。《通则》的颁布使法

---

① 王素莉、刘志光：《反右派斗争研究综述》，《当代中国史研究》1997 年第 6 期。

② 《在中国共产党全国代表会议上的讲话》（1985 年 9 月 23 日），载《邓小平文选》（第 3 卷），人民出版社 1993 年版，第 145 页。

③ 于语和主编：《中国农村纠纷解决机制研究》，中国法制出版社 2013 年版，第 112 页。

④ 《中华人民共和国法规汇编》（第 2 卷），中国法制出版社 2005 年版，第 172 页。

院的诉讼调解制度随之从人民调解中分离出来,从而形成司法调解与人民调解并存的局面,人民调解制度开始独立发展。《通则》颁行之后,全国的人民调解工作有了很大发展,到1955年底,全国已在70%的乡、街共建立了17.04万个人民调解委员会,调解委员共有约100万人,为人民群众解决了大量纠纷,充分显示了人民调解委员会在消除纠纷、增强团结、减少讼累、促进生产方面的作用。① 调解委员会还起着大众动员的功能,"中国的调解还承担着另外三种有时超越纠纷解决的可识别的功能。第一,它有助于传达和适用意识形态原则、价值观和共产党的规划,有助于动员中国人民更加信奉党的目标和政策。第二,它有助于压制而不是解决个人间的纠纷,至少在某种程度上而言,'纠纷'是不受欢迎的、扰乱建设强大的社会主义中国的社会冲突。第三,它是国家和党的实施其他控制手段的补充。"② 有西方学者指出,在中国社会,调节具有非常特殊的性质:纠纷解决者具有权威并不是因为其作为纠纷解决者的专门作用,而是因为其与纠纷双方有某些特殊的关系。西方社会的纠纷解决模式称为"外部解决方式",把中国社会这种纠纷解决模式称为"内部解决方式"。③ 这种"内部解决方式"更符合我国"无讼"的传统思想和行为取向。而人民调解制度则为社会各阶层之间、社会与政府之间通过理性的沟通与协商化解纠纷和矛盾提供了一个重要的制度平台,有效地弥补了法治调节刚性所带来的负面影响。

1956年,随着社会主义改造的完成,国内的主要矛盾,已经是人民对于建立先进的工业国的要求同落后的农业国的现实之间的矛盾,已经是人民对于经济文化迅速发展的需要同当前经济文化不能满足人民需要的状况之间的矛盾。1957年3月25日印发的《中共中央关于处理罢工、罢课问题的指示》透露,在最近半年内,工人罢工、学生罢课、群众性的游行请愿和其他类似事件,比以前有了显著的增加。全国各地,大大小小,共有一万多工人罢工,一万多学生罢课。④ 许多农村地区发生了闹缺粮、闹退社等风

---

① 朱景文主编:《中国人民大学中国法律发展报告2012:中国法律工作者的职业化》,中国人民大学出版社2013版,第441页。

② 强世功编:《调解、法制与现代性:中国调解制度研究》,中国法制出版社2001年版,第179—180页。

③ 强世功编:《调解、法制与现代性:中国调解制度研究》,中国法制出版社2001年版,第378页。

④ 《建国以来重要文献选编》(第10册),中央文献出版社1994年版,第154页。

波。[1][2]一些知识分子对党和政府的工作也提出了尖锐批评。一时间，国内局势似乎进入了“多事之秋”。

1957年2月27日，毛泽东在最高国务会议第十一次（扩大）会议上的讲话，比较系统地提出了“人民内部矛盾”的重要思想。后来毛泽东根据原始记录加以整理，作了若干补充，于6月19日在《人民日报》上发表。[3]毛泽东把解决人民内部矛盾的这种民主的方法，具体化为一个公式，叫作“团结—批评—团结”，或者说，惩前毖后，治病救人，并指出：这是解决人民内部矛盾的一个正确的方法。毛泽东关于两类矛盾的划分理论对新中国成立以来政治法律制度的影响是相当深远的。有国外学者指出：在毛泽东时代，“所有的社会控制和社会冲突解决办法的政策围绕着‘人民’和‘敌人’而形成，‘人民’内部矛盾必须以‘民主’、‘说服’和‘教育’的方法解决，而‘敌我矛盾’必须以专政的方法解决”[4]。“这一理论，后来也就成了贯穿于中国的政治与法律中的基本指导思想。”[5]提出正确处理人民内部矛盾，是一个重要理论和实践创新。当时，把它作为国家政治生活的重要主题，可以说抓住了社会治理的关键，保证了社会的稳定和发展。

司法部在1957年7月4日的《关于加强人民调解委员会工作的通知》中强调指出：“在国内阶级矛盾基本解决、人民内部矛盾突出的情况下，基于人民内部矛盾而产生的纠纷也突出了，还需要及时解决。因此，运用人民调解委员会的组织形式，通过群众自我教育的方式来妥善解决人民内部的纠纷，就更有意义了。我们认为，目前对农村人民调解委员会工作的方针不是取消和削弱，而是更要加强。”[6]到1960年前后，这类组织便呈现自然解体的趋势。从1961年下半年起，人民调解制度才又回到《人民调解委员会暂行组织通则》的轨道上来。到1963年后，获得了较大的发展，对于解决“大跃进”时期和三年困难时期遗留下来的大量民间纠纷起了重要作用。“文革”时期，人民调解制度被视为“阶级调和”而被取消。

---

① 《建国以来重要文献选编》（第6册），中央文献出版社1993年版，第11页。

② 《建国以来毛泽东文稿》（第5册），中央文献出版社1991年版，第208页。

③ 《关于正确处理人民内部矛盾的问题》，载《毛泽东选集》（第5卷），人民出版社1977年版，第363页。

④ 强世功编：《调解、法制与现代化：中国调解制度研究》，中国法制出版社2001年版，第137—138页。

⑤ 高见泽磨：《现代中国的纠纷与法》，何勤华、李秀清、曲阳译，法律出版社2003年版，第34—35页。

⑥ 《人民调解资料选编》，群众出版社1980年版，第12页。

四、把管理和民生建设结合起来

早在七届二中全会报告中,毛泽东就明确指出,“从我们接管城市的第一天起,我们的眼睛就要向着城市的生产事业的恢复和发展;城市中的其他一切工作,都是围绕着生产建设这一中心工作并为这个中心工作服务的”。要通过这项中心任务,首先“使工人生活有所改善,并使一般人民的生活有所改善”,不然我们“就不能维持政权,我们就会站不住脚,我们就会失败”。[①] 毛泽东把民生问题放到人民群众是否拥护党、新生的人民政权能否在城市里站住脚、社会是否安定等战略高度来强调,深刻认识到对社会治理与民生建设的密切关系。在新中国建设中,一手抓社会治理,一手抓老百姓衣食住用行等民生建设,通过发展经济,推进以民生为重点的社会建设,保障人民群众根本利益,作为减少和化解各种社会矛盾的治本之策。具体来说,当时的民生建设主要包括如下几个方面。

土地改革的完成,使无地少地的农民获得了耕地和生产资料,农民的生产积极性得到极大的提高,生活有了基本保障。在农业生产发达的地区,农民的口粮已经以稻米、面粉等为主;多数地区农民的口粮,则由过去以糠菜为主变成了以玉米、高粱等粗粮为主。有些农民开始改善居住条件,翻盖旧房或另建新房,开始购用过去买不起的搪瓷面盆、暖水瓶、细布、胶鞋等商品。[②]

1949 年,共产党进城后所做的第一件事,便是恢复和发展经济,切实保障民生。具体措施如下:着力恢复生产,解决工人的失业问题,包括为了将旧有人员全部接收下来,采取了“饭匀着吃、房子挤着住”[③]、“三个人的饭五个人匀吃”[④]等特殊办法。为了避免新增失业、创造新的就业机会,采取了以工代赈、生产自救、专业训练、遣返回乡,不惜投入资金、拨付救济粮、救济金,帮助失业人员渡过难关等措施。1950 年 6 月,毛泽东在中共七届三中全会上所做的《为争取国家财政经济状况的基本好转而斗争》的报告中,把救济失业工人和失业知识分子、帮助他们就业作为当时八项重要工作之一。据不完全统计,从 1950 年 7 月至 1953 年底,以工代赈者达 280 余万人次,生产自救者达 15 万余人,参加转业训练者 15 万人,还乡生产者 14

① 《毛泽东选集》(第 4 卷),人民出版社 1991 年版,第 1428 页。

② 《中华人民共和国史稿》(第 1 卷),人民出版社 2012 年版,第 149 页。

③ 《毛泽东选集》(第 4 卷),人民出版社 1991 年版,第 1512 页。

④ 《必须维持上海,统筹全局》,载《毛泽东文集》(第 5 卷),人民出版社 1996 年版,第 335 页。

万余人，领取失业救济金者达460余万人次。[①] 伴随“一五”计划的实施，失业问题得到了缓解，失业率明显下降，甚至一度出现供不应求的情况。为了支持重工业建设的快速发展，全国人民都做出了巨大牺牲和无私奉献，长期处于低标准的生活状态。中国共产党在提高农业积累率的时候，也注意了保持一定程度的平衡，对1953年底开始实施的粮食统购统销政策进行了不断调整和完善。1956年春天，毛泽东在《论十大关系》中特别讲到1954年至1955年中共中央在粮食征购问题上所犯的错误：“1954年我国部分地区因水灾减产，我们却多购了70亿斤粮食。这样一减一多，闹得去年春季许多地方几乎人人谈粮食，户户谈统销。”他指出：幸亏我们发现了这一问题，“1955年就少购了70亿斤，又搞了一个‘三定’，就是定产定购定销，加上丰收，一少一增，使农民手里多了二百多亿斤粮食。这样，过去有意见的农民也说‘共产党真是好’了”。毛泽东还说：“苏联的办法把农民挖得很苦。他们采取所谓义务交售制等项办法，把农民生产的东西拿走太多，给的代价又极低。他们这样来积累资金，使农民的生产积极性受到极大的损害。你要母鸡多生蛋，又不给它米吃，又要马儿跑得好，又要马儿不吃草。世界上哪有这样的道理！”[②]到1957年时，全国失业率降至5.9%。[③]

在职工工资水平提高的同时，职工劳动保险、福利事业也在发展。政务院于1951年公布、1953年修正的《中华人民共和国劳动保险条例》对国营企业职工的养老、劳保医疗、工伤等劳动保险做出了详细规定，从1952年起，在党政机关和事业单位中实行公费医疗制度。1952年6月27日，政务院发布《关于全国各级人民政府、党派、团体及所属事业单位的国家工作人员实行公费医疗预防的指示》，规定从1952年7月起分期在全国公职人员中推行公费医疗制度。这两项制度的出台，标志着新中国社会保障制度的初步建立。企业中的职工福利事业如托儿所、疗养院、休养所等均有发展。职工住房状况与城市环境也有所改善。1949年至1952年三年中，全国城市共维修房屋面积约2000万平方米，新建住宅面积1462万平方米，修建排水管沟1037公里，清除垃圾约2000万吨。

依着于户籍制度之上，国家对城市居民实行了十余项保障福利制度，尽管保障水平很低，但市民从生到死基本上由国家（单位）保障起来。由于

① 《1949—1952中华人民共和国经济档案资料选编·劳动工资和职工福利卷》，中国社会科学出版社1994年版，第216页。

② 《毛泽东文集》（第7卷），人民出版社1999年版，第29—30页。

③ 《中国统计年鉴1991》，中国统计出版社1991年版，第116页。

经济条件的限制,国家既无力将保障福利制度延伸到农村,也无力让大批农村人口进城分享市民的福利保障,只是对那些严重危害健康的流行性疾病的治疗,采取减免费用的办法。在合作化运动后,以集体经济为依托,广大农民自发创立了合作医疗制度,它与国家积极加强农村基层卫生保健工作相应和,在提升和改进农村医疗卫生建设方面发挥了重要作用。1955年,广大农村形成农业合作化高潮,以合作社的集体经济为基础,山西、河南、山东、河北、贵州、上海等地农村出现了一批由合作社自发组织的保健站和医疗站。它们基本是在乡政府领导下,以自愿为原则,每个农民缴纳几角钱保健费,免费享受预防保健服务及免收挂号费、出诊费、注射费。保健站坚持预防为主、挂签治病、巡回医疗、送医送药上门,医生分片负责所属村民的预防和医疗工作。对于这一制度的出现,中央给予了高度重视,认为它是符合社会主义发展方向,对发展生产力和人民群众医疗保健都十分有益的制度。此后,在社会主义建设中,合作医疗制度得以规范和推广,它与保健站、卫生员一起成为我国农村卫生工作的三大法宝。

由于政府重视,这一时期,卫生事业发展较快,医疗条件改善明显。1952年医院、疗养院的床位数达到18万张,比1949年增加了114.7%,比新中国成立前最高年份增加172.7%。1953年后,各省、地、县先后建立起各级卫生防疫站,作为防治传染病的主要部门。1955年卫生部颁布实施《传染病管理办法》,对防治传染病工作提出明确要求。同时,全国普遍开展、推广新法接生,改造旧产婆,培训助产人员,大大保障了产妇和婴儿的生命健康。在“面向工农兵”卫生工作方针的指引下,政府投入一定资金加强了三级医疗保健网络的建设。1956年,大部分乡村组织个体开业医生组建了联合诊所,联合诊所数量由1950年的803所发展到51000所以上,公立医院病床增加到32.8万张。1956年,中央发布《一九五六年到一九六七年全国农业发展纲要(草案)》,其中对除“四害”、讲卫生、防治与消灭疾病提出了原则性要求。从此,爱国卫生运动和防疫工作得到了更大的推动。在党和政府的重视和直接领导下,我国医疗卫生工作取得了巨大成就,以最快的速度完成了第一次卫生革命。

这一时期,没有直接使用社会建设、社会管理等概念,但是社会管理与经济、政治、军事、文化建设等结合起来建设和发展,这既符合当时的发展水平和认识水平,也有其独特优势。因为社会建设、社会管理与政治、军事、经济、文化等建设本来就相辅相成,结合起来进行能够起到相互促进的作用。比如,当时通过军事方面的斗争,政权方面的建设,经济恢复和经济新秩序的建立，特别是民生建设各项事业的发展，为社会的稳定有序打下了一个扎实基础；同时通过加强社会建设和社会管理，又为经济、政治、文化等方面的建设，创造了良好的社会环境和社会条件。尤其是社会治理和民生建设的结合，由于有扎实的民生建设作基础，这一时期各项社会管理探索也进行得比较顺利，社会风气、社会环境为之一变，社会主义社会的新秩序、新风尚逐步建立起来，新中国政府在社会管理方面的探索初见成效。

五、社会管理着力点：加强群众工作和基层工作

群众工作本来就与社会管理有着十分直接密切的关系。社会管理的对象是人，主要是对人的服务和管理，说到底是做群众工作。广大人民群众既是社会管理的对象，又是社会管理的主体，离开人民群众的广泛积极参与，社会管理也就无从谈起。

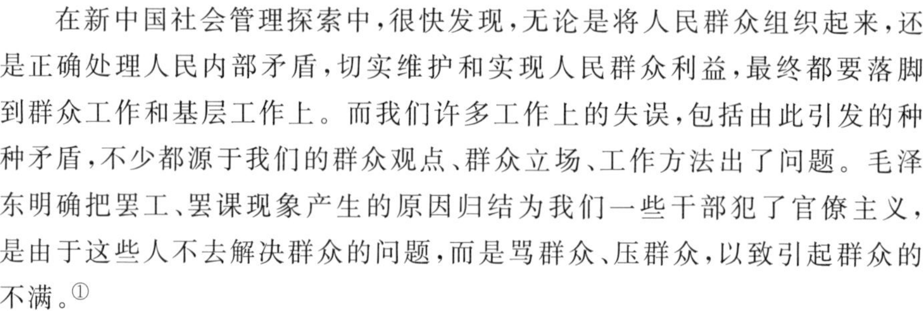

在新中国社会管理探索中，很快发现，无论是将人民群众组织起来，还是正确处理人民内部矛盾，切实维护和实现人民群众利益，最终都要落脚到群众工作和基层工作上。而我们许多工作上的失误，包括由此引发的种种矛盾，不少都源于我们的群众观点、群众立场、工作方法出了问题。毛泽东明确把罢工、罢课现象产生的原因归结为我们一些干部犯了官僚主义，是由于这些人不去解决群众的问题，而是骂群众、压群众，以致引起群众的不满。①

针对这种情况，毛泽东特别强调在社会管理中要坚持群众路线。他反复指出，在执政条件下要始终牢记“两个务必”，继续保持党同人民群众的血肉联系，整顿和改进我们的作风。他直截了当地指出：“所谓正确处理人民内部矛盾问题，就是我党从来经常说的走群众路线的问题。共产党员要善于同群众商量办事，任何时候也不要离开群众。”②

在长期革命斗争中创造和发展起来的“相信群众，依靠群众，从群众中来到群众中去”的群众路线，是中国共产党的根本工作路线、优良传统和政治优势。中国共产党执政以后，很自然地把群众路线的领导方法和工作方法贯彻到治国理政之中。为了广开言路，动员群众，充分调动群众参与政治治理的积极性，共和国政权在制度建设方面做了创造性的设计：常规的有人民代表大会和政治协商会议制度；非常规的和补充性的有人民信访制

---

① 参见毛泽东在八届二中全会上的讲话记录，1956 年 11 月 15 日。

② 《建国以来毛泽东文稿》（第 6 册），中央文献出版社 1992 年版，第 547 页。

度、人民调解制度。1951 年 5 月 16 日,毛泽东对中共中央办公厅秘书室关于处理群众来信情况的报告做了批示:“必须重视人民的通信,要给人民来信以恰当的处理,满足群众的正当要求,要把这件事情看成是共产党和人民政府加强和人民联系的一种方法,不要采取掉以轻心置之不理的官僚主义态度。”①批示发至县以上机关党委、党组,成为信访工作制度化建设的开端,指明了信访工作的性质和主要功能。1951 年 6 月 7 日,政务院颁布《关于处理人民来信和接见人民工作的决定》,对处理群众来信来访的原则、机构设置都做了相应的规定。② 从 1951 年 7 月到 1954 年 6 月,中央人民政府各部委和中直机关有 12 个部门设立了接待室、人民信件组等专门机构,其他许多部门也配备了专兼职信访干部。许多大行政区、省、自治区和市先后设置了处理人民来信来访的专门机构,配备了专职干部。③ 1957 年 5 月,全国第一次信访工作会议召开;同年 11 月 19 日,《国务院关于加强处理人民来信和接待人民来访工作的指示》颁布实施,标志着当代信访治理制度正式形成。

密切联系群众是中国共产党的最大政治优势,在化解社会矛盾、进行社会管理、维护社会稳定方面起着重要作用。一些人民内部矛盾之所以发生乃至激化,究其根本大多在于没有坚持群众路线,群众工作没有做好。这是当时集中出现类似工人罢工、学生罢课、农民闹缺粮退社等现象的一个重要原因。

新中国成立后,建立了自上而下有着严密联系的组织体系。在这个体系中,基层作为社会管理的基本单元,占据着基础性的重要位置。不仅党和政府的方针政策需要通过基层去落实,人民群众的愿望诉求也需要依靠基层去发现和上传,因此,才有“基础不牢,地动山摇”的形象比喻,一再强调要充分发挥基层组织在联系群众、宣传群众、组织群众、服务群众、团结群众等各项工作中的重要作用。当时在探索社会管理的过程中,把加强群众工作和基层工作放在重要位置,可以说抓住了社会管理的根本,为确保社会稳定有序奠定了最坚实的基础。新中国成立后,既注意中央、省市县一级政权的建设,同时也十分重视基层政权的建设,包括着重抓了作为基层政权重要基础的基层群众性自治组织即居民委员会的建设。到 1952

① 《必须重视人民群众来信》,载《毛泽东文集》(第 6 卷),人民出版社 1999 年版,第 164 页。

② 中央人民政府法制委员会编:《中央人民政府法令汇编 1951》,法律出版社 1982 年版,第 23—24 页。

③ 中国行政管理学会信访分会编著:《信访学概论》,中国方正出版社 2005 年版,第 13 页。

年，在开展民主建政运动中，居民委员会开始普遍建立起来，对协助政府组织和教育居民群众，开展各项社会改革运动，维护社会秩序，发挥了十分重要的作用。当年探索中创造的“枫桥经验”，其核心内容就是充分发挥党的政治优势，依靠基层组织和广大群众，就地解决矛盾纠纷，最大限度地把问题解决在基层、解决在萌芽状态，成为新中国社会管理探索中一个颇具中国特色的成功范例。毛泽东曾批示要各地仿效，经过试点，推广去做。[①] 其影响一直延续至今。

回顾这段历史，可以清楚地看到，一个生产力水平低下的人口大国要建成社会主义现代化强国，需要面对很多的问题和挑战，每一次战略抉择和政策制定都是对执政党的艰巨考验。汤因比指出：“中国似乎在探索一条中间道路，想把前工业社会的传统生活方式和近代以来已经在西方和西方化国家生根的工业方式这二者的优点结合起来，而又避免二者的缺点。”[②]其所谓的“中间道路”或“新路”，实质上是中国共产党对中国模式和中国道路的探索。既要改善人民生活又要保证国家建设，既要重视当前利益又要兼顾长远发展，既要大力发展经济又要保障国家安全和社会稳定，既要维护整体诉求又要考虑少数群体的特殊情况。作为特定历史条件的产物，在宏观有效率之下使国家能够在资源有限的情况下集中力量搞建设，一元化的社会管理体制是当时的最优选择，这之中没有损失和代价是不可能的，而只要是符合国家和广大人民群众的根本要求，符合民族的持续发展，暂时的牺牲都是必要的也是值得的，中国共产党人把这称为“大仁政”。毛泽东 1953 年在中央人民政府委员会第 24 次会议上给予了明确而有力的回应。他说：“所谓仁政有两种：一种是为人民的当前利益，另一种是为人民的长远利益，例如抗美援朝，建设重工业。前一种是小仁政，后一种是大仁政。两者必须兼顾，不兼顾是错误的。那末重点放在什么地方呢？重点应当放在大仁政上。现在，我们施仁政的重点应当放在建设重工业上。要建设，就要资金。所以，人民的生活虽然要改善，但一时又不能改善很多。就是说，人民生活不可不改善，不可多改善；不可不照顾，不可多照顾。照顾小仁政，妨碍大仁政，这是施仁政的偏向。”[③]正是这样的“大仁政”，才使新中国仅用 30 年时间就建立了独立的比较完整的工业体系和国

① 《建国以来毛泽东文稿》(第 10 册)，中央文献出版社 1996 年版，第 416 页。

② 阿诺德·汤因比：《历史研究》，上海世纪出版集团 2005 年版，第 394 页。

③ 《毛泽东著作专题摘编》，中央文献出版社 2003 年版，第 988—989 页。

民经济体系,为改革开放后 40 年的飞跃发展奠定了坚实的基础。这种大一统的社会管理制度适应了新中国成立初期的经济社会形势,在当时的生产力水平和经济社会发展条件下,有限资源的集中管理、统筹规划和使用,促进了政权的巩固及社会、经济的稳定与发展。

第二章

艰辛探索：计划经济体制时期的社会治理(1958—1978)

从1958年计划经济体制的建立到改革开放前的20年，是社会主义社会在曲折中探索发展的时期。社会主义制度的建立，激发了中国人民建设一个理想社会的美好愿景，取得了很大成就，积累了不少经验。由于在认识社会主义社会初级阶段国情、怎样建设社会主义初级阶段的问题上缺乏经验，也先后发生了“大跃进”和“文革”的严重失误，社会发生了较大的经济波动和政治动荡，社会阶层和人际关系一度紧张。在探索中国自己的社会治理发展道路上，追求“大”而“全”、垂直单向的管理模式，建立了一套与“指令性”计划经济体制相匹配的社会管理体制。农村的人民公社组织和城市的单位制组织成为社会管理的主要执行者，政府通过人民公社和单位制组织将社会的资源紧紧地集中在自己手中，基层社会被行政体制吸纳而几近消失。中国共产党领导和依靠人民，纠正失误，战胜困难，努力调整社会关系，先后采取落实政策、维护安定团结等多项措施，仍然保持了社会的相对稳定和一定发展。在这一历史阶段，国际国内都发生了一系列影响社会矛盾形态的大事，而国内政治经济体制改革对社会生活造成的冲击也影响着我国社会矛盾形态的特点和表现。在政治、经济及社会变迁的大背景下，社会矛盾调节机制和社会管理格局也历经变化。

第一节　探索中国社会治理发展道路

从1956年社会主义制度建立开始，我国进入了一个新的历史发展阶段,无疑,这是社会主义初级阶段。按照中共八大确定的路线,从 1957 年至 1966 年 5 月,中国共产党领导全国人民进行全面的社会主义建设。在这十年中,由于对迅速到来的大规模经济建设缺乏足够的思想理论准备,更没有现成的经验可资借鉴,加上社会主义改造任务的迅速完成和第一个发展国民经济五年计划的提前实现,由此产生了一种盲目乐观、急于求快的情绪,结果导致党在主观指导上发生了失误,造成了社会主义建设的不应有的损失。当然,在此期间的错误还属于局部性的错误,并且十年中的大部分时间,党的指导方针基本上是正确的。正因如此,才使我国社会主义建设事业在遭受挫折的情况下仍取得了可喜的成就,积累了宝贵的经验,为新中国的继续建设奠定了比较雄厚的物质技术基础。而就我国的政治制度来说,在这十年中同样经历了一个曲折发展的过程。

在党的八大前后的一段时间里,党能够冷静地对待和分析国际国内新情况和新形势,积极探索中国自己的社会主义建设道路,提出了许多极其宝贵的思想观点,营造了一个较为健康稳定的社会政治环境,使新中国在总体上出现了良好的发展形势,我国的社会主义政治制度得到了初步的巩固和发展。

1956 年是国际国内形势均发生重大变化的一年。从国际上看,各主要资本主义国家开始出现了经济大发展的势头。同时,美国加紧了它的冷战政策,企图消灭世界共产主义运动。各社会主义国家一方面在社会主义革命和建设中取得了新的成就;另一方面,也出现了一些新的情况和问题。1956 年 2 月召开的苏共二十大及赫鲁晓夫所做的秘密报告,同年夏秋发生的波兰事件和匈牙利事件,不仅在社会主义阵营内部造成了混乱,而且给帝国主义煽动反共反人民的世界性风潮提供了可乘之机。从国内看,随着社会主义改造的迅速推进,整个社会经济结构和阶级关系状况正在发生着深刻的变化。面对这一深刻的社会变革,不同的阶级、阶层和社会集团的人们自然表现出各种不同的反应。广大人民群众对新的社会制度热烈拥护,并表现出极大的热情;但也有一些人不能很快适应这种变化,甚至有极少数人留恋旧社会,对社会主义制度持敌视态度。这些情况使我们党认识到搞社会主义必须从本国实际出发,必须探索出一条适合本国情况的社会主义建设道路的重要性和迫切性。在这一背景下,毛泽东和党的其他领导人以积极慎重的态度,进行了新中国成立以来第一次大规模的关于如何在中国建设社会主义的理论探索。从 1956 年 4 月毛泽东《论十大关系》的讲话到同年 9 月党的八大,直至 1957 年 2 月毛泽东发表《关于正确处理人民内部矛盾的问题》的重要讲话，都紧紧围绕社会主义建设这一主题，较全面地阐述了党的基本理论观点和实际工作的基本指导原则，既借鉴了其他社会主义国家建设的经验，也总结了我国自身的社会主义革命和建设的经验，充分肯定了社会主义社会仍然存在着矛盾，提出了要把正确处理人民内部矛盾作为国家政治生活主题的思想。由于党坚持了马克思主义的实事求是的科学态度，提出了正确的路线和工作指导方针，继续倡导和发扬了党内民主和人民民主，从而使整个国家的建设事业呈现出一派生机勃勃的景象，社会主义的政治制度得到了初步的巩固与发展，如人民代表大会制度的发展和加强。一届人大一至四次会议均如期召开，讨论和决定国民经济发展等重大问题，通过制定一批重要的法律法令，推进了社会主义民主和法制建设，充分发挥了人大代表的作用，民族区域自治制度、中国共产党领导的多党合作和政治协商制度等也都得到了发展。所有这些，对稳定国内政局、调动各方面的积极因素投入社会主义建设发挥了重要作用。

在毛泽东发表《关于正确处理人民内部矛盾的问题》的重要讲话后不久，党中央决定在党内开展一次整风运动，目的是为了在新的形势下，进一步提高全党的马克思主义水平，克服党内日益滋长的脱离群众和脱离实际的主观主义、官僚主义和宗派主义的倾向，努力改进党的领导作风和工作作风，以便更好地调动各方面的积极因素，团结一切可能团结的人，为建设伟大的社会主义国家服务。然而，由于反右派斗争的开展以及"左"的错误的滋长，使党的指导方针逐渐偏离正确轨道，社会主义建设受到严重干扰，我国的政治制度建设也由此发生了曲折。从 1957 年夏至 1966 年"文革"前，由于一个接一个的政治运动的大规模进行，国家的各级政府不能发挥正常的作用，变成了党的决策的执行机构。更由于强调党的一元化领导，不仅形成了以党代政，而且造成党内个人专断，从而破坏了党的民主集中制原则。在这种状况下，国家各项政治制度无法发挥其应有的作用，人民代表大会制度日益被削弱；中国共产党与各民主党派"长期共存、互相监督"的方针难以很好执行；政治协商会议制度虽然一直在坚持，但难以真正发挥其作用；民族区域自治制度同样没有严格按照党的民族平等团结的原则认真慎重地贯彻落实。就整个十年中政治制度的发展情况看，总的趋势虽然有一定的发展，但很不健全，很不稳固。

一、建设社会主义道路的探索

在建立社会主义制度以后，如何在经济文化比较落后的基础上巩固和发展社会主义,对新中国的领导者来说是一个崭新的课题和巨大的考验。1956 年 2 月召开的苏共二十大和赫鲁晓夫在会上所做的秘密报告,揭露了苏联模式在社会主义建设中存在的缺点和错误。

毛泽东坦然地说:“我们对于社会主义时期的革命和建设,还有一个很大的盲目性,还有一个很大的未被认识的必然王国。”[①]由于缺乏建设经验,当时的建设模式不可避免地有着苏联模式的烙印。但苏共二十大揭露了苏联在建设国家方面的一些弊端,引起毛泽东的思考。1956 年 4 月 4 日,毛泽东在主持召开的书记处会议上,就如何探索适合中国国情的社会主义道路,指出:“民主革命时期,我们走过一段弯路,吃了大亏之后才成功地实现了这种结合,取得了革命的胜利。现在是社会主义革命和建设时期,我们要进行第二次结合,找出在中国进行社会主义革命和建设的正确道路。”[②]“开始我们模仿苏联,因为我们毫无搞社会主义的经验,只好如此,但这也束缚了自己的积极性和创造性。现在我们有了自己的初步实践,又有了苏联的经验和教训,应当更加强调从中国的国情出发,强调开动脑筋,强调创造性,在结合上下功夫,努力找出在中国这块大地上建设社会主义的具体道路。”[③]

1956 年 4 月 25 日,毛泽东在政治局扩大会议上所做的《论十大关系》的报告中提出:最近苏联方面暴露了他们在建设社会主义过程中的一些缺点和错误,他们走过的弯路,你还想走?难道苏联犯过的错误我们还要犯?毛泽东提出:“努力把党内党外、国内国外的一切积极的因素,直接的、间接的积极因素,全部调动起来,把我国建设成为一个强大的社会主义国家。”[④]新中国成立以后的“前八年照抄外国的经验。但从 1956 年提出“十大关系”起,开始找到自己的一条适合中国的路线,开始反映中国客观经济规律”[⑤]。“十大关系”的提出,使“中国社会主义建设道路的基本思路逐步清晰起来”[⑥]。毛泽东强调要把马克思主义和中国实际进行第二次结合,找出中国自己建设社会主义的正确道路,从而为日后建设中国特色社会主义道路奠定了指导性的理论基础。

---

① 《毛泽东文集》(第 8 卷),人民出版社 1999 年版,第 198 页。

② 《十七大以来重要文献选编》(上),中央文献出版社 2009 年版,第 253 页。

③ 吴冷西:《十年论战》(上),中央文献出版社 1999 年版,第 23—24 页。

④ 《毛泽东文集》(第 7 卷),人民出版社 1999 年版,第 23—24 页。

⑤ 《关于建国以来党的若干历史问题的决议注释本(修订)》,人民出版社 1985 年版,第 246 页。

⑥ 《中国共产党历史》(第 2 卷,上册),中共党史出版社 2011 年版,第 382—383 页。

1956年9月，中共八大在北京举行。大会正确分析了当前中国社会的主要矛盾和主要任务，指出："我国的无产阶级同资产阶级之间的矛盾已经基本上解决，几千年来的阶级剥削制度的历史已经基本上结束，社会主义的社会制度在我国已经基本上建立起来了。""我们国内的主要矛盾，已经是人民对于建立先进的工业国的要求同落后的农业国的现实之间的矛盾，已经是人民对于经济文化迅速发展的需要同当前经济文化不能满足人民需要的状况之间的矛盾。"因此党和国家的主要任务，"就是要集中力量来解决这个矛盾，把我国尽快地从落后的农业国变为先进的工业国"[①]。中共八大是中国共产党领导全国人民探索适合中国情况的社会建设所迈出的重要的一步。根据八大的基本判断，中共开始把如何保护、发展生产力和处理人民内部矛盾，作为探索的主要对象。

此后，毛泽东在《关于正确处理人民内部矛盾的问题》的重要讲话以及读苏联《社会主义政治经济学》的反思中有一系列重要论述和重要思考。这些论述和思考涉及经济、政治、文化、国防、外交等各个方面。毛泽东对中国社会主义建设道路的探索开始形成一个初步的比较系统的理论体系。

二、实现"四个现代化"的赶超战略

1956年，中共八大政治报告决议指出，"由于社会主义革命已经基本上完成，国家的主要任务已经由解放生产力变为保护和发展生产力"，国内的主要矛盾"已经是人民对于经济文化迅速发展的需要同当前经济文化不能满足人民需要的状况之间的矛盾"，明确提出党和国家的主要任务是"保护和发展生产力"。1957年1月，毛泽东在最高国务会议第十一次(扩大)会议上发表的《关于正确处理人民内部矛盾的问题》中，特别强调"现在的情况是：革命时期的大规模的急风暴雨式的群众阶级斗争基本结束"，我们要"团结全国各族人民进行一场新的战争——向自然界开战，发展我们的经济，发展我们的文化"[②]。1957年3月19日和20日，毛泽东分别在南京、上海党员干部会议上讲话指出："现在处在转变时期：由阶级斗争到向自然界斗争，由革命到建设，由过去的革命到技术革命和文化革命。"[③]他把这个"产业革命或者说经济革命"，称作"第二个革命"[④]。在1958年1月的《工

① 《建国以来毛泽东文稿》(第9册)，中央文献出版社1996年版，第241—242页。

② 《毛泽东文集》(第7卷)，人民出版社1999年版，第216页。

③ 《毛泽东文集》(第7卷)，人民出版社1999年版，第289页。

④ 《毛泽东文集》(第8卷)，人民出版社1999年版，第216页。

作方法六十条》中,毛泽东指出:"要把党的工作的着重点放到技术革命上去。"在科学文化方面,提出了"向科学进军"的口号,并编制了十二年科技发展规划等。

确立建立独立完整的国民经济体系和工业体系,实现"四个现代化"的战略目标。"一五"计划时期(1953—1957年),实际上"是为新中国建立独立的工业体系和工业化奠定基础的时期"①。中共八大决议指明:"我们必须在三个五年计划或者再多一点的时间内,建成一个基本上完整的工业体系。"②1959年12月,周恩来在一个报告中进一步提出,应当"建成一个独立的经济体系,这包括工业、农业、财政、贸易、文教、科学、国防等各方面","不仅表现在生产方面,而且也表现在社会基础上,包括城乡、工业和农业、生产和生活、积累和消费等"③。之所以要这样提,他解释说:"工业国的提法不完全,提建立独立的国民经济体系比只提独立的工业体系更完整。苏联就是光提工业化,把农业丢了。"④在1963年底召开的二届全国人大四次会议上,周恩来使用了用15年"基本上建成独立的、完整的国民经济体系和工业体系"这个提法。在此期间,四个现代化的发展战略也逐步形成。1954年1月,周恩来在全国人大一次会议上所做的政府工作报告中,提出进行经济建设,就是要"建设起现代化的工业、现代化的农业、现代化的交通运输业和现代化的国防"⑤。这是对进行经济建设的目标是实现"四个现代化"的最早的表述。

1959年以后,毛泽东在总结"大跃进"和人民公社运动失误的基础上,在读苏联《政治经济学教科书》时谈道:"社会主义这个阶段,又可能分为两个阶段,第一个阶段是不发达的社会主义,第二个阶段是比较发达的社会主义。后一阶段可能比前一阶段需要更长的时间。"⑥

1961年9月,中共中央在《关于当前工业问题的指示》中,正式提出要"把我国建设成为一个具有现代工业、现代农业、现代国防和现代科学文化的社会主义国家"⑦。1964年12月,周恩来在三届人大上所做的政府工作报告中正式提出,要"把我国建设成为一个具有现代农业、现代工业、现代

---

① 刘国光:《中国十个五年计划研究报告》,人民出版社2006年版,第75页。

② 《建国以来重要文献选编》(第9册),中央文献出版社1994年版,第342页。

③ 《周恩来经济文选》,中央文献出版社1993年版,第403、405页。

④ 《周恩来经济文选》,中央文献出版社1993年版,第519页。

⑤ 《周恩来经济文选》,中央文献出版社1993年版,第176页。

⑥ 《毛泽东文集》(第8卷),人民出版社1999年版,第116页。

⑦ 《建国以来重要文献选编》(第14册),中央文献出版社1997年版,第613页。

国防和现代科学技术的社会主义强国"[①]。这个提法把农业现代化列在了"四个现代化"的首位,将"科学文化现代化"改为含义更加确切的"科学技术现代化"。"四个现代化"是相互关联的。周恩来指出:"我们的四个现代化,要同时并进,相互促进,不能等工业现代化以后再来进行农业现代化、国防现代化和科学技术现代化。"[②]"四个现代化"的宏伟目标的确定,为全国各族人民建设社会主义指明了正确的奋斗方向。

1963年9月,中央工作会议在讨论国民经济发展的长远规划时,提出了两步走的发展步骤:"在三年过渡阶段后,我们的工业发展可以按两步走来考虑:第一步,搞十五年,建立一个独立的完整的工业体系,使我国工业大体赶上世界先进水平;第二步,再用十五年,使我国工业接近世界的先进水平。"[③]1964年12月,周恩来在三届全国人大一次会议上所做的政府工作报告中对"两步走"战略做了完整、准确的表述:"从第三个五年计划开始,我国的国民经济发展,可以按两步来考虑:第一步,建立一个独立的比较完整的工业体系和国民经济体系;第二步,全面实现农业、工业、国防和科学技术的现代化,使我国经济走在世界的前列。"[④]1975年1月,周恩来在四届全国人大一次会议上所做的政府工作报告中,重申了"四个现代化"的目标和"两步走"的战略。[⑤] 邓小平在毛泽东和周恩来的支持下,开始主持中共中央和国务院的日常工作,坚持贯彻毛泽东把"国民经济搞上去"的正确理念,提出并实施了对国民经济全面整顿的一系列正确方针策略。

中共十一届三中全会以来,邓小平提出的"三步走"的发展战略,是在毛泽东提出的"两步走"战略的"第一步"设想已经基本实现的条件下,对如何实现"第二步"所提出的比较切合实际的具体设想。

三、超越阶段的社会全面管理:"大跃进"社会构想和"五七指示"社会蓝图

马克思主义认为,生产力与生产关系、经济基础与上层建筑的矛盾是人类社会的基本矛盾。在这个矛盾的运动过程中,前者总是起决定作用。而在毛泽东晚年理想的社会管理模式中情况并非完全如此。他最重视的

① 《周恩来经济文选》,中央文献出版社1993年版,第563页。

② 《周恩来经济文选》,中央文献出版社1993年版,第504页。

③ 《建国以来毛泽东文稿》(第10册),中央文献出版社1996年版,第347页。

④ 《周恩来经济文选》,中央文献出版社1993年版,第563页。

⑤ 《周恩来经济文选》,中央文献出版社1993年版,第652页。

是生产关系、上层建筑特别是意识形态的变革,相对忽视了生产力的发展。1958 年 5 月,中共八大二次会议确立了“鼓足干劲、力争上游、多快好省地建设社会主义”的社会主义建设总路线。对于怎样“调动一切积极因素”,尽快地把我国建成为一个具有现代工业、现代农业和现代科学文化的伟大的社会主义国家,由于缺乏社会主义建设实践经验,国际共产主义运动理论对共产主义社会的阐述也不清楚,中国共产党在探索中,对社会性质的判断出现了另一端的偏差,在经济建设上急于求成和在所有制问题上急于求纯,以为通过发动全民大炼钢铁便可以快速地由农业国变为工业国,通过大办人民公社就能够摸索出一条过渡到共产主义的具体途径。

中国是一个农业大国,中国社会的主要构成是农村社会。1958 年 4 月,毛泽东在广州谈到对未来中国农村组织形式的设想时说:那时我国的乡村中将是许多共产主义的公社,每个公社有自己的农业、工业,有大学、中学、小学,有医院,有科学研究机关,有商店和服务行业,有交通事业,有托儿所和幼儿园,有俱乐部,也有维持治安的民警,等等。若干乡村公社围绕着城市,又成为更大的共产主义公社。① 1958 年 8 月,中央北戴河会议通过的《关于在农村建立人民公社的决议》(以下简称《决议》)提出:“人民公社将是建成社会主义和逐步向共产主义过渡的最好的组织形式,它将发展成为未来共产主义社会的基层单位。”《决议》还宣布“共产主义在我国的实现,已经不是什么遥远将来的事情了,我们应该积极地运用人民公社的形式,摸索出一条过渡到共产主义的具体途径”②。于是,大办人民公社,向共产主义社会过渡试验的全民运动迅速在中国农村广泛开展起来。到 1958 年 10 月底,全国 74 万个农业社就改组合并成 2.6 万个公社,加入的农户占总数的 99%以上,基本上实现了全国农村人民公社化。③

人民公社初创时,带有浓厚的平均主义色彩和军事共产主义社会性质,试图在生产力不发达的基础上建立一个普遍平等、平均的理想社会。毛泽东觉察到平均主义错误,并开始予以纠正。1958 年 10 月,他派人到最先在全国挂起人民公社牌子的七里营去调查。他说:我们共产党人的最终目标是建立共产主义,这是没有问题的。现在的问题在于,什么是共产主义社会,并不是人人认识一致,甚至在高级干部中各说各的,其中有不少胡

① 《中国共产党历史》(第 2 卷,上册),中共党史出版社 2011 年版,第 494 页。
② 《建国以来重要文献选编》(第 11 册),中央文献出版社 1995 年版,第 450 页。
③ 《中国共产党历史》(第 2 卷,上册),中共党史出版社 2011 年版,第 496 页。

话。[①] 1958年11月到1959年2月，毛泽东先后主持召开了两次郑州会议、武昌会议和八届六中全会，决定整顿人民公社，批评了有些人在企图过早地“进入共产主义”，取消商品生产和商品交换，否定商品、价值、货币、价格的积极作用的错误。《郑州会议纪要》提出：现阶段仍然处在社会主义社会，人民公社是社会主义的集体所有制。[②] 八届六中全会做出的《关于人民公社若干问题的决议》指出：我们现在的生产力发展水平，毕竟还是很低的。苦战三年，加上再努力若干年，全国的经济面貌可以有一个很大的改变，但是离高度工业化、农业机械化、电气化的目标还有不小的距离。离开这些，就谈不到进入人类社会的更高发展阶段——共产主义社会。[③] 毛泽东阐述的划清两个社会发展阶段的界限、商品生产的性质与不同社会制度相联系等观点，对已经觉察到的“大跃进”和人民公社化运动的问题进行初步反思，不仅对向共产主义社会盲目过渡提出警示，而且提出了建设社会主义社会的重大理论和实践问题。从1958年11月到1959年，中共中央和毛泽东对平均主义错误进行了初步纠正，取得了一定成效。但这是在继续坚持总路线、“大跃进”、人民公社“三面红旗”的总前提下，作为处理局部问题进行的，还没有从社会发展长期性的角度去改变急于求成的观念，因此是不确定和不彻底的。毛泽东认为，他设计的理想社会是可以通过不太长时间实现的。

1966年5月7日，毛泽东针对总后勤部关于进一步搞好部队农副业生产的报告，给林彪写了一封长信，后来被称为“五七指示”。在“五七指示”中，毛泽东勾画了一幅理想的社会主义蓝图，把各行各业都办成一个大学校：军队应该是一个大学校，学政治，学军事，学文化，军学、军农、军工、军民这几项都可以兼起来。信中对社会各阶层做了广泛的类推：“工人也是这样，以工为主，也要兼学军事、政治、文化，也要搞‘四清’，也要参加批判资产阶级。在有条件的地方，也要从事农副业生产，例如大庆油田那样。”“农民以农为主(包括林、牧、副、渔)，也要兼学军事、政治、文化，在有条件的时候也要由集体办些小工厂，也要批判资产阶级。”“学生也是这样，以学为主，兼学别样，即不但学文，也要学工、学农、学军，也要批判资产阶级。”“商业、服务行业、党政机关工作人员，凡有条件的，也要这样做。”[④]这封信

① 《中国共产党历史》(第2卷，下册)，中共党史出版社2011年版，第507页。
② 《中国共产党历史》(第2卷，下册)，中共党史出版社2011年版，第513页。
③ 《建国以来重要文献选编》(第11册)，中央文献出版社1995年版，第606页。
④ 《建国以来毛泽东文稿》(第12册)，中央文献出版社1998年版，第53—54页。

对中国未来的社会模式,包括政治、经济、文化制度,都有构思宏大的设计。毛泽东认为,必须发动一场阶级斗争——“文革”。这是毛泽东在超越社会阶段、淡化社会分工“大跃进”运动之上设计的继续坚持的理想社会模式。

“文革”期间,在“把各行各业办成红彤彤的毛泽东思想大学校”的口号下,中国的社会建设走上了一条“五七”道路。机关、学校、企业、部队都办起“五七”工厂、“五七”农场、“五七”大学。“五七指示”成为中国治军、治民、治国的社会模式。

第二节　一元化的社会治理组织体系

经济建设带动深刻的社会建设,而社会建设的核心是组织建设。随着计划经济体制的形成,逐步建立起一元化的社会治理组织体系。

一、一元化的社会管理体制建立

随着第一个五年计划的完成,大规模的有计划的经济建设实施,高度集中的计划经济体制逐步形成。为了更好地领导大规模的经济建设,中央政府高度集权的社会组织结构逐步形成。

在1957年的反右派斗争中,进一步加强了党对社会的控制,国家政权机关的职能进一步向党的系统转移。1957年7月,毛泽东在《一九五七年夏季的形势》一文中强调:“在不违背中央政策法令的条件下,地方政法文教部门受命于省市委、自治区党委和省、市、自治区人民委员会,不得违反。”[①][②]这一指示在贯彻中实际超出了毛泽东所说的“地方文教政法部门”,而扩展至中央政法部门以及其他国家政权机关。

1958年6月10日,中共中央发出《关于成立财经、政法、外事、科学、文教小组的通知》,通知规定,“大政方针在政治局,具体部署在书记处。”“大政方针和具体部署,都是一元化,党政不分。具体执行和细节决策属于政府机构及其党组。”作为国家最高行政机关的国务院成为中共中央的执行机关,直接受中共中央的领导,大政方针的具体部署,也从国家权力机关转移到党的系统。相应地,省、县(市)以至乡的人民委员会,也均直接受省、县(市)、乡党委领导。为了适应国家权力机构的变化,中共中央开始设立

① 《建国以来毛泽东文稿》(第4册),中央文献出版社1990年版,第58页。

② 《毛泽东选集》(第5卷),人民出版社1977年版,第459页。

与政府部门相对应的机构，即在政治局和书记处之下设立财经、政法、外事、科学、文教五个小组，直接领导国务院五个大口的工作。同时，地方各级党委也设立了政法、工交、财贸、农林、文教等工作部，统管同级政府主管部门的工作。伴随着机构设立的变化，各级党委的职能也由主要实施监督和管理相应政府部门中党的干部，扩展为包括管理相对应的政府部门的一切业务工作，党政不分的现象快速发展起来。

从此，党对国家机关事务进行全面领导，对国家经济社会事务的分口领导成为一项制度。有关政治、经济和文化等方面的社会事务的决定和指示，由中共中央直接发文或者与国务院联合发布。党组织完全处于行政工作第一线，政府机构的所有工作都要经过党委决定。司法工作中，党委审批案件的制度继续实行，并且强调不能因为有了法律程序就废弃这一制度。1959 年，司法部被撤销。不久，公检法合署联合办公，党对司法工作的直接干预进一步加强。1960 年以后，在各级党委内部分设了政法书记，司法工作中的一切重要问题，都必须由党委和政法书记最终决定。[①] 从此，原来向人民代表大会负责的立法、行政和司法机关，改向党的各级机关负责，中央政府实际上成了中共中央的具体执行机关，其基本职能是贯彻执行党的决定，党的组织开始国家化、行政化的进程。

随着政府权力集中到党组织，各级党组织的权力开始集中于书记，特别是第一书记。1958 年 1 月 21 日，毛泽东在南宁会议上提出，党的领导原则是“大权独揽，小权分散；党委决定，各方去办；办事有决，不离原则；工作检查，党委有责。”并对此做了说明，“大权独揽”指的是主要权力应当集中于中央和地方党委的集体，用以反对分散主义，毛泽东指出，“集中，只能集中于党委、政治局、书记处、常委，只能有一个核心”[②]。此后，大权独揽和第一书记挂帅便贯彻全党。党的各级组织和领导干部走到国家政权的前台，对政府工作和社会生活实行一元化领导。

20 世纪 60 年代中期，党委领导下的行政首长负责制推行到地方各级政府部门和所有企事业单位。各部门、各单位在行政事务、生产经营、教学科研等业务上的一切重大问题，均由党委讨论并做出决定，然后交给行政负责人具体执行。而在实际工作中，“一切重大问题”往往又变成“一切问

---

① 《关于成立财经、政法、外事、科学、文教小组的通知》(1958 年 6 月)，《党史通讯》1987 年第 10 期，第 36 页。

② 逄先知、金冲及主编：《毛泽东传(1949—1976)》(上)，中央文献出版社 2003 年版，第 768 页。

题”,结果党委不分巨细包揽了所有事务的决定权,行政组织的职权因被党委取代而成为党委的执行机构。[①] 人民公社时期,国家基层政权组织与人民公社组织合为一体。人民公社管理机构为公社管理委员会,受县政府及其派出机关的领导,设社长、副社长及管委会委员,人民公社管委会由公社社员代表大会选举产生。人民公社负责本行政区域内的生产经营活动,组织、领导各级农业生产活动;接受上级政府的领导,对本行政区域内的行政事务实施管理。1962 年之后,人民公社调整并确立为公社、生产大队、生产队三级组织架构,公社集体生产资料由公社、生产大队和生产队三级共同占有,生产队为组织生产、劳动和收益分配的基本单位。人民公社实行中国共产党的一元化领导,公社设党委,大队一般设党支部,生产队则设党小组。公社党委和大队支部是各自区域的领导和决策机关,一切重大事务,包括生产和分配,招工、招干和参军,救济粮款的发放等,都由党组织决定。书记在党委、支部中居于核心地位,发挥举足轻重的作用。[②]

1966 年开始的“文革”,将一元化的国家管理体制推向了极端,革命委员会[③]集人大和政府权力于一身,是党政高度合一的机构。革命委员会是“文革”时期中国各级政权的组织形式,简称“革委会”。从 1967 年上海“一月夺权”至 1968 年 9 月 5 日西藏自治区和新疆维吾尔自治区革命委员会同时宣布成立,全国 29 个省、市、自治区(除台湾省外)全部成立了革命委员会,出现了“全国山河一片红”。与此同时,国家机关各部委革命委员会的建立工作也在进行。到 1968 年底,共有 18 个部级单位被军管,包括军队单位总政治部。一些未被军管的部门也派进了军代表,掌管主要工作,在此基础上陆续成立革命委员会。至 1970 年 6 月 22 日,据中共中央批准的国务院《关于国务院各部门设立党的核心小组和革命委员会的请示报告》,各部委由 90 个精简为 27 个,人员编制仅占原来的 18%。[④] 革命委员会实行“一元化”的领导,打破重叠的行政机构,组织起了一个“革命化”的联系群众的领导班子。毛泽东这样阐释“一元化”之内涵:“东西南北中,党

① 李华:《中国共产党执政体制研究》,人民出版社 2008 年版,第 51—52 页。

② 李正华:《新中国乡村治理的经验与启示》,《当代中国史研究》2011 年第 1 期。

③ 1966 年底至 1967 年,革命委员会在全国普遍成立。革命委员会由群众组织负责人、当地驻军负责人和“革命领导干部”三个方面的人员结合而成,取代原有的党政领导机构,行使党政领导权。各级地方政权机构的革命委员会一般只设政治组、生产组、保卫组、办事组。虽然当时革命委员会是被当作临时性的权力机构建立起来的,但后来被确立为各级地方政府和政府各部门、企事业单位的行政管理机构,一直存在了 12 年之久。

④ 当代中国研究所:《中华人民共和国史稿》(第 3 卷),人民出版社 2012 年版,第 67—68 页。

政军民学,党是领导一切的。"1973 年 8 月,周恩来在中国共产党第十次全国代表大会上所做的政治报告中也指出:"工、农、商、学、兵、政、党这七个方面,党是领导一切的。"摩西·莱文(Moshe Lewin)曾说:"在苏联有两个三位一体:'国家-经济-党'和'权力-意识形态-文化'。那么,在中国,则为'党-政-军-法-经济-意识形态-文化'的统一整体。"

1975 年 1 月,四届全国人大一次会议通过《中华人民共和国宪法》,规定:地方各级革命委员会是地方各级人民代表大会的常设机关,同时又是地方各级人民政府。① 这表明我国"文革"期间新建立的政权形式革命委员会,在建立 8 年以后,通过立法程序将其作为一种政权形式确定下来。同时,革命委员会也是党政高度合一的机构,一般各省、市、县的党委第一书记同时兼任革命委员会主任。② 由于革命委员会的人员大大减少,又存在着尖锐的内部矛盾,革命委员会的工作效率较之"文革"前的党政机构是个倒退。尽管如此,革命委员会的成立有利于结束"文革"前期国家地方权力出现真空的状态,在一定程度上控制了全面内乱的混乱局势,从而肩负起维持工农业生产的重任,使国家逐步走出了"文革"初期极端混乱的阶段。以后,随着部分被打倒的领导干部逐步得到解放,他们参加领导工作,这也有助于抵制"文革"的极左错误,使"文革"时期经济建设在总体上仍然得到一定的发展。

二、人民公社政社合一体制下的农村社会

如果仅从组织内部制度建设来看,高级社已经实现了对农村领域实施大规模控制的可能。一方面,农民已经不再拥有对生产资料的支配权,从而大大降低了国家与农民进行交易的成本;另一方面,高级社的权力结构发生变化,在农村形成了一个对国家负责,并优先保证国家需要的权力体制。因此,高级社"已经可以不再升级到人民公社"③。

从制度变迁的连续性来看,人民公社组织的引入实际上根源于从合作化后期不断升级的对组织规模的片面追求,把所有制的公有化程度和扩大合作社组织规模相等同,并在合作社的大规模和合作社的高效益之间画等

① 《中华人民共和国宪法》,人民出版社 1975 年版,第 13 页。

② 1979 年,全国人大常委会通过决定:取消革命委员会制度,恢复地方人民代表大会和人民政府制度。革命委员会存在了 12 年之久。参见胡伟:《政府过程》,浙江人民出版社 1998 年版,第 297 页。

③ 陆学艺、王春光、张其仔:《中国农村现代化道路研究》,广西人民出版社 1998 年版,第 70—71 页。

号的片面观点和认识。从高级社内部的制度结构来看,高级社通过对农民生产资料的公有和基层权力体系的建立而加强了国家对农村的控制,但实际上,高级社内部的制度安排仍然是不稳定的。它的集中体现就是高级社的规模虽然很大,却无法阻止农民可能因各种原因而退出合作社,并可能引致高级社制度安排失效。① 所以,正是高级社存在的无法容忍的制度缺陷,即原则上允许农民自由入社和退社,导致高级社必然要向人民公社组织过渡。② 与国家加速农业合作化的目的相一致,共和国政权实施从高级社向人民公社组织过渡的最深刻的历史背景,仍然是国家的工业化发展战略。随着1957年"一五"计划的完成,国家也逐渐形成了一定的大型工业产品的生产能力。如果农村不进行进一步的计划控制,就很难让规模较小的500多万个合作社有购买和消费工业所能提供的拖拉机和其他大型配套农用机械的能力。规模更大的人民公社组织的引入,其直接目的除了继续保障国家工业化的农业积累之外,更为受到外部市场严重短缺制约的国家工业产品提供农村消费市场。此外,为大规模的水利工程等群众性生产运动动员劳力,实际上也是促使高级社向人民公社迅速过渡的直接推动力。③

1958年8月6日,毛泽东视察河南新乡七里营人民公社,8月9日又视察山东农村,毛泽东对人民公社给予了肯定。毛泽东在山东视察时指出:"还是办人民公社好。它的好处是,可以把工、农、商、学、兵合在一起,便于领导。"④在毛泽东看来,这样的一种人民公社,既是一种生产组织,又具有基层政权的社会管理职能,是一种新型的社会管理模式。正是在毛泽东的倡导下,人民公社化运动由此开始。1958年8月29日,中共中央发布《关于在农村建立人民公社问题的决议》;1958年12月10日,中央颁布《关于人民公社若干问题的决议》。仅仅两个多月,全国74万多个农业生产合作社就改组成了2.6万多个人民公社,参加公社的农户有1.2亿多户,已

---

① 《高级农业生产合作社示范章程》(1956年6月30日公布)第一条指出,高级社是"在自愿和互利的基础上组织起来的社会主义的集体经济组织"。1956年底到次年春,在全国爆发了大规模的"退社风潮"。

② 张乐天:《告别理想——人民公社制度研究》,东方出版中心1998年版,第67页。

③ 珀金斯认为,1958年成立人民公社的一个主要的经济原因"就是使干部能借以动员农村的劳动力参加当地的水利建设"。德·希·珀金斯:《中国农业的发展(1368—1968)》,宋海文译,上海译文出版社1984年版,第83页。

④ 《人民日报》1958年8月13日。

经占全国农户总数的99%以上[①],全国农村基本实现了人民公社化。自此,人民公社体制在中国农村施行了二十余年之久。

1956年的农村初、高级合作社仍然不能说是由政府直接管理的。农业合作社对于政府来说,仍然是独立的经济组织,政府的管理仍然是一种外部的干预。只是到1958年以后,农村实行政社合一的人民公社制度,经济和社会的高度组织化、行政化的体制才在农村普遍建立。[②] 初期的人民公社,是准备向全民所有制过渡的集体经济组织,又是相当于乡一级的政社合一的基层政权。其基本特点是"一大二公"。所谓"大",就是规模大。原来一两百户规模的农业生产合作社被合并成拥有四五千户甚至一两万户的人民公社,全国社平均规模为4797户,两万户以上的特大社全国有51个。[③] 所谓"公",就是公有化程度高。人民公社化运动试图在生产力不发达的基础上就建立一个普遍平等、平均的理想社会,这是超越社会发展阶段而无法实现的。很快,中央发现人民公社化运动的严重混乱,"浮夸风""共产风""瞎指挥""一平二调"等现象盛行。

1959年2月,中央政治局郑州会议着手对人民公社组织进行调整。会议通过的《关于人民公社管理体制的若干规定(草案)》中具体划分了公社、生产大队和生产队的职权范围,特别指出,相当于原来高级农业生产合作社的生产队是人民公社的基本核算单位。1962年2月13日,中共中央发布的《关于改变农村人民公社基本核算单位问题的指示》指出:"在我国绝大多数地区的农村人民公社,以生产队为基本核算单位,实行以生产队为基础的三级集体所有制。"[④]1962年9月27日,中共八届十中全会正式通过《农村人民公社工作条例修正草案》,规定:"生产队是人民公社中的基本核算单位。它实行独立核算,自负盈亏,直接组织生产,组织收益的分配。这种制度定下来后,至少三十年不变。"[⑤]至此,"三级所有、队为基础"的一套基本制度得以确立,并一直实行到家庭联产承包责任制出现之前。

1962年9月中共中央通过的《农村人民公社工作条例修正草案》规定:"农村人民公社是政社合一的组织,是我国社会主义社会在农村中的基层单位,又是我国社会主义政权在农村中的基层单位。"公社管理委员会"在

---

① 《农业集体化重要文件汇编》(上),中共中央党校出版社1981年版,第68页。

② 武力:《略论五十年代前期高度集中经济体制的形成及其历史作用》,《中共党史研究》1995年第5期。

③ 《中国共产党历史》(第2卷,上册),中共党史出版社2011年版,第497页。

④ 《建国以来农业合作化史料汇编》,中共党史出版社1992年版,第678页。

⑤ 《农业集体化重要文件汇编》(下),中共中央党校出版社1981年版,第634页。

管理生产建设、财政、粮食、贸易、民政、文教卫生、治安、民兵和调解民事纠纷等项工作方面,行使人民委员会的职权"[①]。人民公社既是农村合作经济组织,又是国家基层政权组织,还是农村社会组织,人民公社这一政治形式既是政企重合,又是国家与社会重合。通过人民公社,国家把权力深入农村,控制了农村两大基本生产要素——土地与劳动力,对农村社会实行较高的组织化和超强控制。集体之外无土地,公社之外无农民,人民公社既可以用行政手段来管理经济,又可以用"经济手段"来管理社会,同时通过强化阶级斗争等"超经济强制"手段实现对农村社会的超强控制。

以人民公社体制为核心的乡村治理模式,是计划经济条件下的产物,是适应中国工业化发展战略需要的产物。这一模式下的农村基层组织,精干、高效、成本低廉,具有极强的动员能力,能够在高积累、低消费水平下,通过制定和推行农村合作医疗制度、"五保户"制度、义务教育制度、烈军属安置制度、农村人口管理制度、日用品配给制度等一系列制度,维持中国农村的稳定和基本运行秩序,为中国工业化的快速发展提供最大的农业支撑。其不足是,这种农村基层组织高度一元化,缺少活力,严重影响了广大农民积极性的发挥,制约了社会生产力的发展。[②]

三、以单位为主体的城市社会强化

各级单位代表国家管理着社会的生产和工作,也是治理、改造社会的工具。1958 年"三面红旗"[③]以及后来"文革"在全国的广泛开展,使阶级斗争、群众运动与盲目工业化合为一体,通过社区单位化和单位社区化的双向运作[④],单位社会进入全盛时期,以计划经济为基础的单位体制日益牢固,城市基层政权和群众自治性组织沦落到城市社会的边缘地位。[⑤] 居委会工作很长一段时间内严重背离了居民自治的原则,成为"无产阶级对资产阶级实行全面专政"的一个组成部分。居委会在一定程度上也演化成了具有基层政权性质的组织,成为实现国家经济、政治、社会、文化改造目标,

① 《建国以来农业合作化史料汇编》,中共党史出版社 1992 年版,第 732—733 页。

② 李正华:《新中国乡村治理的经验与启示》,《当代中国史研究》2011 年第 1 期。

③ 指的是社会主义建设总路线、"大跃进"、人民公社。

④ 所谓社区单位化,是指在国家行政力量的导控下,以现有的单位组织为基础,将散落在城市社区中的非单位成员组合到单位管理体系中;而单位社区化实际上是指就业场所与生活场所重合及单位功能复合性发展。

⑤ 吴群刚、孙志祥:《中国式社区治理:基层社会服务管理创新的探索与实践》,中国社会出版社 2011 年版,第 41 页。

全面控制城市基层社会的工具。[①]

(一) 城市人民公社时期:社区的单位化

1958年12月10日,中共八届六中全会通过了《关于人民公社若干问题的决议》。该决议指出,"城市中的人民公社,将来也会以适合城市特点的形式,成为改造旧城市和建设新城市的工具,成为生产、交换、分配和人民生活福利的统一组织者,成为工农商学兵和政社合一的社会组织",但是城市情况比农村复杂,工厂、机关、学校已经高度组织化,一部分资本家和知识分子还有顾虑,因此在城市应当继续试点。[②] 从1958年开始,全国各地纷纷建立城市人民公社。1960年3月9日,中共中央下发了《关于城市人民公社问题的批示》,中央认为对于城市人民公社的组织试验和推广,应当采取积极的态度。要求1960年上半年普遍试点,下半年全国推广。建议"以大工厂、以街道、以机关学校三种为中心,而又有各种所有制(国有制,社有集体制,社以下集体所有制)同时存在于一个公社内"[③]。城市人民公社的具体形式,大体上有三种:一是以大工厂为中心建立起来的,如石景山、清河、酒仙桥;二是以机关、学校为中心建立的;三是以街道居民为主体建立的。但不论何种形式,均是以发展为"政社合一""工、农、商、学、兵五位一体""一大二公""逐步向共产主义过渡"的特征出现的。[④]

据统计,自1958年6月至1960年3月底,当时全国的25个省、直辖市、自治区共建立城市人民公社598个,管辖人口达1800多万,其中河南省各市的公社人口占城市总人口的90%以上,黑龙江省的占98%。[⑤] 街道、居委会成为城市人民公社的组成部分。城市基层政权逐渐被"政社合一"和"工农商学兵五位一体"的人民公社所取代。人民公社作为一级政权组织,又是经济生活组织、社会生活组织,负责生产、司法、公安、卫生、医疗、文化、教育以及社会福利、社会服务、社会救济等职能,权力空前膨胀。街道居民被纳入单位体系之中,使城市社会彻底单位化。

1962年至1965年,全国城市街道办事处、居民委员会组织又相继恢

---

① 潘小娟:《中国基层社会重构——社区治理研究》,中国法制出版社2004年版,第47页。

② 《建国以来重要文献选编》(第11册),中央文献出版社2011年版,第521—522页。

③ 《建国以来重要文献选编》(第13册),中央文献出版社2011年版,第52页。

④ 吴群刚、孙志祥:《中国式社区治理:基层社会服务管理创新的探索与实践》,中国社会出版社2011年版,第42页。

⑤ 华伟:《单位制向社区制的回归——中国城市基层管理体制50年变迁》,《战略与管理》2000年第1期。

复,职能也做了相应的调整。对居委会兴办的小型工业和服务实体通过上收、平调进行了调整、归口。为适应社会发展和居民生活的需要,各地先后对居委会的规模、组织结构等进行了调整,又回到主要为居民生活服务的轨道上来。为此,许多居委会都成立了居民服务站,以方便居民的日常生活。① 部分在"大跃进"运动中创办的街道工厂,发扬艰苦奋斗、勤俭建国的精神,在艰难环境中坚持下来,成为城市集体经济的重要组成部分。

(二)"文革"时期:社区的彻底边缘化

1966年至1976年的"文革",严重冲击了街道和居委会组织,进一步强化了单位社会,城市社区组织更趋削弱,居民自治遭到了严重的破坏。在极左路线的影响下,有些居民委员会实行了军事编制,有些居民委员会干部被当成"当权派"。随着各级革命委员会的建立,街道办事处改组为街道革命委员会,居民委员会也相继改称"革命居民委员会"或"里弄革命委员会"。在所谓"群众专政"的口号下,中心任务是"搞阶级斗争"。以北京市为例,1968年各街道成立革命委员会,建立街道党委。党委和革命委员会是"一套人马、两块牌子",实行"党政一家""政企合一"的"一元化领导"。街道革命委员会一般下设政治组、居民组、办事组、企事业组、文教卫生组、城建组、粮油组、武装部和人防办公室、查抄办公室等,统管党、政、财、文大权。同样,"文革"对居民委员会的建设也造成极大破坏。② 街道、居委会在一定程度上也演化成了具有基层政权性质的组织。

这一时期的居委会由群众自治组织蜕变成群众革命组织,居委会被"革命居民委员会"或"里弄革命委员会"取代,其功能、职责、组织结构等都发生了质的改变,更多地具有了"专政工具"的特性和行政化的色彩,成为实现国家经济、政治、社会、文化改造目标,全面控制城市基层社会的工具。从功能上分析,革命居民委员会的自治功能、协调功能、服务功能等严重弱化,甚至消失殆尽,而政治动员、政治管制职能则被大大强化。从职责上分析,革命居民委员会以狠抓阶级斗争、搞好"群众专政"和意识形态宣传为主要职能,负责协助有关部门和红卫兵组织对居住区内的"四类分子"进行监督改造,组织学习"毛选"和有关文件,斗私批修,遣返、疏散人口,动员城市知青上山下乡,办理下乡知青病退及安排工作,检查户口及外来人员登记,负责社会治安和社会救济等。从组织架构上分析,革命居民委员会撤

① 潘小娟:《中国基层社会重构——社区治理研究》,中国法制出版社2004年版,第38页。

② 《北京志·政务卷·民政志》,北京出版社2003年版,第26页。

销了原先设立的各专门工作委员会，普遍成立了群众专政队、业余宣传队、民兵小分队等，分别执掌对“专政对象”实行管制、宣传动员、治安联防等职能。从人员构成上分析，原先的居委会干部大都被当作“当权派”罢免，甚至遭到围攻、揪斗、游街、劳动改造等，干部的改换由街道革委会根据政治需要决定。[①] 这一时期，单位社会也渐趋僵化，特别是在20世纪70年代以后，人员缺乏流动和竞争，造成了职工“吃大锅饭”、依赖“铁饭碗”的弊病，“按劳分配”原则得不到贯彻。此外，单位对职工的衣食住行都要包下来，需要建设各种社会服务设施，自身成为一个小社会，也造成了重复建设和资源内部闲置的浪费。

（三）“向阳院”

“向阳院”是“文革”末期及以后几年在中国城市出现的一种社会基层组织形式，当时被认为是加强城市管理的一个“好形式”，是基层群众自己创造的“新生事物”。“向阳院”在1974年首创于北京市北新桥街道。当时，为了响应政府号召的“普及、深入、持久地开展批林批孔运动”，街道将居民按照居住的院落组织起来，进行思想和政治路线方面的教育，开展意识形态领域的阶级斗争。其目的是要“用社会主义思想占领街道的思想文化阵地，把巩固无产阶级专政的任务落实到基层”。政府认为，“向阳院”建设使该街道的面貌发生了深刻的变化，是新生事物，其经验很有推广价值。1975年1月27日，《人民日报》以《用社会主义占领城市街道思想文化阵地》为标题，向全国介绍和推广“向阳院”。此后，“向阳院”在全国各大城市很快建立起来。因为“向阳院”是按居民居住的自然院落组建起来的，所以大小不一。小的只有十来户，大的有一百多户。其领导机构起初是“大院管理委员会”，后改称“向阳院管理委员会”，简称“向管会”。“向管会”由三部分人员组成：院内职工、居委会干部和青少年代表。他们受街道党委的领导，也常与派出所、城市工人民兵以及学校老师密切配合。

从总体上看，“向阳院”仍然是“文革”时期强调阶级斗争的产物。它充当了政府“左”的政策的执行者，在居民中过分地、不切实际地强化阶级意识、斗争意识，明显不利于城市经济、社会的健康发展和人民生活水平的不断提高。但在具体的工作中，“向阳院”也有其积极的一面。首先，它进一步强化了城市的社会基层组织，使得政府的方针、政策能够在基层群众中间得到深入、持久的贯彻执行；其次，它调动起了居民参与社会活动的积极性，为城市多项社会事业的发展提供了强大的动力；再次，它加强了对城市

① 潘小娟：《中国基层社会重构——社区治理研究》，中国法制出版社2004年版，第38页。

青少年的校外教育,既有利于青少年一代的健康成长,也为国家未来的建设培养了接班人、后备军。[①]

在这个阶段的社会经济体制下,无论是“单位制”还是“街居制”,实质上都是国家行政权力以“单位”和“街居”为中介实行的基层管理,“单位”“街道办事处和居委会”实质上都是国家对社会资源进行分配管理、对居民生活进行直接管理的基层行政性组织,是特定历史阶段、特定经济条件下的产物。这种管理模式在计划经济体制时期对整合社会资源、增强社会组织性、强化国家的控制力和组织动员能力、满足社会成员保障需求、维护社会稳定起到了重要作用。

四、社团组织的曲折发展

20 世纪 50 年代中后期,在计划经济体制下,高度集权的社会组织结构形成,并确立了一元化的社会管理体制,社会组织按照原有的模式继续发展。在党和政府的领导下,各社会团体积极组织、发动、参加各项政治运动,起到了最广泛地动员广大人民群众的作用,从而使全社会各阶级、阶层人民全部行动起来,取得了各项运动的巨大成就。与此同时,由于偏重政治运动,也使社会团体在体现本团体成员的特殊利益上显得明显不足,各社会团体的独立性相对削弱。由于与政治运动关系过于密切,所以当政治上出现偏差时,社会团体也受到了严重影响和挫折。

由于种种国际、国内因素的影响,党中央在指导思想上出现了“左”的偏向,使得社会政治生活不够正常,社会关系趋于紧张,因而对社会组织工作产生了不利的影响。反右派斗争在全国开展后,成为当时一段时间内社会团体主要的甚至是唯一的一项运动,其他活动处于停滞状态。反右派斗争中出现阶级斗争扩大化的倾向,造成了政治上的紧张气氛,知识分子和工商界社会组织的成员中的大部分经过社会主义改造的资本家的两面性被夸大。[②] 一些人被划成右派分子,如:工商联中央常委、天津市工商联主

① 孙宅巍、韩海浪:《现代中国社会基层组织的历史变迁》,《江苏社会科学》2000 年第 4 期。

② 1980 年 6 月,中共中央批转中央统战部《关于爱国人士中的右派复查问题的请示报告》(以下简称《报告》),对复查、改正的情况做了说明。属于改正的人大体上有三种情况:a. 一部分人出于善意,提出的许多批评意见,现在看来是有利于改进工作的;b. 一部分人在涉及党的领导和社会主义制度等重大问题上,发表了一些错误言论,但不是在根本立场上反党反社会主义;c. 还有一些人确有反党反社会主义的言行,但是考虑到他们同向党猖狂进攻的右派分子在程度上和情节上有所不同,也考虑到他们后来确有转变。因此,改正的面是很大的,占 55 万多被划右派分子的 98%以上。《报告》强调“其中有些人是属于可改正可不改正的”,而“本着从宽的精神予以改正”。参见《中国共产党历史》(第 2 卷,上册),中共党史出版社 2011 年版,第 457 页。

任委员毕鸣岐，北京市工商联副主任委员刘一峰、常委阎少青，武汉市工商联主任委员王一鸣，江苏省工商联主任委员钱孙卿等；文艺界的全国作协副主席冯雪峰、丁玲，美协副主席江丰；科技界的全国科联副主席曾昭抡、常委钱伟长；哲学社会科学界的费孝通、吴景超；政法界的中国政治法律学会副会长钱端升；中国回民文化协进会副主任、伊斯兰教协会副主任马松亭，等等。[①] 各地方性社会组织的成员被划成右派的就更多了。在反右派斗争中，一些学术性活动被作为资产阶级的学术活动，定性为反党反社会主义性质，从而使学术性团体的发展和活动受到严重影响。如费孝通等人曾计划成立“中国社会学会，并在一些高等学校设立社会学系”，结果，这些活动被说成是“复辟资产阶级社会学，是实现章罗联盟反社会主义科学纲领的一个重要步骤”，是“章罗联盟反社会主义科学纲领关于社会科学部分的进一步具体化”[②]，受到严厉批判。直到“文革”结束后，才成立了中国社会学学会。反右派斗争的严重扩大化对政治和社会心理产生了深刻影响，反右派斗争后，中国大多数社会组织的发展基本处于缓慢发展状态，甚至发展停滞。各社会团体由于受到反右派斗争扩大化的严重冲击，原有团体的组织成员基本上没有增加或只有少数与政治关系不大的社会组织增加了少数成员。已有社会团体的组织发展处于停滞状态。

总体来看，20 世纪 50 年代中期以后，社会组织有了进一步的发展，尤其是各人民团体都有了较大发展，表现在会员人数增加、组织机构等方面日趋完善，在社会主义建设中发挥着重要的作用。但大多数社会组织基本上都是在原有格局的基础上开展工作，会员人数略有增加，社会组织数量增加极为有限，发展情况各有不同，也不均衡。除了自然科学、体育以及外交类团体增加较多，社会组织的发展未超出原来的格局，新中国成立以来社会团体迅速发展的势头逐渐减缓。1949 年到 1957 年，中国社会团体的数量一直呈上升趋势，全国性社会组织每年都以十几个乃至几十个的数量增加。1958 年到 1960 年，除了外交方面成立了中国阿尔巴尼亚友协等 11 个与社会主义、民主主义国家的友好团体外，只成立了中国自行车协会、中国登山协会两个体育性团体，其余再无全国性社会团体成立。[③] 社会组织的这种状况与大规模的全面的社会主义建设时期是不太相称的。到了 20 世纪 60 年代，社会组织的类别仍然十分单调，主要是工会、青年团、妇联、

① 中国社团研究会编著：《中国社团发展史》，当代中国出版社 2001 年版，第 675 页。

② 《人民日报》1957 年 8 月 30 日。

③ 《中国民间组织年志》（首卷，上），中国社会出版社 2005 年版，第 66 页。

科协和工商联等9类群众组织,全国性社会组织的数量不到100个,地方性社会组织也只有6000个左右。[①]

应该指出的是,在反右派斗争后大多数社会组织发展处于停滞状态的同时,由于中国社会经济发展的需要,自然科学的主要团体中华全国自然科学专门学会联合会(简称"全国科联")和中华全国科学技术普及协会(简称"全国科普")仍在活动。1958年9月,中国科协成立后,积极开展技术革命的群众运动,在为工农业生产服务方面做了大量工作。全国科协以及各级学会开展的学术交流、科学普及、人才培训活动取得了很大的成绩。在社会主义事业中,科协发挥了党的桥梁纽带和参谋助手作用。[②] 中国科协积极开展对外交往活动,中国土木工程学会先后加入国际桥梁及结构工程协会(1956)和国际土木力学基础工程协会(1957);中国电机工程学会加入国际电工委员会(1957);中国自动化学会筹委会加入国际自动控制联合会(1957);中国计量技术与仪器制造学会筹委会加入国际计量技术联合会(1961);中国机械工程学会加入国际焊接学会。[③]

20世纪60年代,随着国民经济的恢复和社会政治生活状况的改善,社会组织也得到了恢复发展。这一时期,新建了一批全国性社会组织,社会组织的数量和会员都有所增加,社会组织的活动也开始活跃起来。这一时期,全国各地的社会组织也有了很大发展,主要是人文社会科学的各个学会、协会、研究会、联谊会等群众性学术组织。就目前所知,1965年大约有100个全国性社团和6000个地方性社团。[④] 各社会团体恢复正常后,积极发展会员,使社团成员人数有了增加。1963年,据25个省、自治区、直辖市科协初步统计,其所属学会会员总数已达到15.5万多人。中国共产主义青年团1964年召开了第九次全国代表大会后,积极培养和发展新团员,仅1965年一年,就发展新团员850万人。[⑤] 其他社会团体成员的数量也有了明显增加。由于社会政治生活情况的改善和知识分子政策问题的解决,社会组织的活动也开始活跃起来,在各领域中发挥着重要作用。

1966年5月,"文革"开始后,我国政治、经济、文化教育、科学研究等各

① 《提高构建社会主义和谐社会能力——中央和中央部委领导同志在省部级主要领导干部提高构建社会主义和谐社会能力专题研讨班上的报告》(增补本),中共中央党校出版社2005年版,第137页。

② 郭建民、尹小满主编:《中国政党·中国社团概论》,华文出版社2002年版,第250页。

③ 吴熙敬主编:《中国近现代技术史》(下卷),科学出版社2000年版,第1478页。

④ 吴忠泽、陈金罗:《社团管理工作》,中国社会出版社1996年版,第4—7页。

⑤ 《人民日报》1966年2月19日。

项工作和生活秩序都受到严重冲击，社会组织工作也自然在劫难逃。1966年5月—1976年10月，我国已有社会组织几乎全部停止活动，除了红卫兵和各种造反派组织曾一度畸形发展外，其他新成立的社会组织寥寥无几。1967年2月17日，中共中央下达《关于文艺团体无产阶级文化大革命的规定》，要求文艺团体的无产阶级"文化大革命"，必须按照《中国共产党中央委员会关于无产阶级文化大革命的决定》进行，文艺团体必须肃清"反革命修正主义文艺路线的毒害"，"认真整顿和清理文艺工作队伍，把混入文艺团体中坚持反动立场的地、富、反、坏、右分子（不是指家庭出身）清除出去"。[①] 八届十一中全会后，全面"造反"展开，各级各类社会团体基本上都停止了活动，对各种学术、文艺、教育甚至自然科学问题都用阶级斗争的标准去衡量，都视之为资本主义复辟的活动，从而使科学、文化、教育事业出现全面荒芜，使社会团体的有关活动失去了应有的社会文化氛围。这不仅使当时的社会组织中断活动，而且使拨乱反正后社会组织的恢复发展遇到了极大的困难。"文革"时期虽然群众可不经登记自行结社成立组织，但并非所有公民都享有此种权利，也并非享有此权利的人都可自由成立自己的组织，而且这种在形式上有所放松的政策仅适用于"文革"前期。当时成立群众组织，要求其成员必须具备一定的政治条件。红卫兵最初就是由所谓"红五类"[②]家庭出身的人组成的组织。1966年9月，周恩来在人民大会堂对北京红卫兵讲话中也说，出身不好的人只要背叛原来的阶级，表现又好，也可以参加红卫兵组织，但红卫兵要以"红五类"为主体。[③] 为了防止不符合政治条件的人成立群众组织，专门对此做了限制性规定。对群众成立社会组织在形式上的要求已经放松，但在政治上仍予以严格控制，一切以是否有利于推动"文革"的开展为依据。这一时期的社会组织必须以进行"文革"为宗旨，如果出现被认为是反革命的组织，则无条件解散，并对其主要负责人实行镇压。1967年第3期《红旗》发表题为《论无产阶级革命派的夺权斗争》的社论，明确提出对"中国工农红旗军""荣复军"等"反动组织"要"坚决消灭之"，"坚决地实行专政"。[④] 从1967年开始，除对政治上被认为是错误乃至反动的行为继续严厉禁止外，对群众组织破坏和妨碍社会秩序

① 《中华人民共和国国史通鉴》（第3卷），红旗出版社1993年版，第388页。

② 即工人、贫下中农、革命干部、革命军人、城市贫民。

③ 北京政法学院《红旗》红卫兵：《中央负责同志　中央文革小组同志在无产阶级文化大革命中的讲话》（第一辑），1966年11月编印，第225页。

④ 《无产阶级文化大革命胜利万岁》，浙江人民出版社1969年版，第81—83页。

的行为也加以限制。为了稳定局势,中共中央、中央军委、国务院、中央文革小组发布一系列通知、批示,要求学校师生停止大串连,复课闹革命。此后,红卫兵的活动逐渐停息。至1968年7月,中共中央、国务院、中央军委、中央文革小组连续发布了两个文件,规定对坚持武斗、拒不实行联合的群众组织采取强制措施。①

从整个"文革"时期来看,我国的社会组织工作基本上处于停顿状态。绝大部分社会团体停止了活动;少量的社会组织,如贸促会,以及某些负有外交使命的社会组织如对外友协等尚勉强艰难地开展一些活动;新增社会组织屈指可数。据目前能查到的资料,仅在1973年,成立了中国中学生体育协会、中国击剑协会、中国垒球协会、中国棒球协会等团体。② "文革"时期,由于国家政治生活的极端不正常,民主与法制的横遭践踏,整个社会组织工作遭到严重破坏。由此说明,社会组织健康发展必须有健全的民主与法制和安定团结的政治局面。

这一时期形成的社会管理体系包括:作为国家的社会控制和福利供给职能的延伸的单位体制;"议行合一、政社合一"的人民公社体制;作为单位体制补充、负责管理处于单位体制以外的城市居民的街道办事处和居民委员会体制(街居制);对依靠政治-身份来划分的阶级分类体制辅之以运动式、批斗式的政治管理方式;作为党和政府的传送带的群团组织;城乡分割限制人口自由流动的户籍制度等。③ 在计划经济时代,我国社会管理的基本体制是政府承担着几乎全部社会职能,以单位为基础对社会实行总体控制,社会运行成为政府运行的组成部分。这是一种行政吸纳社会或社会运行行政化的管理体制。④

在城市,国家主要采取"单位办社会"和"企业办社会"的方式,通过党政机关和企事业单位管理城市居民,并为他们提供相关服务,社区负责管理少数游离于单位体制外的城市居民。在农村,主要通过人民公社这种政治经济合一的组织形式,实施严格的城乡隔离的户籍制度管理农民的生产生活,并为农民提供最基本的社会服务,比如"赤脚医生"和"五保户"赡养等,为农民提供基本的医疗和养老服务。这一时期,企事业单位、群团组织

① 即1968年7月3日发布的关于解决广西问题的《布告》和1968年7月24日发布的关于解决陕西问题的《布告》,转引自吴玉章主编:《社会团体的法律问题》,社会科学文献出版社2004年版,第248页。

② 王世刚主编:《中国社团史》,安徽人民出版社1994年版,第462页。

③ 李友梅:《关于社会体制基本问题的若干思考》,《探索与争鸣》2008年第8期。

④ 李培林:《创新社会管理是我国改革的新任务》,《决策与信息》2011年第6期。

和社区组织都成为行政机构的附属物，缺乏独立性和自主权，个人利益完全服从于国家利益和集体利益，社会结构、功能和利益的诸多方面缺乏分殊化和多元化，一些学者把这个时期的社会称作“整体性社会”。高度一元化管理是这一时期社会管理模式的主要特征，国家是社会管理的唯一主体、社会服务的唯一提供者，行政手段是主要的管理手段，主要有政府管理、强制秩序、政府包揽、政府统管等形式。[①]

第三节　全面管控的社会治理运行机制

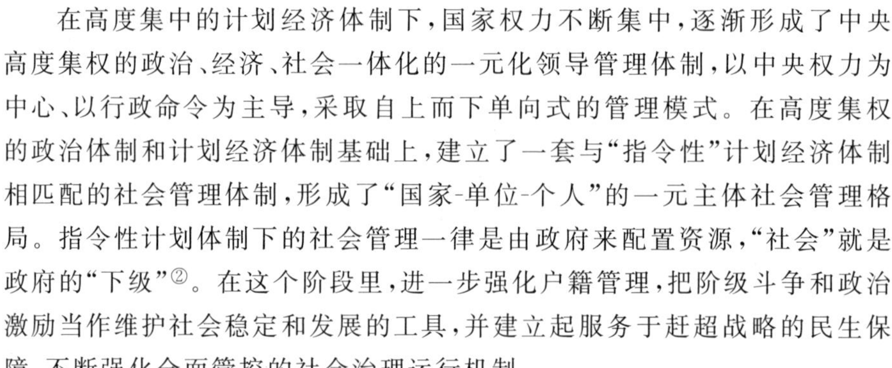

在高度集中的计划经济体制下，国家权力不断集中，逐渐形成了中央高度集权的政治、经济、社会一体化的一元化领导管理体制，以中央权力为中心、以行政命令为主导，采取自上而下单向式的管理模式。在高度集权的政治体制和计划经济体制基础上，建立了一套与“指令性”计划经济体制相匹配的社会管理体制，形成了“国家-单位-个人”的一元主体社会管理格局。指令性计划体制下的社会管理一律是由政府来配置资源，“社会”就是政府的“下级”[②]。在这个阶段里，进一步强化户籍管理，把阶级斗争和政治激励当作维护社会稳定和发展的工具，并建立起服务于赶超战略的民生保障，不断强化全面管控的社会治理运行机制。

一、户籍管理制度的强化和大量的人口迁徙

从 1958 年起，限制人口流动的政策走向全面强化和体制化，进入了农村户口迁徙城市的严格管理时期。之所以做出这种改变，是因为 1956 年建设高潮来临后，各企业单位普遍从农民中大量招收职工进城。一方面造成大量农民无序流向城镇，农村劳动力紧张；另一方面，城镇人口急剧增加，给商品粮供应造成很大压力，一些城市过剩劳动力滞留影响社会稳定。1958 年“大跃进”中将招工权力下放地方，更加剧了这种混乱。1958 年底，全国职工总数比 1957 年几乎增加一倍。[③]

这一时期人口流动、迁移的政策法规变化有以下特点。

---

① 何增科：《论改革完善我国社会管理体制的必要性和意义——中国社会管理体制改革与社会工作发展研究之一》，《毛泽东邓小平理论研究》2007 年第 8 期。

② 卢汉龙：《新中国社会管理制度探讨》，载上海市中国特色社会主义理论体系研究中心编：《上海市纪念新中国成立 60 周年理论研讨会文集》，上海人民出版社 2009 年版，第 346 页。

③ 《当代中国的人口》，中国社会科学出版社 1988 年版，第 194 页。

1. 正式建立城乡户籍分割制度

户籍管理在1958年以前限制越来越严,但基本上还能自由迁徙[①],农村户口可以因城镇招工和投亲靠友迁徙为城镇户口。1958年1月9日,全国人大常委会第91次会议审议通过《中华人民共和国户口登记条例》(以下简称《户口登记条例》),规定:"公民由农村迁往城市,必须持有城市劳动部门的录用证明,学校的录取证明,或者城市户口登记机关的准予迁入的证明,向常住地户口登记机关申请办理迁出手续。"[②]这项规定实际改变了乡—城户口迁移和变动的程序,比1955年的《国务院关于建立经常户口登记制度的指示》增加了迁入地的限制条件,1958年后,迁移决定权在迁入地的国家企事业机关或户口主管机关。1958年《户口登记条例》的实施,标志着中国以严格限制农村人口向城市流动为核心的户口迁移制度正式确立,为二元社会管理体制奠定了法律基础。1961年12月,公安部将"农业户数"和"农业人口数"这一统计指标改为"非农业人口户数和人数",其统计范围是指凡不从事农、林、牧、副、渔五业的劳动者及其所供养的家属。[③]1963年以后,政府在人口统计中,将是否拥有国家计划供应的商品粮作为划分农业户口和非农业户口两大人口群体的依据,分别按照"农业"和"非农业"户口簿管理。至此,基本形成了完整的二元户籍制度管理格局。

2. 明确城市人口的户籍迁移限制政策

1962年4月17日,公安部发出《关于处理户口迁移问题的通知》,提出:"应当本着既要严格控制农村人口迁入城市,又要保障必要的正常迁移的原则,实事求是的处理。"这时,城镇户口(通称"非农户口")成为一种社会特权。除了入学(农业户口考取大学、中专者可以转为城镇户口)和军队干部(营级以上)转业外,农业户口转为城镇户口非常困难。1962年12月8日,公安部三局发出《关于加强户口管理工作的意见》指出:"对农村迁往城市的,必须严格控制;城市迁往农村的,应一律准予落户,不要控制;城市之间必要的正常迁移,应当准许,但中、小城市迁往大城市的,特别是迁往

① 一般把居民迁出原居住地并随迁户口称为户口迁移,不迁户口的迁移称为人口流动。知识青年上山下乡虽然要迁移户口,但实质上保留着回到城市的权利,因此本节归为人口流动。

② 公安部治安管理局编:《户口管理法律法规规章政策汇编》,中国人民公安大学出版社2001年版,第4—5页。

③ 1956年,公安部负责的人口统计指标中,除保留按地域区分"城镇人口"和"农村人口"外,增加了"农业户数"和"农业人口数",其统计对象是指从事农业生产的户数和人数,以及从事农业生产者所扶养的人数。

北京、上海、天津、武汉、广州等五大城市的，要适当控制。”[①]1964 年 8 月，国务院批转了《公安部关于处理户口迁移的规定（草案）》，该文件比较集中地体现了处理户口迁移的基本精神，即两个“严加限制”：对从农村迁往城市、集镇的要严加限制；对从集镇迁往城市的要严加限制。此规定堵住了农村人口迁往城镇的大门。[②] 从镇迁往市，从小市迁往大市，从一般农村迁往市郊等，都要进行适当控制。“文革”时期，一些农民即使担任领导职务甚至升迁到中央，户口也不能随意改变，需要从原户口所在地领取生活供应品。

3. 正式取消公民自由迁徙宪法权利条款

1975 年 1 月，四届全国人大一次会议通过《宪法》修正案，取消了 1954 年宪法第九十条“中华人民共和国公民有居住和迁徙的自由”条款。

4. 有计划的大规模人口迁徙

在严格控制城镇人口的同时，另一方面国家有计划地把大量人口迁往农村、内地和边疆。这一时期，发生了新中国成立以来最集中的三次有计划的大规模人口流动高潮。在 1958 年后的 20 余年中，中国经历了“大跃进”、“三年困难”时期和“文革”。在这些大的历史事件中，政府曾采取包括精简职工、知识青年上山下乡、干部下放农村等做法，使大量城市人口迁往农村。1957 年至 1960 年是户口迁移量最高、持续增长的阶段，年均 3000 万人以上。国家有计划地把沿海企业大批职工迁往内地和边疆；国家新建扩建工厂和矿山，征调大量农民充当工人；有计划地从东部人口稠密地区向黑龙江、宁夏、新疆等省、自治区组织集体移民开荒垦殖。1958 年 9 月 13 日，中央精简干部和安排劳动力五人小组发出《关于精简职工和减少城镇人口的工作中几个问题的通知》，规定“城市居民因婚姻或直系亲属要求到另一城市同居，理由正当的，凭迁移证，应该准予入户；但对农村县镇迁徙大中城市的，目前要严加控制。”[③]1961 年 6 月，中央工作会议制定了《关于减少城镇人口和压缩城镇粮食销量的九条办法》，规定要求三年内城镇人口必须减少 2000 万以上，1961 年以内至少减少 1000 万。之后在全国范围开展了一系列精简城镇职工、减少城镇人口，动员和遣返大规模城镇人

---

① 江业文：《新中国户籍制度的历史形成及历史地位探析》，《广西社会科学》2004 年第 1 期。

② 田炳信：《中国第一证件——中国户籍制度调查手稿》，广东人民出版社 2003 年版，第 28 页。

③ 中国社会科学院、中央档案馆编：《1958—1965 中华人民共和国经济档案资料选编·劳动就业和收入分配卷》，中国财政经济出版社 2011 年版，第 199 页。

口返回农村家乡,人口迁移出现逆向迁移流。1962 年,乡—城人口净迁出率为－11.58%,1961—1965 年间,全国城镇人口平均每年递减 4.41%。除了遣送解雇职工回乡之外,政府还对生活必需品和日用消费品实行凭票供应制,严格控制合法城镇户口的机械增长。[①]

知识青年上山下乡,到农村去安家落户,是党和国家为了解决城市人口就业问题、改造农村落后面貌而提出的号召。1962 年到 1966 年,共有 129 万城镇知识青年来到农村,其代表人物董加耕、邢燕子、侯隽等被广泛宣传。"文革"开始后,"停课闹革命"和大学停止招生造成各届大、中学生积压,其中 1966、1967、1968 届初、高中学生(通称"老三届")就有 1100 万人。经济的停滞不前使城市无法容纳如此巨大的就业人口,青年学生又被当作接受"再教育"的对象,于是上山下乡成为主要出路。1968 年 12 月 22 日,《人民日报》发表毛泽东的指示:"知识青年到农村去,接受贫下中农的再教育,很有必要。"全国随即掀起了知识青年上山下乡的高潮。全国城镇初、高中各届毕业生,大部分甚至整班、整年级地被安排到农村。仅 1969 年一年,全国共有 267.38 万人下乡。大学的应届毕业生也多数被安排到农场去当农民。此后,上山下乡成为安排中学毕业生的一种固定做法,延续多年。具体途径有:个人到生产队插队落户,集体设立"知青队""知青点",到边疆生产建设兵团,到地方国营农场。陕西、山西、安徽等省农村和黑龙江、内蒙古、云南生产建设兵团是接受知识青年较多的地方。从 1967 年到 1979 年,共有 1647 万知识青年上山下乡,占 1962 年以来知青总数的 92.7%。[②] 广大知识青年来到农村、边疆,用自己的宝贵年华为改造祖国的农村经济做出了贡献,在艰苦的环境中经受了锻炼,在一些不发达地区起到了传播文化、普及科学知识的作用,涌现出一批英雄模范人物和先进事迹。但是,在"文革"的特定环境中,上山下乡运动也产生了严重的负面作用,有的地方知识青年长年劳动后仍然生活困难,甚至不能解决口粮,有的地方对知识青年照顾管理不善,甚至发生迫害知识青年的情况,使社会矛盾尖锐化。企业的大规模人口流动是三线建设[③]。1964 年 5 月,毛泽东出于备战及改变东西部地区经济发展不平衡布局的考虑,提出进行三线建设

① 陆益龙:《1949 年后的中国户籍制度:结构与变迁》,《北京大学学报(哲学社会科学版)》2002 年第 2 期。

② 顾洪章主编:《中国知识青年上山下乡始末》,中国检察出版社 1997 年版,第 301 页。

③ 所谓三线地区,包括四川、贵州、云南、陕西、甘肃、宁夏、青海等西部省区及山西、河南、湖南、湖北、广东、广西等省区的后方地区,共 13 个省区。

的决策。李富春等提出报告建议:在第一线工业集中的城市的老企业,要把能搬的,分一部分到三线、二线。在一线的全国重点高等学校和科学研究、设计机构,也应有计划地迁移到三线、二线去。[①]

户籍管理制度的形成与强化,是当时历史条件下的特殊产物。旧中国限制城镇人口主要是以放任农民进城无法生存的自然方式来排斥,造成了严重的流民问题,农民进城后流离失所甚至无法生存。新中国成立初期,城镇物资供应状况不能接纳大量农业人口,又不能允许出现旧社会的悲惨现象,于是采取了严格的户籍管理制度。这是计划经济管理体制在社会管理上的延伸,既为社会主义工业化提供可靠劳动力,又保证了城乡社会稳定和人民基本生活,是完全必要的。但是,到 20 世纪 70 年代,户籍制度管理过死和僵化也出现了严重的弊病,限制了农民就业、迁移、婚姻等基本权利,固化了城乡二元结构,造成城乡差距拉大,严重影响了城乡经济活跃度。直到改革开放以后的 20 世纪 80 年代,国家逐步放开小城镇户籍,户籍管理才得到了松动。

二、“不断革命”:把阶级斗争作为社会发展的动力

社会主义社会制度建立后,生产关系与生产力、上层建筑与经济基础之间还有没有矛盾?还要不要通过变革生产关系和调整上层建筑来推动生产力的发展?对这些问题,科学社会主义理论的创始人马克思、恩格斯没有条件提出。列宁认为,在社会主义社会,对抗消失了,矛盾还存在。但是,在苏联进入社会主义社会以后,斯大林却长期不承认社会主义社会还有矛盾,致使无冲突论横行,同时又混淆了两类不同性质的矛盾,难以正确认识和处理各种矛盾问题。在苏共二十大暴露了苏联社会主义建设的缺点后,中国必须自己解决这一系列问题。

随着社会主义改造的完成,国内的主要矛盾,已经是人民对于建立先进的工业国的要求同落后的农业国的现实之间的矛盾,已经是人民对于经济文化迅速发展的需要同当前经济文化不能满足人民需要的状况之间的矛盾。在 1957 年 2 月的《关于正确处理人民内部矛盾的问题》的讲话中,毛泽东指出:“在社会主义社会中,基本的矛盾仍然是生产关系和生产力之间的矛盾,上层建筑和经济基础之间的矛盾。”[②]这种矛盾运动,仍然是社会

① 李富春、薄一波、罗瑞卿:《关于国家经济建设如何防备敌人突然袭击问题的报告》,《党的文献》1995 年第 3 期。

② 《毛泽东文集》(第 7 卷),人民出版社 1999 年版,第 214 页。

主义社会向前发展的动力,社会主义的生产力的发展仍然要不断变革与生产力不相适应的生产关系、调整与经济基础不相适应的上层建筑,并在这种变革和调整中放手发动群众。

社会主义制度建立后,还需要逐步巩固,毛泽东认为必须进行经济上、政治上和思想上的革命。1957 年 3 月 12 日,毛泽东在中国共产党全国宣传工作会议上讲话指出,要新的社会制度最后巩固起来,“必须实现国家的社会主义工业化,坚持经济战线上的社会主义革命,还必须在政治战线和思想战线上,进行经常的、艰苦的社会主义革命斗争和社会主义教育”①。在这一时期,思想政治的革命和技术革命在他的讲话和文章中经常出现。1957 年 3 月 19 日、20 日,毛泽东在南京、上海党员干部会议上讲话指出:“现在处在转变时期:由阶级斗争到向自然界斗争,由革命到建设,由过去的革命到技术革命和文化革命。”②从 1958 年 1 月的南宁会议到 5 月的八大二次会议,毛泽东多次阐述了他的“不断革命”思想。1958 年 1 月,他在杭州主持召开的华东四省一市党委第一书记会议上阐述了“不断革命”的五项步骤:夺取政权、土地改革、再一次土地“革命”、整风运动和技术革命,其中前四项“都是属于经济基础和上层建筑性质的”,亦即属于生产关系的,第五项“技术革命是属于生产力、管理方法、操作方面的问题”。前三个问题今后没有了,思想战线和政治战线上的革命仍旧有的,但重点放在技术革命上。他还强调指出:“从 1958 年起,在继续完成思想政治革命的同时,重点搞好技术革命。”③1958 年 1 月底,《工作方法六十条(草案)》指出:从 1949 年夺取政权开始,“这八年中,革命一个接着一个,大家的思想都集中在那些问题上”;现在要来一个技术革命,以便在十五年或者更多一点的时间内赶上和超过英国,要求“从今年起,要在继续完成政治战线上和思想战线上的社会主义革命的同时,把党的工作的着重点放到技术革命上去”④。“不断革命论”是毛泽东社会主义发展理念中一个重要组成部分,他希望通过技术革命和“政治战线和思想战线上的社会主义革命”同时高歌猛进,实现“赶英超美”战略,实现中国人一百多年来苦苦追求和奋斗的强国梦。但毛泽东过于强调这种思想政治上的社会主义革命,过于追求“一

① 《毛泽东文集》(第 7 卷),人民出版社 1999 年版,第 268 页。

② 《毛泽东文集》(第 7 卷),人民出版社 1999 年版,第 289 页。

③ 中国人民解放军政治学院训练部:《中共党史教学参考资料(开始全面建设社会主义时期)》,1983 年印,第 109 页。

④ 《毛泽东文集》(第 7 卷),人民出版社 1999 年版,第 350—351 页。

大二公”的政治战线和思想战线上的社会主义革命和技术革命，以至过于强调上层建筑的反作用和人的主观能动性，最终导致“大跃进”运动和“文革”。

1957年反右派斗争以后，出于对阶级斗争形势的严重估计，在同年九十月间举行的中共八届三中全会上，毛泽东提出：“无产阶级和资产阶级的矛盾，社会主义道路和资本主义道路的矛盾，毫无疑问，这是当前我国社会的主要矛盾。”但值得注意的是，经过整风反右，毛泽东说，“可以把全党的主要注意力移到技术革命上面去了”[①]。1958年1月，他明确提出：“从今年起，要在继续完成政治战线上和思想战线上的社会主义革命的同时，把党的工作的着重点放到技术革命上去。这个问题必须引起全党注意。”[②]1958年3月，他进一步强调：“过去我们在建设方面用的心太少，主要是搞革命去了。现在革命比较松了一口气，就要来搞建设，搞技术革命。”[③]

由于新中国成立后的七年间各方面工作的进展都比较顺利，新中国领导人一度对中国经济建设发展速度的估计变得过于乐观。1958年夏在北戴河召开的中共中央政治局的会议决议甚至认为，“共产主义在我国的实现，已经不是什么遥远将来的事情了”。为了尽快实现工业化的追求，1958年5月召开的中共八大二次会议上提出“鼓足干劲，力争上游，多快好省地建设社会主义”的总路线，在这条路线指引下发生了“大跃进”及人民公社化运动。这次会议也正式确认了“无产阶级和资产阶级的矛盾，是当前我国社会的主要矛盾”这个观点。同样值得注意的是，正是在“八大二次会议后，毛泽东的主要精力投入到工农业生产方面，特别是工业，又特别是钢铁和机械”[④]。从1958年夏开始，以“不断革命”论为指导思想，以群众运动为主要形式，以技术革命为主要手段，“大跃进”运动在全国范围内开展起来。这样，在“大跃进”运动中，提出了种种脱离实际的指标、计划、口号，生产事业遭到破坏，国民经济陷入严重的困难局面。“大跃进”的失误，原因主要是急于求成，试图通过群众运动来实现经济建设的高速度，在经济建设中违反客观经济规律、对发展速度等要求过快过急的问题。而对“大跃进”失败原因的不同看法，再加上苏联赫鲁晓夫对斯大林的全盘否定和美国推行

① 《毛泽东文集》(第7卷)，人民出版社1999年版，第351页。

② 《毛泽东文集》(第7卷)，人民出版社1999年版，第350—351页。

③ 《毛泽东著作专题摘编》，中央文献出版社2003年版，第954页。

④ 逄先知、金冲及主编：《毛泽东传(1949—1976)》(上)，中央文献出版社2003年版，第822页。

和平演变战略的国际因素,这一切促使毛泽东错误地认为上层建筑出了大问题:中央出了修正主义,从上到下,大多数领导岗位已经不在马克思主义者手中了。①

"大跃进"失败后,中央确定了全面调整的方针,对社会各阶层关系也进行了调整。1962 年初,召开了以总结 1958 年"大跃进"以来的经验教训为主题的七千人大会。对于如何依法办事来处理社会内部矛盾,中央也进行了反思和探索。经过这一系列调整,社会各阶层之间和内部的关系得到了加强和巩固,全国上下共克时艰,渡过三年严重困难的时期,各项建设重新步入正轨。但由于党内对失误的反思并不彻底,对于调整的认识并不一致,同时受国际上一些因素的影响,急于求成的心理仍一再出现,当意见发生分歧、主张不一致时就被视为阶级斗争重新抬头。

1959 年中苏两党关系出现严重裂痕,毛泽东认为,这是国际共产主义运动中出现的修正主义思潮,必须开展反修防修运动。并把这个判断联系到国内党内的认识分歧中来,指出国内修正主义是当前的主要危险。"妖为鬼蜮必成灾",越来越成为他的担忧。1962 年 9 月召开的中共八届十中全会上,毛泽东把社会主义社会中一定范围内存在的阶级斗争扩大化和绝对化,进一步对中国社会的主要矛盾做出了错误判断,强调要"承认阶级同阶级斗争的存在",认为对这个问题"我们从现在就讲起,年年讲,月月讲";但同时,他又特别提醒大家:"决不要因为对付阶级斗争问题而妨碍了工作","要把工作放到第一位,阶级斗争跟它平行,不要放在很严重的地位。"②毛泽东把阶级斗争当成了社会主义时期生产力与生产关系、经济基础与上层建筑之间矛盾的主要表现,把工作重点转移到了阶级斗争上。在"四清"运动开始时,毛泽东认为多数地方还是应当以正面教育为主,"建设一个好的党、好的干部队伍和美好的社会"③。1963 年 11 月通过《关于农村社会主义教育运动中一些具体政策的规定(草案)》(即"后十条")后,"阶级斗争"重点开始转向党内,认为国家有三分之一的权力不掌握在我们手中。到 1964 年底制定《农村社会主义教育运动中目前提出的一些问题》(即"二十三条")后,就明确提出"党内走资本主义道路的当权派"是"阶级

---

① 程伟礼、杨晓伟:《中国特色社会主义核心价值观的历史形成》,复旦大学出版社 2012 年版,第 48—49 页。

② 逄先知、金冲及主编:《毛泽东传(1949—1976)》(下),中央文献出版社 2003 年版,第 1254 页。

③ 薄一波:《若干重大决策与事件的回顾》(下卷),中共中央党校出版社 1993 年版,第 1109—1110 页。

斗争”的主要对象。尽管如此，从反右派斗争到“文革”之前的时期，中国共产党的中心任务仍然是建设一个生产力高度发达的理想社会，仍然把主要精力放到发展生产力上，提醒不要让“四清”等阶级斗争运动干扰了经济建设。其间提出的一些改造社会试验，如推广“两参一改三结合”[①]的群众运动，强调干部参加劳动，实行教育双轨制等，也起到了积极作用。

但是随着“左”倾错误的日益发展，毛泽东对社会主义社会主要矛盾的认识越来越偏离中共八大提出的正确判断，向“阶级斗争为纲”转移。他认为：“过去我们搞了农村的斗争，工厂的斗争，文化界的斗争，进行了社会主义教育运动，但不能解决问题，因为没有找到一种形式，一种方式，公开地、全面地、由上而下地发动广大群众来揭发我们的黑暗面。”[②]

1966 年《中国共产党中央委员会通知》（简称“五·一六通知”）的发布，标志着“无产阶级专政下继续革命”理论的初步形成。此后一系列文献完整表达了这一理论，包括：1966 年《红旗》杂志第 13 期社论《在毛泽东思想的大路上前进》，1967 年 5 月《人民日报》《红旗》杂志发表的《伟大的历史文件》，《红旗》1967 年第 9 期的《两个根本对立的文件》，1967 年 10 月 1 日《人民日报》《红旗》《解放军报》编辑部文章《无产阶级专政下的文化大革命万岁》，1967 年 11 月 6 日两报一刊（两报指《人民日报》和《解放军报》，一刊指《红旗》杂志）的《沿着十月社会主义革命开辟的道路前进》等。[③] 这一理论夸大了社会主义社会里阶级斗争的范围和程度，认为从中央到地方都存在着阶级对抗，资本主义复辟随时可能发生，只有不断地进行政治大革命，才能巩固无产阶级专政。发动“文革”的目的是把失去的权力夺回来，以纯洁意识形态和国家机器等上层建筑，并以这种思想、文化和政治的大革命作为培养社会主义新人和发展社会主义的动力。“政治战线和思想战线上的社会主义革命”主要是思想改造运动，“无产阶级专政下继续革命”发展到政治领域，进而深入到社会各个方面。“文革”中的工作重点由经济建设转移到了阶级斗争，根源在于对阶级斗争形势和党内错误思想、错误作风问题估计得过分严重。

抓阶级斗争的目的不是要取消生产、放弃生产，而是为了促使生产关

① “两参”即干部参加生产劳动、工人参加企业管理；“一改”即改革企业中不合理的规章制度；“三结合”即在技术改革中实行企业领导干部、技术人员、工人三结合的原则。

② 参见毛泽东《同卡博、巴卢库的谈话》（1967 年 2 月 3 日）。中共九大政治报告（1969 年 4 月 1 日）引用了这段话，发表在 1969 年 4 月 28 日的《人民日报》上。

③ 李华：《中国共产党执政体制研究》，人民出版社 2008 年版，第 61 页。

系、上层建筑适应生产力的发展，也就是“抓革命，促生产”。一方面要求生产为“革命”让路，使有经验的老干部、科技人员受到排斥，群众组织占用工作和劳动时间打“派仗”；但另一方面，又提出了“坚持以阶级斗争为纲，狠抓战备，促进国民经济新的飞跃”的口号，片面追求高指标、高速度。① 面对“文革”造成的混乱局面，毛泽东明确提出了“以安定团结为好”，“要把国民经济搞上去”的方针，周恩来代表中国政府重申在20世纪内全面实现四个现代化、使我国国民经济走在世界前列的奋斗目标。毛泽东批准了国务院1972年关于从联邦德国引进一米七轧机、1973年关于从西欧和日本进口43亿美元成套工业设备的报告。也正是毛泽东对以周恩来和邓小平为代表的党内健康力量给予了相当大的支持，使他们一度顶住了“四人帮”的压力，保护了一大批老干部和科技骨干，整顿了生产、科研、教学等方面的秩序，从而减轻了因动乱而造成的损失。

总体来说，在1957年到1976年的20年间，以毛泽东为代表的中国共产党人对中国社会性质、制度、主要矛盾进行了宝贵而曲折的认识和实践探索。中共八大提出了社会主要矛盾是发展生产力、正确处理社会内部矛盾的正确判断，其后，虽然出现了急于求成进入共产主义社会的空想冒进，但主要力量还是放在发展生产力上，社会建设方面也取得了重要成就。令人惋惜的是，随着“左”的错误思想发展并逐渐占据上风，终于导致对社会主义建设“以阶级斗争为纲”的错误认识，发动了造成社会严重混乱的“文革”。

三、政治激励：社会主义价值观的构建②

新中国成立后，以社会主义革命和阶级斗争为主要手段、以消灭私有制及其附属的意识形态为目标，建立起以公有制经济为基础、以集体主义为核心、以共产主义为目标的社会主义价值体系。在社会主义道路的探索中，通过思想教育、政治运动和阶级斗争，不断强化和巩固社会主义意识形态主导地位，使其在社会治理中发挥着重要的作用。

人民可以天然地追求公正和平等的观念，却不可能天然地具有共产主义的理想和思想。毛泽东指出：“掌握思想教育，是团结全党进行伟大政治

① 朱佳木：《对工业化的追求与当代中国的历史走向》，《教学与研究》2004年第7期。

② 这方面的著作有廖胜刚：《新时期社会主义意识形态建设基本经验研究》，青海人民出版社2009年版。周民锋：《当代中国意识形态观研究》，人民出版社2012年版。关海宽：《改革开放以来我国社会主义意识形态建设研究——经验·问题与路径选择》，中国社会科学出版社2012年版。

斗争的中心环节。如果这个任务不解决，党的一切政治任务是不能完成的。”[①]所以，必须运用“思想教育（或灌输）”的各种手段，使共产主义的理想成为社会的共识，使共产主义的思想成为大众的思想。一是加强马克思主义理论和思想教育。除了不定期地开展整党整风学习外，主要是利用各级党校和干校经常地轮训各级领导干部，通过开展各种群众性运动向全国人民进行社会主义思想教育。毛泽东多次号召广大干部群众都来学习马克思主义，“为了做好我们的工作，各级党委应当大大提倡学习马克思主义的认识论，使之群众化，为广大干部和人民群众所掌握，让哲学从哲学家的课堂上和书本里解放出来，变为群众手里的尖锐武器”[②]。二是重视意识形态领域的斗争。社会主义制度建立后，社会主义制度和社会主义意识形态的主导地位已经确立，但阶级斗争并没有结束，在意识形态方面的阶级斗争还是长期的、曲折的，有时甚至是很激烈的。因此，必须进行必要的思想斗争。通过发动政治运动，“让群众在运动中自己教育自己”[③]，发动人们自觉地进行“斗私批修”[④]。从1957年的反右派斗争、1958年庐山会议批判彭德怀、1963年开始延续四年的“四清”运动[⑤]和社会主义教育运动，直至1966年起延续十年的“文革”，都贯彻着“以阶级斗争为纲”的方针。在经济建设的领域中，“以阶级斗争为纲”可以转换为“抓革命，促生产”。通过“促进人的思想革命化”，才能“进一步解放社会生产力”。[⑥] 在意识形态的层面，“以阶级斗争为纲”最终发展成“无产阶级专政下继续革命”的理论，而“文革”则是在这一理论指导下的全民实践。三是掌握舆论宣传导向，提倡榜样的力量。毛泽东指出：“掌握思想领导是掌握一切领导的第一位。”[⑦]“要责成省委、地委、县委书记管思想工作，管报纸、学校、文学艺术和广播。”[⑧]“搞新闻工作，要政治家办报”[⑨]，等等。通过大造舆论引导广大群众积极参加“大跃进”、人民公社及“文革”；通过“工业学大庆”“农业学大寨”

---

① 《毛泽东选集》(第3卷)，人民出版社1991年版，第1094页。

② 《毛泽东文集》(第8卷)，人民出版社1999年版，第323页。

③ 《中国共产党中央委员会关于无产阶级文化大革命的决定》，1966年8月8日中共八届十一中全会通过。

④ 《“斗私、批修”是无产阶级文化大革命的根本方针》，《人民日报》1967年10月6日。

⑤ “四清”运动的内容，一开始在农村中是“清工分、清账目、清仓库和清财物”，后期在城乡中表现为“清思想、清政治、清组织和清经济”。

⑥ 《抓革命、促生产》，《人民日报》1966年9月7日。

⑦ 《毛泽东文集》(第2卷)，人民出版社1993年版，第435页。

⑧ 《毛泽东文集》(第7卷)，人民出版社1999年版，第247页。

⑨ 《毛泽东新闻工作文选》，新华出版社1983年版，第216页。

“全国学人民解放军”以及学习王进喜、雷锋、焦裕禄等英雄的群众运动,强化“集体主义”“大公无私”的社会主义价值观;对上山下乡、干部下放,进行政治动员,甚至施加压力,当作“接受再教育”“反修防修”的战略任务进行。这些对于缺乏有效监督和激励机制的国营企业职工来说,无疑是一种最好的道德约束。1962年以后,毛泽东不同意恢复“大跃进”以前那种强调自上而下、强调专业化管理和重视物质刺激的所谓苏联经济管理模式,主张用“政治挂帅”“思想革命化”的方式来解决经济运行中存在的问题,对人民群众的道德要求越来越高,对干部的政治要求也相应地越来越高,对其所谓的“特权”和“官僚主义”越来越不满意,甚至极端到只有参加体力劳动才算参加劳动的境地。“文革”正是这种逻辑发展的必然结果。①

社会主义意识形态的确立和强化对加强社会管理、集中力量建设社会主义起到了重要的作用,积累了宝贵的历史经验。但加强社会主义意识形态建设绝不能忽视发展社会生产力,必须建立在社会主义物质基础之上。新中国成立初期,以经济建设为中心开展社会主义意识形态建设取得了巨大成功,但后来逐步走向“以阶级斗争为纲”,片面夸大意识形态的相对独立性和重要作用,严重影响了社会主义经济建设。正如邓小平所说:“多少年来我们吃了一个大亏,社会主义改造基本完成了,还是‘以阶级斗争为纲’,忽视发展生产力。‘文化大革命’更走到了极端。”②邓小平后来总结经验教训时说:“什么叫社会主义,什么叫马克思主义?我们过去对这个问题的认识不是完全清醒的。”③

四、服务于赶超战略的民生保障

人民生活与经济建设、社会治理的关系,是社会主义事业发展中最基本的关系。确立一元化的社会治理体系和全面管控的社会治理运行机制,是为了最大限度地集中人力物力实现“四个现代化”的赶超战略;而实现现代化的最终目的是实现国家的富强和人民的幸福。无论革命,还是建设,最终目的都是提高人民的生活水平。只有发展社会事业,建立基本的民生保障,才能保障社会安定有序,凝聚、团结最大多数人致力于现代化建设。在国家的财力物力十分有限的情况下,如何平衡保障基本民生与快速发展

① 武力:《论工业化、市场化下的文化发展历程和趋势——从社会主义核心价值观演变视角分析》,《毛泽东邓小平理论研究》2011年第3期。

② 《邓小平文选》(第3卷),人民出版社1993年版,第141页。

③ 《邓小平文选》(第3卷),人民出版社1993年版,第63页。

经济、提高人民生活水平和集中资源实现“四个现代化”以及妥当处理人民长期利益和当前利益，事关重大。围绕这个矛盾，出现了两次民生战略调整。

1957年“一五”计划提前完成，极大激发了全国人民在短时间内彻底改变国家经济文化落后状况的斗志。中共八大二次会议提出“鼓足干劲，力争上游，多快好省地建设社会主义”的总路线，发起“大跃进”运动。“大跃进”运动造成了国民经济比例严重失调。轻重工业的产值比，由1957年的55∶45变为33.4∶66.6。同时，农业人口也大批转为领工资的职工，使得社会购买力迅速增长，市场商品极度紧缺。1960年9月，全国凭证限量供应的商品达30多种，其他商品基本上在商店里都是空空如也，形成了抑制型通货膨胀的严重经济危机。最为严重的是，全国粮食产量由1958年的4000亿斤，下降到1959年的3400亿斤，1960年又下降到2870亿斤，低于1951年产量，形成了全国性饥荒。不少地区出现因营养不良和饥饿导致大批人口非正常死亡现象。[①] 1962年初，中共中央召开空前规模的工作会议(七千人大会)，开始采取一系列紧急措施，对国民经济进行调整。1962年2月，陈云在中南海西楼会议上讲话说，“增加农业生产，解决吃、穿问题，保证市场供应，制止通货膨胀，在目前是第一位的问题”[②]，必须在国家计划中把解决民生问题摆到头等重要的位置。1962年5月，中共中央基本参照陈云的建议，确定了解决当前民生困难问题的重大举措：动员大量城镇人口下乡、大幅压缩基建项目、全党大办农业以及消灭财政赤字，稳定社会市场。到1962年底，国民经济调整取得了明显效果，经济开始复苏。到1965年，粮食产量基本达到1957年水平，人民生活有了较大的改善，部分凭票的商品开始敞开供应。[③] 在国民经济调整时期，形成了国民经济的发展要与民生相适应的思想。1962年3月7日，在中央财经小组会议上，陈云指出：“满足了当年生产方面的需要，再搞基本建设。有多大余力，就搞多少基本建设。今年如此，今后也要如此，使人民的生活一年一年好起来。”[④] 1962年9月，毛泽东提出了“以农业为基础、以工业为主导”的发展国民经

① 以上数据转引自汪海波：《中国现代产业经济史》，山西经济出版社2006年版，第197—199页。

② 金冲及、陈群主编：《陈云传》(下)，中央文献出版社2005年版，第1306页。

③ 以上数据转引自武力主编：《中华人民共和国经济史》(增订版，上卷)，中国时代经济出版社2010年版，第389—397页。

④ 《在中央财经小组会议上的讲话》(1962年3月7日)，载《陈云文选》(第3卷)，人民出版社1995年版，第209—210页。

济总方针,要求"把发展农业放在首要地位,正确地处理工业和农业的关系,坚决地把工业部门的工作转移到以农业为基础的轨道上来"[①]。

1964年4月,为编制第三个五年计划(1966—1970),国家计委提出了"初步设想",规定将大力发展农业、基本上解决人民的吃穿用问题作为重点;同时适当加强国防建设,加强基础工业。[②] 1964年4月,美国获悉中国原子弹即将进入试爆阶段,起草了先发制人地对中国发动袭击、摧毁中国核设施的多份计划,提出由美国单方面打击、与苏联联合打击、委托第三国打击等多种方案。美国总统约翰逊和国务卿腊斯克、国防部长麦克纳马拉就此进行了讨论。[③] 同时,美国在越南的侵略战争也逐步升级,1964年8月制造"北部湾"事件,悍然对越南北方进行大规模持续轰炸,波及中国边境。中国周边安全形势严峻,因此进行三线后方建设、加强国防和战备建设是必要的。此外,中国工业交通企业主要分布在东部沿海地区,中西部地区基础十分薄弱,这是国家经济建设中迟早要解决的问题。从1964年到1978年,在内地的十几个省、自治区开展了一场以战备为中心、以工业交通和国防科技工业为基础的三线建设。历经三个五年计划,共投入2050余亿元资金和几百万人力,安排了几千个建设项目。三线建设初步改变了我国内地基础工业薄弱、交通落后、资源开发水平低下的工业布局不合理状况。如果没有当年的三线建设,改革开放时期要优先发展沿海地区和缩小地区民生差距将面临更加艰巨的任务。

为了国家安全,中央决定改变"三五"计划原定主要抓农业、基本解决民生问题的指导思想,民生建设重心由抓"吃穿用"向"备战备荒为人民"转移。由于考虑到"备荒"和"为人民","三五"计划的投资和指标都是比较低的,即使后来遇到了"文革"动乱,生产遭到冲击,仍然强调"备战备荒为人民"的口号,农业仍然能比较稳定地持续发展。"文革"时期,由于政治动乱,国民经济发展缓慢甚至一度倒退,加上过度强调战备和"先生产,后生活",国民经济结构中积累和消费、农轻重比例严重失调,轻工业投资不足,人民生活必需品供应匮乏;再加上"文革"前期人口增长过快,相当一部分国民收入不得不用于新增人口的生活需要,因而人民生活长期处于低水平艰难状态。

"文革"的十年中,毛泽东虽然在全局上一直维护和坚持"文革"的错

---

① 《中国共产党第八届中央委员会第十次全体会议公报》,《人民日报》1962年9月29日。

② 国家计委档案:《第三个五年计划(1966—1970)的初步设想(汇报提纲)》。

③ 张振江、王琛:《美国和中国核爆炸》,《当代中国史研究》1999年第3期。

误，但是，在这场运动发展的过程中，他制止和纠正过某些具体错误，后来又一再呼吁安定团结，要求“把国民经济搞上去”，有限度地支持过周恩来、邓小平的整顿，我国社会主义制度的根基仍然保存着，这个多民族的国家仍然保持着统一，并实现了打开中国外交新局面的重大战略调整。所有这些，都保证了我国的社会主义建设能够继续进行。在这十年间，农业生产条件有了一定改善，国家对农业的资金、物质投入继续增加。1976 年，全国农业总产值达 1258 亿元，按可比价格计算，比 1965 年增长 35.3%；全国粮食总产量达 5726.2 亿斤，比 1965 年增长 47.2%。地方“五小”工业和农村社队工业的较大发展，为后来中国乡镇企业的崛起奠定了基础。少数民族地区普及农村小学五年教育的工作得到一定重视。一批交通运输线、输油管线和邮电通信设施相继建成。经过长期艰苦攻关，1973 年，我国在世界上首次培育成功强优势的籼型杂交水稻。电子技术同时取得进步，我国自行研制成功卫星地面站、彩色电视发射设备、第三代电子计算机，还发展了激光红外技术，自行研制成功小同轴 300 路载波机。1971 年，初步形成全国电视网。半导体、集成电路的研制和生产也取得一定进展。环境保护工作开始起步，1973 年 8 月，在周恩来的指导下，国务院召开首次全国环境保护会议。会议研究了有关环境保护的方针、政策，设立了国务院环境保护领导小组办公室，制定了《关于保护和改善环境的若干规定（试行草案）》，这是新中国第一部环境保护的综合性法规。从此，环境保护被列入党和国家工作的议事日程。① 在农村实施了对最贫困人口的食品、住房、医疗以及丧葬费用的“五保措施”。城市国有企业的职工享有工作保障以及国家拨款的福利待遇。还拥有了基础虽差但相对全面的医疗保障体系，医疗保障以及营养和卫生的改善，延长了中国人的平均寿命。1949 年以前中国的人均寿命仅为 35 岁，到 20 世纪 70 年代中期已达到 65 岁。这些社会保障体系不仅优于当时的印度、巴基斯坦等低收入国家，而且比人均国民生产总值 5 倍于中国的中等收入国家还要优越。

对于新中国为了迅速发展工业、改变落后面貌而在人民生活上做出的牺牲，有两位台湾地区学者发表过颇有见地的议论。其中一位学者说：“1979 年以前，中共将建设重心摆在重工业、国防工业和基本工业的发展上。在高积累、低消费的政策下，轻工业和农业发展不足，而且平均主义的分配原则使民生日用呈现匮乏状态，海峡两岸人民的物质水平因而有了极

① 《中国共产党历史》（第 2 卷，下册），中共党史出版社 2011 年版，第 971—975 页。

大差距。但是,中国大陆在经济上打下了扎实的工业基础,并拥有某些尖端科技;台湾则因为先发展加工出口的轻工业,今天面临产业难以升级的困境,也使两岸经济呈现出朝向相反顺序发展的现象。”[①]另一位学者说:“大陆的人说,他们一辈子吃了两辈子的苦。痛心的话,悲痛的话,却也是令人肃然起敬的话。试问,不是一辈子吃了两辈子的苦,一辈子怎得两辈子甚至三辈子、四辈子的成就?”“什么成就不需要牺牲?!小成就小牺牲,大成就大牺牲。要把中国从那种落后的境界推向现代世界,这牺牲必须惊天动地。”[②]听听这些局外人的话,对我们客观评价计划经济时期的得失是不无益处的。

五、信访在社会治理中的独特作用

这一时期,信访工作也经历了一个大起大落、曲折发展的过程,持续不断的政治运动对信访制度的建设产生了至关重要的影响。1957 年迎来了新中国历史上的第一个信访高潮。由于当时正处于社会主义改造顺利完成、经济基础和社会关系发生较大变革的历史时期,反映个人问题和人民内部矛盾问题的内容增多,反映阶级斗争的问题减少。1957 年后,国家政治形势发生剧烈变化,“左”的错误已波及很多方面,人民群众的来信来访显著减少,信访工作也出现了严重的滑坡。这一时期的信访工作正误交织,有不少消极甚至错误的问题。不过,即使在当时反右派斗争不正常的情况下,关系民生的许多重大问题仍然得到了较好的解决,信访制度仍有所发展。1958 年底到 1959 年初,许多地方出现粮荒,但是当时的各级部门,包括一些调查机构对此并不了解,而这时通过信访渠道反映大量粮荒的来信突然增多,上报后引起国务院的警觉。周恩来于 1959 年 4 月给有关省负责人写了关于“15 省 2517 万人无饭吃的大问题”的信,相关省迅速制定补救措施,中央政府也进行及时的支持,使灾情得到扭转。[③] 1961 年后,中央对国民经济进行了调整,工农业生产得以恢复,信访活动又重新活跃起来。1962 年 1 月,刘少奇在中共中央扩大工作会议(七千人大会)上,明确要求“党和国家的一切机关,都应该密切联系群众,严肃地处理关系广

① 杜继平:《阶级、民族与统独争议——统独左右的上下求索》,台湾人间出版社 2002 年版,第 405—407 页。

② 罗加印:《善待共和国的历史》,《中流》1999 年第 9 期。

③ 《周恩来年谱(1949—1976)》(中卷),中央文献出版社 1997 年版,第 219 页。

大群众利益的问题，认真地对待人民群众的来信、来访"[①]。1963年9月20日，中共中央、国务院联合下达的《关于加强人民来信来访工作的通知》，进一步明确了信访功能，处理信访是各级国家机关一项经常性的政治任务。这是党政最高领导机关第一次联名颁发的、规格最高的信访治理文件，对信访制度建设产生了重要的作用和巨大的影响，信访制度建设又有了新的发展。

"文革"使整个国家的政治活动陷入无序和混乱，信访制度遭到严重破坏，全国的信访工作基本上处于停滞和半停滞状态，一些信访活动出现功能变异，成为政治斗争中打击报复、陷害他人的工具。同时，这一时期，许多信息渠道失灵，信访部门成为沟通和反映信息的重要渠道，尤其是中央机关的信访部门，作用更为突出，成为中央了解运动、生产、民情的重要信息来源之一。在当时十分混乱的情况下，信访工作仍以特殊的方式有所开展，发挥着特殊的作用。1968年6月6日，国务院秘书厅信访室成立了"总理亲启信办理小组"，成为沟通和反映信息的重要渠道，一直工作到1972年初。1972年4月24日，《人民日报》发表《惩前毖后，治病救人》社论。这是经周恩来亲自审阅修改过的。[②][③] 社论强调，对一切犯错误的同志，都要坚持"团结—批评—团结"的方针。并指出："经过长期革命斗争锻炼的老干部是党的宝贵财富。"1972年上半年，国务院办公室会同有关部门研究制定了《关于被审查的干部和家属来信处理办法》和《关于军队干部问题来信的处理意见》，迅速解决了一大批党政军中、高级干部问题，也为后来落实干部政策打下了基础，创造了经验。1972年11月7日，中共中央办公厅、国务院办公室、总政治部、公安部召集有关部门负责人会议，对信访工作中经常遇到的重大的、突出的七个政策性问题，即定性问题，非正常死亡问题，开除、退职问题，遣返、疏散问题，工资、劳保、优抚、救济问题，户口迁移问题和"可以教育好子女"的家庭出身问题提出了解决办法，做出了相应的规定。1972年12月22日，中共中央转发中央办公厅、国务院办公室、总政治部和公安部《关于加强信访工作和维护首都治安的报告》，报告要求加强对信访工作的领导，健全信访机构，对来信来访的处理，要严格区分和正确处理各类不同性质的矛盾，维护首都良好的社会秩序。此后，一些地方逐渐恢复或建立了信访机构。

---

① 《刘少奇选集》(下卷)，人民出版社1985年版，第401页。

② 《周恩来传》，中央文献出版社1998年版，第2012页。

③ 《周恩来年谱(1949—1976)》(下卷)，中央文献出版社1997年版，第520—521页。

这一时期的信访体制基本上沿用过去形成的模式，没有实质性的变化和改善，信访部门一直处于忙乱应付之中。1972年后，情况虽有好转，但仍处于维持、应付状况。在这20年间，信访活动受到政治运动的制约很大，每逢政治运动一开始，来信来访猛增，其内容主要是揭发他人的问题；到运动后期及运动结束后相当一段时间里，反映运动中存在的问题或要求落实政策的信访开始增多。

第四节　传统政府社会治理模式的基本分析

1958—1978年，中国社会进入了快速发展阶段，中国的社会转型也进入了新的历史发展阶段。在这一转型过程中，中国传统社会主义社会管理体制逐步形成并巩固。

一、突出成就和基本经验

中国进入社会主义社会，是几千年来最深刻的社会制度的变革，党和人民怀着急切的心情建设社会主义国家，这也鼓舞着全体中国人民追求所谓“大同”社会的到来。

集中统一的计划体制，有利于整合有限资源，把社会结果公平提高到制度层面的高度来设计，中国所取得的成就也是举世公认的。大力弘扬自力更生精神，成功克服苏联停止援助和撤走专家对中国建设的影响，提高了中国人民的自尊心和独立自主的自豪感，这无不得益于集中力量办大事的理念和体制。

以单位制为主的传统社会治理模式是为了应付新中国成立后的严峻形势，为了解决面临的社会危机而选择的一套社会治理体系。它填补了国家与个人之间的真空地带，适应了社会整合的需要，保证了国家对基层社会的控制能力与对社会资源的调配能力，其历史意义不容否定。

(一) 实现对全社会的有效管理，使国家具备了强大的社会动员能力

1958年到1978年，中国建立了一套与指令性计划经济体制相匹配的社会管理体制。随着一元化社会管理体制的建立，国家成为无所不包、无所不能的“全能国家”。社会依附于国家，国家是社会管理的唯一主体、社会服务的唯一提供者，行政手段是主要的管理手段，管理高度一体化和政

治化，基于此所建立起来的是"'国家-单位-个人'的一元主体的社会管理格局"①。农村的人民公社组织和城市的单位制组织成为社会管理的主要执行者，政府通过人民公社和单位制组织将社会的资源紧紧地集中在自己手中，而"社会"本身已成为政府的"下级"，"基层社会被行政体制吸纳而几近消失"。②

国家通过单位，将全国人民几乎都纳入了行政权力的控制范围之内，国家的触角可以延伸到全国的每一个角落和社会生活的每一个领域，整个社会实现了高度的整合，它使整个社会生活高度组织化，全国上下一盘棋，对形成稳固的社会秩序发挥了重要作用。城镇人口精简工作结束时，毛泽东动情地说：我们的中国人民、我们的广大干部，好呀！叫作两千万人呼之则来，挥之则去，不是共产党当权，哪个党能办到？③

正因为如此，国家才有可能通过社会动员，有目的地引导社会成员积极参与社会、政治、经济等重大活动。社会动员的范围之大、程度之深、效果之彰，主要由于以单位制为主的传统社会治理模式。无论党政群机关、事业单位，还是企业单位，都作为自上而下单位管理体系的一个节点而存在，而且每个单位都设置健全的党群组织，平时负责做好单位成员的思想政治工作，在国家有需要的时候，党群组织就成为本单位政治动员的主导力量。通过单位这一种高效率的政治动员机制，党和政府可以运用自上而下的行政手段，层层传达，层层动员，大规模地组织群众投入各种社会、政治、经济运动中，以实现党和政府的各项方针政策。通过大规模的社会动员，国家将分散的意志、分散的资源凝聚为统一的意志和资源，彻底改变了中国社会自近代以来一盘散沙的局面。并且通过单位对社会成员思想和行为的引导，可以有效地避免过激现象发生，因此尽管这一时期的社会动员有时过于情绪化，但总体来说，是具有秩序性、可控性的。

（二）资源整合，推动现代化建设的快速发展

一元化的社会管理体制实现了国家对社会资源的控制，使得我国社会主义经济建设能够集中有限的财力物力，保证优先发展重工业的工业化进

① 陈振明，等：《社会管理机制的创新与公共服务的有效提供——厦门市的案例研究》，《东南学术》2008年第3期。

② 丁元竹：《建立和完善基层社会管理体制的几点思考》，《国家行政学院学报》2010年第5期。

③ 任仲平：《守护人民政党的生命线——论深入开展党的群众路线教育实践活动》，《人民日报》2013年10月13日。

程。为了方便资源的调控和配置，与计划体制相适应，形成了以单位制为主的传统社会治理模式。国家通过建立层级森严的单位管理体系，使每一个基层单位都隶属于自己的上级单位，并且无条件服从上级单位的命令，而上级单位又层层听命于中央和省市行政部门。这样，国家可以通过上级单位对下级单位下达工作任务，调拨、分配人力、物力、财力等资源，从而凭借单位这一特殊的组织为国家集中稀缺、分散的资源，根据需要集中投入到现代化建设的关键性领域，缓解国家在现代化建设中面临的内外压力，有效地保证了国家战略意图的顺利实施，为我国工业化体系的快速建立奠定了良好的基础。[①] 各级单位在国家的计划、指导下进行生产、工作，单位之间相互协作，实行全国一盘棋，通过经济调拨做到效益最大化，避免了重复建设和积压资源等浪费。在集中职工和人才进行社会主义建设方面，单位也起到重要的作用。如 1964 年中央决定在西部地区开展三线建设，上海、哈尔滨、北京等大城市的企业和科研单位都选派“好人好马上三线”，有的甚至整个车间、企业搬迁到艰苦的荒山野岭去支援新建厂。没有单位社会发挥积极而促动的作用，是不可能做到的。我国在新中国成立初期一穷二白的情况下，在较短时间内便实现了综合国力的大幅提升，正是以单位制为主的传统社会治理模式“集中力量办大事”的政治优势淋漓尽致的体现。这一时期，中国的国民经济建设继续进行，并且取得了一定进展。与 1958 年相比，1976 年国内生产总值(GDP)为 2961.5 亿元，增长 126.4%；第二产业(工业和建筑业)所占比重从 1958 年的 36.96%上升到 1976 年的 45.15%。[②] “文革”十年，经济建设虽然受到严重挫折，但中国工农业总产值比 1965 年增长了 133.54%。其中工业总产值 1976 年比 1965 年增长了 172.6%，平均每年增长 9.55%，农业总产值平均每年增长 2.8%。[③] 新中国成立 30 周年之际，叶剑英在庆祝中华人民共和国成立 30 周年大会上的讲话中指出：“我们在旧中国遗留下来的‘一穷二白’的基础上，建立了独立的比较完整的工业体系和国民经济体系。”“目前，全国工业企业达到 35 万个，全民所有制企业的固定资产达到 3200 亿元，相当于旧中国近百年积累起来的工业固定资产的 25 倍。从我们完成国民经济恢复任务的 1952 年算起，到 1978 年，我国工业发展尽管有过几次起落，平均每年的增长速度

---

① 何海兵：《我国城市基层社会管理体制的变迁：从单位制、街居制到社区制》，《管理世界》2003 年第 6 期。

② 《新中国六十年统计资料汇编》，中国统计出版社 2010 年版，第 9 页。

③ 当代中国研究所：《中华人民共和国史稿》(第 3 卷)，人民出版社 2012 年版，第 307 页。

仍然达到11.2%。”[①]这个工业体系虽然还存在着经济结构不够合理、经济效益较差、轻工业发展相对缓慢等问题，但基本上是“比较完整的”，并且建立了包括原子能、航天、电子工业等的现代工业基础，为改革开放时期中国经济腾飞和解决民生问题准备了重要的物质条件。胡锦涛在2006年6月纪念中国共产党成立85周年大会上的讲话中指出，中国共产党成立以来，领导中国人民干了三件大事，其中的第二件大事就是：“在社会主义革命和建设时期，我们确立了社会主义基本制度，在一穷二白的基础上建立了独立的比较完整的工业体系和国民经济体系，使古老的中国以崭新的姿态屹立在世界的东方。”[②]这第二件大事，不仅在当时已经使中国极度贫弱的面貌在很大程度上得到了改变，而且为中国以后的更快发展创造了重要的前提。

（三）在低水平下促进社会事业的发展

优先发展重工业要求在投资中必须保证提高积累率来发展生产资料的生产，然后才能适当考虑提高人民生活的消费需要。这既是中国工业落后的国情所决定的，也是许多落后国家工业化初始阶段的共同道路。这一时期，在建设社会主义的艰辛探索中，尽管经历曲折甚至遭受严重挫折，但仍取得很大成就，社会事业和民生保障方面也取得一定的进展。人民生活水平从某些方面看也有所改善。按当年价格计算，全国居民消费水平由1958年的人均111元增加到1976年的人均171元，其中农民由70元增加到131元，职工由212元增加到365元。[③] 考虑到这一时期全国总人口由1958年的6.60亿增长到1973年的9.37亿[④]，这一人均消费水平的提高是十分不易的。教育、卫生、新闻出版、广播影视、文化艺术、体育等项事业的成就也相当可观。1957年至1966年，全国普通高等学校毕业生累计达139.2万人，中等专业学校毕业生累计达211.1万人，分别为1950年至1956年的4.9倍和2.4倍。医疗卫生条件有所改善。1957年至1965年，全国的医疗卫生机构由122954个增加到224266个，每千人拥有医院床位

---

① 1964年12月，周恩来在三届全国人大一次会议上所做的《政府工作报告》中正式提出：“从第三个五年计划开始，我国的国民经济发展，可以按两步来考虑：第一步，建立一个独立的比较完整的工业体系和国民经济体系；第二步，全面实现农业、工业、国防和科学技术的现代化，使我国经济走在世界的前列。”参见《周恩来经济文选》，中央文献出版社1993年版，第563页。

② 胡锦涛：《在庆祝中国共产党成立八十五周年暨总结保持共产党员先进性教育活动大会上的讲话》，《改革开放三十年重要文献选编》（下），中央文献出版社2008年版，第1590页。

③ 《新中国六十年统计资料汇编》，中国统计出版社2010年版，第14页。

④ 《新中国六十年统计资料汇编》，中国统计出版社2010年版，第6页。

数由0.46张增加到1.06张,每千人拥有医生数由0.85人增加到1.05人。图书、报刊事业取得较大的发展。1965年,全国图书总印数为21.7亿册,刊物总印数为4.4亿册,报纸总印数为47.4亿份,分别比1956年增长21.7%、25.0%和81.5%。广播影视事业得到新的发展。1958年5月北京电视台(中央电视台的前身)开始试播,到1966年,全国拥有电台78座、电视台13座,全国96%的县通了有线广播。1957年至1966年,这十年间,全国累计生产故事片495部、美术片109部、科教片786部、新闻纪录片2250部。全国的文化艺术、文物单位,由1956年的14408个增加到1965年的27210个。十年间,创作、演出了一大批优秀文学艺术作品。体育事业也有新的进展,十年间共有183名运动员打破了97项世界纪录,群众性体育事业也有了长足的发展。①

在物资短缺的情况下,为了保证社会生产和人民生活的正常进行,国家不得不对各种生产生活必需的资源采取分配的方式,而单位就是分配的一种组织形式。在面向个人进行有限资源的分配时,为防止出现分配不公,国家实行了分配的平均主义。在这种管理模式下,当时所有社会成员的工资收入水平基本上处于一种低水平下的整齐划一状态,有效避免了居民贫富差距的产生。除了工资以外,单位还负责个人福利的分配,比如职工的住房、医疗、教育、交通工具、生活必需品等,也就是单位完全负责个人生活的一切,这种福利的分配制等同于是一种完全的承包,保证了资源的合理分配,使得人们能够在物资短缺的情况下获得最基本的生活保障,也帮助国家顺利渡过了经济困难时期。②

这一时期,农村合作医疗取得很大的成功。1959年11月,卫生部在山西省稷山县召开全国卫生工作会议,介绍合作医疗的做法和经验,积极推广。1965年6月26日,毛泽东针对农村卫生医疗工作中存在的问题,做出“把医疗卫生工作的重点放到农村去”③的指示,批评卫生部的工作只给全国人口的百分之十五服务,这百分之十五中主要还是老爷。④ 1965年8月,卫生部制定《关于加强合作医疗管理若干问题的规定》,为全国各地建立合作医疗制度提供了学习范本。1968年,毛泽东批发了湖北省长阳县乐

---

① 《中国共产党历史》(第2卷,下册),中共党史出版社2011年版,第735页。

② 丁茂战主编:《我国政府社会治理制度改革研究》,中国经济出版社2009年版,第18—20页。

③ 《毛泽东对卫生部的指示》,《解放军报》1968年6月27日。

④ 《毛泽东年谱(1949—1976)》(第5卷),中央文献出版社2013年版,第505页。

园人民公社举办合作医疗的经验，称赞“合作医疗好”。1969 年，全国范围内大办合作医疗。尽管“文革”期间在有些地区，合作医疗也曾出现时断时续、起伏不定的局面，但是在政治动员的助力下，合作医疗很快在全国普及。到 1975 年底，全国有“赤脚医生”150 多万名，全国城市和解放军医务人员先后有 110 多万人次下农村巡回医疗，有十几万名城市医务人员在农村安家落户。① 1976 年，全国合作医疗普及率超过 90%。合作医疗与“赤脚医生”和巡回医疗制度紧密结合，以最低的成本获得了满足农民基本医疗需求的最高效益，被世界卫生组织誉为“发展中国家群体解决卫生经费的唯一范例”，并作为“中国模式”在发展中国家推广。② 从 1957 年到 1975 年人均寿命呈现迅速上升趋势，男性的平均预期寿命从 58.53 岁增加到 65.27 岁，女性的平均预期寿命从 58.32 岁增加到 67.37 岁，其增长幅度极为迅速。③ 人口死亡率由 1957 年的 10.8%降至 1976 年的 7.25%，1978 年更降至 6.25%。④

社会主义制度下，为了谋求共同的发展，按照集中计划体制的理念，实行公平分配。中国逐步消除了总体贫困，人口预期寿命也大幅上升，婴儿死亡率大大降低，城乡居民的健康水平普遍提高，成功推行充分就业和广泛的社会保障政策，城乡福利水平空前提高。这种大一统的社会管理制度适应了社会主义建设时期的经济社会形势，促进了政权的巩固和社会经济的发展。可以说，新中国头 30 年提供的根本政治前提、雄厚的物质基础、有利的国际条件和正反两方面的经验，为中国特色社会主义道路的开辟提供了现实可能。⑤

二、探索中的曲折和挫折

在经济建设和社会发展的进程中，一元化全面管控的管理体制和管理模式发挥了资源配置、社会整合、组织动员等多元功能，改变了国家“一盘散沙”的混乱局面，使政治、经济和社会建设较快地步入正轨。但是，也不可避免地产生了各种后果。概括起来，主要体现在三个方面：就整个社会

① 卫生部基层卫生与妇幼保健司编：《农村卫生文件汇编（1951—2000）》，2001 年 12 月编印，第 420 页。

② 《毛泽东与 20 世纪中国社会的伟大变革》（上），中央文献出版社 2007 年版，第 431 页。

③ 李仲生：《人口经济学》，清华大学出版社 2013 年版，第 111 页。

④ 《新中国六十年统计资料汇编》，中国统计出版社 2010 年版，第 6 页。

⑤ 朱佳木：《新中国两个 30 年与中国特色社会主义道路》，《当代中国史研究》2009 年第 5 期。

而言，形成了总体性社会；就城乡关系来说，形成了城乡不均衡发展的二元社会结构；就社会个体而言，产生了依赖性人格。

（一）总体性社会

在这个阶段的城市基层社会生活基本组织制度框架中，单位制、户籍制和街居制是三种最基本的制度安排，而这三种制度安排又是互相交织在一起的。在这三种制度安排中，从所处的地位和所起的作用来看，单位制和户籍制是两条强主线，而街居制是一条弱主线。正是在这样的一种基本制度背景下，形成了改革前我国城市基层结构的一个重要特征：社区与单位高度重叠，在相当多的情况下，是单位吞没了社区，在许多地方事实上已经不存在严格意义上的社区。单位制又与身份制、行政制（行政级别）一起构成了城市管理的基础。单位与个人之间是支配与依赖的关系，国家通过单位，对隶属于单位的社会成员实行全方位管理。这种单位制的管理模式是计划经济时期我国实现社会基层管理的最主要途径。单位作为兼具社区功能的"完全性"组织，成为实质上的社会基本调控单位和资源分配单位，发挥着超越社区的政治动员、经济发展和社会控制等"政治、经济与社会三位一体"的诸多功能。在计划经济体制下，我国实行的是劳动力的统一安排和高稳定的就业政策。几乎所有劳动年龄人口均有稳定的工作，在通常的情况下每人都有自己的工作单位。单位系统集中了大部分成年人口，自然就成为社会的主流。对于游离于单位体制以外的社会成员，主要是无工作能力的社会救济和优抚对象（如老年人、残疾人等）或不能进入主流工作单位的边缘群体（如一时无法安排工作的社会青年、无业人员等），则通过街道办事处和居民委员会进行归口管理，这种管理事实上也是一种按地域分布划分的单位制管理。而街道、居委会等社区组织在整个体系中处于底层，资源几乎全部纳入单位，自身的资源很少又无地位，只承担单位体制之外的"权力剩余"，是"补单位之缺，拾单位之遗"的辅助性组织，处于边缘化的状态。

孙立平等人指出，1949 年后中国建立起的是一个总体性社会，即一种结构分化程度很低的社会。在这种社会中，国家对经济以及各种社会资源实行全面的垄断，政治、经济和意识形态三个中心高度重叠，国家政权对社会实行全面控制。[①] 而总体性社会的形成，是通过单位制这个中介组织实

① "总体性社会结构"解释模式是由孙立平等人完整表述的。参见中国战略与管理研究会社会结构转型课题组：《中国社会结构转型的中近期趋势与隐患》，《战略与管理》1998 年第 5 期。

现的。国家通过各级单位，对全体社会成员进行间接控制，国家权力全面渗入社会生活的各个领域和各个层面，干预政治、经济、文化等一切社会事务。由此带来的直接后果是，国家权力无限扩张，造成整个社会的国家化，使政府成为包办一切的全能型政府，极大地增加了社会管理的成本，降低了行政效率。总体性社会表现在基层结构上就是社会生活的单位化，社区与单位高度交叉、重叠，社区单位化，单位社区化。在这种体制下，单位集各种功能于一身，由于职能扩张而变成一个个相对封闭且独立的社会共同体，将社区置于单位的框架之下，社区退居边缘地位，在实际生活中发挥的作用相当有限，许多地方事实上已经不存在严格意义上的社区。① 这种高度集中的社会管理体制压缩了社会自治组织的生存空间，社会自治组织不但缺少必要的经济资源和政治资源，而且不具备社会地位的合法性，同时缺乏自由成长空间，因此力量十分弱小，功能也极不完善。同时，这种管理方式存在着严重的弊端，权力过于集中，以致党政不分、政企不分、政社不分，经济和社会生活失去了勃勃生机。其负面作用主要体现在两个方面。一方面，“集中过多，计划搞得过死……使得中央部门、地方、企业和职工个人的积极性、主动性和创造性，受到了很大的限制和束缚”②。官僚主义现象严重是问题的表象，根源在于权力的高度集中，高度集权的管理体制势必造成政府机构的臃肿重叠和效率低下。邓小平曾尖锐地指出，权力过分集中“这可以说是目前我们所特有的官僚主义的一个总病根”③。另一方面，单位社会也渐趋僵化，特别是在20世纪70年代以后，人员缺乏流动和竞争，酿成了职工“吃大锅饭”、依赖“铁饭碗”的弊病，按劳分配原则得不到贯彻。此外，单位对职工的衣食住行都要包下来，需要建设各种社会服务设施，自身成为一个小社会，也造成了重复建设和资源内部闲置的浪费。这个体制有效地控制与维持了社会秩序，但“窒息了社会的创造力，牺牲了个体的自由和权利”④。政府垄断了一切资源和权力，从而垄断了主体的资格，垄断了话语权和解释权，对任何问题要依靠政府的行政力量采取管制、控制和统治的手段来解决，而不是用科学的手段去寻求协商、交换补偿和治理的可能性，社会的治理更是无从谈起。这种政治、经济一体化的中央

① 孙立平：《断裂——20世纪90年代以来的中国社会》，社会科学文献出版社2003年版，第112页。

② 《三中全会以来重要文献选编》(上)，人民出版社1982年版，第140页。

③ 《邓小平文选》(第2卷)，人民出版社1994年版，第328页。

④ 丁开杰：《中国社会管理体制改革的深化：挑战、进展与问题》，《甘肃行政学院学报》2009年第3期。

高度集权的管理体制已经严重制约了社会经济的发展,成为推进中国现代化建设的最大的体制性障碍。

(二) 不均衡发展

一是在资源上,农村的资源先向城市集中,而城市并没有有效带动农村的发展,居住在城市的工人无论是生活水平还是居住环境也都优于居住在农村的农民。二是在政策上,对"工人阶级是领导阶级"这样的意识形态理论理解片面,导致在政策上优先照顾城市,人为地制造制度因素,使城乡隔离,趋于二元化发展,城市得到更多的政策关怀。三是在人口流动上,从1958年国家颁布《中华人民共和国户口登记条例》开始,对户籍的管理进入了严格控制时期,以此维护社会稳定,再加上基本生活资料配给供应和就业机会约束两个因素,阻止农村人口入城,制造了城乡隔离的身份制度。这是为了与计划经济体制相适应而制定的,在社会保障制度和福利分配上的作用,的确不能忽视;但是,这也同时制造了城乡隔离和区域隔离的不平等,限制了城乡之间的流动和居民身份的改变。

此外,即使同样在城市,政策和资源等也是在单位所有制属性和行政级别的基础上区别开来,不同单位享受的政策和资源总量也不平等。造成这种不均衡发展的原因,一是生产力水平低下,二是政策和资源的配置不合理。此外,从经济制度开始片面追求公平的原则,把社会管理和经济管理混在一起,如此就面临一个难题:如何处理经济效益和社会公平的关系?这一时期,党和政府希望用行政手段来平均分配有限的资源,而且由于政府掌握生产资源的源头,便可以用再分配的权力来配置生产资源。从理论上看,似乎可以避免资本主义社会的无序竞争的弊端,在很短的时间里将有限资源高效利用起来,但实践中被证明是行不通的。

(三) 依赖性人格

单位办社会、单位功能多元化的一个直接和突出的社会后果,就是在很大程度上强化了单位成员对单位的全面依赖性。单位依赖国家的分配计划获得各种资源,同样,单位中的个人依赖所在的单位获得各种生存的资源,在实际上就形成了"国家-单位-个人"这种依附链条。单位制通过资源垄断和空间封闭,实现了单位成员对单位的高度依附,造就了单位成员的依赖性人格。对于单位成员来说,单位是其生活福利的唯一来源,不仅工资收入来自单位,医疗保险、退休金等各种福利保障都来自单位。单位成为国家配置稀缺资源的基本渠道,同时消灭了市场等其他替代性渠道,所以体制外没有自由流动的资源;国家通过单位来确定社会成员的身份,离开单位就意味着个人将失去包括身份在内的一切资源。另外，单位将成员纳入与国家直接相联系的组织体系中，束缚在相对封闭和固定的岗位上，体制外也没有自由流动的空间，所以单位成员的生活空间相对单一和封闭，在单位外交往的可能性也大大降低。长此以往，单位及其强烈的客观存在就决定了人们的单位意识，并不可避免地内化为人们的行动取向和规范，使其对单位的依赖性也越来越强。这种依赖性人格不但给社会成员个体带来了不良影响，而且也影响了一些单位组织，尤其是一些国营企业。在单位制的束缚下，无论是社会成员还是企业，都思想僵化，缺乏活力和创造力。尤其是对企业来说，习惯性地等待国家下拨资源，缺乏生产积极性，生产效率低下，管理方式落后；在改革开放以后，面对市场化浪潮缺乏竞争力，造成大量亏损，从而成为经济进一步发展的障碍。

三、如何对待错误和挫折

既然是探索，难免会有不可预知的挫折和失误。总结社会主义建设道路探索的经验教训，归根到底，是在对社会主义的认识这个根本问题上发生了偏差。正如邓小平后来所指出的，“问题是什么是社会主义，如何建设社会主义。我们的经验教训有许多条，最重要的一条，就是要搞清楚这个问题”[①]。邓小平后来总结经验教训时说：“什么叫社会主义，什么叫马克思主义？我们过去对这个问题的认识不是完全清醒的。”[②]事实也是如此。1961 年 8 月 23 日，毛泽东在第二次庐山会议的第一天会上公开承认，对于社会主义我们现在有些了解，但不甚了了。可见，改革开放之前的 28 年我们是在“认识不是完全清醒的”情况下搞社会主义建设。新民主主义革命在全国范围内的迅速胜利既证明了毛泽东新民主主义理论的正确，也增强了毛泽东及全国人民急于过渡到社会主义社会的信心。那么，什么叫作社会主义？周恩来说：“社会主义最基本的就是完成了社会主义改造，就是消灭了生产资料的私人资本主义所有制，归国家所有了，就是农业、手工业集体化了。”[③]毛泽东也十分明确地指出：“总路线也可以说就是解决所有制的问题。”[④]由于把社会主义简单化于所有制变革，新中国只用了 7 年就快步走向了社会主义。事实上，毛泽东一直孕育着一个十分美好的未来社会主

① 《邓小平文选》（第 3 卷），人民出版社 1993 年版，第 116 页。

② 《邓小平文选》（第 3 卷），人民出版社 1993 年版，第 63 页。

③ 《马克思恩格斯选集》（第 4 卷），人民出版社 1995 年版，第 681 页。

④ 《周恩来选集》（下卷），人民出版社 1984 年版，第 105 页。

义的理想模式。正是由于对这种理想社会的追求,毛泽东在实践中急于求成,导致了"左"倾思想的不断发生和发展。毛泽东曾提出探索有中国特色的社会主义建设的新课题,但由于对社会主义认识的不确定性以及对国际国内出现的新情况的误判,毛泽东在实践中偏离"八大"规定的正确方向,"左"倾思想日趋严重,开始了热火朝天的"大跃进"和人民公社化运动,并提出我国争取 15 年超过英国。但究竟要建设一个什么样的社会主义,毛泽东并没有明确,最终"三面红旗"在严峻的现实面前不得不退却。毛泽东基于"反修防修"的考虑,认为全面的、伤筋动骨的调整和退却违背了他的"亦工""亦农""亦军"的理想社会主义模式,已经不是"三面红旗"要不要的问题,而是他领导建立的社会主义国家将毁于一旦。于是,他认定中央出了修正主义,存在着资本主义复辟的危险性,最终形成了"无产阶级专政下继续革命"理论。这种错误思想的不断升级导致以"整党内那些走资本主义道路的当权派"为主要目标的"文革"的爆发。

对于这一历史时期的重大失误或错误,不能离开具体的历史环境进行分析。只有对中国共产党的错误进行历史的分析,"我们才不至于在纠正错误的时候否定应当维护的正确的东西,不至于损害党的领导地位和社会主义的基本制度,使我们丧失作为前进所必须坚持的阵地;也只有这样,我们才可能对错误本身作出冷静的恰如其分的分析,从中引出应有的历史教训"①。

列宁曾经指出:"在社会现象方面,没有哪种方法比胡乱抽出一些个别事实和玩弄实例更普遍、更站不住脚的了。挑选任何例子是毫不费劲的,但这没有任何意义,或者有纯粹消极的意义,因为问题完全在于,每一个别情况都有其具体的历史环境。如果从事实的整体上、从它们的联系中去掌握事实,那么,事实不仅是'顽强的东西',而且是绝对确凿的证据。如果不是从整体上、不是从联系中去掌握事实,如果事实是零碎的和随意挑出来的,那么,它们就只能是一种儿戏,或者连儿戏都不如。"②总体来看,社会主义建设中所犯的错误是在探索中产生的,有些错误是由于越过了真理的界限而来的。在社会主义经济建设的速度问题上,力争现实可能的、讲求效益的、持续协调健康发展的较快速度,是必需的和正确的,但越过这个界限,追求主观臆想的、盲目冒进的高速度,那就是错误的,并且造成严重损

① 梁柱、龚书铎主编:《警惕历史虚无主义思潮》,人民教育出版社 2006 年版,第 153 页。

② 《列宁全集》(第 28 卷),人民出版社 1990 年版,第 364 页。

失。在社会主义生产关系的变动问题上，适当调整不适应生产力发展要求的部分，以求在新的生产关系下保护和发展生产力，是必需的。但越过这个界限，片面夸大生产关系对生产力的反作用，追求脱离生产力发展水平的"一大二公"，特别是在所有制问题上过于求纯、急于过渡，那就是错误的，并且会造成严重损失。在社会主义条件下的阶级斗争问题上，承认一定范围内存在阶级斗争，警惕和平演变和政权被颠覆的危险，是必要的和正确的，完全否认阶级斗争的存在，看不到这种斗争和危险，是错误的。但是，把党内和人民内部的一些矛盾视为国内外阶级斗争的反映，看成敌我矛盾；把一定范围内存在的阶级斗争扩大化、绝对化，对阶级斗争的形势做出不符合当时当地实际的夸大估计；把正确的思想观点、政策主张、做法以及艺术和学术上的不同流派、不同观点当作资产阶级意识形态来反对，当作阶级斗争动向来批判，也是错误的、极其有害的。①

如何正确对待所犯的历史错误？恩格斯曾说过："伟大的阶级，正如伟大的民族一样，无论从哪方面学习都不如从自己所犯错误的后果中学习来得快。"②从历史上看，中国共产党正是通过总结成功的历史经验和错误的教训，不断把党的事业推向前进的。"所以，我们不应当只是静止地、孤立地去暴露党犯过的错误，而是应当在正视错误的同时阐述党认识错误、总结经验、纠正错误，从而把党的事业推向前进的过程。因为历史的事实表明，中国共产党是具有自我净化和自我发展的能力的。"③总之，我们要善于学习，包括向自己的经验学习。毛泽东说："社会主义谁也没有干过，没有先学会社会主义的具体政策而后搞社会主义的。""我们有两种经验，错误的经验和正确的经验。正确的经验鼓励了我们，错误的经验教训了我们。"④正是通过这种学习，我们在建设社会主义的伟大事业中能够更好地掌握主动权。

历史的损失往往会从历史的进步中得到补偿，正如邓小平后来所说："我们实行改革开放政策，大家意见都是一致的，这一点要归'功'于十年'文化大革命'，这个灾难的教训太深刻了。""没有'文化大革命'的教训，就不可能制定十一届三中全会以来的思想、政治、组织路线和一系列政策。"⑤

① 中共中央党史研究室：《中国共产党历史》(第 2 卷，下册)，中共党史出版社 2011 年版，743—744 页。

② 《马克思恩格斯选集》(第 4 卷)，人民出版社 1995 年版，第 432 页。

③ 梁柱、龚书铎主编：《警惕历史虚无主义思潮》，人民教育出版社 2006 年版，第 153 页。

④ 《毛泽东文集》(第 8 卷)，人民出版社 1999 年版，第 276、338 页。

⑤ 《邓小平文选》(第 3 卷)，人民出版社 1993 年版，第 265、272 页。

习近平也指出:"人世间没有一帆风顺的事业。纵观世界历史,任何一个国家、一个民族的发展,都会跌宕起伏甚至充满曲折。'艰难困苦,玉汝于成'。""改革开放前的社会主义实践探索,是党和人民在历史新时期把握现实、创造未来的出发阵地,没有它提供的正反两方面的历史经验,没有它积累的思想成果、物质成果、制度成果,改革开放也难以顺利推进。"①

① 习近平:《在纪念毛泽东同志诞辰120周年座谈会上的讲话》,人民出版社2013年版,第10、14页。

第三章

改革开放：社会治理体制的调整与变革（1978—1992）

1978年中共十一届三中全会，重新确立了党的思想、政治和组织路线，拨乱反正，坚持解放思想、实事求是的思想路线，把党的工作重心转移到社会主义现代化建设上来。中国的政治、经济和其他各方面的政策开始重大调整，对内改革，对外开放，不断探索中国特色的社会主义道路。经济体制改革由农村向城市和国有经济领域大步推进，全方位、多层次对外开放格局加速形成。

这一时期，农村劳动力大幅流动，单位体制松动，打破铁饭碗和大锅饭，社会新阶层出现，中国的社会结构、社会组织形式、社会价值观念等都已经和正在发生深刻变化，大量社会矛盾易发多发；原有的权力高度集中、政府统管一切的社会管理方式已经不能适应新的现实需求。伴随着这一转型过程，必然要求“多方面地改变同生产力发展不适应的生产关系和上层建筑，改变一切不适应的管理方式、活动方式和思想方式”，中国的社会管理也不断调整、完善，以适应快速发展的经济社会。

第一节　社会治理与社会主义现代化建设的全面展开

改革开放从中共十一届三中全会起步，党的十二大以后全面展开。它经历了从农村改革到城市改革，从经济体制的改革到各方面体制的改革，从对内搞活到对外开放的波澜壮阔的历史进程。[①] 1978年中共十一届三中全会的召开,开创了改革开放和现代化建设的新局面,逐步实现了体制创新的三大转变:在体制上,从"以阶级斗争为纲"转向以经济建设为中心;在运行机制上,从传统计划经济体制转向社会主义市场经济体制;在对外关系上,从封闭半封闭状态转向独立自主的全面开放。

一、实现工作重心的转移:社会主义现代化建设的全面展开

1978年,中共十一届三中全会实现了具有历史意义的伟大转折,确立了新时期的政治路线和思想路线,在总结历史经验和教训的基础上,提出了把"解放思想,开动脑筋,实事求是,团结一致向前看"作为党的工作的指导方针,重新确立了党的实事求是的思想路线,决定从1979年1月起,把全党工作的着重点转移到社会主义现代化建设上来,动员全党、全军和全国各族人民,同心同德,鼓足干劲,全力以赴,为加快我国社会主义现代化建设而奋斗。全会认为,实现四个现代化,要求大幅度地提高生产力,也就必然要求多方面地改变同生产力发展不适应的生产关系和上层建筑,改变一切不适应的管理方式、活动方式和思想方式,因而是一场广泛、深刻的革命。全会公报指出,现在我国经济管理体制的一个严重缺点是权力过于集中,应该有领导地大胆下放,让地方和工农业企业有更多的经营管理自主权;应该着手大力精简各级经济行政机构,把它们的大部分职权转交给企业性的专业公司或联合公司;应该坚决实行按经济规律办事,重视价值规律作用;注意把思想政治工作和经济手段结合起来,充分调动干部和劳动者的生产积极性。要认真解决党政企不分、以党代政、以政代企的现象。全会还提出,要在自力更生的基础上积极发展同世界各国平等互利的经济合作、努力采用世界先进技术和先进设备。[②] 于是做出了对内实行改革和对外实行开放的重大部署,也开启了新中国改革开放的大门。

党和政府的工作重点,已经开始转移到以经济建设为中心的轨道上来,尽管经济局面已得到扭转,但重大的比例关系失调的状况仍很严重。为了国民经济的健康发展,1979年4月召开的中央工作会议,制定了对国民经济实行"调整、改革、整顿、提高"的方针。调整国民经济的过程,实际上就是探索适合中国国情的社会主义现代化建设道路的过程。邓小平曾

① 《江泽民文选》(第1卷),人民出版社2006年版,第214页。

② 《三中全会以来重要文献选编》(上),人民出版社1982年版,第4页。

经指出:“搞建设,也要适合中国情况,走出一条中国式的现代化道路。”[①]这表明党的现代化建设指导思想有了重大转变,找到了一条适合中国国情发展的新道路。

1982 年,党的十二大提出了以计划经济为主、市场调节为辅的方针,计划集中资金进行重点建设和改善人民生活,继续帮助农民发展生产并增加收入,着力解决城镇居民在工资、就业、住宅和公用设施方面的问题。1984 年 10 月,中共十二届三中全会通过了《中共中央关于经济体制改革的决定》,全会认为,增强企业活力是经济体制改革的中心环节,围绕增强企业活力这一中心环节,按照政企分开和简政放权的原则进行改革;要求加强公用设施建设,搞好文教、卫生、社会福利事业和服务业,同时管好社会治安,维护社会秩序。[②] 1987 年,党的十三大指出,我国正处在社会主义初级阶段,经济和社会建设不能背离这个阶段,要实事求是地按照国情制定政策和策略,并提出党的基本路线是:领导和团结全国各族人民,以经济建设为中心,坚持四项基本原则,坚持改革开放,自力更生,艰苦创业,为把我国建设成为富强、民主、文明的社会主义现代化国家而奋斗。[③]

我国实行改革开放,同样有着深刻的时代背景和现实需求。“文革”结束后,我国面临着长期以来坚持阶级斗争、忽略经济发展而导致的严重经济短缺局面,国民经济处于崩溃的边缘,人民群众要求发展经济的呼声日益高涨,广东沿海地区群众逃港现象屡禁不止、愈演愈烈。与此同时,在我国部分省份的农村,已经开始了各种有益的探索农村经济发展的体制性改革尝试。面对严峻复杂的局面,党和国家领导人开始了密集的出国访问。这些访问除了传统的社会主义国家外,更多的是到西方发达的资本主义国家。出访开阔了他们的眼界,也坚定了他们实施改革开放、加速中国现代化建设的信心和决心。

改革开放是新时期最鲜明的特征,是决定当代中国命运的关键抉择。改革开放包括对内改革和对外开放,这一时期对内改革主要是通过放权分权、放松搞活,实行各种形式的责任制以增强活力和动力,包括经济体制改革、政治体制改革和文化体制改革等。对外开放则通过打开国门,进行资金、技术、管理和观念的交流,以逐步融入现代世界体系,实现后发追赶之路。对内改革和对外开放相互增益,统一于国家和民族的富强之路以及中

---

① 《邓小平文选》(第 2 卷),人民出版社 1994 年版,第 163 页。

② 《十二大以来重要文献选编》(中),人民出版社 1986 年版,第 558—587 页。

③ 《十三大以来重要文献选编》(上),人民出版社 1991 年版,第 9、15 页。

国特色社会主义现代化建设事业中。

二、社会主义初级阶段的富裕之路

在推进改革开放的同时,中国共产党对国情和世情,特别是“什么是社会主义,怎样建设社会主义”的认识也不断深化,逐渐形成社会主义初级阶段理论。1979 年 9 月,叶剑英在《在庆祝中华人民共和国成立三十周年大会上的讲话》中提出:“同已经有了三四百年历史的资本主义制度相比,社会主义制度还处在幼年时期。”[①]1981 年中共十一届六中全会通过的《关于建国以来党的若干历史问题的决议》指出:“尽管我们的社会主义制度还是处于初级的阶段,但是毫无疑问,我国已经建立了社会主义制度,进入了社会主义社会。”[②]这是党的文献第一次提出“初级阶段”的概念。1982 年,十二大报告重申了“我国的社会主义社会现正处在初级发展阶段”的论断。1987 年 8 月,邓小平在会见外宾时指出,十三大要阐述中国社会主义是处在一个什么阶段,就是处在初级阶段,是初级阶段的社会主义。一切都要从这个实际出发,根据这个实际来制定规划。同年 10 月,十三大报告中首次系统地阐明了社会主义初级阶段理论。报告指出,正确认识中国社会所处的历史阶段,是建设中国特色的社会主义的首要问题,是制定和执行正确的路线和政策的根本依据。社会主义初级阶段的科学论断,包括两层含义。第一,我国社会已经是社会主义社会。我们必须坚持而不能离开社会主义。第二,我国的社会主义社会还处在初级阶段。“之所以谓之社会主义初级阶段,最主要的是基于生产力落后的这个基本原因。”[③]根据初级阶段的国情和任务,党在此阶段的基本路线是:领导和团结全国各族人民,以经济建设为中心,坚持四项基本原则,坚持改革开放,自力更生,艰苦创业,为把我国建设成为富强、民主、文明的社会主义现代化国家而奋斗。概括起来就是“一个中心,两个基本点”,这是中共十一届三中全会以来的经验总结,也是党在社会主义初级阶段的基本路线的主要内容。

在社会主义初级阶段的基本国情下,如何发展,选择什么样的发展战略,则是必须解决的重大现实问题。根据国情,在实践基础上提出的我国经济和社会发展的“三步走”战略构想和步骤,勾勒了社会主义现代化建设的发展道路,通过台阶式、阶段性的目标任务来一步步实现中国特色的富

① 《三中全会以来重要文献选编》(上),人民出版社 1982 年版,第 220 页。

② 《十一届三中全会以来重要文献选读》(上册),人民出版社 1987 年版,第 344 页。

③ 《王首道文集》,中国大百科全书出版社 1995 年版,第 680 页。

强之路。

1981年11月，五届人大四次会议上的政府工作报告《当前的经济形势和今后经济建设的方针》提出："力争用二十年的时间使工农业总产值翻两番，使人民的消费达到小康水平。"[①]1982年，党的十二大报告中正式系统全面地提出了全国工农业年总产值"翻两番"的战略目标：由1980年的7100亿元增加到2000年的28000亿元左右。为了实现翻两番的奋斗目标，在战略部署上要分两步走：前十年主要是打好基础，积蓄力量，创造条件，后十年要进入一个新的经济振兴时期。

1987年4月，邓小平在会见西班牙客人时第一次明确提出了分三步走实现现代化的发展战略。[②] 这是对"翻两番"战略的丰富和完善。根据邓小平的战略构想，十三大报告系统全面地提出了"三步走"的战略目标：第一步，实现国民生产总值比1980年翻一番，解决人民的温饱问题。这个任务已经基本实现。第二步，到20世纪末，使国民生产总值再增长一倍，人民生活达到小康水平。第三步，到下个世纪中叶，人均国民生产总值达到中等发达国家水平，人民生活比较富裕，基本实现现代化。然后，在这个基础上继续前进。发展战略的实现，从根本上说，要依靠经济体制改革的加快和深化。"三步走"的战略构想在我国的现代化建设事业中占有重要地位，它本质上是富强之路和复兴之路。

在初级阶段，面对人口多、底子薄的现实，如何实现富起来以及如何共同富起来是重大的现实问题。在社会主义现代化建设的探索和实践中，制定了一种差别化的策略，逐步形成和发展了通过先富带动后富，最终实现共同富裕的战略决策。

邓小平提出"贫穷不是社会主义"，"社会主义的特点不是穷，而是富"。在他看来，要不要富或富与不富，是不用争论的问题，关键在于是多数人富还是少数人富，即是不是共同富裕，从而把共同富裕确立为社会主义的根本目的、本质特征和基本原则。他指出："社会主义的目的就是要全国人民共同富裕。"[③]针对当时搞平均主义，吃"大锅饭"，实际上是共同落后、共同贫穷的严峻形势，邓小平在1978年中共中央工作会议的报告中提出，"我认为要允许一部分地区、一部分企业、一部分工人农民，由于辛勤努力成绩大而收入先多一些，生活先好起来。一部分人生活先好起来，就必然产生

① 《三中全会以来重要文献选编》(下)，人民出版社1982年版，第1039页。

② 《邓小平文选》(第3卷)，人民出版社1993年版，第226页。

③ 《邓小平文选》(第3卷)，人民出版社1993年版，第110—111页。

极大的示范力量,影响左邻右舍,带动其他地区、其他单位的人们向他们学习。这样,就会使整个国民经济不断地波浪式地向前发展,使全国各族人民都能比较快地富裕起来。”①这里初步提出了让一部分地区先发展起来的区域非均衡发展新思路。此后,邓小平一再强调,先富带动后富是实现共同富裕的必由之路。

关于怎样让一部分人先富起来,而又不导致两极分化,并最终走向共同富裕,邓小平提出了根本性的保障措施,那就是坚持社会主义。1985 年,针对沿海地区,特别是经济特区、开放城市利用政策优惠和外向型经济率先发展起来,并结合内地吸引人才和资金的情况,邓小平指出:“我们提倡一部分地区先富裕起来,是为了激励和带动其他地区也富裕起来,并且使先富裕起来的地区帮助落后的地区更好地发展。”②同年,邓小平在会见津巴布韦总理穆加贝时说:“至于不搞两极分化,我们在制定和执行政策时注意到了这一点。如果导致两极分化,改革就算失败了。……总之,我们的改革,坚持公有制为主体,又注意不导致两极分化,过去四年我们就是按照这个方向走的,这就是坚持社会主义。”③1986 年,邓小平在会见新西兰总理时再次指出:“我们的政策是让一部分人、一部分地区先富起来,以带动和帮助落后的地区,先进地区帮助落后地区是一个义务。我们坚持走社会主义道路,根本目标是实现共同富裕,然而平均发展是不可能的。”④这里明确提出了通过先富带动后富,最后实现共同富裕的思想。1988 年,他进一步明确提出“两个大局”的思想:“沿海地区要加快对外开放,使这个拥有两亿人口的广大地带较快地先发展起来,从而带动内地更好地发展,这是一个事关大局的问题。内地要顾全这个大局。反过来,发展到一定的时候,又要求沿海拿出更多力量来帮助内地发展,这也是个大局。那时沿海也要服从这个大局。”⑤

1992 年,邓小平在南方谈话中明确指出:“共同富裕的构想是这样提出的:一部分地区有条件先发展起来,一部分地区发展慢点,先发展起来的地区带动后发展的地区,最终达到共同富裕。”⑥先富到共富的富裕之路,是邓小平理论的一根红线,把初级阶段、改革开放等联系在一起,贯穿于建设中

---

① 《邓小平文选》(第 2 卷),人民出版社 1994 年版,第 152 页。
② 《邓小平文选》(第 3 卷),人民出版社 1993 年版,第 111 页。
③ 《邓小平文选》(第 3 卷),人民出版社 1993 年版,第 139 页。
④ 《邓小平文选》(第 3 卷),人民出版社 1993 年版,第 155 页。
⑤ 《邓小平文选》(第 3 卷),人民出版社 1993 年版,第 277—278 页。
⑥ 《邓小平文选》(第 3 卷),人民出版社 1993 年版,第 373—374 页。

国特色社会主义理论的方方面面。它立足中国国情，符合中国实际，是中国实现共同富裕的必由之路，同时也是中国特色社会主义道路的重要组成部分。

三、简政放权：解除社会经济发展的束缚

一元治理模式势必导致政治上的高度集权，指令性的计划经济和大锅饭式的社会管理使中国人民的生活消费水平长期得不到显著提高，过于集中、统得太死的经济体制严重束缚了生产力的发展，平均主义的分配制度又严重削弱了群众的生产积极性和创造力。统得过多、管得过死、效率低下，甚至会导致社会秩序的混乱，政治、经济、社会一体化的高度集权的管理体制已经严重制约了社会经济的发展。为了调动地方、基层和企事业单位的积极性，推动社会经济发展，就必须对传统的中央高度集权的管理体制实行改革。社会管理体制虽然还没有纳入主要工作任务上来，但已经有了局部的调整，放松管制，放宽政策。而这种调整与经济体制改革的探索相互影响和促进。

从 1978 年开始，我国逐步从“计划”和“市场”的关系上来探讨社会主义建设的战略选择。十一届三中全会公报明确指出：“现在中国经济管理体制的一个严重缺点是权力过于集中，应该有领导地大胆下放，让地方和工农业企业在国家统一计划的指导下有更多的经营管理自主权。”[①]针对政治、经济一体化的权力高度集中的管理体制，特别是针对“过去在中央和地方之间，分过几次权，但每次都没有涉及到党同政府、经济组织、群众团体等等之间如何划分职权范围的问题”[②]，采取了一系列改革措施，打破了“党的绝对一元化领导”模式，实行“放权”改革，实行党政分开、政社分开、政企分开。1982 年，党的十二大提出“计划经济为主、市场调节为辅”的方针，要求政府体制改革要适应经济体制改革，实现精兵简政、干部队伍年轻化，进行中央与地方事权的划分。1984 年，中共十二届三中全会通过的《中共中央关于经济体制改革的决定》指出：“明确认识社会主义计划经济必须自觉依据和运用价值规律，是在公有制基础上的有计划的商品经济。”1987 年，党的第十三次全国代表大会实现了理论认识的更大进步，提出了社会主义有计划商品经济的体制应该是计划和市场内在统一的体制，计划和市

① 《三中全会以来重要文献选编》(上)，人民出版社 1982 年版，第 6 页。

② 《邓小平文选》(第 2 卷)，人民出版社 1994 年版，第 329 页。

场的作用范围都是覆盖全社会的新观点,承认市场经济在社会主义经济机制中的地位,提出国家调节市场,市场引导企业的改革目标。1988年,七届全国人大一次会议第一次确立了“机构改革主要着眼于转变职能”,提出“机构改革的重点是同经济体制改革关系极为密切的经济管理部门,特别是其中的专业管理部门和综合部门内的专业机构”。

伴随着经济体制改革的推进,为了进一步消除权力过分集中的弊病,开始了大规模简政放权,实行党政分开、政社分开和政企分开。从1979年开始,撤销地方各级革命委员会,设立人民政府。同年,各级党委和政府分署办公,明确党政职责分工,党不再代替政府作为直接的行政管理机关,党的领导主要是对思想政治和重大方针政策的领导。放权主要在三个层次上展开。

一是中央向地方放权。从20世纪80年代中期开始,中央大幅度下放政治管理权和经济管理权。政府权力从经济领域收缩后,余下的管理空间需要由各行业的自治组织接管;在激烈的市场竞争下,各行业产生了自律和自治的强烈愿望,促进了各种行业协会和商会的产生。与改革前相比,1987年原国家计委管理的指令性计划的工业产品从120种减少到60种;国家统配物资由259种减少到26种,计划管理的商品由188种减少到23种;全国用于生产和建设的资金,由财政筹集的从76.6%下降到31.2%。[①]1984年7月20日,中央书记处决定改革干部管理制度,下放干部管理权限,采取只管下一级主要领导干部的新体制。这一新的管理体制实质性地扩大了地方的自主权。

二是政府向企业放权。从1979年正式开始扩大企业自主权的改革。按照国务院颁布的《关于扩大国营工业企业经营管理自主权的若干规定》等一系列改革文件,企业获得了多项权力,其中有三种权力极为重要,①部分的资源配置权和利润、资产处置权,②国家计划指标下的职工招收和奖惩权,③国家定员定额范围内的机构设置与中下层干部任免权。[②]这些权力被下放到企业后,实际上就被掌握在企业的主要经营管理人员(尤其是厂长)手中。从20世纪80年代中期开始,中共中央决定逐步推行政企分开的体制改革。各级政府不再直接经营管理企业,撤销行政性公司,企业实行经营承包制。1984年12月,国务院发布《关于国营企业厂长(经理)实

① 郭大钧主编:《中国当代史(1949—2007)》,北京师范大学出版社2011年版,第279—280页。

② 董辅礽主编:《中华人民共和国经济史》(下卷),经济科学出版社1999年版,第66—67页。

行任期制度的通知》,决定从1985年开始,国营企业的厂长(经理)与其原来的行政性任命制脱钩,而实行新的任期制。扩大企业自主权的改革使国有企业开始形成自己独立的利益,从而开始成为具有内在利益驱动力的经济单位,同时也迫使企业重视市场调节对其生产经营的作用。相应地,国有企业的经营管理人员开始从传统计划经济体制下的国家经济管理干部向市场经济体制下的企业经理人员转变。国有企业内部的经营管理人员与普通职工分化为两个权力地位根本不同的阶层。[①]

三是国家向社会放权。在一元化治理模式下,社会政治、经济和文化等全部权力高度集中于国家,没有相对独立的民间组织,也没有实质性的社会自治。随着多元治理主体的出现,国家开始向社会分权。20世纪80年代后期先后推行的农村村民自治和城市居民自治,既是中国基层民主的突破性发展,也是国家向社会分权的重要步骤。改革首先在农村取得了突破性的进展。从安徽省凤阳县小岗村开始的包干到户,到后来探索的家庭联产承包责任制,唱响了农村改革的序曲,把强制性集体生产逐步分散,把集体土地使用权归还农民。1979年9月,中共十一届四中全会正式通过《关于加快农业发展若干问题的决定》,提出了“发展农业生产力的25项政策和措施”。贯穿于这些政策和措施中的核心思想只有一个,即充分调动农民的生产积极性,发展农业生产力。也正是由于有了这些政策的鼓舞,广大农民的积极性和创造精神被极大地调动起来。人民公社原有的一些经营管理制度被突破,各种形式的农业生产责任制迅速发展起来。联产到组、联产到人、包产到户、包干到户等新型的农业生产组织形式先后被创造出来,并得到了中央的认可和推广。到1981年底,全国农村已有90%以上的生产队建立了不同形式的农业生产责任制。农村家庭联产承包责任制实行以后,农民获得了生产和分配的自主权,不仅克服了以往分配中的平均主义、“吃大锅饭”等弊病,而且纠正了管理过分集中、经营方式过分单一等缺点。既保证了集体经济的优越性,又发挥了农民家庭经营的积极性。它提高了农民的劳动热情,促进了农业生产的发展。1981年,在部分农村地区,还出现了年收入超过万元的家庭,在当时被称之为“万元户”。“万元户”的出现,也刺激和加速了城市改革的步伐,广大的城市职工,也希望通过改革,像农民兄弟那样,走上勤劳致富的道路。1982年的中央1号文件《全国农村工作会议纪要》指出,目前实行的各种责任制,都是社会主义集

① 陆学艺主编:《当代中国社会流动》,社会科学文献出版社2004年版,第79—80页。

体经济的生产责任制,从而为包产到户和包干到户提供了政策依据。1983年的中央1号文件《当前农村经济政策的若干问题》指出,联产承包责任制把分散经营和统一经营相结合,具有广泛的适应性。完善的关键是通过承包处理好统与分的关系。联产承包责任制普遍推行之后,农村大力发展多种经营,专业户、专业村不断涌现,江浙地区出现很多具有地方特色的专业市场,农村经营呈现专业化、商业化的特点。农村劳动力的解放、统购统销制度的改革以及农村产业结构的调整,为乡镇企业的崛起奠定了基础。1984年,中共中央、国务院转发农牧渔业部和部党组《关于开创社队企业新局面的报告》,同意报告提出的将社队企业名称改为乡镇企业的建议,并指出,乡镇企业已成为国民经济的一支重要力量,是国营企业的重要补充。各地在发展乡镇企业的过程中,因地制宜,创造了苏南模式、温州模式和珠江模式等富有地方特色的方式和类型。1987年6月,邓小平指出:"农村改革中,我们完全没有预料到的最大的收获,就是乡镇企业发展起来了,突然冒出搞多种行业,搞商品经济,搞各种小型企业,异军突起。"①

城市经济体制改革是从简政放权、扩大企业自主权的试点开始的,逐步扩大企业自主权,把一部分中央和省、自治区直属企业下放给城市管理,开始实行政企分开,进行城市经济体制的综合改革试点等。1978年10月,四川省首先选择了6个企业进行扩大自主权的试点,很快,试点企业扩大到100个。1979年7月,国务院发布了关于扩大国有工业企业经营管理自主权等方面的5个文件,要求地方、部门按照统一规定的办法选择少数企业试点。1979年底,试点企业扩大到4200个,到1980年又发展到6600个。城市改革的另一项内容是发展多种经济形式。1981年10月,中共中央和国务院做出《关于广开门路,搞活经济,解决城镇就业问题的若干决定》,要求在努力办好城镇集体所有制经济的同时,适当发展城镇劳动者个体经济。为了鼓励多种经济形式的积极成长,国务院还发布了一系列有关城镇集体经济和个体经济政策规定,内容包括资金筹措、经营场地、供销渠道、价格税收、收益分配等等。政策出台后,城镇集体经济和个体经济发展很快,很多城镇个体户,通过自己的合法经营和辛勤劳动,掘到了改革开放的第一桶金,很快走上了富裕的道路。1981年7月,国务院批准在湖北沙市进行经济体制综合改革试点。1982年3月,又批准在江苏常州进行综合改革试点。这些具有探索性质的改革,为后来城市改革的全面开展积累了

① 《邓小平文选》(第3卷),人民出版社1993年版,第238页。

一定的宝贵经验。1984年,中共十二届三中全会通过了《中共中央关于经济体制改革的决定》(以下简称《决定》),以城市为重点的改革全面展开。《决定》提出了搞活企业、培育市场和加强宏观调控三大问题,并把增强企业活力作为改革的中心环节。为此,扩大企业自主权、股份制试点、改革所有制结构、实行厂长负责制等改革陆续进行。企业实行承包经营责任制和租赁制,改革用工制度和分配制度,并进行破产试点。培育市场体系主要是商业体制和价格体系改革,建立开放式、多渠道的商业流通体制并实行价格双轨制,实现多种形式的横向经济联合。投资体制和财税体制也进行改革,实行投入产出包干制以及"划分税种、核定收支、分级包干"的财政管理体制并进行利改税改革。多个城市还进行综合改革试点。

这种转变首先是由于引进了市场经济的各种条件,社会主义的各种制度设置更为符合经济与社会发展的一般规律。中国社会从一种追求所谓一大二公的结构,逐步转变为追求小康社会的结构,中国社会管理体制同样需要这样一种结构性的转型。① 改革开放的过程是一个放权让利调动各方积极性的过程,向地方放权、向企业放权的过程使各级地方政府和国有企业赢得了自主权和积极性,高度集权的政治体制逐步为适度行政性分权的政治和行政体制所取代,政治和经济逐步分开,私人经济部门在公共部门旁边成长起来。② 伴随着政府向其权力本位的逐步回归,一些行政权力从社会领域逐渐撤出,进一步弱化了对经济生活领域的政治化色彩,重新确立了政府与社会相互间的关系,社会的自由空间也随之逐渐宽泛。

四、保持安定团结的政治局面

搞经济建设,首要条件是稳定的社会环境。要实现经济社会发展,必须破除原来僵化的政治经济体制,建立新体制;而要改革社会政治经济体制,意味着社会体制的整合,社会利益的再分配,社会矛盾的解决,势必带来思想观念和社会体制的不稳定;要实现经济社会发展,还必须实行对外开放政策,这同样隐藏着不稳定。实际上,在改革开放的进程中,来自不同方面的不稳定因素仍然存在,各种社会矛盾错综复杂,有些矛盾可能变得比较突出,还有诸如地区差别加剧、职工下岗、民工潮、腐败现象滋生等改革开放以来出现的新问题,以及民族矛盾、宗教问题,等等。它们在一定条

① 密珊:《党领导社会管理体制创新研究》,中共中央党校2013年博士论文,第56页。
② 何增科主编:《中国社会管理体制改革路线图》,国家行政学院出版社2009年版,第15页。

件下,有可能交织在一起,直接引发政治和社会动乱,使改革开放和现代化建设无法正常进行,使社会生产力的发展受到阻碍。同时,国际局势纷繁复杂,国际敌对势力西化、分化与和平演变的活动始终没有停止。面对国内外这些日益突出问题的挑战,中共第二代领导集体在"扭住经济建设这个中心不放"的同时,提出了保持安定团结的政治局面、"稳定压倒一切"的口号。

中共十一届三中全会召开后,我国基本上有了一个安定团结的政治局面,社会秩序也比较稳定,这使我国改革开放和现代化建设有了一个良好的政治和社会环境。这种局面来之不易,因而应当得到人们的格外珍惜。1979 年 3 月,邓小平在党的理论工作务虚会上的讲话中指出:"我们已经摆脱了林彪、'四人帮'所造成的十年混乱,获得了一个安定团结的政治局面,这是我们的社会主义现代化建设事业必不可少的条件和保证。"①强调保持政治和社会稳定,是以邓小平为代表的中国共产党人对数十年来社会主义建设经验教训特别是对"文革"严重教训的深刻总结。1980 年 1 月 16 日,邓小平在《目前的形势和任务》的讲话中又说:"没有一个安定团结的政治局面,就不能安下心来搞建设。过去二十多年的经验证明了这一点。"②并再次强调,我们现在这个安定团结的政治局面来之不易。1985 年 5 月,邓小平在有关谈话中指出,要有一个安定的政治环境,"不安定,政治动乱,就不可能从事社会主义建设,一切都谈不上。治理国家,这是一个大道理,要管许多小道理。那些小道理或许有道理,但是没有这个大道理就不行"③。1987 年至 1989 年,针对国内极少数顽固坚持资产阶级自由化的人煽动学生闹事,造成不同程度的社会动乱的严重情况,邓小平反复强调,没有安定团结的政治局面,不可能搞建设,更不可能实行改革开放政策,如果没有秩序,遇到这样那样的干扰,把我们的精力都消耗在那上边,改革开放和建设都搞不成。"中国一定要坚持改革开放,这是解决中国问题的希望。但是要改革,就一定要有稳定的政治环境。"④"中国人这么多,底子这么薄,没有安定团结的政治环境,没有稳定的社会秩序,什么事也干不成。稳定压倒一切。"⑤后来,以江泽民同志为核心的党的第三代领导集体也明确指出:

① 《邓小平文选》(第 2 卷),人民出版社 1994 年版,第 159 页。
② 《邓小平文选》(第 2 卷),人民出版社 1994 年版,第 251 页。
③ 《邓小平文选》(第 3 卷),人民出版社 1993 年版,第 124 页。
④ 《邓小平文选》(第 3 卷),人民出版社 1993 年版,第 284 页。
⑤ 《邓小平文选》(第 3 卷),人民出版社 1993 年版,第 331 页。

“稳定是发展和改革的前提，发展和改革必须要有稳定的政治和社会环境，这是我们付出了代价才取得的共识。”“没有稳定的政治和社会环境，一切无从谈起，多么好的规划、方案都将难以实现。”①

保持政治和社会稳定，“稳定压倒一切”的思想，反映了我国社会主义现代化建设的客观规律，是对各国特别是我国几十年社会主义建设正反两方面的经验教训进行深刻总结而得出的必然结论，也是党和国家工作中所必须坚持的一个重要指导方针。保持政治和社会环境稳定的关键在于坚持党的基本路线。邓小平认为，中国要发展，现代化建设要成功，“问题的关键是中国的现行政策不能变”。“只要坚持现行政策，搞它几十年，中国会发展起来的。”②邓小平所说的政策稳定，就是“要坚持党的十一届三中全会以来的路线、方针、政策，关键是坚持‘一个中心，两个基本点’。不坚持社会主义，不改革开放，不发展经济，不改善人民生活，只能是死路一条。基本路线要管一百年，动摇不得。”③坚持党的基本路线不动摇，关键就是坚持经济建设在各项工作中的中心地位，把改革开放和四项基本原则统一起来，使之服从和服务于经济建设这个中心；坚持四项基本原则，坚持改革开放，都是为了搞好社会主义现代化建设，更好地解放和发展生产力，使国家兴旺发达起来，使人民物质文化生活水平不断提高。

第二节　放松管制：社会阶层的分化和人口流动的加快

从 1978 年起，中国社会进入第二次制度创新阶段，在政治上，放松管制，放弃阶级斗争并纠正过去的政策错误；在经济上，开始经济体制改革，逐步引入市场调节，同时进行国家工业化模式等重大制度和政策改革。在改革开放的进程中，对社会关系进行全面调整，原有的社会阶层出现大规模分化，新的社会阶层逐渐形成；社会经济利益差别成为界定各社会阶层之间关系的依据，在城乡之间、不同的阶层之间出现大规模的社会流动。

一、全面调整社会关系

1978 年，中共十一届三中全会认真地讨论了“文革”中发生的一些重大

① 《十四大以来重要文献选编》（中），人民出版社 1997 年版，第 1461—1462 页。

② 《邓小平文选》（第 3 卷），人民出版社 1993 年版，第 156 页。

③ 《邓小平文选》（第 3 卷），人民出版社 1993 年版，第 370—371 页。

政治事件,也讨论了"文革"前遗留下来的某些历史问题。会议认为,解决好这些问题,对于进一步巩固安定团结的局面,实现全党工作中心的转变,使全党、全军、全国各族人民万众一心向前看,调动一切积极因素为四个现代化努力,是非常必要的。会议指出,解决历史遗留问题必须遵循实事求是、有错必纠的原则。只有坚决地平反假案、纠正错案、昭雪冤案,才能够巩固党和人民的团结。[①] 之后,按照"实事求是、有错必纠"的方针,开始全面地、有步骤地解决"'文革'中的冤假错案和建国以来的历史遗留问题"。大规模清理冤假错案,成为拨乱反正,调动一切积极因素,实现安定团结、生动活泼的政治局面的关键步骤,也是调整社会关系的一项重要举措。

据不完全统计,在"文革"中制造的冤假错案有200多万件,直接受到错误处理的有几百万人。此外,在"文革"前的历次政治运动中被"左"倾路线错误处理的干部群众也有100万人以上。截至"文革"结束,受到各种形式的伤害和株连的人口高达1亿之多。[②] 严格来说,平反冤假错案的工作在"文革"结束后就开始了。1976年12月5日,中共中央发出通知,指出:凡纯属反对"四人帮"的人,已拘捕的应予释放;已立案的应予销案;正在审查的解除审查;已判刑的取消刑期,予以释放;给予党、团籍处分的应予撤销。[③] 党的十一届三中全会后,全国范围内的平反冤假错案工作迅速展开。1979年至1981年,出现了1949年以来30年从未有过的来信数量最多、上访人数最多的现象。1978年为信访高潮序幕,1979年为高峰,1981年为高潮尾声。1979年,中央联合接待室接待来访18万余人(次),其中1—7月为11万多人(次),中共中央办公厅和国务院办公室共受理来信108万余件(次),创历史最高纪录。中纪委受理信访30万件(次),也属前所未有。[④] 1978年10月,中央组织部等五部联合组成复查改正右派工作办公室,领导全国改正工作事宜。1979年8月30日,决定成立中央机关处理上访问题领导小组,由中央宣传部、公安部、民政部、最高人民检察院和中国人民解放军总政治部各出1位负责人为领导小组成员,从中央机关抽调1000名干部,分三批赶赴各省、自治区、直辖市,协助处理上访工作。其后仅1个多月,国家机关和各省、自治区、直辖市陆续成立信访工作领导小组,地、市、县也随之成立了信访工作领导小组,均由领导同志组成。据统

① 《十一届三中全会以来重要文献选读》(上册),人民出版社1987年版,第9页。
② 柳建辉主编:《再回首:中国共产党历史新探》,四川人民出版社2013年版。
③ 当代中国研究所:《中华人民共和国史稿》(第4卷),人民出版社2012年版,第16页。
④ 刁杰成编著:《人民信访史略》,北京经济学院出版社1996年版,第230、272页。

计，全国约抽调了20万干部和中央机关的千人检查组一同深入基层，解决上访人的要求和问题，其声势之浩大和解决问题之多都是前所未有的。[①]从中央到地方都成立了清查、审理冤假错案的组织机构，形成了全国上下大规模平反冤假错案的局面。中央复查和平反了党和国家领导人、党政军高级干部及各界知名人士的冤假错案，为"文革"中受到错误批判的中央工作部门平反，还复查和平反了"文革"期间的"反革命"案件、刑事案件中涉及的冤假错案。到1981年底，全国各级法院复查了"文革"期间判处的120余万件刑事案件；改判纠正了冤假错案30.1万余件，涉及当事人32.6万余人。[②] 到1982年底，全国大规模的平反冤假错案工作基本结束。这期间全国平反纠正了约300万名干部的冤假错案，为47万多名中共党员恢复了党籍；复查改正错划右派54万多人；再加上数以千万计的受牵连的干部、群众及亲属，解决了殃及1亿人的问题。[③]

在大规模平反"文革"期间的冤假错案的同时，中共中央还根据形势发展的需要和现实社会的实际情况，制定了一系列政策，对新中国成立以来受阶级斗争扩大化影响而造成的历史遗留问题，有步骤地进行了清理和解决，有效地调整了各方面的社会关系，调动全社会的积极因素为社会主义现代化建设服务。

第一，给1957年被错划为"右派分子"的人摘帽和复查改正。1978年9月17日，中共中央批转中组部、中宣部、统战部、公安部、民政部《贯彻关于全部摘掉右派分子帽子决定的实施方案》，就过去错划"右派分子"的人的改正问题，提出了明确的方针，在批语中指出：对于过去错划的人，尽管事隔多年，也要坚持有反必肃、有错必纠的原则，做好改正工作。改正工作到1981年上半年基本结束，获得改正的错划"右派分子"有54万余人，占原划为右派分子总数的98%。[④] 另外，对被错划为"中右分子"和"反社会主义分子"的31.5万余人以及受到株连的亲属，也落实了政策。[⑤]

第二，给经过改造的地主、富农、反革命分子和其他坏分子摘帽。1979年1月11日，中共中央做出《关于地主、富农分子摘帽问题和地、富子女成

---

① 刁杰成编著：《人民信访史略》，北京经济学院出版社1996年版，第236—238页。

② 《当代中国的审判工作》(上)，当代中国出版社1993年版，第148页。

③ 郭德宏主编：《中国共产党的历程》(第3卷)，河南人民出版社2001年版，第90、96页。

④ 魏宏运主编：《国史纪事本末·改革开放时期》，辽宁人民出版社2003年版，第120页。

⑤ 柳建辉主编：《再回首：中国共产党历史新探》，四川人民出版社2013年版。

份问题的决定》,对所有多年来遵守政府法令、老实劳动、不做坏事的地主、富农分子以及反、坏分子,经群众评审,县革命委员会批准,一律予以摘掉帽子,并给予农村人民公社社员待遇,其子女在入学、招工、参军、入团、入党和分配工作等方面不受歧视,他们都与普通社员一样拥有选举权和被选举权。据此,全国先后有2000多万名"地、富、反、坏"分子被摘掉帽子。[①]

第三,对工商业劳动者进行甄别,把原工商业者中的劳动者区别出来,并摘掉城市工商业者及其代理人的资本家、资本家代理人的帽子。1979年11月12日,中共中央批转中央统战部等六部门提出的《关于把原工商业者中的劳动者区别出来问题的请示报告》,明确他们本来的劳动者成分。各地在开展区别工作的同时,贯彻执行中共中央同年12月17日批转的中央统战部等五部门《关于对原工商业者的若干具体政策的规定》,摘掉了原工商业者的资本家或资本家代理人的帽子。到1981年初,区别原工商业者中的劳动者问题,得到了妥善解决。全国列入区别范围的总计86万人,区别出劳动者70万人,约占81%;属于原资本家、资本家代理人的16万人,约占19%。[②]

第四,国家的知识分子政策也在这一时期发生了根本变化。1977年,邓小平首先提出要撤销"文革"初期的"两个估计"。[③] 1978年,邓小平在全国科学大会开幕式上讲话,认为知识分子"绝大多数已经是工人阶级和劳动人民自己的知识分子,因此也可以说,已经是工人阶级自己的一部分"。1979年3月19日,中共中央决定撤销1971年全国教育工作会议通过的《全国教育工作会议纪要》中的"两个估计",从政治上解放了上千万知识分子,使他们不再背负"资产阶级知识分子"的污名。此外,国家开始恢复高考,建立学位制度,恢复评定学术和技术职称,改善知识分子的工作和生活条件,安置一大批闲散在社会上的科技人员。知识分子的经济状况和社会地位也逐步得到改善,国家一方面提高了他们的经济待遇,另一方面建立了正常的技术等级评定制度,从而确立了其内部的正常流动结构和机会空间。这一时期,在全国2300多万名专业技术人员中,95万人获得了高级技

① 董辅礽主编:《中华人民共和国经济史》(下卷),经济科学出版社1999年版,第3、7页。

② 当代中国研究所:《中华人民共和国史稿》(第4卷),人民出版社2012年版,第82页。

③ 即"文革"前17年的教育战线是资产阶级专了无产阶级的政,是"黑线专政";知识分子的大多数世界观基本上是资产阶级的,是资产阶级知识分子。

术职称(职务),542 万人获得中级技术职称(职务)。①

第五,全面调整落实民族宗教政策。1978 年,五届全国人大一次会议决定恢复 1970 年被撤销的国家民族事务委员会。1979 年,五届人大二次会议决定恢复全国人大民族委员会。各地各级民族事务委员会及其他民族工作机构也陆续恢复。为了进一步推动宗教政策的落实,中共中央统战部于 1978 年 12 月 1 日至 12 日在北京召开了第八次全国宗教工作会议,会议明确了宗教工作的主要任务。1979 年 2 月,中共中央批准中央统战部《关于建议为全国统战、民族、宗教工作部门摘掉"执行投降主义、修正主义路线"帽子的请示报告》。1982 年 3 月,中共中央印发《关于我国社会主义时期宗教问题的基本观点和基本政策》的通知,明确了新时期宗教工作的基本任务,并提出了调整、落实宗教政策的具体要求。这一文件,是中国共产党对中华人民共和国成立以来宗教工作的一次全面系统的总结,是把马克思主义关于宗教问题的基本理论同中国宗教问题的具体实践相结合的典范。②

第六,全面落实原国民党起义投诚人员和各项侨务政策。1979 年 1 月 17 日,中共中央批准中央统战部等六部门《关于落实对国民党起义、投诚人员政策的请示报告》,重申爱国一家,既往不咎,一视同仁,量才录用,妥善安置,是党对起义、投诚人员的一项重要政策,必须认真落实。文件下达后,各地为 40 多万国民党起义、投诚人员落实了政策。1982 年 3 月,全国人大常委会第 22 次会议审议了国务院提出的关于宽大释放全部在押的原国民党县团以下党政军特人员的建议,决定对在押的原国民党县团以下党政军特人员全部予以宽大释放,并给予政治权利。这类人员中有尚在服刑的 7000 人,刑满留劳动改造单位的 5.5 万人。到同年 6 月,这类人员全部释放完毕。1981 年 9 月,中共中央发出的《关于落实居住在祖国大陆台湾同胞政策的指示》指出,党对居住在祖国大陆台湾同胞的基本政策是:一视同仁,并在各方面优先照顾。把在台亲友称为"海外关系",并一律视为政治问题,是极不恰当的;凡因此在政治上被错误对待的,应即改正。文件对

---

① 参见贾春增主编:《知识分子与中国社会变革》,华文出版社 1996 年版,第 267 页。需要指出的是,改革开放以后,随着中国现代化进程的迅速展开,"知识分子"概念的含义逐步发生变化,以前赋予它的政治意识形态属性逐渐淡化,它对其他社会阶级的依附性也逐渐减弱,越来越成为一个依靠自身掌握的专业技术获得经济利益和社会地位,从而有着自身的独特利益取向的新职业群体。正是基于这种变化,我们将过去所谓的"知识分子阶层"改称为"专业技术人员阶层"。

② 《当代中国的宗教工作》编辑委员会:《当代中国的宗教工作》(上),当代中国出版社 2009 年版,第 132 页。

各项有关政策做了明确规定。同年11月,中共中央发出的《关于进一步落实去台人员在祖国大陆亲属政策的通知》指出:对因在台湾有亲属关系而被错误处理的,都应复查改正;冤假错案,一律平反。

1978年中共十一届三中全会后,在实现工作重点转移的同时,拨乱反正全面展开。拨乱反正的主要内容之一是平反冤假错案。到1982年底,不仅平反了"文革"中的冤假错案,而且纠正了"文革"前的冤假错案,调整了社会政治关系,社会生活走向正常化,使千百万人从政治阴影下解放出来,形成全国人民同心同德干四化的氛围和环境。这再次说明社会结构和社会关系的正向运动推动了社会生产发展。①

二、农村社会结构的松动

1978年中共十一届三中全会的召开,开启了中国体制改革的进程。在农村实行家庭联产承包责任制,在城市为了解决大规模的待业青年就业问题而开始允许发展个体经济,改革开放前我国特有的"两个阶级,一个阶层"的基本社会结构开始被打破,新的社会阶层开始出现。作为社会的细胞,中国的家庭结构也随着计划生育政策的强化而开始了根本性的改变。

经济体制改革首先在农村取得突破性进展,其中心环节就是逐步推行家庭联产承包责任制。中共十一届三中全会原则上通过《关于加快农业发展若干问题的决定(草案)》和《农村人民公社工作条例(草案)》,为广大农村实行包工、包产到作业组,打开了政策之门。1979年1月,两个草案下发各地试行,推动了农村改革浪潮。② 这就为农村地区的体制改革创造了条件,很多地方开始出现各种形式的农业生产责任制,如包产到户、包干到户等等。1979年4月3日,中共中央批转了国家农委党组报送的《关于农村工作问题座谈会纪要》(以下简称《纪要》),对实行联产承包责任制问题"大体取得一致意见"。《纪要》肯定,包括常年包工包产到组在内的多种联系产量责任制,"只要群众拥护,都可以试行"③。这就使包产到组基本取得了政策允许,为联系产量责任制的发展提供了一定的条件。1980年9月,中共中央召开省、自治区、直辖市党委第一书记座谈会,形成了《关于进一步加强和完善农业生产责任制的几个问题》座谈会纪要,并以中共中央1980

---

① 刘国新:《论中国发展道路和发展模式中的制度安排》,《当代中国史研究》2008年第6期。

② 当代中国研究所:《中华人民共和国史稿》(第4卷),人民出版社2012年版,第125页。

③ 《农业集体化重要文件汇编(1958—1981)》(下),中共中央党校出版社1981年版,第1009—1010页。

年第75号文件下发，明确了“可以包产到户，也可以包干到户，并在一个较长的时间内保持稳定”①。家庭联产承包责任制从初步推行进入大发展阶段。1982年1月1日，中共中央批转《全国农村工作会议纪要》，进一步肯定双包到户是社会主义集体经济的生产责任制。1982年11月底，五届全国人大五次会议上的《关于第六个五年计划的报告》把大包干概括为“家庭（或小组）承包的责任制形式”②。

中共中央1980年第75号文件虽然没有把“双包”作为适用于广大农村一般地区的普遍形式。然而文件催生了农民群众实行“双包”的热情，1980年冬到1981年，“双包”不仅在边远地区和长期贫困地区普及，而且在一般地区迅速扩展。1981年10月统计，全国农村基本核算单位中，已有97.8%的生产队建立不同形式的农业生产责任制，其中实行“双包”的已占基本核算单位总数的50.8%。

包产到户和包干到户都属于家庭联产承包责任制，都是把土地承包给社员，以家庭为单位分散经营，两者在生产过程中并没有本质的差别，只是在分配方式上有所不同。前者以产量定工分，按工分分配。后者则直接联产计酬，即“交够国家的，留足集体的，剩下的都是自己的”，所以也叫“大包干”。

《全国农村工作会议纪要》指出，我国农业必须坚持社会主义集体化的道路，土地等基本生产资料公有制是长期不变的，集体经济要建立生产责任制也是长期不变的。目前实行的各种责任制，包括小段包工定额计酬、专业承包联产计酬，联产到劳，包产到户、到组，包干到户、到组等，都是社会主义集体经济的生产责任制。不论采取什么形式，只要群众不要求改变，就不要变动。以为包干到户就是“土地还家”、平分集体财产、分田单干，这完全是一种误解。包干到户这种形式，在一些生产队实行以后，经营方式起了变化，基本上变为分户经营、自负盈亏，但是，它是建立在土地公有基础上的，农户和集体保持承包关系。它不同于合作化前的小私有的个体经济，而是社会主义农业的组成部分。这个文件下发后，农村改革步伐加快。到1982年8月，全国农村实行包产到户的生产队达到74%。家庭联产承包责任制成为农业生产责任制的主要形式。此后，这种形式的责任制又进一步发展和完善，成为农业生产责任制的基本形式。1983年6月6

① 《三中全会以来重要文献选编》(上)，中央文献出版社2011年版，第474页。

② 《十二大以来重要文献选编》(上)，人民出版社1986年版，第209页。

日,六届全国人大一次会议审议通过的政府工作报告首次把“大包干”称为“家庭联产承包责任制”。1982—1984年,中央连续三年的一号文件,把以包干到户和包产到户为主要形式的家庭联产承包责任制推行到全国农村。到1984年底,实行“大包干”的生产队达563.6万个,占生产队总数的99%;农户为18145.5万户,占农户总数的96.6%。[①] 从此,土地仍属集体所有,由农户承包、家庭经营,成为中国农村的基本经济单元和主要经营形式。用农民的话说,就是“交足国家的(征购)、留够集体的(村提留乡统筹),剩下全是自己的”。与家庭联产承包责任制改革相配套的农村经济体制改革还包括:缩小农副产品统购派购的范围并降低征购指标;逐步放开农副产品的价格,使其由市场来调节;开放城乡农副产品集贸市场;调整农村经济结构,鼓励多种经营。

这一时期农民分化和流动的机制具有充分的自主性,农村经济体制改革使农村社会形成了新的分化与流动机制,农户的生产经营能力和经营绩效是主要的决定因素。农户和农民个人获得了对土地等农业生产资源的使用权和经营权,相应地,其也获得了对完粮纳税后的剩余农产品的处置权。这样,决定农民的生存状况和生活水平的,便不再是集体的生产经营能力和水平,而是农户自身的生产经营能力和水平。农村社会由于不同的农户生产经营能力和水平的差异而开始出现收入与财富积累的分化。一部分农户由于有较强的生产经营能力,逐渐上升为专业经营大户或所谓的“万元户”。随着农民能够进入的生产经营领域不断拓展,农户获得了新的选择和发展机会,一部分农户的家庭副业生产经营范围,逐步从养殖业、种植业和简单的手工业发展到加工业、运输业和商业。他们无须通过社队企业、城市招工或上学参军,就能自主实现职业转换。[②] 改革开放以来,农民阶层进入流动活跃期,农民内部阶层结构的变化速度最快、规模最大、范围最广、推进最深。农民阶层的变化主要表现在:一是乡村人口数量明显减少,从1978年乡村人口占总人口的82.1%,到1992年下降到72.5%。[③] 随着农村经济结构的变化,大批农民从单纯的农业生产中分离出来从事工业、交通、运输、商业等各种产业,从事第一产业的就业人员占乡村就业人员的比重从1978年的92.3%降至1992年的80.1%,占总就业人员的比

① 当代中国研究所:《中华人民共和国史稿》(第4卷),人民出版社2012年版,第136页。

② 陆学艺主编:《当代中国社会流动》,社会科学文献出版社2004年版,第76—77页。

③ 中华人民共和国国家统计局,http://data.stats.gov.cn/easyquery.htm? cn=C01.

重从 1978 年的 73.0%降至 1992 年的 58.5%。[①] 二是农民职业分化明显。伴随着市场化进程中农民在生产中地位的改变，农村产业结构的变化，以及在比较利益驱动下和我国户籍管理松动后造成农业人口向城市转移，庞大的农民阶层迅速分化了，由原来单一的人民公社社员分化成农业劳动者、农民工、乡镇企业职工、农村管理者、农村知识分子、贫困农民等若干个阶层。家庭联产承包责任制使得广大的农民群众有了自主经营、自主选择生产和经营模式的权利。农民群众的生产积极性大为提高，不少人开始经营符合本地实际的种植业、养殖业和各种食品加工业，最终形成了以某项专业的生产和经营为主的现象，这在当时被称为专业户。不少农村地区出现了“养猪大王”“养牛大王”“苹果大王”等名噪一时的专业户。三是大量的农民从农村流向城市，有相当一部分已经变为城镇的居民。比如，随着企业转制，农村管理阶层中的大多数已经成为企业家，其中有些人的企业发展到一定程度后，已经从农村进入城市，发展成为现代化的企业，这部分农民的身份发生了根本的变化，进而转变为城镇的居民。[②]

三、城市社会阶层的分化

1979 年初，国务院开始允许知青返城，除了少数落户于农场的知青之外，近千万的大多数知识青年都返回了原来居住的城市。为了解决返城知青以及城镇大量积压的待业青年的就业问题，国家开始允许并鼓励个人或家庭从事生产经营活动，发展个体经济。1979 年 2 月，国家工商行政管理局召开了“文革”结束后的第一次工商行政管理局长会议，研究返城知青和其他待业青年的问题。会议向中共中央、国务院做出报告，提出“各地可以根据当地市场需要，在取得有关业务主管部门同意后批准一些有正式户口的闲散劳动力从事修理、服务和手工业者个体劳动，但不准雇工”[③]。该报告经党中央、国务院批准向各地转发。这是十一届三中全会以后第一份关于允许发展个体经济的报告。虽然这个报告对雇工等问题做了种种限制，但它公开为个体经济发展开了绿灯。也正是到这一年年底，全国个体从业人员发展到 31 万人，比 1978 年增长了一倍多。[④]

---

① 《新中国六十年统计资料汇编》，中国统计出版社 2010 年版，第 7 页。

② 林毅、张亮杰：《新中国阶级阶层社会结构演变历程》，世界知识出版社 2011 年版，第 121 页。

③ 周立群、谢思全主编：《中国经济改革 30 年 · 民营经济卷(1978—2008)》，重庆大学出版社 2008 年版，第 236 页。

④ 王克忠主编：《非公有制经济论》，上海人民出版社 2003 年版，第 87 页。

为了扶持个体经济的发展,1981年6月,国务院有关部门发出通知,指出对个体工商户应一视同仁,在资金、原料、税收等方面予以支持。同年7月,国务院发布《关于城镇非农业个体经济若干政策性规定》,指出“个体经济是国营经济和集体经济的必要补充”,从事个体经营的公民“是自食其力的独立劳动者”,在国营经济和集体经济占绝对优势的前提下,“恢复和发展城镇非农业个体经济”,从政策上扶持个体经济。在这一规定的引导下,我国的个体经济开始起步并迅猛发展。1981年10月,中共中央、国务院发布的《关于广开门路,搞活经济,解决城镇就业问题的若干决定》首次提出多种经济形式并存:“在社会主义公有制经济占优势的根本前提下,实行多种经济形式和多种经营方式长期并存,是党的一项战略决策,决不是权宜之计。”1981年12月,五届人大四次会议审议通过的政府工作报告提出了经济体制改革的基本方向:在坚持实行社会主义计划经济的前提下,发挥市场调节的辅助作用。报告还强调,经济体制改革的关键问题,是正确认识和处理计划经济与市场调节的关系。

在国家的积极扶持下,城镇个体经济得到较快发展。1981年底,全国城镇个体经济发展到183万户,从业人员227万人,又比1980年翻了一番多。1982年12月,全国人大五届五次会议通过的宪法修正案第十一条做了如下规定:“在法律规定范围内的城乡个体劳动者经济,是社会主义公有制经济的补充。国家保护个体经济的合法权利和利益。国家通过行政管理,指导、帮助和监督个体经济。”至此,个体经济的合法地位得到国家根本大法的认可。到1982年底,全国个体经济达到261万户,从业人员320万人。①

1982年9月,中共十二大提出以国营经济为主导、以公有制经济为主体和个体经济为补充的多种经济形式并存的所有制结构。② 1982年12月,五届人大五次会议通过的宪法修正案重申这一原则,要坚持以国营经济为主导、以集体经济为重要组成部分,以个体经济和外资经济为补充的所有制配置结构。③ 1984年10月,中共十二届三中全会通过的《中共中央关于经济体制改革的决定》提出,“我国现在的个体经济是和社会主义公有制相联系的”,“对于发展社会生产,方便人民生活,扩大劳动就业,具有不可替代的作用,是社会主义经济必要的有益的补充,是从属于社会主义

---

① 王克忠主编:《非公有制经济论》,上海人民出版社2003年版,第88页。

② 《十二大以来重要文献选编》(上),人民出版社1986年版,第20—21页。

③ 《十二大以来重要文献选编》(上),人民出版社1986年版,第223页。

的。"这之后，个体经济进入稳定发展的时期。1987 年 8 月，国务院发布了《城乡个体工商户管理暂行条例》，要求对个体工商户进行规范化管理。1988 年之后，随着治理整顿的提出，个体经济进入徘徊增长的阶段。个体经济的发展壮大必然导致私营经济的产生，1987 年之前，国家对实际存在的私营经济采取了"看一看"的政策，对雇工问题的争论以及对"傻子瓜子"为代表的私营经济的态度是这种政策的反映。1987 年 1 月，国务院做出了《关于进一步推进科技体制改革的若干规定》，支持和鼓励部分科技人员兴办技术服务企业，以推动民营科技企业的创办。1987 年 1 月，在中央政治局通过的《把农村改革引向深入》的决定中，第一次使用了"私人企业"的概念，并提出了允许存在、加强管理、兴利抑弊、逐步引导的方针。① 1987 年，中共十三大报告进一步明确提出："社会主义初级阶段的所有制结构应以公有制为主体。目前全民所有制以外的其他经济成分，不是发展得太多了，而是还很不够。对于城乡合作经济、个体经济和私营经济，都要继续鼓励它们发展。"并指出："中外合资企业、合作经营企业和外商独资企业，也是我国社会主义经济必要的和有益的补充。"②1988 年修正后的宪法规定，国家允许私营经济在法律规定的范围内存在和发展，国家保护私营经济的合法的权利和利益，对私营经济实行引导、监督和管理。同年，国务院颁布了《中华人民共和国私营企业暂行条例》。据统计，1988 年底，全国已有 1000 多万家个体企业和 20 万家私营企业，雇用的工人总计 2480 万人，新社会阶层事实上已经初具规模。③ 对于外资经济，1986 年，六届人大四次会议通过《中华人民共和国外资企业法》，提出允许外国的企业和其他经济组织或者个人在中国境内举办外资企业，保护外资企业的合法权益。同年，国务院发出《关于鼓励外商投资的规定》，提出国家鼓励外国的公司、企业和其他经济组织或者个人，在中国境内举办中外合资经营企业、中外合作经营企业和外资企业。随着经济特区和沿海城市的开放，外资经济得到更大的发展。据统计，1979 年以来，我国通过向国外贷款，通过外商直接投资、补偿贸易、租赁等方式，吸收的外资总计达 700 多亿美元。到 1990 年，国家已批准的外商投资项目涉及 2.9 万多家企业，已有 1.4 万多家企业开

① 王世勇、李跃新：《改革开放以来非公有制经济理论与政策研究》，中共中央党校出版社 2008 年版，第 95 页。

② 《十三大以来重要文献选编》(上)，人民出版社 1991 年版，第 31—32 页。

③ 王浩斌：《中国新的社会阶层有序参与民主政治建设研究》，中国社会科学出版社 2010 年版，第 85 页。

业运营,实际投入外资 190 亿美元。①

1989 年后,党内外出现了对非公有制经济发展的议论和顾虑,一时引起对关于发展非公有制经济等相关政策的猜测。1990 年至 1991 年,党中央、国务院重申了社会主义初级阶段所有制结构不变的方针。1991 年 7 月 6 日,中共中央批转中央统战部《关于工商联若干问题的请示》中指出,"对现在的私营企业主不应和过去的工商业者简单类比和等同,更不要像五十年代那样对他们进行社会主义改造",而是对他们采取团结、帮助、教育、引导的方针,要求他们"爱国、敬业、守法"。② 虽然从 1989 年到 1991 年,党中央、国务院对"公有制为主体,多种经济成分共同发展"的方针政策并没有变化,但事实上,非公有制经济的发展还是出现了停滞,甚至呈现出明显下降的趋势,有的担心成为被改造的对象,想方设法戴上集体的"红帽子",以作掩护。

广开就业门路,大力发展个体经济,还促成了我国社会主义经济多元共存、共同发展的格局。个体经济、集体经济以及对外开放后发展起来的一些经济形式,初步形成了以社会主义公有制为主体,多种所有制形式、多种经营方式并存,以按劳分配为主体、多种分配方式并存的新格局。这就丰富了我国社会主义经济的内容,突破了以往单一的公有制为主的经济体制和经营模式,也促进了我国的经济社会发展,大大满足了人民群众的物质和生活需求。随着个体经济的发展,"个体户"开始出现并日益壮大,他们的主体意识、经济收入、生活面貌等,都发生了极大的变化。他们中的不少人,成了先富起来的一群人,成为人们羡慕的对象。更为重要的是,个体经济的发展,还使得我国城镇的社会结构发生了变化,原有的单一的以单位身份为主要形式的单一社会结构开始演变为多元的社会结构。不仅如此,人们的就业理念、就业方式也在悄悄地发生变化。以专业户、个体户为代表的新社会群体的出现,是我国改革开放以后随着政策调整而出现的新社会现象。它不仅改变了我国的经济结构,也改变了传统计划经济年代单一的"单位制"的社会结构。部分"单位人"开始演变成"社会人",我国的社会结构从此朝着多元化的方向发展,即从"单位社会"向"多元社会"演变,社会流动和社会活力因此也开始不断增强。

① 季崇威:《中国利用外资的历程》,中国经济出版社 1999 年版,第 172 页。

② 严书翰主编:《中国特色社会主义史论研究·前沿问题卷》,中共中央党校出版社 2012 年版,第 319 页。

四、社会流动加快与流动机制的形成

改革开放以前，农村劳动力向城市流动和转移很少，除土地制度约束外，主要受制于严格的户籍管理制度以及附带的城市社会福利、社会保障体制。1978 年以来，全国城乡改革开放带来了经济的繁荣发展，同时也使城乡隔绝的户口迁移矛盾空前显露。从农村来看，随着家庭联产承包责任制的实施，人民公社体制逐渐解体，统购统销制度也逐渐废除，这些都使得农民获得了自由流动权；同时，随着农村生产力的发展，农村剩余劳动力大量涌现，也促进了农村劳动力向城市的迁移，出现城乡二元结构逐渐松动的局面。从城市来看，随着城市改革的深入和经济的发展，城市建设、城市的第三产业等都需要大量劳动力，沿海和东部地区的快速发展在不同区域形成劳动力落差；同时，城乡之间和地区之间的收入差距明显拉开，尤其是东部地区与西部地区之间的收入差距也日益拉大。这决定了我国“民工潮”的基本流向：从农村流向城市，从中西部地区流向东部沿海地区。[①] 而从更深层次看，“民工潮”实际上是被长期压抑和限制的农村人口迁移和流动，在改革背景下的短时期爆发性大补偿。[②] 1984 年，中国社会科学院《社会学通讯》首次使用“农民工”一词，随后被普遍采用。[③]

1985 年之前，农民工主要被乡镇企业吸收，呈现“离土不离乡，进厂不进城”的流动方式。1985 年之后，随着农村户籍和统购统销等制度的改革，获得更大流动自由的农民工开始了大规模的跨地域流动，出现“离土又离乡，进厂又进城”的流动方式。从农民流动规模看，20 世纪 80 年代初期，中国农村外出打工者只有几百万人，到 1988 年则超过了 2500 万人，1994 年剧增至 6400 万人，约占农村劳动力总数的 1/7，到 1995 年全国外出就业的农村劳动力达 8000 万人左右。[④] 城乡之间、地区之间的人口大流动，来势凶猛的“民工潮”，强有力地冲击着原有封闭式的人口管理体系。如何引导农村人口合理有序地向城镇流动，向非农业领域转移，是户籍制度改革面对的重大课题。围绕这些问题，国家对长期实行的严格限制农村户口向城市转移的二元户籍制度进行了有步骤、多方位的探索和改革。

① 陈安民、刘晓霞，等：《中国农民工——历史和现实的思考》，华龄出版社 2006 年版，第 40 页。

② 阎蓓：《新时期中国人口迁移》，湖南教育出版社 1999 年版，第 262 页。

③ 国务院研究室课题组：《中国农民工调研报告》，中国言实出版社 2006 年版，第 3 页。

④ 何频：《近两年学术界关于“民工潮”研究综述》，《社会科学研究》1997 年第 3 期。

(一) 户籍迁移政策的调整

1978年以后,随着改革开放的不断深入,特别是经济体制改革和城镇化进程的加快,户籍制度严格限制人口迁移流动的特征开始发生转变,国家开始有意识地调整、改革和完善现行户籍制度。1978年3月,针对20世纪六七十年代上山下乡的大部分城镇青年要求返回城市的呼声,邓小平曾指出:“要研究如何使城镇容纳更多劳动力的问题,现在是搞上山下乡,这种办法不是长期办法,农民不欢迎。我们第一步应做到城市青年不下乡,然后再解决从农村吸收人的问题。”[①]从那时起,上山下乡运动宣告结束,原先上山下乡的1000多万城市青年又陆续回到了城市。

户籍迁移制度的调整主要是解决夫妻分居问题、干部和职工调动问题以及老干部离退休问题等。1980年,中央组织部、民政部、公安部、国家劳动总局联合发出《关于逐步解决职工夫妻长期两地分居问题的通知》,对分居夫妻的户口迁移做出规定。1980年9月,公安部、粮食部、国家人事局联合颁布的《关于解决部分专业技术干部的农村家属迁往城镇由国家供应粮食问题的规定》,对有重大发明创造,在科研、技术以及专业工作上有特殊贡献的专业技术干部等符合规定迁往城镇落户的人员,不受公安部门正常审批的控制比例的限制。至此打破户籍制度的指标控制,标志着户籍制度进入了一个新的阶段。此后,邮电、机械工业、科技、国营农林业等行业和部门的职工调动政策相继出台。1989年,国务院发布《关于进一步解决干部夫妻两地分居问题的通知》,要求重点解决专业技术干部的夫妻分居问题。据统计,1980—1989年,全国解决了100多万干部、200多万工人的夫妻分居问题。[②]

1981年,农村改革提出了剩余劳动力和发展非农产业的问题。对此,中央政府的基调是,农民要离土不离乡,通过在农村内部发展多种经营和兴办社队企业,实现劳动力的就地安置。同时,严格控制从农村招工,认真清理企业、事业单位使用的农村劳动力。1981年10月,中共中央、国务院《关于广开门路,搞活经济,解决城镇就业问题的若干决定》:“对农村多余劳动力,要通过发展多种经营和兴办社队企业,就地适当安置,不使其涌入城镇。根据目前我国的经济情况,对于农村人口、劳动力迁进城镇,应当按

---

① 何光《当代中国的劳动力管理》编辑委员会编:《当代中国的劳动力管理》,中国社会科学出版社1990年版,第57页。

② 公安部治安管理局编:《户口管理法律法规规章政策汇编》,中国人民公安大学出版社2001年版,第389—392页。

照政策从严掌握。""今后，农村人口迁入城镇的要严格履行审批手续，公安、粮食、劳动等部门要分工合作把好关，不要政出多门。要严格控制使用农村劳动力，继续清理来自农村的计划外用工。"1981年12月，国务院《关于严格控制农村劳动力进城做工和农业人口转为非农业人口的通知》要求，严格控制从农村招工；认真清理企业、事业单位使用的农村劳动力；加强户口和粮食管理。

1984年，国务院颁发的《关于农民进入集镇落户问题的通知》规定，凡申请到集镇务工、经商、办服务业，或在乡镇企事业单位长期务工的农民和亲属，准予自理口粮落户集镇。允许农民自理口粮落户集镇政策的实施，使城乡人口流动成为可能，我国户籍制度改革在集镇开始由指标控制向准入条件控制过渡。

（二）改革"农转非"政策

1977年公安部发布《关于处理户口迁移的规定》，开始使用"农转非"概念（由农业人口转为非农业人口）、实行农转非政策，规定农转非控制指标一般限定在不超过当地非农业人口的1.5%。1980年，"农转非"政策出现松动。1980年9月，公安部、粮食部、国家人事局联合发布《关于解决部分专业技术干部的农村家属迁往城镇由国家供应粮食问题的规定》，照顾的对象是专业技术人才，符合条件者不受公安部门正常审批比例的限制。[①]此后，又先后解决了一批科技干部、煤矿井下工人、三线艰苦地区其他的职工的农村家属迁入城市落户问题，部分边防海防军官农村家属也可以在原籍转为城市户口。农转非的控制指标由不超过当地非农业人口的1.5%调整到2%。这是我国二元户籍管理制度建立20多年后的一次重大调整和改革。国家除了继续对城镇人口增长实行严格控制外，对若干特殊的"农转非"问题在政策上开始松动，尽管如此，户籍制度的基本格局没有改变。此后，农转非的口子逐渐放开，包括专业技术人员、博士后研究人员、煤矿井下工人、三线艰苦地区职工、军队干部等。据统计，到1990年，全国累计有5317万人农转非。[②]

1989年10月，在治理整顿背景下，国务院提出把严格控制"农转非"过快增长作为治理整顿的一项重要内容，并发出了《关于严格控制"农转非"

---

① 公安部治安管理局编：《户口管理法律法规规章政策汇编》，中国人民公安大学出版社2001年版，第342—344页。

② 公安部三局编：《户口管理资料汇编》（第4册），群众出版社1993年版，第98页。

过快增长的通知》,把“农转非”纳入国民经济与社会发展计划,对“农转非”实行计划指标与政策规定相结合的控制办法,压缩“农转非”数量。[①] 农转非由此进入紧缩期。

(三)允许农民自理口粮进入集镇落户

随着农村商品生产和商品交换的迅速发展,乡镇工商业蓬勃发展,越来越多的农民转向集镇务工、经商,迫切需要解决进入集镇落户的问题。1984年1月1日,中共中央发出《关于1984年农村工作的通知》,规定“1984年各省、自治区、直辖市可选若干集镇进行试点,允许务工、经商、办服务业的农民自理口粮到集镇落户”[②]。这是我国小城镇户籍制度改革的最先声。同年10月,国务院下发《关于农民进入集镇落户问题的通知》,规定凡在集镇务工、经商、办服务业的农民和家属,在集镇有固定住所,有经营能力,或在乡镇企事业单位长期务工,准落常住户口,统计为非农业人口,口粮自理。[③] 这是我国户籍制度的重大松动和改革,到1986年,全国办理自理口粮户口的多达4542988人。[④] 允许农民自理口粮到集镇落户,基本沿袭了户粮挂钩的政策,但实际上在法律上认可了农民可以进城,显然是对1958年以来严格限制农民进入城市定居管理体制的一个重大突破。“自理口粮”政策的实施,标志着中国严格限制人口乡城迁移管理模式的松动,从而有力地促进了集镇的发展。

(四)探索流动人口管理的方法

为了加强对流动人口管理,维护社会秩序,针对城市劳动力要素的流动以及大规模农民进入城市经商或打工,由于户籍身份与户籍登记地限制,城市外来劳动力仍然没有在流入地城市定居的权利,政府进一步加强和规范了对这一庞大规模的“人户分离”群体的管理。

为了保障城镇失业人士能得到充分就业的机会,1981年,国务院发出《关于严格控制农村劳动力进城做工和农业人口转为非农业人口的通知》,规定:严格禁止在城市地区雇用农村劳动力,万不得已必须雇用农村劳动力时,须得到国务院批准;国家计划中需要增加人员时,要首先雇用城市待业青年,若劳动力还难以满足需求需要向农村招收劳动力,需要得到各地

① 公安部治安管理局编:《户口管理法律法规规章政策汇编》,中国人民公安大学出版社2001年版,第245—247页。

② 《十二大以来重要文献选编》(上),人民出版社1986年版,第371页。

③ 《中华人民共和国法规汇编》(1984年1月—2月),法律出版社1986年版,第88页。

④ 殷志静、郁奇虹:《中国户籍制度改革》,中国政法大学出版社1996年版,第14页。

人民政府的批准;城市临时雇用的农村劳动力必须全部迁回农村。[①] 1982年5月,国务院颁布《城市流浪乞讨人员收容遣送办法》,规定由民政部门和公安部门共同负责,对于家住农村流入城市乞讨的、城市居民中流浪街头乞讨的和生活无着落的人实施收容和遣送,旨在救济、教育和安置城市流浪乞讨人员,维护城市社会秩序和安定团结。

公安部于1985年7月13日颁布了《关于城镇暂住人口管理的暂行规定》,决定对流动人口实行《暂住证》、《寄住证》和旅客住宿登记制度相结合的登记管理办法,开始允许暂住人口在城镇长期居留,将暂住人口的登记范围由城市扩大到建制镇,取消了对暂住期限的规定。[②] 这从客观上促进了农村地区人口向城镇流动,意味着公民开始拥有在非户籍地居住的合法性。此后,又颁布了《租赁房屋治安管理规定》和《暂住证申领办法》。

为了有效证明处于流动状态下的公民的身份,又在全国范围内实行居民身份证制度。1983年,公安部开始进行居民身份证的相关工作,并在北京等地试点。1985年9月6日,全国人大常委会颁布实施《中华人民共和国居民身份证条例》,规定凡16岁以上的中华人民共和国公民,均要申领居民身份证,"居民在办理涉及政治、经济、社会生活等权益事务时,可出示居民身份证,证明其身份"。1986年,公安部发布了《中华人民共和国身份证条例实施细则》。居民身份证制度的实施,加强了流动人口的管理,严密了户口登记管理制度,也为人口管理的现代化打下了良好的基础。这是我国户籍制度的又一重大改革,为公民从事社会活动提供了便利和法律保证。[③]

为此,在1989年民工潮爆发后,国家相继出台了控制农民工盲目流动的措施。1989年3月,国务院办公厅发出《关于严格控制民工盲目外出的紧急通知》;同年4月,民政部、公安部发布《关于进一步做好控制民工盲目外流的通知》,要求全国各地采取有效措施,严格控制当地民工盲目外流。[④] 1990年4月,国务院又发布《关于做好劳动就业工作的通知》,要求对农村进城务工人员做好控制和管理。1991年2月,国务院办公厅发布《关于劝

① 路遇主编:《新中国人口五十年》(上),中国人口出版社2004年版,第553页。

② 《中华人民共和国法规汇编》(第7卷),中国法制出版社2005年版,第16页。

③ 赵文远:《新中国户籍迁移制度史研究》,郑州大学出版社2012年版,第117页。

④ 民政部法规办公室编:《中华人民共和国民政法规大全》,中国法制出版社2002年版,第1920页。

阻民工盲目去广东的通知》。[①] 这之后，随着邓小平的南方谈话，国家对民工潮进入规范引导的新阶段。

这一时期，中国公民在政策层面，获得了离开户口登记地的自由；并获得了在异地他乡寻求职业的权利。此外，“有流动无迁移”，绝大部分流动人口没有获得户籍迁移的权利，虽长期离开户口登记地，但并未在常住地办理户口登记地变更手续，也就没有获得相应的市民身份，或表现为“农民工”身份，或表现为“外来市民”身份(拥有非居住地城市的户口)。此外，对流动人口急剧增长的势头估计不足，管理跟不上，工作陷于被动，造成人户大量分离，流动人口的合法权益难以得到保障，社会的稳定也受到了影响。

第三节　基层社会管理体制的变革

随着改革开放的逐步推进，经济体制改革和随之而来的社会结构调整导致了单位制的弱化，街居制恢复，街道办事处职能急剧增加，原有单位的功能流向社会并落实到了街道。20 世纪 80 年代，中央相继实行政社分开和政企分开，党和政府不再直接管理城镇企业和农村经济事务。在农村开始推行村民委员会制度，实行村民自治。除原有的工青妇等人民团体外，各类民间组织开始涌现，以各级党组织、各级政府、各类企事业单位和各种民间组织为主体的多元治理格局开始出现，其中党组织和政府仍是最重要的治理主体。

一、政社分开与村民自治

中共十一届三中全会以后，中国农村逐步推行的家庭联产承包责任制，不仅调动了广大农民的积极性，大大促进了农业生产力的发展，而且导致农村人民公社解体，引发了中国乡村组织体系的重构，使乡村治理模式发生了从“统治”到“治理”的深刻变化。这一时期，中国乡村治理依其不同特点，可以分为两个阶段:从 1978 年底至 1987 年底，是结束人民公社体制，实现政社分开阶段；从 1988 年《村民委员会组织法(试行)》起，是以试行村民自治为重点的阶段。政社分开和村民自治是农村家庭联产承包责任制之后的又一重大变革，这一变革基本奠定了新时期农村社会结构和社

① 陈安民、刘晓霞，等:《中国农民工——历史和现实的思考》，华龄出版社 2006 年版，第 28—29 页。

会治理的"乡政村治"(乡镇政权、村民自治)格局。政社分开的"政"是指政权,也就是乡政府;"社"是指农村的集体经济组织。政社分开,就是将基层政权和农村的集体经济组织分开。[①] 村民自治,就是广大农民群众直接行使民主权利,实行自我管理、自我教育和自我服务。政社分开和村民自治对于加强我国基层政权建设、保障人民的民主权利以及促进农村社会经济的发展,都有重大的意义和影响。

政社分开有一个探索和试点的过程。公社体制转型来自三个方面的动因:一是国家工业化目标的基本完成;二是公社体制特别是集体农业劳动的低效率;三是不断加剧的城乡差距和工农差距。20 世纪 70 年代末 80 年代初,中国农村开始实行家庭联产承包责任制的改革。土地农户承包、家庭经营,成为中国农村基本经济单元和主要经营形式。政社合一的人民公社体制弊端越发显露,主要是党政企一体化、控制过多过死,严重阻碍农民的生产积极性,无法满足农村发展的要求,无法担当起发展经济和管理社会的职能。这些使得国家乡村治理的制度目标发生了重大转变。1979 年,四川省广汉县(今广汉市)的南阳公社在全国范围内第一个重建了乡政府,取消了人民公社。1980 年,广西壮族自治区宜山县三岔公社合寨大队(今宜州区屏南乡合寨村)的果作屯、果地屯和新村等村庄相继建立了村民委员会,制定村规民约,实行自我管理。合寨村村民的自发、自治行为,引起了中央高层的重视。全国人大和民政部派出调查组,对广西宜山、罗城的村民委员会进行调查并肯定了他们的做法。[②][③] 1980 年 6 月 18 日,四川省广汉县向阳公社正式摘下了人民公社的牌子,将公社分为乡党委、乡政府、农工商总公司,率先在全国冲破了曾经是社会主义的重要象征的人民公社管理体制。之后,北京、河北、吉林等 8 个省市的 51 个县区进行了政社分开试点。

经过实践的探索和经验的总结,1982 年,全国人大常委会法制委员会调查组进行了长达 10 个月的调查,写出了《关于人民公社政社合一问题的调查报告》。报告认为,人民公社政社合一的体制应当改革,总的设想是,政社分离,建立全国统一的农村基层政权和多种形式的农村经济组织。报告提出了政社分开的具体方式:一种是"广汉式",即实行政社分离,分别建

① 李宪周、陈金罗:《政社分开是加强基层政权建设的一项战略措施》,《中国法学》1984 年第 2 期。

② 徐勇:《乡村治理与中国政治》,中国社会科学出版社 2003 年版,第 12 页。

③ 罗平汉:《村民自治史》,福建人民出版社 2006 年版,第 35 页。

立乡党委、乡政府和农工商联合公司;另一种是建立乡党委和乡政府,保留人民公社作为经济实体,建立联合经济组织。[①] 1982年12月4日,第五届全国人民代表大会通过的新修订的《中华人民共和国宪法》明确规定,改革农村人民公社政社合一的体制,设立乡政府,乡镇长由乡镇人民代表大会选举产生;村民委员会(以下简称"村委会")是基层群众性自治组织,村民委员会的主任、副主任和委员由居民选举。[②] 1982年宪法的通过,在法律上宣告了人民公社历史的终结,确立了村民委员会在我国的法律地位,为广大村民行使自己的民主权利和进行新的实践与探索提供宪法依据。此后,政社分开、建立乡政府的试点工作便在全国各地普遍展开。在此基础上,1983年10月12日,中共中央、国务院发出《关于实行政社分开,建立乡政府的通知》,要求各地有领导、有步骤地搞好农村政社分开的改革,"政社分开、建立乡政府的工作要与选举乡人民代表大会代表的工作结合进行";"村民委员会是基层群众性自治组织,应按村民居住状况设立"。[③] 到1984年底,撤社建乡工作基本完成,全国共建乡85200多个,建区公所8100多个。[④] 到1985年,全国农村在废除人民公社的同时,取消了原有的生产大队和生产小队,建立了82万多个村民委员会。[⑤] 但这时的村民委员会大都是将原来的生产大队改为村民委员会,生产队改名为村民小组,村委会的干部基本上还是由乡镇政府指定或任命,基本上没有实行宪法和有关政策规定的以民主选举为核心内容的"自治"。因此,村民委员会实际上还不具备"村民自治"的意义。[⑥] 为了搞好村民委员会的工作,1984年,中央在总结各地制定的村委会工作简则的基础上,授权民政部制定村委会组织条例。1987年11月,全国人大常委会第23次会议通过《中华人民共和国村民委员会组织法(试行)》,1988年6月1日试行。该法明确提出村民委员会是村民自我管理、自我教育、自我服务的基层群众性自治组织,并对村民委员会的性质、地位、职责、产生方式、组织机构和工作方式以及村民会议

① 《农村工作通讯》1982年第5期。

② 《十二大以来重要文献选编》(上),人民出版社1986年版,第246页。

③ 《新时期农业和农村工作重要文献选编》,中央文献出版社1992年版,第220、222页。

④ 戴均良:《行政区划50年回顾与总结》,《中国方域(行政区划与地名)》1999年第5期。

⑤ 据新华社6月4日电,全国农村建乡工作全部完成,乡、镇政府有九万二千多个,村民委员会有八十二万多个,《人民日报》1985年6月5日。

⑥ 李正华:《新时期中国乡村基层建制的变化及其特点》,《天津行政学院学报》2006年第3期。

的权力和组织形式等都做了比较具体、全面的规定。① 从此，村民自治工作进入了制度化、法制化的新阶段。广大农村进行了各种形式的民主实践和试点，海选、村民代表会议和村务公开等活动丰富和拓展了村民自治的内容。由于对村民自治的态度不同，在试行阶段，全国各地的情况并不完全一致。有的地方仍然对村民委员会是否应当是自治性质的群众组织提出质疑，认为《村民委员会组织法(试行)》中提出的村民自治原则超前了，村委会仍应该是行政组织。有的认为乡政府对村委会的指导关系在实践中行不通。少数地方坚持推行具有行政性质的村公所。② 有的地方虽然在以民主选举为主要内容的农村民主建设方面有了一定的发展，但由于《村民委员会组织法(试行)》有关规定不够具体，缺乏可操作性，严重影响了村民自治绩效的发挥。

在政社分开及乡镇和村民委员会建设的过程中，全国大多数省区的农村基层逐步形成了"区—乡镇—村委会"的三级基层建制。区在法律上只是县政府的派出机构，但不少地方的区实际上拥有节制乡镇政府工作的权力。为了减少基层管理的层次，增强乡镇政府的权力和独立性，鉴于大多数地区乡的规模偏小，1985 年又着手进行撤区并乡工作，到 1986 年底，全国的乡数由 85200 多个减少到 58400 余个，撤并了 32000 多个。③ 乡镇政府负责社会管理以及相应服务工作。乡镇政府管理经济，主要是运用经济的、法律的和行政的手段，为发展商品生产服务。乡镇政府支持乡镇经济组织行使其自主权，不能包揽或代替经济组织的具体经营活动，更不能把经济组织变成行政管理机构。为了管理迅速发展起来的乡镇企业，各乡镇先后成立了合作社、经济联合社或农工商联合公司主管乡镇企业，逐步扩大乡镇企业经营管理的权力。

经过 10 年重建乡镇政权组织体系的改革，中国乡村成功地废除了人民公社体制，建立了乡村分治的治理体系，基本实现了党、政、企、村的组织分设、职能分工。基层政权和组织的"分权"与"重建"，构成这一时期乡村治理变革的基本内容和突出特征。至 1988 年，在中国乡村，乡政村治格局模式基本形成。1988 年 12 月，全国共有乡(镇)政府 6.98 万个，村民委员

① 《中华人民共和国法规汇编》(第 8 卷)，中国法制出版社 2005 年版，第 8—10 页。

② 至 1989 年 9 月，全国除广西外，还有云南、广东、海南、江西、河北、黑龙江、北京、湖北等 9 个省、市全面推行村公所(管理区办事处)体制或在部分地区进行建立村公所的试点。截止到 1996 年底，全国还有十几万个村委会设在自然村和几个自然村联合而成的原生产队，隶属于村公所和管理区办事处管辖。参见沈延生:《村政的兴衰与重建》,《战略与管理》1998 年第 6 期。

③ 戴均良:《行政区划 50 年回顾与总结》,《中国方域(行政区划与地名)》,1999 年第 5 期。

会 84.5 万个。[①]

乡镇政权作为国家的基层政权,依法向乡村传递国家的意志,进行行政管理,控制和主导着农村的发展。乡村中,农民和农户拥有对土地等生产资料的使用权及生产经营的自主权,农户成为独立的经济主体。这种乡政村治体制是 20 世纪 70 年代末开始的中国农村改革的最重要的成果之一[②],它拉开了中国政治体制改革的序幕。

二、城市街居制的恢复与发展

十一届三中全会以后,街居制得到恢复,并获得快速发展。1979 年 9 月 13 日,第五届全国人民代表大会常委会通过决议,设立地方人大常委会,将革命委员会改成人民政府,这个延续了 12 年之久的非正常体制才宣告结束。

随着各条战线的工作走上正轨,居委会的工作也得以恢复和发展。"文革"时期发展出来的"革命居民委员会"被撤销,居民委员会的名称、职能、组织等被恢复,一批老的居委会干部重新出来工作,同时在一些新建的居民小区也组建了居委会。1980 年 1 月,全国人大常委会重新颁发了 1954 年通过的《城市街道办事处组织条例》《城市居民委员会组织条例》等有关居民委员会的法律文件,街道办事处、居民委员会的机构和职能得以恢复,推动了居民自治和居委会工作的开展。1981 年,中共中央在《关于建国以来党的若干历史问题的决议》中明确提出:"逐步建设高度民主的社会主义政治制度,是社会主义革命的根本任务之一。""必须根据民主集中制的原则加强各级国家机关的建设,使各级人民代表大会及其常设机构成为有权威的人民权力机关,在基层政权和基层社会生活中逐步实现人民的直接民主。"[③]这是总结历史经验和教训所确定的党和国家在新时期的重要的政治建设方针。

依据这一指导思想,1982 年通过的《中华人民共和国宪法》第一百一十一条规定:"城市和农村按居民居住地区设立的居民委员会或者村民委员会是基层群众性自治组织。居民委员会、村民委员会的主任、副主任和委员由居民选举。""居民委员会、村民委员会设人民调解、治安保卫、公共卫

① 张厚安、白益华主编:《中国农村基层建制的历史演变》,四川人民出版社 1992 年版,第 198 页。

② 《当前农村经济政策的若干问题》,《人民日报》1983 年 1 月 2 日。

③ 《三中全会以来重要文献选编》,人民出版社 1982 年版,第 841 页。

生等委员会，办理本居住地区的公共事务和公益事业、调解民间纠纷，协助维护社会治安，并且向人民政府反映群众的意见、要求和提出建议。”这是我国首次以根本大法的形式明确居委会的性质、组成方式、组织架构、基本功能和职责及居委会与基层人民政府的关系等重要问题，确立了居民自治的原则和方向，为居民自治的发展提供了坚实的法律基础和制度保障。1982 年《中华人民共和国宪法》的颁布有力地推动了居民自治向前发展。此后，全国各地根据《中华人民共和国宪法》的有关规定，普遍开展了居委会组织整顿工作，建立健全居委会的组织机构，制定和完善各项规章制度，改选和充实居委会干部，不同程度地增加了居委会干部的补贴，居委会工作呈现出有序发展的新局面。全国恢复和建立的居委会从 1979 年的 4.7 万个发展到 1991 年的 10.0 万个。[①]

1986 年 12 月 3 日至 9 日，民政部在河北省石家庄市召开了新中国成立以来的第一次全国城市街道居民委员会工作座谈会。会议总结和交流了居委会建设的经验及工作取得的成绩，明确了居委会在新的历史时期的地位、作用和主要任务，分析了居委会工作存在的问题和面临的困难，研究和提出了进一步加强居委会建设的办法和措施。1987 年 6 月 15 日，国务院批转了民政部根据此次会议所达成的一致意见起草的《关于加强城市街道居民委员会工作的报告》。该报告在充分认识所取得的成绩和存在的问题的基础上，提出今后居委会的主要工作包括四个方面的内容：加强社会主义精神文明建设；积极参加社会治安的综合治理；积极兴办便民、利民的生产、生活服务事业；教育居民依法履行应尽的义务，密切人民政府同居民的联系。该报告还要求各级政府及其派出机关要切实加强对居委会工作的领导，把居委会工作纳入议事日程，采取有效措施，切实帮助居委会解决实际问题，真正把居委会建设成有活力、有威望的基层群众性自治组织，进一步发挥其在城市“两个文明”建设中的作用。这一报告的批转表明居民自治日益受到党和政府的重视，政府对居民自治活动的指导开始加强，同时也从一个侧面反映出居委会地位的提高和作用的加强。

1988 年，民政部在认真总结居委会工作经验、长期调查研究和原《城市居民委员会组织条例》的基础上，起草了《中华人民共和国城市居民委员会组织法(修订稿)》，提交国务院法制局和全国人大法工委讨论修改。经过多次讨论修改和广泛听取各方面的意见，七届全国人大常委会第十一次会

① 《新中国六十年统计资料汇编》，中国统计出版社 2010 年版，第 5 页。

议于1989年12月26日通过了《中华人民共和国城市居民委员会组织法》(以下简称《居委会组织法》),并于同日颁布。该法以宪法为依据,在吸收居民自治成功经验的同时,借鉴村民自治和外国这方面的有益做法,对居民自治和居委会组织重新做了全面定义,赋予了居民自治具体的法律内容,把宪法规定具体化。为了贯彻《居委会组织法》,从1990年开始,全国各省、自治区、直辖市的人大常委会都着手结合本地的实际制定了相应的实施办法,截至1997年,已有23个省、自治区、直辖市人大通过了本地的实施办法。同时,许多城市也依法进行了居委会的整顿与建制改革,调整了居委会的设立规模,健全了居委会的组织机构,完善了居委会的各项工作制度,理顺了各个方面的工作关系,并在未建居委会的住宅区新建了居委会,居委会得到了迅速的发展,居委会的地位和作用大大提高。据统计,截至1990年底,我国的居委会已达到98814个,比1979年翻了一番还有余。[①] 应该指出的是,这一时期居委会迅速发展的另一个更重要的原因是城市的发展和小城镇建设步伐的加快。据统计,1978年我国有建制镇2176个,1988年已发展到11481个。[②]

三、社会组织的兴起与管理方式的变革

改革开放以来,中国社会最根本的变化是从总体性社会向分化性社会的转变。随着国家对经济和社会领域逐步放松行政控制,政府权力从经济领域收缩后留下了广泛的管理空间,需要各行业的自治组织来接管。同时,激烈的市场竞争又使各行业形成自律和自治的强烈愿望,在一定程度上促进了各类商会、行业协会的产生。党和国家在经济上逐步引入市场机制,开始体制改革,对经济和社会领域的行政控制逐步放松,改革开放前高度同质化的传统社会就此瓦解,带来了中国社会结构的分化,逐步形成了新兴的社会阶层,公民的民主意识得到增强,为社会组织的发展奠定了坚实的基础。个体经济、私营经济以及乡镇企业受到国家保护后,自主性较强,在国民经济中逐渐占有一席之地。一批中产阶层开始形成,他们关注自身利益以及合法权利的保护。农民也在市场活动中作为商品生产者和经营者,参与到市场竞争的浪潮中。在经济利益驱动下,各类市场主体积极投入市场竞争之中,其中一些市场主体通过组成行业性的社会组织,以

---

① 浦善新,等:《中国行政区划概论》,知识出版社1995年版,第416页。

② 夏珺:《我国城镇化步伐加快——城镇人口超过四点八亿,城镇化率近三成八》,《人民日报》2002年10月29日。

更好地维护自身的经济利益。同时，我国宪法和法律赋予了公民各种政治、经济、文化权利，公民个体的权利意识逐步增强，他们形成了组织起来从事社会服务和社会管理的愿望，一些互益性、公益性社会组织由此而生，还有一些在市场竞争中失败的群体以及一些社会弱势群体，也迫切需要一些社会组织从事慈善活动，一些慈善类社会组织应运而生。

从 1978 年改革开放以来直到 1991 年，随着中国政治、经济、文化和社会生活的逐步正常化，社会组织开始逐渐恢复，进入了快速发展的起步阶段，突出表现为数量上的巨大增长。社会组织发展的高潮起始于改革开放之初，在 20 世纪 80 年代中期以前形成持续高涨的局面，并一直延续到 20 世纪 90 年代前期。[①] 在这个持续近 15 年的历史机遇期，伴随着改革开放的历史浪潮，中国的各类社会组织应运而生，在数量上高速增长，成为推动和演绎中国社会变革的一支重要的力量。这一阶段，各种学会和研究会占有较大比重，各类协会增长平稳，基金会从无到有，彰显了这一时期社会组织发展的总体特征。

学会和行业协会是我国社会团体的主要形式。改革开放以来，在我国社会团体兴起和发展的相当长一段时间内，学术组织是我国社会团体的主要组成部分，曾一度占到社会团体总数的一半以上。[②] 在整个 20 世纪 80 年代，每年全国成立的学术类社会组织总数几乎都在 300 家以上，并在 20 世纪 80 年代中后期达到高潮。据全国科协和国家统计局 1988 年发布的信息结果显示，截至 1987 年底，中国科协下属的全国性学会达 146 家、分科学会达 1555 家、乡镇科普协会达 4.66 万家，形成了遍及全国城乡的学术性社团及群众性科普网络。[③]

学术类社会团体的恢复浪潮也迅速扩展到了经济社会生活的各个领域，涌现出形形色色的社会组织。1981 年到 1982 年，各种社会经济类协会开始恢复和发展。1981 年 6 月，中国农业环境保护协会作为改革开放后第一家环保社会组织正式成立。社会经济类社会组织的发展从 1983 年开始步入高潮。1983 年 4 月，国务院出台的《关于城镇非农业个体经济若干政策性规定的补充规定》提出，“要按行政区划发展个体劳动者协会这种‘个

① 改革开放 40 多年来，我国社会组织的类型经历了从“一类”到“三类”的演变过程。1999 年以前，所有的社会组织被统称为“社会团体”；到 1999 年时，新增了“民办非企业单位”；到了 2003 年，“基金会”从社会团体类中独立出来，成为社会组织中的第三类。

② 王名主编：《社会组织概论》，中国社会出版社 2010 年版，第 193 页。

③ 田良木、沈晓丹：《中国科协国家统计局首次发布资料我国现有科技社团 146 个》，《人民日报》1988 年 6 月 11 日第 3 版。

体劳动者自己管理自己的群众组织',各级政府要给以积极支持",中国个体劳动者协会发展的帷幕就此拉开。截至 1985 年 6 月底,全国 91.3%的县、市都建立了个体劳动者协会,总数达到 2468 家,个体劳动者协会网络遍及全国城乡各地。同时,伴随城市体制改革、政府机构改革以及国民经济的快速发展,以国有企业为核心,一个日趋庞大的行业协会体系正在建立和发展起来。此外,各级政府在市场经济发育过程中也开始扶持消费者保护协会的发展。1984 年,中国消费者协会成立后,据不完全统计,到 1985 年底,各级消费者协会达到 73 家。少数地区还出现了社会自发成立的工商协会。① 随着社会领域的开放,民办非企业单位逐步发展。1985 年 3 月,中共中央发布了《关于科学技术体制改革的决定》,允许集体或个人建立科学研究或技术服务机构。1985 年,国务院批转卫生部《关于卫生工作改革若干政策问题的报告》,提出鼓励民主党派、群众团体办卫生机构,鼓励离退休医务人员集资办卫生机构。1987 年,国家教委发布的《关于社会力量办学的若干暂行规定》提出,社会力量办学是我国教育事业的组成部分,是国家办学的补充。1988 年 9 月,国务院转发文化部《关于加快和深化艺术表演团体体制改革的意见》,提出大多数艺术表演团体,应当采取多种所有制形式,由社会主办。随着这些政策的实施,科技、文艺、教育、卫生等领域成立了大批民办非企业单位。1988 年 1 月,第一家由民营企业家组成的商会在福州成立,该商会由 30 家民营企业组成。②

基金会从无到有,迅速发育和成长。1981 年 8 月,"中国儿童少年基金会"在北京成立;同年 9 月,由华侨爱国人士关奋发倡议发起的"华侨茶业发展研究基金会"也在北京成立。这是改革开放后我国成立最早的两家基金会。很快在全社会形成了一个通过基金会募集资金开展社会公益活动的热潮,并在既无章程和先例、又无法规和监管的制度环境下迅速遍及全国。据 1987 年 9 月的不完全统计,全国各地经不同渠道审批建立的基金会共有 214 个,其中全国性基金会、地方性基金会分别为 33 个和 181 个。③ 这一时期,基金会主要集中在教育、社会和文化三大领域中,这三个领域基金会总数占全部基金会总数的近 2/3。同时,这一时期以名人命名的基金会达到基金会总数的近 1/4,说明中国基金会在发展之初就有重视公信力

---

① 王名主编:《中国民间组织 30 年》,社会科学文献出版社 2008 年版,第 15—16 页。

② 许一鸣:《第一个私营企业家协会在福州成立》,《人民日报》1988 年 1 月 17 日第 2 版。

③ 民政部民间组织管理局、国务院法制办政法司编著:《基金会指南》,中国社会出版社 2004 年版,第 40 页。

的传统。[①] 1983 年以来，各种形式的农村合作基金会迅速发展起来，并逐步得到了政府和有关部门的认可、鼓励和支持。1984 年以来，中央多次出台文件鼓励和支持农村合作基金会的发展。全国农村合作基金会如雨后春笋一般，不断发展壮大。截至 1992 年底，全国以农村合作金融组织为主要形式的农村合作基金会，乡（镇）一级有 1.7 万个，村一级有 11.3 万个，筹集资金达 165 亿元。[②]

改革开放以来，在得到来自体制内自上而下的支持以及全社会公众广泛参与的同时，社会组织发展迅猛，对现有的制度框架提出了前所未有的挑战。从 20 世纪 80 年代后期起，国家开始自上而下地建立社会组织的制度规范，通过归口管理、建立法制、清理整顿等措施加强了对社会组织的规范管理。

随着社会组织的快速发展，我国政府相关机构对社会组织的管理也不断向前发展。1978 年 2 月 26 日，第五届全国人民代表大会第一次会议做出设置民政部的决定，社会组织管理权限也就此交给了包括民政部在内的各部门。实际上，1978 年至 1988 年，在政府内部并没有一个专门的职能部门来负责社团的管理，各个政府部门都有权审批和管理社团，甚至一些社团也可以审批和管理社团。民政部门把这种“群雄割据”“群莺乱飞”的局面称为“社团管理职责不清的混乱局面”[③]。1984 年，中共中央和国务院针对社会团体的问题，联合下发《关于严格控制成立全国性组织的通知》，进行了一些政策性调整，取得了一些成效。但根本性问题仍未解决，各个政府部门都从本部门的利益需要出发来审批和管理社会组织。1988 年 7 月，国务院授权民政部成立社会团体管理司，专门负责管理各种社会团体。1988 年 9 月 9 日，国务院召开第 21 次常务会议，通过了《基金会管理办法》（以下简称《办法》）。《办法》规定，成立基金会不仅要有明确的公益宗旨和一定的注册基金，而且必须报经人民银行审核并由民政部门统一登记注册，建立了中国社会组织的依法登记制度。1989 年 10 月 13 日，国务院召开第 49 次常务会议，通过了《社会团体登记管理条例》（以下简称《条例》），由民政部负责社会组织登记管理、监督管理和相应的处罚权，具体事宜由内设的民间组织管理司专项负责。《条例》明确指出，申请成立社会团体，应当经过有关业务主管部门审查同意后，向登记管理机关申请登记；社会

① 王名主编：《中国民间组织 30 年》，社会科学文献出版社 2008 年版，第 18—19 页。

② 温铁军：《农村合作基金会的兴衰史》，《中国老区建设》2009 年第 9 期。

③ 康晓光：《转型时期的中国社团》，《中国青年科技》1999 年 10 月号。

团体的登记管理机关是民政部和县级以上地方各级民政部门。《条例》第一次以行政法规的形式规定了对社会组织的双重管理原则。双重管理体制的形成,实现了对社会组织的有效调控。申请成立社会团体需要两个政府机构的先后同意,提高了成立社会组织的门槛,将那些不太规范的、政府还不是很放心的社会组织排除在合法社会组织之外。截至1992年底,有1200个全国性社团得到确认登记,有18万个地方性社团得到确认登记,分别为1989年全国性社团和地方性社团总数的66.7%和90%。双重管理体制的形成,保护了政府放心的、比较规范的社会组织。凡通过双重管理原则的审核而能够成立的社会组织,一般至少具有以下两个条件:一是这些社会组织都相对规范,与《社会团体登记管理条例》所规定的基本条件相符合;二是政府对这些社会组织相对放心,在政府眼中,这些社会组织都看得见、摸得着,而且服从管理。因此,社会组织的管理工作也就变得相对容易、简单。

1990年6月,针对社会团体管理过于松散等问题,民政部经国务院批准后开始了第一次清理整顿,至1991年6月结束,历时一年。根据《国务院办公厅转发民政部关于清理整顿社会团体请示的通知》(国办发〔1990〕32号)和《社会团体登记管理条例》的有关规定,办理相关手续予以登记成立。从这次清理整顿的内容看,其主要目的一是在政治上努力消除1989年政治风波带来的自由化倾向,二是在行政上力求加强统一的登记管理。经过一年多清理整顿后,主要领域的大部分社会组织被纳入统一登记管理体制中,统一登记注册的社会组织数量大幅增长,1990年为1.09万家,到1991年和1992年已分别增长到8.28万家和15.45万家。[①]

总体来看,在1978年至1991年间,以各种形式的学会、研究会为主,出现了一个在自上而下体制推动下形成的社会组织发展的活跃局面,这种活跃体现在社会组织数量的快速增长上。社会组织发展迅猛,对现有的制度框架提出了前所未有的挑战。从20世纪80年代后期起,国家开始自上而下地建立社会组织的制度规范,通过归口管理、建立法制、清理整顿等措施加强了对社会组织的规范管理。

四、单位制的松动

整个社会在改革开放的推动下发生了广泛而深刻的变化的同时,随着

① 王名主编:《中国民间组织30年》,社会科学文献出版社2008年版,第22—23页。

城市街居制的恢复和发展，单位体制也在静悄悄地发生着重大的改变。

（一）体制外新型组织的涌现

随着经济体制改革的推进，各种性质不同、形式各异、与传统迥异的新型单位不断涌现。新型单位是在改革开放的过程中，适应经济体制的改革而出现的，与传统单位有着本质的区别。它们本身是一些生产性和服务性的单位，一般只有自身的专业功能，而不再具有其他功能；不具有国家赋予的对社会的行政权力，不承担行政职能，但具有一定的单位自治权，进行自主管理，自主行为。这种单位是开放式的，其成员的"单位身份"是不固定的，单位成员可以自主流动。很明显，这样的单位对单位成员来说，只是一种暂时的利益共同体。

20 世纪 70 年代末 80 年代初，上千万知识青年返回城市，20 世纪 60 年代中期出生的婴儿也陆续达到就业年龄，政府因此面临严重的就业压力，原有的单位体制根本无法将其全部容纳。迫于形势，国家放弃或部分放弃了一些社会资源的独占和直接支配，因而体制外的"自由流动资源"产生和发展起来。体制外组织的产生是从解决就业问题开始的，1980 年，全国劳动就业会议提出"在国家统筹规划和指导下，实行劳动部门介绍就业、自愿组织起来就业和自谋职业相结合"的就业方针。1981 年，中共中央、国务院颁发《关于广开门路，搞活经济，解决城镇就业问题的若干决定》，提出要引导、鼓励、促进、扶持集体经济和个体经济的发展。个体劳动者，是社会主义的劳动者，应与国营、集体企业职工一视同仁。1984 年，《中共中央关于经济体制改革的决定》指出，必须调动一切积极因素，在国家政策和计划的指导下，实行国家、集体、个人一起上的方针，坚持发展多种经济形式和多种经营方式；积极发展对外经济合作和技术交流。在政策的扶持下，个体经济、私营企业、外资企业以及股份制企业等体制外经济组织逐渐发展壮大，这就在单位体制外，提供了新的资源和就业空间，从而产生单位体制内外的流动。个体、私营、中外合资、外资独资企业从无到有、从小到大地发展壮大，已经与国有和集体企业三分天下。显然，体制外企业是无法复制单位制的所有特征的。由于体制外企业比国有和集体企业更具活力，提供了更多的个人发展机会，工资待遇也更好，因而对传统单位成员产生了巨大的吸引力。

在传统单位之外形成的新型组织，基本上就是专业化的工作场所，单位成员的单位属性较弱，社会属性较强，它们对单位成员的利益制约和强制制约都只能是软性约束而非硬性约束，因此，对在这些新型组织内工作的社会成员,通过单位实施的政治控制是难以奏效的。

（二）传统单位体制的深刻变化

为了适应改革的需要和配合改革的进程,政治体制改革也在逐步展开,国家权力从社会生活的某些领域撤出。为了使企业和事业单位能够根据市场需要自主运作,国家放松了对这些经济和社会组织的严格支配和限制。这些组织原来所具有的行政功能逐步淡出,所承担的行政职能也逐步淡化。在这样的背景下,中国的单位体制也在发生着渐进的但同时也是深刻的变化。

一是单位的自主性明显增强,使其在社会生活中发挥更加重要的作用,人对单位的依附仍在强化。随着社会生产的发展、社会财富的增多,以及利益分配方式的灵活多样,由单位占有和分配的资源也日渐增多。各种单位,尤其是企业和事业单位,在增强活力,适应社会需要,在社会竞争中求生存、求发展的同时,自身的自主性也得到增强,单位的自主性明显增强。单位之间的收入和资源占有情况的差距迅速扩大,有的还表现得极为明显。单位对国家的依赖性、服从性有所减弱,自主性有了较大增强。传统体制外的变革则不断冲击着单位制在全社会的垄断和优势地位,同时传统体制内制度规则的变化强化了人对单位的依附。虽然个人有了较大的流动权力和自由选择的自主权,但是,在很多方面个人实际上更加依赖自己的单位。社会差距越来越大,当这种差距是以单位为边界时,单位就具有了更为重要的意义。单位成员能够从单位得到的利益也在增多,不仅能够通过自己的工作从单位获得工资报酬,以及工资以外的其他收入,而且能够凭借自己的单位身份从单位获得住房、福利和其他社会保障,以及一定的社会地位。从这个意义上说,单位成员对单位的利益依赖呈上升的趋势。

二是个人相对独立于单位,使单位的覆盖面和功能日渐减少。为了提高经济组织的活动效率,促进社会经济的全面发展,从农村到城市的经济体制改革全面展开。在改革的过程中,国家放松了对资源的全面控制,社会资源逐步由国家的全面垄断向全社会转移。于是,不仅是经济资源,受其影响的其他资源,也逐步向整个社会扩散,形成了一种与计划经济时期不同的资源分配格局。由于社会资源分布状态的改变,以及改革过程中社会流动机会的增加,单位已不再是单位成员获得报酬的唯一途径,为数不少的单位成员甚至还在单位以外谋取更多的利益。因此,单位成员离开原来单位不仅不再意味着工作机会的丧失,甚至还可能谋得更好的工作机会。单位作为单位成员稳定的利益共同体的意义随之减弱。随着改革的深入，不同单位之间的人员流动也逐渐放松，单位成员游离于原来单位的倾向明显增加，一类是直接跳槽、辞职下海，另一类是“身在曹营心在汉”，在体制外从事第二职业。1983 年，国务院发布《关于科技人员合理流动的若干规定》，提出“要有计划、有步骤地促进科技人员按照合理的方向流动，即从城市到农村；从大城市到中小城市；从内地到边远地区；从科技人员富余的部门和单位，到科技力量薄弱而又急需加强的部门和单位”①。据统计，从 1979 年到 1986 年，西部地区调出的人数达 97 万人，其中大部分是专业技术干部，东部地区净流入 53 万人。② 由于经济特区的设立和沿海地区经济的快速发展，“孔雀东南飞”逐渐成为一种流动趋势，流行词语“跳槽”和“下海”就是这一趋势的反映。据统计，1992 年，辞官下海的人数就达 12 万人。而单位固定工、合同工和临时工的分类，使同一单位也出现了体制内外的差别。1986 年，沈阳防爆器材厂宣告破产，揭开了企业破产改制的序幕。1986 年，《国务院关于深化企业改革增强企业活力的若干规定》提出，企业要精简机构，减少脱产人员。③ 1991 年，《国务院关于当前经济形势和进一步搞活国营大中型企业的问题》中提出，“企业人事劳动制度的改革，主要是要搞好优化劳动组合”，“减少富余人员，以提高劳动生产率”；对于裁减的富余人员要“以企业消化为主，社会调剂为辅”。④ 企业的破产改制，极大地改变了人们传统的单位观念，单位的集体意识和认同意识逐渐弱化，从而成为单位松动的思想基础。随着农村和城市政策的宽松，农民工的大规模流动形成了农民工潮。随着民营企业的蓬勃兴起，国营企业的“非单位化”和成建制地撤销，单位对社会的影响和功能日益弱化。

单位体制的这一变化，已经对城市社会传统的通过单位实施的单位化的政治控制方式构成了严峻的挑战。虽然传统的单位仍然存在，而且在整个社会生活中仍处于重要地位，但一方面它们已经不是城市基本的社会组织，另一方面，由于单位成员的单位属性在弱化，与其相对的社会属性在明显增强，这些单位在利益实现方面对单位成员的制约和通过行政权力对单位成员的制约都大大地减弱了，传统的政治控制的利益机制和强制机制都

① 《中华人民共和国现行法律行政法规汇编(1949—1994)》(上)，中国法制出版社 1995 年版，第 543 页。

② 刘光人主编：《户口管理学》，中国检察出版社 1992 年版，第 232 页。

③ 《十二大以来重要文献选编》(下)，中央文献出版社 2011 年版，第 152 页。

④ 《十三大以来重要文献选编》(下)，中央文献出版社 2011 年版，第 222 页。

明显地弱化了。因此，通过单位实施的对单位内的社会成员的控制的有效性大大降低了。

(三) 单位职能向社区转移

随着改革开放的不断推进，城市大量“单位人”离开“单位”，农村大量剩余劳动力涌入城市，对传统的二元城市基层管理体制构成挑战，促使街道办事处和居委会调整职能以适应社会转型的变化。面对我国社会结构的深刻变化，民政部门从承接各类“单位”转移社会服务项目的需要出发，于 1986 年提出了“社区服务”的概念。到 20 世纪 90 年代，在社区服务广泛开展的基础上，一些地方如上海、石家庄、青岛、沈阳、武汉等地借鉴国外社区发展的基本理念，结合各自城市的实际情况，先后掀起了社区建设热潮，取得了比较好的成效。

改革前，单位同时兼有生产职能、职工生活职能及大量社会政治职能，是一个职能和设施相对完备的、能满足其成员各方面需要的社会复合体。在改革进程中，“单位办社会”被否定，许多过去的单位职能正在向社区转移。20 世纪 80 年代初，民政部门提出“社会福利社会办”的口号。1986 年，北京市民政局制定了《北京市发展社区福利网络三年规划》。1987 年 9 月，民政部在武汉召开全国城市社区服务工作座谈会，对社区服务的内涵下了定义，提出了社区服务的发展方向。这样，社区概念逐渐被政府部门、各级领导人和全社会广泛应用。① 为了安置回城知识青年，几乎所有的街道办事处都办起了合作联社。街道再次创办了大批集体企业，街道经济成为街道工作正常运转和事业发展的重要财源。1989 年 12 月通过的《中华人民共和国城市居民委员会组织法》规定：“居民委员会应当开展便民利民的社区服务活动，可以兴办有关的服务事业。”这样一来，在国家部委直属、省属、市属、区属企事业单位以外，又出现了街(街道办事处)属和委(居民委员会)属企事业单位。随着改革的深入，许多单位承担的职能被转移给社会或者社区。特别是住房、医疗、社会保障和社区建设的发展，消解了单位的社会基础，使得个人对单位的依赖大大减弱。每年有几百万的退休职工从单位回归社区，几百万的失业人员游离社会，从 1979 年至 1992 年每年城镇登记失业人口少则两百多万，多则五百多万，单位的社会人口覆盖

① 华伟：《单位制向社区制的回归——中国城市基层管理体制 50 年变迁》，《战略与管理》2000 年第 1 期。

面下降，控制能力减弱。1991年，全国参加养老保险的职工已达到6740万人。[①] 退休金发放从单位移交社区，使退休职工与原单位的关系逐步断绝，也使社区组织得到相应的扩充与完善。

在单位社会巩固和扩展自身的同时，它也持续受到一波比一波更强烈的冲击与震撼。传统单位的改变和新型组织的形成，从根本上改变了单位作为城市社会基本的社会组织的地位和作用。单位体制外新型组织的出现，单位之间以及体制内外的流动，单位职能向社区的转移，单位自身大量破产、改制，导致单位社会的最终解体。在社会利益日益多元化的情况下，单位已经无法满足单位成员的多样性的利益诉求。单位成员在追求和获得利益的过程中，又在单位之外结成了许多新的利益群体。它们的活动遍及经济、社会、文化乃至政治领域，而且它们在谋求利益的过程中，形成了完全不同于单位的行为方式和行为规律，更是无法用单位的方式来对它们及其所属成员进行有效的政治控制。

第四节　社会治理工作机制的探索与调适

改革开放初期，逐步放宽各种限制，带动整个生产力要素的发展和人力资源的利用，是一个逐步放松管制、放宽政策，循序渐进的过程，在维护社会稳定的同时带来了经济的增长和繁荣，在经济发展中扫除阻碍生产力发展的体制性因素。在经济建设和社会建设的良性互动中，党领导社会管理体制的改革探索开始逐步进行。

此时，党对社会管理体制探索，还未作为一个整体考虑，也没有纳入改革的重点领域，只是对部分与经济体制关系密切的社会管理机制进行了局部调整，并且调整的目标非常明确，那就是为经济恢复和经济建设扫除障碍。可以说，这一时期，社会管理体制建设主要是围绕经济体制改革来进行的。

一、劳动人事制度改革与干部流动机制创新

劳动人事制度是政治制度和经济制度的重要组成部分，关系到经济的发展、社会的稳定和社会主义现代化事业的全面建设。传统干部人事制度所带来的弊端，一是相当一部分干部年龄老化，缺乏现代化的知识和革新

---

① 《新中国六十年统计资料汇编》，中国统计出版社2010年版，第84页。

精神,难以开创新的局面;二是管理权限过分集中,管人与管事脱节;三是管理方式陈旧单一,阻碍人才成长;四是管理制度不健全,用人缺乏法制保障,年轻的优秀人才难以脱颖而出,用人问题上的不正之风难以避免。因此,改革与完善干部人事制度势在必行。

在"文革"造成的历史欠账中,城镇就业问题是其中重要而紧迫的一项。邓小平为干部人事制度改革确立了基本指导思想和原则,这就是"打破老框框","大量培养、发现、提拔、使用坚持四项基本原则的、比较年轻的、有专业知识的社会主义现代化建设人才"。[①] 1979 年 4 月,李先念在中央工作会议上分析经济现状时指出:"现在,全国约有 2000 万人要求就业","今年急需安排的就有 800 多万人。大批人口要就业,这已经成为一个突出的社会问题,如果处理不当,就会一触即发,严重影响安定团结"。[②] 1980 年 8 月 17 日,中共中央转发全国劳动就业会议文件《进一步做好城镇劳动就业工作》,提出"要积极创造条件,在国家统筹规划和指导下,劳动部门介绍就业,自愿组织起来就业和自谋职业相结合的方针"[③],即"三结合"的就业方针。"三结合"的就业方针的提出,对传统的统包统配的就业制度是一个历史性突破。各地加大就业制度改革的力度,出现了大力发展个体、集体经济,探索以"自谋出路"为原则的就业形式。1981 年,中共中央、国务院联合下发《关于广开门路,搞活经济,解决城镇就业问题的若干规定》,对广开门路、搞活经济、解决城镇就业问题做出了更加明确具体的规定,指出:"今后,在调整产业结构的同时,必须着重开辟集体经济和个体经济中的就业渠道。"强调"在社会主义公有制经济占优势的根本前提下,实行多种经济形式和多种经营方式长期并存,是我党的一项战略决策,决不是一种权宜之计"[④]。根据这一精神,国务院先后发布了包括资金筹集、经营场所、供销渠道、价格税收、利益分配等在内的一系列政策,积极鼓励和扶持集体、个体经济的发展。20 世纪 70 年代末 80 年代初的中国,处于新旧意识形态交替的转折时期。国家在积极鼓励发展个体经济、解决就业问题的同时,也遭遇到了意识形态方面的困惑。当时流行这样的顺口溜:上班穷,下班富,开除就成万元户。[⑤] 这充分反映了人们对个体经济发展既羡

① 《邓小平文选》(第 2 卷),人民出版社 1994 年版,第 322 页。

② 《三中全会以来重要文献选编》(上),人民出版社 1982 年版,第 115 页。

③ 《发展城镇集体经济和个体经济政策文件选编》,劳动人事出版社 1983 年版,第 4 页。

④ 《三中全会以来重要文献选编》(下),人民出版社 1982 年版,第 983—984 页。

⑤ 杨继绳:《邓小平时代——中国改革开放二十年纪实》(上卷),中央编译出版社 1998 年版,第 339 页。

慕又矛盾的微妙心态。个体经济的发展壮大，还进一步创造了新的就业机会，并出现了雇工。雇工问题于是成了理论界和社会讨论的热点。以往的主流思想认为，雇工是旧社会剥削和压迫的突出表现，社会主义社会不应该存在雇工问题。雇工的普遍出现，使得国务院最终出台文件，明确允许个体经营户“可以请一至两个帮手”，“可以带两三个最多不超过五个学徒”。[①] 然而在实际的经营中，不少个体经济都突破了这一上限。

随着改革的推进，逐步打破了铁饭碗的制度保障，推行各种形式的合同制和责任制、建立劳动力市场以及优化劳动组合等。针对城市里职工 20 年未涨工资的情况，1977 年 8 月，国务院发出《关于调整部分职工工资的通知》，决定对 60%低工资的职工调整工资，使 3000 多万职工的生活开始有所改善。1978 年 2 月，国家劳动总局发出《关于企业职工加班工资支付问题的通知》，规定对必须在法定节日加班的工人和必须随同工人加班的其他职工（不包括科长以上的领导干部），可按本人标准工资的 200%发给加班工资。1978 年 5 月，国务院又发出《关于实行奖励和计件工资制度的通知》，决定实行奖励和计件工资制度。之所以连续出台有关提高工资和发放奖金的文件，一方面是为了补偿历史欠债，而 1977 年国民经济恢复性的发展也使这种补偿得以成为可能。[②] 1985 年 6 月 4 日，中共中央、国务院决定对国家机关和事业单位工作人员的工资制度进行改革，实行以职务工资为主要内容的结构工资制，按照工资的不同职能分为基础工资、职务工资、工龄工资、奖金工资等四个组成部分。这次工资制度改革是新中国成立以来增加工资最多的一次，新的工资制度从 1985 年 7 月 1 日起执行。[③] 1986 年 1 月，中共中央、国务院转发《关于改革职称评定、实行专业技术职务聘任制度的报告》的通知，改革的中心是实行专业技术职务聘任制度，并相应地实行以职务工资为主要内容的结构工资制。[④] 实行以职务工资为主要内容的结构工资制以及专业技术职务聘任制，都是劳动人事制度的重要改革，是关系社会主义现代化事业的一项基础建设，有利于破除大锅饭的弊端，克服平均主义，贯彻按劳分配原则，促进人才合理流动。1986 年 4 月，中共中央、国务院发出的《关于认真执行改革劳动制度几个规定的通

① 《中华人民共和国法规汇编》(第 5 卷)，中国法制出版社 2005 年版，第 610 页。

② 1977 年全国财政收入实现了“两超”，即超过了年初预算指标 6%，超过了此前历史上最高的年收入水平。

③ 《中国劳动、工资、保险福利政策法规汇编》，海洋出版社 1990 年版，第 579—580 页。

④ 《中国科技体制改革政策汇编(1985—1990)》(上卷)，宇航出版社 1991 年版，第 93 页。

知》指出,《国营企业实行劳动合同制暂行规定》、《国营企业辞退职工暂行规定》和《国营企业职工待业保险暂行规定》等规定即将发布执行,有关部门正在制定改革国营企业招工制度的暂行规定;上述规定的实施,将有助于消除现行劳动制度中包得过多、统得过死、能进不能出的弊端,逐步建立起一套能够适应社会主义商品经济发展要求的新型劳动制度。①

实行干部队伍四化方针和建立干部离退休制度。“文革”结束以后,干部队伍出现了严重的青黄不接。各级领导班子中存在的主要问题:一是年龄老化;二是文化程度低;三是懂专业会管理的干部少。推进干部选拔制度改革必须与干部的退出机制结合起来,不改变干部职务终身制,干部选拔的新机制就无法建立与发展。为此,1981 年十一届六中全会通过的《关于建国以来党的若干历史问题的决议》提出,废除干部领导职务实际上存在的终身制,改变权力过分集中的状况,要求在坚持革命化的前提下逐步实现各级领导人员的年轻化、知识化和专业化。② 第一次在重要文献中提出干部选拔的新标准即干部队伍“四化”方针。1982 年 9 月召开的中共十二大将干部队伍“四化”方针写进党章,明确提出,努力实现干部队伍的革命化、年轻化、知识化、专业化。同时,大会还决定成立中央顾问委员会,这是在特殊历史条件下,为解决干部系统吐故纳新、新老交替而创造的一个过渡性组织。1982 年,中央还先后颁布了《关于建立老干部退休制度的决定》和《关于老干部离职休养制度的几项规定》。至此,中共中央首次建立了干部退休制度,废除了实际存在的领导职务终身制的机制。从 1982 年到 1984 年,全国范围内开始了中央、省级、地市级和县级的机构改革,干部队伍的“四化”进程大大加快。例如,国务院所属 41 个部委的正副部长、主任,平均年龄由原来的 65.7 岁下降到 54 岁,具有大专文化程度的由原来的 35.5%提高到 52%。“据统计,从 1982 年初到 1984 年夏,全国共提拔 200 多万中青年干部。到 1985 年底,共有 46 万名中青年干部走上县以上领导岗位。”③1984 年,中办转发的中组部文件规定,新担任省级人大常委会及政协正副主任、常委的人选,年龄应在 70 岁以下。④ 1986 年,中央组织部发出了《关于调整不胜任现职领导干部职务几个问题的通知》,提出要

① 《十二大以来重要文献选编》(下),中央文献出版社 2011 年版,第 1 页。

② 《中国共产党中央委员会关于建国以来党的若干历史问题的决议》,人民出版社 1981 年版,第 38 页。

③ 陈凤楼:《中国共产党干部工作史纲(1921—2011)》,党建读物出版社 2012 年版,第 206 页。

④ 曹志主编:《中华人民共和国人事制度概要》,北京大学出版社 1985 年版,第 238 页。

坚决实行干部职务能上能下，保持整个干部队伍的生机和活力。与此同时，邓小平把干部队伍“四化”提到了关乎党和国家命运的高度，认为不实现干部队伍“四化”，社会主义现代化建设就没有希望，而且还可能要亡党亡国。经过调整，国务院系统81个部门的领导班子，正职领导干部的平均年龄是56.6岁，比原来下降5岁；具有大专以上文化程度的达到71％，比原来增加了27.5％。全国29个省、自治区、直辖市的党政两套班子正、副职平均年龄由57岁下降到53岁，具有大专以上文化程度的由43％上升到60％。[①] 到1986年，全国共有137万名新中国成立前参加工作的老干部离休或退休。

确立分级分类干部选拔与管理制度，探索建立了国家公务员制度，引入竞争择优机制。新中国成立初期，我党建立的干部管理制度是与当时高度集中统一的经济体制、政治体制基本相适应的，将党对干部工作的领导变成了党在干部问题上包揽一切、管理一切，把党管干部原则与具体管理干部的方式混为一谈。干部分类不清晰，且各级党组织对干部管得过死，难以选拔出适合不同门类的优秀干部。为了改变这种状况，中共中央着眼于下放权力、推进民主、注重分类、层层负责的精神，于1984年4月通过“管少、管好、管活”的原则，中央只管下一级的主要领导干部。根据这一精神，在干部的纵向选拔管理方面，中央组织部通过1984年7月下发修订的《中共中央管理的干部职务名称表》，将中央管理的干部减少了2/3，其他各级党委直接管理的干部数量也都大大减少。在干部的横向选拔管理方面，首先对“国家干部”实行分解，科学地进行分类，建立各具特色的管理制度，改变用管理党政干部的单一模式管理所有人员的现状。例如，在企业干部选拔管理方面，上级党委只管少数大企业的主要领导干部，其他干部可由企业实行招聘、选举等多种形式择优选拔。另外，国务院还下发了《关于国营企业厂长(经理)实行任期制度的通知》，规定从1985年1月1日起，实行厂长(经理)任期制度，每届任期最多四年，连任不得超过三届。为了推进干部选拔工作民主化，国家决定把竞争机制和社会调节机制引入干部人事管理，创造人尽其才、各展所长的社会环境。

干部人事制度改革的重点，是建立国家公务员制度。1984年，中央书记处提出制定《国家机关工作人员法》，1985年改名为《国家行政机关工作

① 陈凤楼：《中国共产党干部工作史纲(1921—2011)》，党建读物出版社2012年版，第206—207页。

人员条例》,1986年又进一步更名为《国家公务员暂行条例》。1988年召开的七届全国人大一次会议提出要“抓紧建立和逐步实施国家公务员制度”,决定组建人事部,具体负责此项工作。1987年中共十三大报告中指出,进行干部人事制度的改革,就是要对“国家干部”进行合理分解,改变集中统一管理的现状,建立科学的分类管理体制。[①] 1989年4月,公务员制度在国务院的六个部门,即审计署、海关总署、国家统计局、国家环保局、国家税务局、国家建材局进行部门性试点。1990年,又在哈尔滨和深圳进行了地区性试点。1992年5月,国务院第103次常务会议讨论并原则同意了人事部《关于建立和推行国家公务员制度的汇报提纲》和《国家公务员暂行条例草案》,这些都为《国家公务员暂行条例》的正式颁布实施奠定了基础。而随着劳动人事制度改革的不断推进,人们对安居乐业的要求和期望也不断提升,使得社会治安综合治理日渐成熟、完善。

这一时期,国家对干部人事制度改革进行了大量探索,取得了很大成绩:确立了新的干部人事工作指导思想和干部“四化”方针;建立了老干部离退休制度,基本上实现了新老干部交替正常化;改革了干部人事管理体制,确立了干部分类管理的思想,下放干部管理权限;探索建立国家公务员制度,采用委任、选任、考任、聘任等多种形式。干部人事管理观念和方式也发生了很大变化,公开、平等、竞争等新观念逐步深入人心,人事管理的封闭状态有了很大改变,开始向法制化、科学化发展。尽管干部-非干部二元人事档案等级制度尚未被破除,干部本身仍然是一种身份而不仅仅是一种职业,但干部人事制度的改革在该制度范围内形成了一些新的流动机制。第一,干部队伍的年轻化和公开考试制度的确立,为不具有干部身份的人进入干部系列提供了机会或可能,亦即非干部身份与干部身份之间的等级界限现在是可以被跨越的。第二,离退休制度的确立废除了干部终身制,因此即使干部系列的职数不变,年轻一些的下级干部也有较多升迁机会。第三,知识化、专业化的要求使得具有干部身份但实际上处于权力边缘或者沾不到边的专业技术人员,有机会凭借自己已有的文化资源(文凭),进入各级权力中心。正是在这一时期,有一大批来自学校和科研单位的专业技术人员进入了权力部门,担任领导职务,此后,文凭越来越成为决定人们能否进入干部系列以及能否升迁的重要约束条件。第四,“革命化”的要求实际上意味着能力-政绩标准,在以经济建设为一切工作的中心的时

① 《十三大以来重要文献选编》(上),人民出版社1991年版,第41页。

代，干部创造政绩的关注重点，就从阶级斗争转向经济发展和社会进步。①

二、社会公共服务机制改革

随着改革开放和社会主义现代化建设事业的全面展开，这一时期的社会事业呈现“不断改革、渐进增量”的阶段性特征。随着经济的发展和人民生活水平的提高，各项社会事业蓬勃发展，教育、卫生和扶贫等事业获得长足的进步。

（一）住房的商品化探索

住房水平是社会经济发展水平的重要标志之一。住房问题是经济和社会发展中的重大问题，关系到人民生活的改善、社会的稳定和经济的发展，也是社会进步的重要体现。这一时期，住房制度的重要发展就是从福利型向商品化的探索。

随着经济的发展和人口的迅速增加，对住房的需求越来越大。20 世纪 70 年代后期，中国城市面临着严重的住房短缺。据有关资料显示，1949 年新中国成立时城镇居民人均住宅为 5.4 平方米，1978 年反而下降为 3.6 平方米。② 1980 年，邓小平在同中央负责同志的谈话中指出：“关于住宅问题，要考虑城市建筑住宅、分配房屋的一系列政策。……这些政策要联系起来考虑。建房还可以鼓励公私合营或民建公助，也可以私人自己想办法。”③1980 年 6 月，中共中央、国务院在批转《全国基本建设工作会议汇报提纲》时提出，除由国家、地方、企业投资建设住宅外，还要调动私人建房、买房的积极性，要求“准许职工私人建房、私人买房，准许私人拥有自己的住宅”④。从 1982 年开始，选择郑州、常州等城市的 300 多个县进行试点，推行补贴售房制度，实行“三三制”售房，即住房价格由国家、单位和个人各承担 1/3。1984 年六届人大二次会议审议通过的政府工作报告提出，城市住宅建设，要进一步推行商品化试点，开展房地产经营业务。⑤ 1984 年 10 月，城乡建设环境保护部向国务院提交了《关于扩大城市公有住宅补贴出售试点的报告》，并把北京、天津、上海 3 个直辖市增列为公有住宅补贴出售试点城市。到 1985 年底，已有 27 个省、直辖市和自治区在 160 个城市

① 陆学艺主编：《当代中国社会流动》，社会科学文献出版社 2004 年版，第 80—81 页。

② 于思远：《房地产·住房改革运作全书》，中国建材工业出版社 1998 年版，第 297 页。

③ 邓小平：《关于建筑业和住房问题的谈话》，《人民日报》1984 年 5 月 15 日。

④ 《经济体制改革文件汇编（1978—1983）》，中国财政经济出版社 1984 年版，第 734 页。

⑤ 《十二大以来重要文献选编》（上），人民出版社 1986 年版，第 485 页。

和 300 个县镇进行试点,共计出售住宅 1092.8 万平方米。[①] 无房户或住房困难的职工对购房的兴趣和表现出来的经济潜力,让政策制定者备受鼓舞。但补贴售房试点让地方政府和单位背上过重的财政负担,同时公房的低租金制度,租买比价的不合理,也使得公房体制内的人对自购住房积极性不高;售房对于住在公房且住房条件较好、租金低的人来说,有损其利益,他们表示不满和反对。因此,在各方的不满声中,补贴售房试点在 1986 年 3 月被叫停。

1986 年补贴售房试点受挫,中国房改从单纯推动售房转移到推动租金改革,希望"以租促售",并逐渐形成了"提租补贴"的改革思路。1986 年初,为加强对全国房改工作的领导,成立国务院住房制度改革领导小组,下设房改办公室。同年,国务院住房制度改革领导小组提出了在试点售房的同时,公房租金的改革也在实施"提高工资,增加工资,变暗贴为明补,变住房实物分配为货币分配,通过提高租金促进售房"的整体房改思路。此时,住房分配已从实物分配转为部分货币分配。1987 年中共十三大报告中指出,以积极推行住宅商品化为契机,大力发展建筑业,使它逐步成为国民经济的一大支柱。[②] 1988 年 2 月 15 日,国务院转发国务院住房制度改革领导小组制定的《关于在全国城镇分期分批推行住房制度改革的实施方案》,提出我国城镇住房制度改革的目标是,按照社会主义有计划的商品经济的要求,实现住房商品化。从改革公房低租金制度着手,将现在的实物分配逐步转变为货币分配,由住户通过商品交换,取得住房的所有权或使用权,使住房这个大商品进入消费品市场,实现住房资金投入产出的良性循环。[③] 为此,调整公房租金,按折旧费、维修费、管理费、投资利息、房产税等五项因素的成本租金计租,促进职工个人买房,为实现住房商品化奠定基础。截至 1990 年,全国共有 12 个城市、13 个县镇出台了以提租补贴为主要内容的住房制度改革方案。[④]

城乡居民的自建住房也是住房制度改革的重要内容。1983 年 6 月,城乡建设环境保护部颁布的《城镇个人建造住宅管理办法》指出,城镇个人建造住宅,主要包括自筹自建、民建公助和互助自建等。1983 年 12 月,国务

① 成思危主编:《中国城镇住房制度改革——目标模式与实施难点》,民主与建设出版社 1999 年版,第 115 页。

② 《十三大以来重要文献选编》(上),人民出版社 1991 年版,第 21 页。

③ 《中华人民共和国建设法规汇编(1949—1988)》,中国工人出版社 1989 年版,第 1098 页。

④ 王微主编:《住房制度改革》,中国人民大学出版社 1999 年版,第 233 页。

院颁布的《城市私有房屋管理条例》指出，私有房屋是指个人所有、数人共有的自用或出租的住宅和非住宅用房，国家依法保护公民城市私有房屋的所有权。据统计，1979—1985 年，我国城镇住宅投资中个人投资规模由 1979 年的 1.5 亿元上升到 1985 年的 25.5 亿元。[①] 农村自建住房的变化更大，1979—1990 年，全国新建农村住宅 68 亿平方米，相当于 1979 年之前 30 年建设总量的两倍多，每年建房量达 6 亿多平方米。有句民谣：50 年代盖草房，60 年代盖土房，70 年代盖砖房，80 年代盖楼房。农民的住房反映了农村的生产和生活水平，是农村富裕程度的标志。[②]

1991 年 6 月，国务院发出《关于继续积极稳妥地进行城镇住房制度改革的通知》，提出了以分步提租、交纳租赁保证金、新房新制度、集资合作建房、出售公房等多种形式推进房改的思路。[③] 同年 10 月，全国第二次房改工作会议在北京召开。会后，国务院批转国务院住房制度改革领导小组的《关于全面推进城镇住房制度改革的意见》，提出了城镇住房制度改革的总目标和分阶段目标。"八五"计划期间的目标是，以改变低租金、无偿分配为基本点，公房租金计租标准力争达到实现简单再生产的三项因素（维修费、管理费、折旧费）的水平，逐步增加家庭收入中住房消费支出的比重。房改方案正式出台的城市，要建立城市、单位和个人三级住房基金，并使之合理化、固定化、规范化，保证住房建设有稳定的资金来源，通过改革奠定机制转换的基础。之后，全国范围的住房制度改革进入全面起步阶段。

（二）环境保护成为基本国策

环境保护是事关经济建设、社会发展和人民生活的全局性问题，在社会主义现代化建设事业中具有战略地位。这一时期，环境保护被确定为基本国策，取得了很大的发展和进步。

1982 年《宪法》第二十六条规定，国家保护与改善生活环境和生态环境，防治污染和其他公害。[④] 同年公布的国民经济和社会发展第六个五年计划，首次把环境保护作为一个独立的章节写入。1983 年召开的第二次全国环境保护会议提出环境保护是一项基本国策。1984 年国务院发出的《关于环境保护工作的决定》重申了这一提法。为此，成立了国务院环境保护

---

① 侯浙珉、应红、张亚平，等：《为有广厦千万间——中国城镇住房制度的重大突破》，广西师范大学出版社 1999 年版，第 42 页。

② 《人民日报》1991 年 9 月 5 日。

③ 《中国经济体制改革年鉴（1999）》，中国经济体制改革年鉴编辑部 2000 年版，第 464 页。

④ 《十二大以来重要文献选编》（上），人民出版社 1986 年版，第 225 页。

委员会，其办事机构设在城乡建设环境保护部。1986年公布的国民经济和社会发展第七个五年计划提出，要把改善生活环境作为提高城乡人民生活水平和生活质量的一项重要内容。保护江河、湖泊、水库和沿海的水质；保护重点城市的环境；保护农村环境；改善生态环境。[①] 1989年4月28日，曲格平在全国第三次环境保护工作会议上做了题为《努力开拓有中国特色的环境保护道路》的报告。[②] 1990年12月31日通过的《中共中央关于制定国民经济和社会发展十年规划和"八五"计划的建议》提出，环境保护是一项基本国策，也是提高人民生活质量的一个重要方面。实行经济建设、城乡建设、环境建设同步规划、同步实施、同步发展的方针，使环境保护与国民经济和社会发展相协调。[③] 1990年12月5日，国务院发出的《关于进一步加强环境保护工作的决定》指出：防治环境污染和生态破坏已成为十分紧迫的任务。为此，要严格执行环境保护法律法规、依法采取有效措施防治工业污染、积极开展城市环境综合整治工作、在资源开发利用中重视生态环境的保护、利用多种形式开展环境保护宣传教育、积极研究开发环境保护科学技术、积极参与解决全球环境问题的国际合作以及实行环境保护目标责任制等八项措施。[④]

这一时期逐渐形成了具有中国特色的环境保护措施和体系。1979年颁布的《环境保护法(试行)》提出"三同时"制度：防止污染和其他公害设施的建设，必须与主体工程同时设计、同时施工、同时投产。1983年第二次环境保护会议提出"同步发展"战略，就是"经济建设、城乡建设、环境建设同步规划、同步实施、同步发展"。此后逐渐形成了环境保护的三项政策和八项制度：要坚持预防为主、防治结合，谁污染谁治理，强化环境管理等三项政策；要执行环境影响评价制度、"三同时"制度、排污收费制度、城市环境综合整治定量考核制度、环境保护目标责任制度、排污申报登记和排污许可证制度、限期治理制度和污染集中控制制度等八项制度。这一时期基本建立了环境保护的法规、标准和监测体系。1982年颁布了《海洋环境保护法》，1983年制定颁布了《水污染防治法》，1987年颁布了《大气污染防治法》，1989年颁布了《环境保护法》。同时，一些与环境保护相关的专项法律也相继颁布实施，具体包括森林、草原、渔业、矿产资源、土地管理、水资

① 《十二大以来重要文献选编》(中)，人民出版社1986年版，第1031页。

② 曲格平：《中国的环境管理》，中国环境科学出版社1989年版，第173—192页。

③ 《十三大以来重要文献选编》(中)，人民出版社1991年版，第1402页。

④ 《中华人民共和国法规汇编》(第9卷)，中国法制出版社2005年版，第426—428页。

源、野生动物保护、煤炭、水土保持等方面。1982 年 4 月，国务院环境保护领导小组批准颁布《环境空气质量标准》《城市区域环境噪声标准》《海水水质标准》，这是我国颁布的第一批环境质量标准。此后，逐渐形成了完整的环境标准体系。1991 年 4 月，国家环境保护标准由国家环境保护局和国家技术监督局共同发布。截至 1992 年底，国家一级的各类环境标准已达 263 项。[①] 这一时期，环境保护部门建立了国家、省、市和县四级环境检测体系。截至 1992 年，全国已建成了一支拥有 2131 个监测站的队伍，并拥有国家环境质量监测网站 200 个，地表水监测网站 135 个，大气监测网站 103 个，酸雨监测网站 113 个。[②]

(三) 教育事业的改革和发展

要实现四个现代化，关键是实现科学技术现代化，而发展科学技术，不抓教育不行。教育事业是社会主义现代化建设事业的重要组成部分，关系到国家的发展、社会的进步和人口素质的提高。

随着“文革”的结束，中国教育开始走上正轨，现代社会的主要社会流动机制重新发挥作用。标志着这一变化的重大事件是 1977 年恢复高等学校招生考试。1977 年 10 月 12 日，国务院批转了教育部《关于一九七七年高等学校招生工作的意见》(以下简称《意见》)，工人、农民、上山下乡和回乡知识青年、复员军人、干部和应届毕业生，凡是符合条件者，不管其家庭出身如何，均可报考。考虑到“文革”十年的影响，《意见》特别规定，从应届高中毕业生中招收的人数，只占招生总人数的 20%～30%。[③] 直到 1980 年，全国高校才完全恢复从应届高中毕业生中招收大学生的制度。这一时期大学招生制度的突出特点是，考试分数几乎成为录取与否的唯一决定因素，既不考虑个人的家庭出身，也不需要工作单位(包括农村公社或大队)的推荐意见。另外，今天影响很大的家庭经济条件，在当时也不是影响被录取者最终能否走进大学校门的因素，因为当时的大学生可以获得一笔足以维持生活的助学金。从这种意义上，这一时期的高等教育成为最公平的社会流动影响因素。[④]

1982 年 9 月，中共十二大确立了教育在社会主义建设中的战略地位，

① 《改革开放中的中国环境保护事业 30 年》，中国环境科学出版社 2010 年版，第 24 页。

② 《改革开放中的中国环境保护事业 30 年》，中国环境科学出版社 2010 年版，第 34 页。

③ 何东昌主编：《中华人民共和国重要教育文献(1976—1990)》，海南出版社 1998 年版，第 1579—1582 页。

④ 陆学艺主编：《当代中国社会流动》，社会科学文献出版社 2004 年版，第 79 页。

将其作为经济发展的战略重点之一,提出当时最重要的是要解决好农业问题,以及能源、交通问题和教育、科学问题,必须大力普及初等教育,加强中等职业教育和高等教育,发展包括干部教育、职工教育、农民教育、扫除文盲在内的城乡各级各类教育事业,培养各种专业人才,提高全民族的科学文化水平。[①] 1983 年,邓小平为景山学校题词:教育要面向现代化,面向世界,面向未来。[②] 这是邓小平教育思想的集中体现,成为这一时期中国教育改革和发展的指导方针。随着经济体制改革的不断推进,科技体制和教育体制的改革越来越成为迫切需要解决的战略性任务。1985 年 5 月,《中共中央关于教育体制改革的决定》(以下简称《决定》)明确提出,教育必须为社会主义建设服务,社会主义建设必须依靠教育。[③]《决定》成为这一时期教育改革的纲领性文件,对具体的改革措施做了部署。1986 年,《中华人民共和国义务教育法》颁布实施,规定国家实行九年制义务教育,省、自治区、直辖市根据本地区的经济、文化发展状况确定推行义务教育的步骤。1986 年,国务院发布《高等教育管理职责暂行规定》,明确划分了国家教委、国务院有关部委和省、自治区、直辖市对高等教育的管理权限,扩大了高等学校办学的自主权。1987 年,十三大报告提出,把发展科学技术和教育事业放在首要位置,使经济建设转到依靠科技进步和提高劳动者素质的轨道上来;百年大计,教育为本,必须坚持把发展教育事业放在突出的战略位置,加强智力开发。[④] 这就确立了教育优先发展的战略地位。1991 年 3 月,《关于国民经济和社会发展十年规划和第八个五年计划纲要的报告(1991 年)》提出,要根据现代化建设的实际需要,把教育工作的重点放到提高教育质量和办学效益上来。[⑤]

这一时期,由于国家的大力倡导,全社会形成了尊师重教、尊重知识、尊重人才的社会氛围。1985 年,全国人大常委会决定每年的 9 月 10 日为教师节。教育事业得到了全面发展,初等教育得到加强,据 1990 年统计,占全国 76%的县、占全国人口 80%以上的地区,普及了初等教育。1991 年,初等义务教育适龄儿童入学率达到 97.87%。职业技术教育快速发展,1992 年全国各类中等职业学校(不含中师)为 17235 所,比 1991 年增加

① 《十二大以来重要文献选编》(上),人民出版社 1986 年版,第 15 页。
② 《邓小平文选》(第 3 卷),人民出版社 1993 年版,第 35 页。
③ 《十二大以来重要文献选编》(中),人民出版社 1986 年版,第 721 页。
④ 《十三大以来重要文献选编》(上),人民出版社 1991 年版,第 17、19 页。
⑤ 《十三大以来重要文献选编》(下),人民出版社 1993 年版,第 1505 页。

418 所;在校生为 672.64 万人,比 1991 年增加 53.28 万人;招生数为 276.16万人,比 1991 年增加 28.82 万人。[①] 高等教育得到加强,全国高等学校数逐年递增,1985 年为 1016 所,1986 年为 1054 所,1987 年为 1063 所,1988 年至 1991 年发展到 1075 所。[②] 1991 年,在校研究生已达到 8.81 万人,毕业研究生 10.51 万人。扫盲工作取得很大成就,1992 年全国扫除文盲 520 多万人。[③]

(四)从救济式扶贫到开放式扶贫的发展

扶贫事业是社会主义现代化建设事业的重要组成部分,扶贫事业的开展对于社会经济的协调发展,对于社会的稳定、人民生活水平的提高以及共同富裕目标的实现,具有重大意义。农村经济体制改革,不仅为中国经济 40 年全面体制改革与高速发展奠定了坚实的物质基础和社会基础,而且成为我国农村经济在 1978 年到 1985 年间超常规增长和贫困人口大幅度减少的真正动因。这一时期,扶贫事业有了长足的发展和进步,并出现从救济式扶贫到开发式扶贫的跨越。

1985 年之前是体制改革救济式扶贫。这一时期,在逐步推进农村经济和制度改革,促进农民收入总体水平提高的同时,政府也开始利用专项资金扶持部分极端贫困地区的经济发展。1980 年设立了“支持经济不发达地区发展资金”;1982 年实施了为期十年的“三西”(甘肃定西、河西地区与宁夏西海固地区)农业建设计划,帮助这些极贫地区治理生态、改善环境和发展农业生产。其中水旱不通另找出路的主要措施是扶贫式移民,主要采取县内就近移民和县际移民等形式,取得了较好的扶贫效果。以工代赈计划于 1984 年开始实施,是要求救济对象通过参加必要的社会公共工程建设而获得赈济实物或资金的一种带有救济性质的扶贫方式。以工代赈的资金来源有国家无偿调拨给有关省、区、市的以工代赈实物资金以及地方从各种渠道筹集的配套资金。以工代赈以修筑道路、农田基本建设、水利工程和人畜饮水工程为主要内容,目标是改善贫困地区的基础设施和社会服务。[④] 过去国家为解决贫困地区的困难,花了不少钱,但收效甚微。原因在于政策未能完全从实际出发,不是将国家扶持的资金重点用于因地制宜发

① 何东昌主编:《中华人民共和国教育史》(下卷),海南出版社 2007 年版,第 695 页。

② 何东昌主编:《中华人民共和国教育史》(下卷),海南出版社 2007 年版,第 670—671 页。

③ 何东昌主编:《当代中国教育》(上),当代中国出版社 1996 年版,第 112 页。

④ 张磊主编:《中国扶贫开发政策演变(1949—2005 年)》,中国财政经济出版社 2007 年版,第 73—74 页。

展生产,而是有相当一部分资金被分散使用、挪用或单纯用于救济。为此,1984年9月,中共中央、国务院发出《关于帮助贫困地区尽快改变面貌的通知》,改变贫困地区面貌的根本途径是依靠当地人民自己的力量,按照本地的特点,因地制宜,扬长避短,充分利用当地资源,发展商品生产,增强本地区经济的内部活力。为此,要进一步放宽政策,减轻负担、给予优惠,搞活商品流通,加速商品周转和增加智力投资。[①]

在这一阶段,农村经济体制的一系列改革措施带来了经济的高速增长,农村反贫困工作取得了显著成效。统计资料显示,1978年到1985年间,农村居民人均纯收入从133.6元上升到397.6元,年均增长率接近17%,农村绝对贫困人口也由1978年的2.5亿人下降到1985年的1.25亿人左右,减少了一半,平均每年减少绝对贫困人口约为1786万人;相应地,贫困率由30.7%下降到14.8%,城乡居民人均年纯收入之比由1978年的2.57倍缩小到1985年的1.86倍。[②]

1986年后扶贫工作的思路改为以开发式扶贫为主。开发式扶贫就是在国家必要的支持下,利用贫困地区的自然资源,进行开发性生产建设,逐步形成贫困地区和贫困户的自我积累和发展能力,主要依靠自身力量解决温饱、脱贫致富。[③] 1986年,国务院成立国务院贫困地区经济开发领导小组,下设国务院扶贫办公室,以专门领导国家扶贫工作。当年公布的国民经济和社会发展第七个五年计划提出,国家对老、少、边、穷地区继续在资金方面实行扶持政策;继续减轻老、少、边、穷地区的税收负担;进一步组织发达地区和城市对老、少、边、穷地区的对口支援工作。[④] 从此,中国的扶贫工作进入有计划、有组织、大规模的扶贫开发新时期,农村反贫困正式步入了规范化、机构化和制度化阶段。1990年2月,国务院批转《国务院贫困地区经济开发领导小组关于九十年代进一步加强扶贫开发工作请示的通知》,提出20世纪90年代贫困地区经济开发的基本方针;1991年4月,国务院办公厅转发《国务院贫困地区经济开发领导小组关于"八五"期间扶贫开发工作部署报告的通知》,对"八五"期间的扶贫开发工作做了具体部署。

这一时期的主要扶贫措施是:第一,确立了开发式扶贫方针,成立了从

① 《改革开放三十年重要文献选编》(上),中央文献出版社2008年版,第337—340页。

② 吴海涛、丁士军:《贫困动态性:理论与实证》,武汉大学出版社2013年版,第70—71页。

③ 张磊主编:《中国扶贫开发政策演变(1949—2005年)》,中国财政经济出版社2007年版,第86页。

④ 《十二大以来重要文献选编》(中),人民出版社1986年版,第1009页。

中央到地方各级扶贫开发领导机构，专门负责领导、组织、协调、监督和检查工作；第二，对18个集中连片的贫困地区实施重点扶贫开发；第三，制定了专门针对贫困地区和贫困人口的政策措施；第四，确定了国家重点扶持贫困县，并规定了对贫困县的扶持标准。

这一时期的扶贫开发表现出以下特征：一是贫困开发以区域开发带动扶贫，利用贫困地区的资源，通过开发性的生产建设，逐步带动贫困人口实现自我积累和发展；二是扶贫方式开始从救济式扶贫向以通过项目实施带动贫困缓解的开发式扶贫转变；三是控制人口增长，提高贫困人口素质，增强贫困人口的自我发展能力。这些政策措施的出台促进了农村贫困地区经济发展和人民生活水平的提高。①

这一时期的扶贫工作取得了很大的进展，到1992年，贫困人口下降到8000万人，比1985年减少4000多万人，贫困发生率下降到8.8%。② 但是，以区域发展带动贫困缓解的方式，在执行相关政策时，大多数贫困地区的地方政府选择了工业相对集中的区域进行开发。因此，这一阶段反贫困战略实际演变成为贫困地区工业化项目投资的扶贫开发战略，这一战略虽然有利于县域经济的发展，但是贫困开发项目对真正贫困村和贫困户的联系较少，扶贫效率并没有达到政策设计之初的成效，并且进一步加剧了城镇居民和农村居民之间的收入差距。

(五) 卫生事业的改革和发展

这一时期，卫生事业坚持"为人民健康服务、为社会主义现代化建设服务"的方针，呈现出"解放思想，增加供给"的阶段性特点。1984年1月的全国卫生厅局长会议提出，医疗卫生机构改革分两步走，先完成大队(村)和公社(乡)，再完成县以上医疗卫生机构改革；进行管理制度和管理方法的改革，建立各种形式的管理责任制。③ 1985年4月25日，国务院批转卫生部《关于卫生工作改革若干政策问题的报告》，这是这一时期卫生事业改革的纲领性文件。报告要求加快卫生事业的发展，中央和地方应当逐步增加卫生经费和投资；同时，必须进行改革，放宽政策，简政放权，多方集资，开

① 吴海涛、丁士军：《贫困动态性：理论与实证》，武汉大学出版社2013年版，第71页。

② 张磊主编：《中国扶贫开发历程(1949—2005年)》，中国财政经济出版社2007年版，第66—67页。

③ 彭瑞骢、蔡仁华、周采铭主编：《中国改革全书(1978—1991)医疗卫生体制改革卷》，大连出版社1992年版，第554页。

阔发展卫生事业的路子,把卫生工作搞活。[①] 同年8月,卫生部下发《关于开展卫生改革中需要划清的几条政策界限》,从10个方面明确政策界限,以保证卫生改革健康发展。[②] 1988年11月,国务院发布卫生部“三定”(定职能、定机构、定编制)方案。1989年2月,卫生部和国家中医药管理局联合下发《“七五”时期卫生改革提要》和《卫生部门加强社会主义精神文明建设的九点意见》,继续实行中央办、地方办、部门办并举和国家、集体、个人一起上的方针。1989年1月,国务院批转了卫生部、财政部、人事部、国家物价局、国家税务局的《关于扩大医疗卫生服务有关问题的意见》,提出了进一步推动医疗卫生改革的意见,积极推行各种形式的承包责任制;允许有条件的单位和医疗卫生人员从事有偿业余服务;医疗卫生服务的收费拉开档次;卫生预防保健单位开展有偿服务;医疗卫生事业单位实行“以副补主”“以工助医”等。[③] 同年11月,卫生部颁发医院实行分级管理的通知,医院按照任务和功能的不同被划分为三级十等。1990年,卫生部成立《中国卫生发展与改革纲要(1991—2000)》起草小组,对卫生事业改革进行总体筹划。

这一时期,农村合作医疗事业发生重大变化。农村合作医疗曾被认为是中国医疗卫生事业的重大创举,对于保护农民的健康起到了至关重要的作用。世界卫生组织认为合作医疗、乡村医生是解决中国广大农村缺医少药的组织制度和卫生技术力量的两大核心,因此积极向发展中国家推荐中国农村卫生工作经验。然而,改革开放后,由于人民公社解体,农村合作医疗失去了经济基础,从而出现网破人散的大面积解体局面。根据1985年的调查,全国实行合作医疗的行政村由过去的90%猛降至5%。1989年的统计数据表明,继续坚持合作医疗的行政村仅占全国的4.8%。[④] 为此,农村合作医疗制度的重建逐渐被提上日程。1991年1月,国务院批转卫生部等部门《关于改革和加强农村医疗卫生工作的请示》,提出必须把加强农村卫生事业建设,改善农村卫生状况,解决8亿多农民的基本医疗保健问题,保护农民健康,作为整个卫生工作的重点,努力办好;各地要在总结历史经验的基础上,根据本地区的实际情况,因地制宜地建立符合群众利益的合

---

① 《中华人民共和国法规汇编》(第7卷),中国法制出版社2005年版,第186页。

② 《中国卫生监督法规汇编(1953—1992)》,人民卫生出版社1993年版,第11—12页。

③ 《中国卫生监督法规汇编(1953—1992)》,人民卫生出版社1993年版,第42—45页。

④ 王延中:《试论国家在农村医疗卫生保障中的作用》,《战略与管理》2001年第3期。

作医疗保健制度。[1]

总体上看，这一时期，卫生事业紧紧围绕维护好、发展好人民群众健康权益，提高人民健康水平这个目标，用改革与发展的思路和手段，处理好、解决好不断出现的新矛盾和新问题，取得了一定的成绩。所有制方面，逐步形成了以公有制为主体，多种形式、多种渠道办医的新格局。全国个体开业行医人数逐年增长，由1981年的1.8万人增至1985年的11.7万人，1989年增至16.6万人，形成了卫生事业的重要补充力量。[2] 卫生法规方面，截止到1992年初，共颁布了4项卫生法律、17项卫生法规、500多项卫生规章以及各种地方性卫生法规，《食品卫生法（试行）》《药品管理法》《医院工作人员职责》《医院工作制度》等相继颁布实施。[3] 卫生监督和监测的队伍日益壮大，初级卫生保健和计划免疫等工作得到发展，优生优育理念为提高人口素质做出了贡献，婴儿死亡率和孕产妇死亡率有所下降。从具体指标来看，1990年卫生机构总数达到208734个，卫生人员总数达到490.62万人，卫生机构床位总数达到292.54万张，1991年人均期望寿命达到68.6岁。[4]

三、信访与人民调解机制的恢复和发展

改革开放之后，信访制度的功能重新定位，为经济建设和改革开放服务。随着社会主义市场经济制度的确立和"依法治国"理念的提出，信访制度建设又进入了一个依法治理与制度创新的全新时期。1980年9月，经中共中央、国务院批准，撤销中共中央办公厅和国务院办公厅人民来访联合接待室，中共中央办公厅、全国人大常委会办公厅和国务院办公厅分别成立人民来访接待机构。根据形势的变化，各地信访机构也做了相应的调整。一些大中型企业也都建立了较强的信访工作领导班子和信访网络。领导负责制，办案责任制，报告制度，以及信访登记、转办、交办、检查、催办、记录、立档、统计、总结、回报以及保密制度等一系列信访制度得以迅速恢复发展，并逐步建立健全。1982年，《城市流浪乞讨人员收容遣送办法》颁布，开始驱逐城市中的流浪人员。很快，这项制度就被扩大化了，收容遣

---

① 《中华人民共和国法规汇编》（第10卷），中国法制出版社2005年版，第278—280页。

② 彭瑞骢、蔡仁华、周采铭主编：《中国改革全书（1978—1991）：医疗卫生体制改革卷》，大连出版社1992年版，第15页。

③ 彭瑞骢、蔡仁华、周采铭主编：《中国改革全书（1978—1991）：医疗卫生体制改革卷》，大连出版社1992年版，第16页。

④ http://www.moh.gov.cn/mohbgt/s9425/200812/38629.shtml.

送的对象包括上访者以及外来劳工。通过制定管理办法，中央政府获得了司法权限以外的准司法权力，信访部门对异常上访人的收容遣返合法化、制度化了，一直到 2003 年被废止。收容遣送制度在信访治理中扮演了重要角色。1982 年 2 月 22 日至 27 日，第三次全国信访工作会议在北京召开，通过了《当前信访工作的形势和今后的任务》和《党政机关信访工作暂行条例(草案)》(以下简称《暂行条例》)两个文件。[①]《暂行条例》共分六章二十一条，明确了“分级负责、归口办理”“依法办信访”“件件有着落、有结果”的原则，规定了县以上各级党政机关都必须设置信访机构，使信访机构成为党政部门的一个常设机构。由于当时信访工作几乎无法可依，《暂行条例》实际上充当了行政法规的角色，具有相当的约束力和强制力。这部准行政法规已经具备了信访条例的雏形，具有开创性，为后来制定信访条例提供了宝贵的立法经验。这一时期，信访工作从国家政治生活的边缘走到了中心位置，既是信访工作的辉煌时期，又是信访制度建设的过渡转型时期。

改革开放以来，随着国家政治、经济形势的迅速好转和各项政策的逐步落实，信访内容发生了很大变化，要求平反冤假错案的来信来访已明显减少，关于改革和四化建设的建议日益增多。信访制度的功能也逐渐有了新的定位:为促进改革开放和经济建设服务。1982 年 2 月，第三次全国信访工作会议讨论修改了《当前信访工作的形势和今后的任务》，一定要“努力把信访工作这件大事办得更好、更有成效，为建设社会主义物质文明和精神文明作出新的贡献”[②]。1986 年 3 月 12 日，中共中央办公厅和国务院办公厅联合颁发的《关于加强信访工作的通知》指出，当前信访工作担负的主要任务就是为党的中心工作服务。同年 5 月 15 日至 21 日，召开了全国信访工作座谈会，习仲勋指出“我们要根据党的路线、国家的任务，把信访工作建设好、加强好”，做信访工作的同志“要努力为‘七五’计划服务，为改革服务”。[③] 1995 年 10 月 30 日至 11 月 2 日，第四次全国信访工作会议召开。会议要求进一步加强对信访工作的领导，为改革、发展、稳定，为建设

① 中央办公厅、国务院办公厅信访局编:《全国信访工作会议资料汇编》，1989 年印，第 399—400 页。

② 中央办公厅、国务院办公厅信访局编:《全国信访工作会议资料汇编》，1989 年印，第 417—418 页。

③ 中央办公厅、国务院办公厅信访局编:《全国信访工作会议资料汇编》，1989 年印，第 580 页。

有中国特色的社会主义事业做出新的更大的贡献。[①] 各级信访部门面对改革开放以来出现的新问题、新情况，积极探讨、开拓创新，开创了信访工作体制新局面。1985 年 3 月 3 日至 5 日，国务院办公厅信访局在沈阳市召开现场会，推广沈阳市信访部门文明接待群众来信来访的经验。[②] 1988 年 2 月，中共中央办公厅、国务院办公厅转发关于 16 省、市信访工作座谈会纪要，要求各级信访部门牢固树立人民当家作主的思想，文明接待，认真办信，保证信访渠道畅通，为群众提建议、诉委屈和实施民主监督创造方便条件。[③] 为了适应改革开放的新形势，鼓励广大群众积极参政议政，许多中央机关和地方人民政府，先后建立了人民建议征集制度。1988 年，山西省最早实行人民建议征集制度，并设立专门机构做这项工作。紧接着，河北省、北京市、辽宁省、黑龙江省等许多地方及民政部等国家机关设立了类似"人民建议征集办公室"等机构，有单独设立或与信访机构合设两种情况。在信访工作中，新问题、新情况不断涌现，信访活动空前活跃，出现了各种形式的跨地区、跨部门的信访工作交流，在信访的归口分工、集体访、匿名信、外信处理等方面，不断总结经验，积极探索处理办法，不断发展和完善信访制度。这一时期，各地各部门因地制宜地采用了办大专班、短期培训班、以会代培或系列讲座等办法，普遍开展了对信访干部的培训。据不完全统计，受训人有 10 万多人。地方各部门的专兼职信访干部中，大专以上学历占 68%，中央部委专兼职信访干部中，大专以上学历占 82%。[④] 同时，信访理论研究普遍、深入地开展起来，许多地方成立了信访学会、协会和理论研究会。1991 年 5 月 16—20 日，首届全国信访工作理论研讨会在北京召开，对信访工作的认识已从感性阶段向理性阶段迈进了一大步。[⑤]

党的十一届三中全会以后，随着社会主义民主与法制的恢复和进步，人民调解进入了一个全新而快速的发展阶段。重建后的各级司法行政机关按照 1978 年第八次全国司法工作会议和第一次、第二次全国民事审判工作会议精神，开展人民调解组织的恢复、重建工作。到 1979 年底，全国

① 《人民日报》1995 年 10 月 31 日第 1 版。

② 《人民日报》1985 年 3 月 9 日第 4 版。

③ 《人民日报》1988 年 2 月 27 日第 4 版。

④ 文井:《平凡之中铸辉煌——13 年来全国信访工作回顾》,《人民信访》2002 年第 11—12 期。

⑤ 中共中央办公厅信访局、国务院办公厅信访局编:《首届全国信访工作理论研讨会论文集》,中国检察出版社 1992 年版。

已有调解组织 41 万多个,调解工作者 300 万人。[1] 1980 年初,经全国人大常委会批准,重新公布了《人民调解委员会暂行组织通则》(以下简称《通则》);同时,司法部根据实际情况的变化,对《通则》组织设置的有关条文做了修正说明。1981 年 11 月,司法部制定并公布了《司法助理员工作暂行规定》。按照这两个法规,人民调解委员会除继续接受基层人民法院的业务指导和监督外,还被划归司法行政部门直接领导和管理。

1982 年 3 月 8 日,第五届全国人大常委会公布《中华人民共和国民事诉讼法(试行)》,从 1982 年 10 月 1 日起试行,第 14 条对人民调解委员会的性质和人民调解的原则加以规定:人民调解委员会是调解民间纠纷的群众性组织,依照法律规定,用说服教育的方法进行调解工作。[2] 这不仅进一步肯定了人民调解的法律地位,还把它规定为民事诉讼法的一项基本原则。1982 年 12 月 4 日,第五届全国人大五次会议通过的《中华人民共和国宪法》第一百一十一条规定:"……居民委员会、村民委员会设人民调解、治安保卫、公共卫生等委员会,办理本居住地区的公共事务和公益事业,调解民间纠纷,协助维护社会治安,并且向人民政府反映群众的意见、要求和提出建议。"[3]把人民调解委员会作为"基层群众性自治组织"的组成部分,其基本职能是"调解民间纠纷"。这就从国家根本大法的层面肯定了人民调解的地位,为人民调解制度的完善和发展奠定了坚实基础。

1985 年 12 月,司法部召开了全国第二次人民调解工作会议,明确提出了人民调解工作的指导思想是"四个服务"——为改革开放和经济建设服务,为社会主义民主与法制建设服务,为国家长治久安服务,为保障人民民主权利与方便人民群众服务,为建设创造良好的社会环境充分发挥自己的职能作用。1989 年 6 月 17 日国务院颁行的《人民调解委员会组织条例》(以下简称《条例》)和 1990 年 4 月司法部发布的《民间纠纷处理办法》则全面规定了人民调解制度的内容。《条例》是在 1954 年政务院颁布的《人民调解委员会暂行组织通则》的基础上修改制定的,《条例》规定,人民调解是依靠人民群众的力量实行自我教育、自我管理、自我服务、解决民间纠纷的一种自治活动,是一项具有中国特色的法律制度,从制度上对人民调解做

---

① 于语和主编:《中国农村纠纷解决机制研究》,中国法制出版社 2013 年版,第 222 页。

② 《中华人民共和国法规汇编》(第 6 卷),中国法制出版社 2005 年版,第 43 页。

③ 《十二大以来重要文献选编》(上),人民出版社 1986 年版,第 247 页。《中华人民共和国村民委员会组织法(试行)》(1987 年 11 月 24 日颁布,1988 年 6 月 1 日生效)、《中华人民共和国城市居民委员会组织法》(1989 年 12 月 26 日通过,1990 年 1 月 1 日生效)对此做了具体规定。

了一个较为详细的规定，包括人民调解委员会的设置、任务，调解的原则、方式以及调解协议的效力等方面。与1954年的《人民调解委员会暂行组织通则》相比，《条例》显然要完善、系统得多，比较突出的变化主要体现在两个方面：一是调解的法律依据，除了法律、法规、规章和政策以外，考虑到由于有的纠纷较小，没有相应的法律、法规等规定，所以增加了“法律、法规、规章和政策没有明确规定的，依据社会公德进行调解”的内容。二是在人民调解纠纷范围上，排除了1954年规定的轻微刑事案件，因为人民调解委员会是群众性组织，调解纠纷的方法，只能在当事人平等协商的基础上依照《民法通则》规定的民事方法进行，不得采用任何强制的方法，也无权处理依照《刑法》《刑事诉讼法》规定应由人民法院审理的刑事案件，违反治安管理的行为，应当由公安机关处理。[①] 1991年7月，司法部发布的《人民调解委员会及调解员奖励办法》，旨在加强人民调解委员会组织建设，鼓励先进，调动调解人员的工作积极性，促进人民调解工作的开展，维护社会安定。

从1979年至今，人民调解组织得到很大发展，形成了遍布全国城乡、厂矿、企业、事业单位的人民调解体系。调解组织、调解人员及调解案件的数量也都大幅增加，到1990年，全国共有调解委员会102.05万个，调解人员625.62万名，全年共调解民间纠纷740.92万件。[②]

四、社会治安综合治理机制的形成和发展

对社会治安采取综合治理的方针是在1978年改革开放后，为适应我国社会经济等一系列深刻变化而逐步形成的。随着经济体制由计划经济逐步转向市场经济，人财物大流动，社会越来越开放，社会管理难度增大；加之“文革”造成的道德滑坡、法制破坏、社会控制力弱化等因素影响，违法犯罪现象大幅增加，尤其是青少年违法犯罪的情况相当严重，单靠一个或几个部门、单一手段难以解决社会治安问题，这就必须动员和组织全社会的力量运用多种有效手段进行综合治理，为改革开放和经济社会建设提供良好的社会治安环境。

1979年6月，中共中央宣传部、教育部、文化部、公安部、国家劳动总局、全国总工会，共青团中央、全国妇联等八个单位联合向党中央提交了

---

① 江伟、杨荣新主编：《人民调解学概论》，法律出版社1990年版，第36页。

② 1979年数据转引自：宁夏回族自治区司法厅编《宁夏司法简报》第88期。1990年数据转引自：《中国法律年鉴1990》。

《关于提请全党重视解决青少年违法犯罪问题的报告》。中共中央于当年8月17日批转此报告,要求“必须实行党委领导,全党动员,书记动手,依靠学校、工厂、机关、部队、街道、农村社队等城乡基层组织和全社会的力量来加强对青少年的教育”①。这里虽然还未使用“综合治理”一词,但是通篇贯穿了社会治安综合治理的思想。

1981年5月中旬,中央政法委员会适时召开了北京、天津、上海、广州、武汉五大城市治安座谈会,讨论了当时整顿治安的任务、政策和措施,并部署了工作。1981年6月14日,中央批转的座谈会纪要指出,强调解决社会治安问题,必须各级党委来抓,全党动手,实行全面“综合治理”②。这里不仅对解决社会治安问题和实行综合治理的重要性、必要性做了原则的表述,而且第一次明确提出了“综合治理”是解决社会治安问题、实现长治久安的总方针。从此之后,在各种文件、著作中广泛地使用了社会治安“综合治理”的概念,并对其含义从各个方面进行了研究和阐述。

1982年1月,中共中央发出《关于加强政法工作的指示》,更加明确地提出了社会治安综合治理方针的基本内容,要求“为了争取治安情况根本好转,必须加强党的领导,全党动手,认真落实‘综合治理’的方针”,在整顿治安中,“把各条战线、各个部门、各个方面的力量组织起来,采取思想的、政治的、经济的、行政的、法律的各种措施和多种方式,推广适合各种情况的安全保卫责任制,把‘综合治理’真正落实到各个方面”③。1982年8月,全国政法工作会议纪要提出,整顿治安必须实行“综合治理”。“综合治理”的关键,除加强政法队伍和工作外,各部门、各单位都要建立治安保卫责任制,把责任落实到部门、单位和个人;并把这种责任制,同生产责任制及干部职工的考核、奖惩制度结合起来。④

打击罪犯是社会治安综合治理的重要工作之一,1983年,中共中央做出《关于严厉打击刑事犯罪活动的决定》,明确了把打击刑事犯罪活动作为社会治安综合治理首要环节的工作思路,确立了依法从重从快严厉打击严重刑事犯罪分子的“严打”方针。⑤

---

① 何东昌主编:《中华人民共和国重要教育文献(1976—1990)》,海南出版社1998年版,第1718页。

② 最高人民法院研究室编:《司法手册》(第二辑),1983年版,第311—317页。

③ 《三中全会以来重要文献选编》(下),中央文献出版社2011年版,第393—394页。

④ 最高人民法院研究室编:《司法手册》(第二辑),1983年版,第296页。

⑤ 中央社会治安综合治理委员会办公室编著:《社会治安综合治理工作读本》,中国长安出版社2009年版,第65页。

1984年10月，中共中央批转中央政法委《关于严厉打击严重刑事犯罪活动第一战役总结和第二战役部署的报告》，提出社会治安综合治理要抓住打击、预防、改造等各个环节，通过思想的、政治的、经济的、行政的、法律的各种手段，达到控制犯罪，预防犯罪，减少犯罪，并把犯罪分子中的绝大多数改造成为新人的目的。[①] 这个报告总结了前三年的实践经验，全面地阐述了贯彻社会治安综合治理方针应当采取的措施和方法，标志着对综合治理方针的认识已经深化。1986年2月召开的全国政法工作会议明确提出，社会治安综合治理，实质上就是一项教育人、挽救人、改造人的"系统工程"。要做好这项工作，根本的方法是走群众路线。不能只靠哪一个部门，而是要靠全党全社会；不能只用哪一种方法，而是要用千百种方法；不能只抓一阵子，而是要长期坚持。中央对社会治安综合治理方针的实质、内容和手段、措施，做了科学的比较完整的概括。此后，针对为期三年"严打"斗争未能实现社会治安状况的根本好转，中央又进一步提出一手抓"严打"、一手抓全面落实社会治安综合治理的各项措施的"两手抓"思想，进一步丰富了社会治安综合治理方针的内涵。

反动黄色下流录音录像制品的流转，严重地腐蚀着干部、群众特别是青年的思想。1982年，中共中央、国务院发出《关于严禁进口、复制、销售、播放反动黄色下流录音录像制品的规定》。1989年，党中央、国务院召开清理整顿书报刊和音像市场电话会议，在全国掀起了声势浩大的"扫黄"斗争。同年11月，又在全国开展了清除卖淫嫖娼、拐卖妇女儿童等六害行动。

1989年全国政法工作会议提出，社会治安综合治理工作由各级党委统一负责，党委、政府都要有一位负责同志分管这项工作，可以建立由有关部门负责同志参加的联席会议制度或领导小组，具体负责综合治理的领导组织工作。自此，全国许多地方纷纷建立了不同形式的社会治安综合治理领导体制，设立了组织领导和办事机构。1990年召开的全国政法工作会议，提出社会治安工作要和群众路线相结合，并且要使社会治安综合治理制度化、法律化。1991年1月，中央政法委首次在山东省烟台市召开全国社会治安综合治理工作会议，总结了十一届三中全会以来社会治安综合治理工作的基本经验，明确了搞好社会治安综合治理工作的具体要求。社会治安

---

① 中央社会治安综合治理委员会办公室编著:《社会治安综合治理工作读本》，中国长安出版社2009年版，第17页。

综合治理由一般号召、局部探索阶段进入普遍开展、全面落实阶段。针对当时社会治安的形势,1991 年 2 月 19 日,中共中央、国务院做出《关于加强社会治安综合治理的决定》,指出社会治安综合治理工作范围主要包括"打击、防范、教育、管理、建设、改造"六个方面;核心是落实"谁主管谁负责"的原则,实行把"抓系统、系统抓"同"条块结合,以块为主"有机结合的属地管理。[①] 1991 年 3 月 2 日,全国人大常委会第 18 次会议通过的《关于加强社会治安综合治理的决定》提出,社会治安综合治理必须坚持打击和防范并举,治标和治本兼顾,重在治本的方针。[②] 这两个文件是社会治安综合治理的纲领性文件,标志着社会治安综合治理的方针以政策和法律的形式确立下来。1991 年 3 月 21 日,中央决定成立中央社会治安综合治理委员会(以下简称"中央综治委"),作为领导全国社会治安综合治理工作的常设议事机构,下设办公室,与中央政法委机关合署办公。自此,社会治安综合治理工作有了全国统一的组织领导机构和办事机构,逐步走上规范化、制度化的轨道。同年 12 月,中央综治委制定通过《关于社会治安综合治理工作实行"属地管理"原则的规定(试行)》和《关于实行社会治安综合治理一票否决权制的规定》,社会治安综合治理工作日益制度化和规范化。

五、社会思潮的活跃与社会主义精神文明建设

"文革"结束后,随着拨乱反正的进行,人们的思想观念逐渐活跃,各种社会思潮开始出现。中共十一届三中全会开启了解放思想的大门,大大解除了人们的思想禁锢。与各种社会思潮涌动相对应的是,全国不少地方开始出现了有组织的上访、闹事风潮。这种情况,如果任其发展,必将破坏"文革"结束后趋于稳定的社会局面,造成新的社会动乱,导致严重的社会后果。这种思想解放和观念变革的现象充斥于社会各界。人们都在反思十年"文革"浩劫产生的缘由,探讨中国社会的前进方向。鉴于真理标准问题的讨论及由此引发的争论,中共中央于 1979 年 1 月召开的理论工作务虚会,是这种反思得到理论界或者说中共高层重视的表现。而此时各种民办刊物、民间组织的出现,则是各种社会思潮在民间社会的表现。

针对这种情况,1979 年 3 月,邓小平受中央委托,在党的理论工作务虚会第二阶段的会议上发表重要讲话《坚持四项基本原则》。讲话指出,坚持

① 《十三大以来重要文献选编》(下),中央文献出版社 2011 年版,第 8—11 页。

② 全国人民代表大会常务委员会法制工作委员会编:《中华人民共和国法律(2008 年版)》,中国民主法制出版社 2008 年版,第 742 页。

社会主义道路、坚持无产阶级专政即人民民主专政、坚持共产党的领导、坚持马列主义毛泽东思想这四项基本原则，“是实现四个现代化的根本前提”。“如果动摇了这四项基本原则中的任何一项，那就动摇了整个社会主义事业，整个现代化建设事业。”[①]四项基本原则的提出，是中国共产党因应20世纪70年代末期中国社会思潮的有力举措。这一方针使得人们在解放思想，清算“文革”极左错误的同时，又不至于走向资产阶级自由化的极端，从而保证了我国的现代化建设始终沿着社会主义的正确方向进行。1982年，十二大报告第一次系统地阐述了社会主义精神文明建设的内涵，标志着社会主义精神文明建设理论的形成。报告指出“社会主义精神文明是社会主义的重要特征，是社会主义制度优越性的重要表现”[②]。1986年，中共十二届六中全会通过的《中共中央关于社会主义精神文明建设指导方针的决议》指出，“我国社会主义现代化建设的总体布局是：以经济建设为中心，坚定不移地进行经济体制改革，坚定不移地进行政治体制改革，坚定不移地加强精神文明建设，并且使这几个方面互相配合，互相促进”，“以马克思主义为指导的社会主义精神文明是社会主义社会的重要特征”，“社会主义精神文明建设，是关系社会主义兴衰成败的大事”；社会主义精神文明建设的根本任务，是适应社会主义现代化建设的需要，培育有理想、有道德、有文化、有纪律的社会主义公民，提高整个中华民族的思想道德素质和科学文化素质。为此，要用共同理想动员和团结全国各族人民，要树立和发扬社会主义的道德风尚，要加强社会主义民主、法制、纪律的教育，要普及和提高教育科学文化水平。[③] 这是精神文明建设的纲领性文件，把精神文明建设纳入了社会主义现代化建设的总体布局。

在坚持四项基本原则、社会主义精神文明建设的实践和探索中，一方面开展各种群众性精神文明建设；另一方面不断地反对和纠正各种混乱、错误思潮。1982年，中办转发了中宣部《关于深入开展“五讲四美”活动的报告》，指出“五讲四美”（讲文明、讲礼貌、讲卫生、讲秩序、讲道德；心灵美、语言美、行为美、环境美）活动是建设社会主义精神文明的一个重要组成部分，中央决定从1982年起，把每年的3月定为“全民文明礼貌月”。1983年，中宣部等单位要求各地把“五讲四美”和“三热爱”（热爱祖国、热爱社会主义、热爱中国共产党）相结合。1983年3月，中央成立“五讲四美三热爱”

① 《邓小平文选》（第2卷），人民出版社1994年版，第173页。

② 《十二大以来重要文献选编》（上），人民出版社1986年版，第26页。

③ 《十二大以来重要文献选编》（下），人民出版社1988年版，第1273—1178页。

活动委员会,到1984年,全国开展了多种形式的活动,包括治理脏乱差,创建三优,开展军民共建等。1984年,中共中央办公厅转发《全国文明村(镇)建设座谈会纪要》的通知,并提出开展文明村建设的活动,建设具有中国特色的社会主义新农村。1985年之后,创建文明街道、文明学校等城乡文明单位活动逐步在全国展开。培育"四有"新人活动也在不断推进。1982年,邓小平在军委座谈会上指出,搞社会主义精神文明,主要是使我们的各族人民都成为有理想、讲道德、有文化、守纪律的人民。1985年8月,中国人民解放军总政治部发出《关于深入开展"有理想、有道德、有文化、有纪律"教育的通知》。这一时期,全国和全军开展了多种形式的理想信念教育,号召向先进人物学习,并组织了多次英模报告团,使得全国掀起了学习英模的高潮。[①] 在社会主义精神文明建设活动中,全国涌现出了大批英雄模范人物、新长征突击手、三八红旗手、全国劳动模范以及各种先进工作者,成为时代的楷模和全国人民学习的榜样。他们中的代表人物包括张华、蒋筑英、张海迪、朱伯儒以及第四军医大学华山抢险救援英雄群体,等等。

当时理论界文艺界还有不少的问题,特别是存在精神污染的现象,1983年邓小平在中共十二届二中全会上指出,"思想战线不能搞精神污染","要把这个问题郑重地提到全党面前,提到中央和地方各级党委的重要议事日程上来","在工作重心转到经济建设以后,全党要研究如何适应新的条件,加强党的思想工作,防止埋头经济工作、忽视思想工作的倾向"。[②] 1987年1月28日,中共中央发出的《关于当前反对资产阶级自由化若干问题的通知》指出,"各级党组织务必充分认识反对资产阶级自由化斗争的重要性和长期性",同时要求"这场斗争严格限于党内,而且主要在政治思想领域内进行,着重解决根本政治原则和政治方向问题,即主要是反对企图摆脱共产党的领导、否定社会主义道路的错误思潮",并要"注意政策界限","始终坚持以正面教育为主,团结绝大多数的方针","要防止以'左'批右,决不允许因为反对资产阶级自由化而妨碍改革、开放、搞活政策的贯彻执行","不搞政治运动。要采取和风细雨、心平气和、以理服人的方法"。[③]

① 赵曜、胡臻生、徐克军主编:《中国改革全书(1978—1991)精神文明建设卷》,大连出版社1992年版,第27页。

② 《十二大以来重要文献选编》(上),人民出版社1986年版,第423页。

③ 《十二大以来重要文献选编》(下),人民出版社1988年版,第1251—1255页。

第四章

市场化转轨：稳定观指导下的社会治理变革（1992—2002）

从1992年到2002年，是我国改革开放的深化阶段。在这一阶段，逐步确立了社会主义市场经济体制发展目标。围绕着中国市场经济的发展，国家制定了一系列重大发展战略，实施可持续发展战略，加入世界贸易组织，更深更广地融入了国际社会。这一时期，党和国家提出了全面建设小康社会的宏伟目标，社会体制的改革渗透到社会领域的各个方面，在优先发展经济的基础上推进社会全面发展。这一时期，经济体制转型和法制建设的步伐加快，市场开始在资源配置中发挥基础性作用，社会治理服务或配套于经济体制的市场化改革，社会治理从社会行政管理向社会治理的市场化转变，也加快了社会治理法制化进程，并且出现了结构分化和治理重心下移。

第一节　社会治理面临的形势

1992年到2002年，改革的目标日益清晰，社会主义市场经济体制初步建立。面对经济高速发展与社会发展相对滞后的局面，社会建设进入了从小康到和谐的新阶段。社会体制的改革渗透到社会领域的各个方面，在优先发展经济的基础上促进社会全面进步，正确处理了改革、发展与稳定的关系。这一时期，是一个市场化转轨的年代，也是积极探索社会治理取得显著发展的时期。

一、经济高速发展与社会治理的滞后

改革开放以来,社会生产力获得新的解放,经济社会快速发展。到1992年,温饱问题基本解决,我国经济建设上了一个大台阶,人民生活上了一个大台阶,综合国力上了一个大台阶。[①] 党的十四大确立了经济体制改革的目标是建立社会主义市场经济体制。围绕着建立社会主义市场经济体制,展开了全方位的改革,市场在资源配置中的作用迅速增强,中国改革开放和社会治理进入了新的发展阶段。

中国的社会发展进入了快速转型期,国民经济持续快速健康发展,经济总量连上几个大的标志性台阶。国内生产总值由1978年的3645亿元,迅速跃升至1992年的26923亿元,年平均增长率为15.35%。其中,从1978年的3645亿元上升到1986年的1万亿元用了8年时间,上升到1991年的2万亿元又用了5年时间。此后10年,到2001年平均每年上升近1万亿元,2001年超过10万亿元大关。2002年,超过12万亿元,国民经济发展跃上新的台阶。人均国内生产总值成倍增加,1978年,人均国内生产总值381元,位居全世界最不发达的低收入国家行列。到1992年,跃升至2311元,2002年上升至9398元,接近1万元,是1978年的24.7倍。[②] 从1978年到2000年,短短22年时间里,人民生活水平实现了从贫困到温饱、从温饱到小康的两次历史性跨越。

中国政府应对风险的能力也得到了极大提升,从1993年中国实施经济宏观调控、1997年成功抵御亚洲金融风暴、1998年军民齐心抗击洪水,在异常复杂的环境中经受住了严峻考验。中国经济仍然保持持续快速健康发展的势头,排名也由1990年的世界第10位、发展中国家第2位,跃升至2001年的世界第6位、发展中国家第1位。

20世纪90年代,中国进入了改革开放和现代化建设快速发展的关键时期。既是发展的黄金时期,也是各种矛盾的多发期,还是社会建设发展的转型期。在经济建设取得巨大成就的同时,我国社会经济生活中原有的隐藏的深层次矛盾逐渐暴露出来,出现了一系列新问题和新矛盾。随着社会主义市场经济体制的初步建立,逐步形成了以公有制为主体、多种经济成分并存的所有制形式,我国的社会阶层构成发生了新的变化,除了传统

① 《十四大以来重要文献选编》(上),人民出版社1996年版,第2页。

② 《新中国六十年统计资料汇编》,中国统计出版社2010年版,第9页。

的工人、农民和知识分子外，出现了新的社会阶层，包括专业技术人员、私营企业家、个体工商户、自由职业者、受聘于外资企业的管理人员等社会阶层。[①] 在打破传统社会结构的同时，社会阶层不断分化，许多人在不同所有制、不同行业、不同地域之间频繁流动，职业、身份时常变动。同时，市场化原则彻底转变了人们的思想意识，人们开始以市场化的思维来作为衡量事物的标准。在这种意识的影响下，人们的价值观、归属感等思想意识都发生了很大的改变，人与人之间的关系也发生了深刻的变化。

江泽民在党的十六大报告中指出："必须看到，我国正处于并将长期处于社会主义初级阶段，现在达到的小康还是低水平的、不全面的、发展很不平衡的小康，人民日益增长的物质文化需要同落后的社会生产之间的矛盾仍然是我国社会的主要矛盾。"进而列举了巩固和提高目前的小康水平面临着七个方面的问题，即：我国生产力和科技、教育还比较落后，实现工业化和现代化还有很长的路要走；城乡二元经济结构还没有改变，地区差距扩大的趋势尚未扭转，贫困人口还为数不少；人口总量继续增加，老龄人口比重上升，就业和社会保障压力增大；生态环境、自然资源和经济社会发展的矛盾日益突出；我们仍然面临发达国家在经济科技等方面占优势的压力；经济体制和其他方面的管理体制还不完善；民主法制建设和思想道德建设等方面还存在一些不容忽视的问题。[②] 同时，随着生活水平的提高，人民群众渴望过上幸福的生活、安全的生活、有保障的生活，对教育、卫生、社会保障、公共服务、生活环境以及个人全面发展等方面提出了新的和更高的要求。

经济高速发展、社会发展滞后的不平衡性也导致了社会诸多不和谐现象的发生。从国际经验看，人均国内生产总值从1000美元到3000美元过渡期正是经济社会的多元转型期。各种矛盾和冲突大量涌现，信访量急剧上升，集体上访、越级上访不断增多。在农村，1990年以来农民收入增长缓慢，农民负担日趋沉重，农村经济形势不景气，农民对政策的满意程度有所下降，农村干群关系比较紧张，大多表现为一种对立情绪，较少大规模、有组织的抗争，而且主要针对乡村两级，具有非对抗性、区域性、限于经济要求的特点。从1993年开始，全国信访量呈陡增趋势，形成又一个上访高

① 江泽民在庆祝中国共产党成立80周年大会上的讲话中，首次使用了"新的社会阶层"的提法。参见《十五大以来重要文献选编》(下)，人民出版社2003年版，第1916页。

② 《十六大以来重要文献选编》(上)，中央文献出版社2005年版，第14页。

峰。这一时期，长年在北京滞留的上访人员有 1000 多人。[①] 1978 年全国刑事犯罪立案 53.6 万件，1992 年增加到 158.3 万件，2002 年为 443.7 万件，是 1978 年的 8.3 倍。[②] 各种社会问题、社会矛盾、社会冲突此起彼伏，负面消息不时出现。

社会的发展是包括经济增长在内的社会整体发展，发展的最终目的是社会的全面进步。在一个现代化国家，经济繁荣和社会发展是相辅相成的两个最主要推动轮，二者应当平衡协调发展。当经济不断增长并达到一定水平后，需要有相关的社会政策进行有效的整合与管理，促进社会结构的优化和社会的全面发展。社会发展的不足以及由此导致的社会政策的缺失会日益凸显，进而影响社会稳定和可持续发展。长期以来，在以经济建设为中心的大背景下，习惯于用经济理论和方法观察分析问题，用经济手段和政策解决问题，这在一定阶段是必要的。改革开放初期，全力以赴搞经济建设，这是必要的，而且也确有实效。但是，当经济社会发展到新的阶段，在实现从温饱走向小康的进程中，在坚持以经济建设为中心的前提下，应该逐步转向经济社会协调发展，大力发展社会建设、采取必要的社会政策来解决问题。但是实际上，为了实现经济指标，不惜牺牲社会发展，牺牲环境质量，致使教育、科技、文化、医疗、环保和社会保障等社会事业，严重落后于经济发展，形成了“一条腿长，一条腿短”的不平衡状态。[③]

没有经济社会的平衡发展，没有建立相应的社会治理体系，仅仅依靠发展经济、加强经济建设不可能从根本上解决这些新的社会问题与社会矛盾。“以经济改革为中心”的改革思路与发展模式受到严峻的挑战，必须寻找新的突破口进一步深化改革，以实现经济社会的协调发展。

二、社会建设的历史性跨越：由向小康迈进到全面建设小康社会

以邓小平 1992 年南方谈话和中共十四大为标志，明确了建立社会主义市场经济体制的改革目标，中国改革开放和社会主义现代化建设进入了新的发展阶段，社会建设的探索也进入了一个新的阶段。1992—2002 年的十年间，实现了从基本解决温饱问题、向小康迈进到总体上达到小康水平的历史性跨越，并在此基础上提出了“全面建设小康社会”的奋斗目标。

---

① 中央办公厅、国务院办公厅信访局编：《信访工作资料选编》(12)，1988 年，第 9 页。

② 郭星华主编：《法社会学教程》，中国人民大学出版社 2011 年版，第 402 页。

③ 陆学艺：《经济社会发展不协调是当前要解决的主要矛盾》，人民网：http://theory.people.com.cn/GB/49154/49155/5349792.html.

国民经济的持续稳定发展带动城乡居民收入的快速增长。1978年,人均国内生产总值381元,位居全世界最不发达的低收入国家行列。到1992年,跃升至2311元,是1978年的6倍多。恩格尔系数逐年下降,城乡居民生活质量逐步提高。从农村居民看,1978年农村居民恩格尔系数高达67.7%,1992年则降至57.6%,由贫困转向温饱。从城市居民看,1978年城市居民恩格尔系数为57.5%,1992年降至53%,城市居民生活水平稳步提高,仍在温饱线上徘徊,但已接近小康水平。[①] 1992年,江泽民在十四大报告中指出:"十一亿人民的温饱问题基本解决,正在向小康迈进",并要求"在九十年代,我们要初步建立起新的经济体制,实现达到小康水平的第二步发展目标"。[②]

为了在20世纪末初步建立起社会主义市场经济体制,实现国民经济和社会发展第二步战略目标,1993年中共十四届三中全会通过《中共中央关于建立社会主义市场经济体制若干问题的决定》,明确了建立社会主义市场经济体制的目标、原则、任务及规划,"使市场在国家宏观调控下对资源配置起基础性作用"。为实现这个目标,在社会建设领域,要"建立多层次的社会保障制度,为城乡居民提供同我国国情相适应的社会保障,促进经济发展和社会稳定"[③]。

1997年,人均GDP(国内生产总值)翻两番的目标提前实现。到2000年,邓小平提出的"三步走"战略中的第一步、第二步已基本实现,人民生活在总体上达到小康水平。由于我国正处于并将长期处于社会主义初级阶段,达到的小康还是"低水平的、不全面的、发展很不平衡的小康"[④]。2000年底,中国人均GDP只有800多美元,属于中下等收入国家的水平。全国尚有3000万人温饱问题没有完全解决,城镇也有一批人困在最低生活保障线以下。在即将迈向第三个战略阶段的关键时刻,1997年,党的十五大将邓小平提出的"三步走"战略中的第三步具体化,进一步提出了一个"新三步走"战略:21世纪第一个十年实现国民生产总值比二〇〇〇年翻一番,

① 恩格尔系数(食品消费比重)是国际上衡量生活质量的一项综合指标,客观上反映了不同收入不同价格水平下各国居民的生活状况。据联合国粮农组织提出的用恩格尔系数判定生活发展阶段的一般标准:60%以上为贫困,50%～60%为温饱,40%～50%为小康,30%～40%为富裕,30%以下为最富裕。目前欧美等发达国家的恩格尔系数一般为20%左右。数据来源:《新中国六十年统计资料汇编》,中国统计出版社2010年版,第25页。

② 《十四大以来重要文献选编》(上),人民出版社1996年版,第2、47页。

③ 《十四大以来重要文献选编》(上),人民出版社1996年版,第520—521页。

④ 《十六大以来重要文献选编》(上),中央文献出版社2005年版,第14页。

使人民的小康生活更加宽裕，形成比较完善的社会主义市场经济体制；再经过十年的努力，到建党一百年时，使国民经济更加发展，各项制度更加完善；到世纪中叶建国一百年时，基本实现现代化，建成富强民主文明的社会主义国家。① "新三步走"战略是对"三步走"战略的进一步明晰化和具体化，这些重要战略体现了发展市场经济与改善人民生活的统一，具体涉及社会建设的各个领域。

进入21世纪后，随着社会主义市场经济的初步建立，中国社会发生了广泛而深刻的变化，人民内部矛盾日益复杂化、多样化，社会不和谐因素在增加，包括人与自然、人与社会、人与人之间的矛盾。其中人与人之间的矛盾，又集中表现在地区之间、行业之间、群体之间、个体之间的利益差别问题。旧的平衡被打破，新的平衡正处于建立和发展之中，中国发展面临着瓶颈问题，必须转变发展思路，探寻新的发展路径，确立新的社会发展目标。结合国内外形势的变化，面对新形势，在新的世纪之交和千年之交，2000年2月25日，江泽民在广东考察工作时首次对"三个代表"重要思想进行了比较全面的阐述。② "三个代表"重要思想中"始终代表中国最广大人民的根本利益"这一要求，体现了中国共产党"全心全意为人民服务"的宗旨和理念，把人民的根本利益作为出发点和归宿，在社会不断发展进步的基础上，使人民群众不断获得切实的经济、政治、文化利益，也成为包括社会建设在内的各项工作的最高要求。

2000年10月，中共十五届五中全会通过《中共中央关于制定国民经济和社会发展第十个五年计划的建议》，提出了"全面建设小康社会"的奋斗目标，"从新世纪开始，我国将进入全面建设小康社会，加快推进社会主义现代化的新的发展阶段"③。

到2002年，人民生活总体上达到了小康水平，胜利实现了现代化建设"三步走"战略的第一步、第二步目标。④ 恩格尔系数逐年下降，城乡居民生活质量不断提高。从农村居民看，1992年恩格尔系数高达57.6%，由贫困转向温饱，2002年则降至46.2%，达到小康水平。从城市居民看，1992年恩格尔系数为53%，仍在温饱线上徘徊，这一时期，城市居民生活水平稳步提高，恩格尔系数总体呈下降趋势，1994年首次跌破50%大关，开始步入

---

① 《十五大以来重要文献选编》(上)，人民出版社2000年版，第4页。

② 《江泽民文选》(第3卷)，人民出版社2006年版，第2页。

③ 《十五大以来重要文献选编》(中)，人民出版社2001年版，第1369页。

④ 《十六大以来重要文献选编》(上)，中央文献出版社2005年版，第14页。

小康，2002 年降到 37.7%，由小康转向富裕。①

2002 年，党的十六大根据党的十五大提出的“新三步走”战略，在人民生活总体达到小康水平时，确定在 21 世纪前 20 年“全面建设惠及十几亿人口的更高水平的小康社会”的奋斗目标，努力使“经济更加发展、民主更加健全、科教更加进步、文化更加繁荣、社会更加和谐、人民生活更加殷实”②。党的十六大为这个更高水平的“小康社会”提出了政治、文化和生态环境等全方位的奋斗目标，“社会和谐”作为小康社会的一个部分被正式提出。

三、优先发展经济，加强社会治理，促进社会全面进步

1992—2002 年，改革的重点仍然集中在经济领域，其他建设全部围绕着经济建设逐步推进。计划经济体制向市场经济体制的转变，对社会建设产生了深刻的影响，体制改革的重点从突破原有体制框架和消除双轨体制的摩擦转向迅速建立社会主义市场经济新秩序，改革从经济领域扩展到整个社会领域，实行综合的社会配套改革的要求更加迫切。

针对我国社会主义现代化建设过程中逐渐凸显的经济与社会发展的不协调矛盾，与上一阶段强调用经济的办法解决社会问题有所不同的是，这一阶段开始通过对社会本身的改革来解决社会问题，提出了社会全面进步的目标要求，在经济发展的基础上，促进社会全面进步，不断提高人民生活水平，保证人民共享发展成果，由此推动社会建设。社会建设的背景、条件、任务、内容等都具有不同于前期的特征，呈现出新的特点，社会体制的改革也开始渗透到社会领域的各个方面，社会建设进入新时期。

从“六五”计划开始，经济计划中增加了社会发展的内容，计划的标题也相应地改为“国民经济和社会发展计划”，而此前的五个“五年计划”都仅仅是关于国民经济发展的计划。此后，与经济发展相对应的社会发展进入人们的视野。1992 年党的十四大和 1993 年中共十四届三中全会，确定了我国社会主义经济体制改革的目标，社会主义市场经济体制的建立成为今后一段时间内国家经济社会发展的中心任务。1993 年 11 月，中共十四届三中全会通过的《中共中央关于建立社会主义市场经济体制若干问题的决定》指出，为实现这个目标，要“建立多层次的社会保障体系”，为城乡居民

---

① 《新中国六十年统计资料汇编》，中国统计出版社 2010 年版，第 25 页。

② 《十六大以来重要文献选编》(上)，中央文献出版社 2005 年版，第 317 页。

提供同我国国情相适应的社会保障,促进经济发展和社会稳定;政府经济管理部门在转变职能的同时,要"加强政府的社会管理职能,保证国民经济正常运行和良好的社会秩序"①。这时,已明确把社会管理作为政府的主要职能之一,并要求建立多层次的社会保障制度和加强政府社会管理职能,以实现良好的社会秩序和经济发展的目标。

1995年9月,中共中央在关于制定"九五"计划和2010年远景目标的建议中,把社会全面发展摆在了更加重要的战略地位,并提出把"保持社会稳定,推动社会进步,积极促进社会公正、安全、文明、健康发展"作为社会发展的总要求。② 1996年3月17日,第八届全国人民代表大会第四次会议批准《中华人民共和国国民经济和社会发展"九五"计划和二〇一〇年远景目标纲要》,第九部分"实施可持续发展战略,推进社会事业全面发展",要求"按照社会事业的不同类型,建立与社会主义市场经济体制相适应的运行机制","注意搞好经济发展政策与社会发展政策的协调,实现可持续发展"。③

随着中国社会主义市场经济体制的确立和经济的不断发展,行政体制改革也同步推进。1998年3月10日,九届全国人大一次会议审议通过国务院机构改革方案。这次机构改革的原则之一就是按照发展社会主义市场经济的要求,转变政府职能,实现政企分开,把政府职能切实转变到宏观调控、社会管理和公共服务上来,把生产经营的权力真正交给企业;在调整政府组织结构方面,提出适当调整社会服务部门,发展社会中介组织。④ 此时,已明确社会管理为政府的三大基本职能之一。党的十五大报告再次明确提出各个方面相互配合,实现经济发展和社会全面进步的根本要求。1998年,江泽民在纪念中国共产党十一届三中全会召开二十周年大会上指出,"社会主义社会作为人类历史上崭新的社会形态,是以经济建设为重点的全面发展、全面进步的社会"⑤。江泽民在庆祝中国共产党成立80周年大会的重要讲话中,再次重申"社会主义社会是全面发展、全面进步的社会";并特别强调,建设中国特色社会主义的各项事业和进行的一切工作,"既要着眼于人民现实的物质文化生活需要,同时又要着眼于促进人民素

① 《十四大以来重要文献选编》(上),人民出版社1996年版,第521、530页。

② 《十四大以来重要文献选编》(中),人民出版社1997年版,第1502页。

③ 《十四大以来重要文献选编》(中),人民出版社1997年版,第1883页。

④ 《十五大以来重要文献选编》(上),人民出版社2000年版,第242页。

⑤ 《十五大以来重要文献选编》(上),人民出版社2000年版,第688页。

质的提高，也就是要努力促进人的全面发展”①。

在此期间，开始了较为系统和有计划的社会新体制的建设，在社会治理、社会保障领域尤为突出，颁布了多项法律和各项规章制度，社会领域的各项制度得到了很大完善。社会主义社会是以经济建设为中心的全面发展、全面进步的社会，单纯的经济增长并不能实现社会的发展，真正的发展必定是经济社会的协调可持续发展，它具有更广泛、更深刻、更丰富的内涵。正如美国发展经济学家迈克尔·P. 托达罗(Michael P. Todaro)所言："发展不纯粹是一个经济现象。从最终意义上说，发展不仅仅包括人民生活的物质和经济方面，还包括其他更广泛的方面，因此，应该把发展看为包括整个经济和社会体制的重组和重整在内的多维过程。"②只有加快经济建设，创造和积累更丰富的物质财富，才能解决好广大群众的切身利益问题，才能从根本上减少社会矛盾，促进社会长期和谐稳定；同样，也只有不断改善民生和加强社会管理，推进社会建设，才能让社会秩序不断从稳定走向和谐，这既是经济发展的基本目标，也是经济社会可持续发展的根本保证。

四、正确处理改革、发展与稳定以及先富与共富、效率与公平的关系

这一时期，我国改革开放事业已经进入由基础性改革迈向结构性改革的新阶段，社会改革的步伐不断加快，面对新形势新任务，为适应社会主义市场经济体制改革，在社会建设的探索和实践中，对于社会建设规律的认识不断深化，社会建设的目标从共同富裕到人的全面发展逐步明晰；社会建设的内容也逐步丰富，涉及教育、就业、收入分配、医疗、住房、安全保障、社会心理等方面，社会建设思想总体框架基本形成，社会建设取得了显著成就。同时，新问题、新矛盾层出不穷，个别社会矛盾和问题凸显并呈现加剧态势，比如生态环境持续恶化、矿产资源形势更加严峻、居民收入差距和城乡差距进一步拉大、失业问题仍然突出，等等。从根本上讲，正确处理好改革、发展与稳定以及先富与共富、效率与公平的关系，推进和保障经济社会的协调发展，是解决好这些矛盾和问题的关键。

20 世纪 80 年代末 90 年代初，中国改革开放和社会主义现代化建设事业经受着国际国内两方面的严峻考验。国内是经济波动和政治风波的考

---

① 《江泽民文选》(第 3 卷)，人民出版社 2006 年版，第 276、294 页。

② 迈克尔·P. 托达罗：《经济发展与第三世界》，印金强、赵荣美译，中国经济出版社 1992 年版，第 50 页。

验，国际是东欧剧变及发达国家对中国制裁的严峻考验。1995 年 9 月，江泽民在中共十四届五中全会上论述了社会主义现代化建设中的 12 对重大关系，其中，第一对就是改革、发展、稳定的关系。他明确指出，实现今后 15 年的奋斗目标和战略任务，必须牢牢把握“抓住机遇、深化改革、扩大开放、促进发展、保持稳定”的大局，正确处理好改革、发展、稳定三者关系。实践表明，三者关系处理得当，就能总揽全局，保证经济社会的顺利发展；处理不当，就会吃苦头，付出代价。①

1997 年党的十五大报告进一步明确指出：“在社会主义初级阶段，正确处理改革、发展同稳定的关系，保持稳定的政治环境和社会秩序，具有极端重要的意义。”“必须把改革的力度、发展的速度和社会可以承受的程度统一起来，在社会政治稳定中推进改革、发展，在改革、发展中实现社会政治稳定。”②不仅如此，江泽民还把改革、发展、稳定与人民群众的切身利益联系在一起，他指出：“不断改善人民生活，是我们党全心全意为人民服务宗旨和‘三个代表’要求的最终体现，是处理好改革发展稳定关系的结合点。人民群众的生活水平不断提高，推进改革就会得到更加广泛的支持，我们党的执政基础就会更加巩固。”③

改革开放以来的历史实践表明：改革、发展、稳定是我国社会主义现代化事业中的三个关键因素，是一个有机整体。经济社会发展是一个长期的历史过程，这就要求在改革中谋发展，在发展中求稳定，在稳定中搞改革，把改革的力度、发展的速度和社会可承受的程度统一起来，确保人民安居乐业、社会和谐稳定。正确处理这三者关系不仅是当前而且是整个社会主义初级阶段的重大战略任务，也是推进经济和社会协调发展的重要保障。

在治理整顿和深化改革的过程中，社会主义市场经济初步建立，经济迅速发展，实现了从温饱到小康的转变，经济的改革发展引发了整体性的社会变迁。市场经济体制改革带来的新变化，迫切需要相应地推进社会领域的改革，正确处理先富与共富、效率与公平的关系。

改革开放初期，邓小平在总结历史经验的基础上提出了一个大政策，“能够影响和带动整个国民经济的政策”④，就是允许和鼓励一部分地区、一部分人先富起来，先富的带动后富的，逐步实现共同富裕。1992 年，邓小平

① 《江泽民文选》（第 1 卷），人民出版社 2006 年版，第 460 页。

② 《十五大以来重要文献选编》（上），人民出版社 2000 年版，第 17—18 页。

③ 江泽民：《论“三个代表”》，中央文献出版社 2001 年版，第 90 页。

④ 《邓小平文选》（第 2 卷），人民出版社 1994 年版，第 152 页。

在南方谈话中提出解决地区之间贫富差距的办法之一,"就是先富起来的地区多交点利税,支持贫困地区的发展。当然,太早这样办也不行,现在不能削弱发达地区的活力,也不能鼓励吃'大锅饭'。什么时候突出地提出和解决这个问题,在什么基础上提出和解决这个问题,要研究。可以设想,在本世纪末达到小康水平的时候,就要突出地提出和解决这个问题。到那个时候,发达地区要继续发展,并通过多交利税和技术转让等方式大力支持不发达地区。不发达地区又大都是拥有丰富资源的地区,发展潜力是很大的。总之,就全国范围来说,我们一定能够逐步顺利解决沿海同内地贫富差距的问题"①。1993 年,中共十四届三中全会通过《中共中央关于建立社会主义市场经济体制若干问题的决定》,明确建立社会主义市场经济体制的目标,为实现这个目标,从社会建设领域来看,要"建立以按劳分配为主体,效率优先、兼顾公平的收入分配制度,鼓励一部分地区一部分人先富起来,走共同富裕的道路"②。只有正确处理先富与共富、效率与公平,才有可能保证实现社会经济的可持续发展。在社会主义初级阶段,存在多种所有制和实行市场经济体制,客观上存在着两极分化的可能性。党的十四大以来,针对原来分配领域平均主义严重影响效率提高的情况,相继提出了兼顾效率和公平与效率优先、兼顾公平的原则,充分调动了人们的积极性,推动了生产力的发展。经济的快速发展的一个直接结果便是极大地改善了人民的生活状况,人民总体生活水平有了大幅提高。与快速发展的经济建设相比,社会建设仍相对滞后。但效率解决的是经济问题,兼顾公平实际上对社会公平有所忽略,许多社会问题仍然存在。由于人们占有资源和各方面条件的差别,人们在生活水平普遍得到提高的同时,收入差距也日益扩大。在社会领域引入市场化运作,市场化成为各项社会制度政策改革的优选策略,过分强调市场化,导致公共产品的公共性得不到应有的体现,也造成人民群众公共服务需求不断增长和获得公共服务的不平等的矛盾,使不同群体的社会利益差距进一步扩大甚至还发生冲突。这不仅成为经济发展的障碍性因素,也违背了改革的初衷。

2002 年,党的十六大确定在 21 世纪前 20 年的奋斗目标是"全面建设惠及十几亿人口的更高水平的小康社会",把"社会更加和谐、人民生活更加殷实"作为"更高水平的小康社会"的重要目标。③ 从逐步实现共同富裕

① 《邓小平文选》(第 3 卷),人民出版社 1993 年版,第 374 页。

② 《十四大以来重要文献选编》(上),人民出版社 1996 年版,第 520—521 页。

③ 《十六大以来重要文献选编》(上),中央文献出版社 2005 年版,第 317 页。

和社会公平的目标出发，在处理先富与共富、效率与公平的关系上，在不同时期有不同的重点。在一定时期内需要着重强调效率和让一部分人、一部分地区先富起来，而发展到一定程度，当人民生活总体达到小康水平时，就应该把公平和共富作为重点，“社会更加和谐”自然成为“更高水平的小康社会”的重要目标。这既符合事物发展的客观规律，同时也保证了发展的结果不偏离社会主义原则。

第二节　社会阶层结构分化与多元治理

从1992年到2002年，中国经济迅速发展，实现了从温饱到小康的转变。这一时期，经济的改革发展引发了整体性的社会变迁，从个人生活方式到家庭、社区和社会组织，整个社会结构都发生了深刻的变革。随着市场化改革带来的社会管理事务的增多，计划经济体制下政府一元化社会管理模式逐步得到调整，社会管理主体多元化发展，地方政府社会管理职能得到加强，社会管理结构分化与重心下移的趋势非常明显。20世纪90年代，面临农村人民公社解体之后乡村权力秩序的重建和城市市场化改革对单位体制的冲击这两大社会形势的转变，迫切要求重构一种不同于指令性计划体制下的基层社会管理秩序。

一、人口结构和家庭结构的变化

(一)人口结构的变化

随着社会经济的不断发展，人口的增长一般会经历一个由高出生、高死亡、低自然增长的传统型人口再生产类型，发展到高出生、低死亡、高自然增长的过渡型，然后向低出生、低死亡、低自然增长的现代型转变的过程。进入20世纪90年代后，随着计划生育工作的不断加强和完善，像20世纪80年代那样的人口高出生率得到有效控制，并持续稳步下降。1992年人口出生率为18.24‰，2002年降至12.86‰，10年下降了5.38个千分点，并一直稳定在低水平上。1998年人口自然增长率首次降到10‰以下，跨过了现代化指数。从2000年开始，年净增人口低于1000万，中国人口进入平稳增长阶段。死亡率继续稳定下降，一直保持在7‰以下的水平。这一时期，中国在人类历史上以最短的时间，实现了向低出生、低死亡、低自然增长的重大转变，进入现代型的人口再生产类型。

中国是发展中的人口大国里在20世纪唯一达到低生育水平的国家，

并将比其他发展中国家早半个世纪实现人口零增长，对世界人口与发展做出了积极贡献。人口过快增长势头得到有效遏制，减轻了对资源环境的压力，对中国乃至全世界的可持续发展做出了重大贡献。人口素质得到极大提高，从人口大国开始向人力资源大国跨越，人口优势顺利地转化为发展的优势和经济增长的动力。不过，人口总量过大一直是制约中国经济社会发展的重大问题，尽管中国人口已经进入低增长期，但由于庞大的人口基数和增长的惯性作用，人口总量在相当长的时期内仍将保持增长态势。劳动年龄人口总量同样保持增长态势，就业压力始终较大，控制人口数量的快速增长是中国实现现代化必须做出的战略选择。1992—2002 年人口出生率、死亡率和自然增长率如图 4-1 所示。

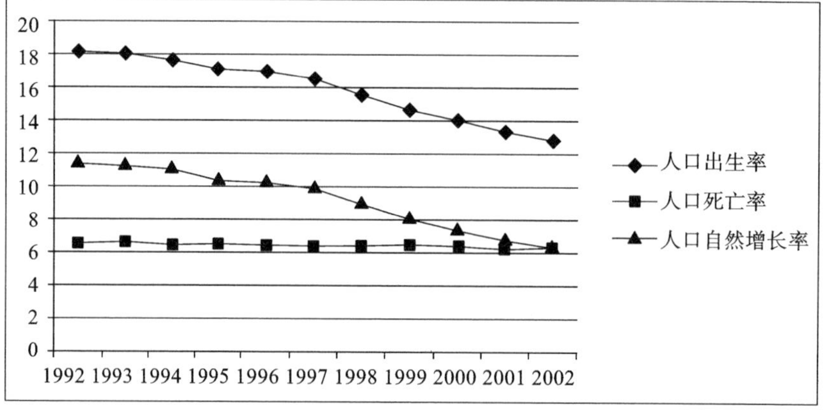

图 4-1　1992—2002 年人口出生率、死亡率和自然增长率(单位:‰)

（数据来源:《新中国五十五年统计资料汇编》，中国统计出版社 2005 年版，第 6 页。）

这一时期，中国人口男女性别比基本上稳定在 1.06∶1，并未造成性别结构的严重失调，仍在正常范围内。2002 年城镇人口达到 50212 万人，乡村人口 78241 万人，城镇人口占全国总人口的 39.1%，比 1992 年的27.5%增长了 11.6 个百分点。与 1992 年相比，2002 年每 10 万人口各级学校平均在校生有如下变化:高等学校由 313 人上升为 1146 人，高中阶段由 1365 人上升为 2283 人，初中阶段由 3518 人上升为 5240 人。这表明中国城镇人口呈比较快的上升势头，中国人的受教育程度也快速提升。

20 世纪 90 年代后，人口老龄化进程加快，人口年龄结构开始向老年型①转变。中国 65 岁以上人口从 1992 年的 7218 万人增加到 2002 年的

① 按照年龄结构类型划分标准，65 岁及以上人口比重在 4%以下为年轻型，在 4%～7%为成年型，在 7%以上为老年型。

9377 万人,占总人口的比重从 6.16%增加到 7.3%,意味着中国已经进入了老龄化国家行列,并仍在进一步发展。西方发达国家的人口转变是伴随着工业化和现代化逐步深化的渐进过程,经历了大约 150 年的时间,中国则是在经济不发达的条件下进行的,且明显带有人为的痕迹,经历着更加迅速的人口转变,从成年型进入老年型仅用了 18 年左右的时间,与发达国家相比速度十分惊人。中国人口老龄化是由于生育率急剧下降造成的,老龄化超前于经济发展,即"未富先老",薄弱的经济基础尚不具备供养老年人口的能力。庞大的老年人口将对中国的经济发展造成极大的压力,要妥善解决老年人口的社会保障和健康服务,任务相当艰巨。

(二) 家庭结构的变化

从 1992 年中国改革开放和现代化建设进入新阶段以来,中国的家庭、婚姻观念和生活继续发生着变化,"夫尊妻卑,父为子纲,漠视子女利益的传统意识逐渐为夫妻平权、亲子平等和亲情共享的民主意识所取代。在家庭生活中,那种压抑家庭成员个性,个体利益绝对服从家庭利益的'以家为本'的观念日益淡薄,而追求个人在家庭中的独立地位、自主选择和个性发展的'以人为本'的观念逐渐成为现代家庭观念的核心。人们的婚恋观、生育观等也随之发生了一系列相应的变化"①。家庭户规模持续变小,2000 年中国大陆 31 个省、自治区、直辖市共有家庭户 34837 万户,家庭户人口为 119839 万人,平均每个家庭户的人口为 3.44 人,比 1990 年第四次全国人口普查的 3.96 人减少了 0.52 人。② 20 世纪 80 年代以来,人民法院审理的离婚案件数量成倍增长,离婚率居高不下,1999 年审理离婚案件 119.9万件,比 1980 年的 27.2 万件翻了两番多,平均每年增长 8.1%。③从中国离婚者的年龄结构来看,30 岁左右婚龄较短的年轻人比例较大,但 20 世纪 90 年代后期,中老年离婚率也呈上升趋势。在离婚原因中,除了因性格不合、不善于调适夫妻关系、子女教育和家庭经济引发的冲突外,因性生活不和谐和第三者插足而提出离婚的比例也略有增加。

① 肖扬:《婚姻法与婚姻家庭 50 年》,《中国妇运》2000 年第 5 期。

② 国家统计局:《2000 年第五次全国人口普查主要数据公报》(2001 年 3 月 28 日),《人民日报》2001 年 3 月 29 日。

③ 李平:《二十年全国离婚案简析》,《人民日报》2000 年 12 月 20 日。

跨国婚姻发展迅速，1990年跨国婚姻为23762对，而1997年已达50773对，涉及53个国家和地区。在跨国婚姻中，华侨、外籍华人一直占有很大比重，通常有70%之多。这一时期，中国的跨国婚姻90%是女性外嫁到他国。中国的跨国婚姻中，也存在着不少问题：一是有的婚姻的基础不是为了爱情；二是出现一批年龄过于悬殊的“祖孙婚”；三是出现一批相识时间极短的“闪电式”婚姻；四是外国男性骗婚现象严重；五是跨国婚姻的离婚率高且愈演愈烈。1990年到1995年其结婚对数增长2.4倍，而其离婚对数则增长2.8倍。1990年离婚与结婚之比为20%，1995年则为26%。①

二、新阶层的成长和流动人口管理

伴随体制的改革和经济的发展，社会阶层结构发生着深刻的变化。原有的工人、农民和知识分子阶层在市场经济体制改革和产业结构调整过程中，不断调整、分化、重构，以职业为基础的新的社会阶层分化机制逐渐取代过去以政治身份、户口身份和行政身份为依据的分化机制，产生出具有不同经济地位、社会地位和利益特点，具有不同价值趋向、归属感和认同感的社会新阶层，社会经济变迁导致一种新的社会阶层结构的出现，现代化的社会阶层结构雏形逐渐形成。

农业劳动者阶层的缩小是一个国家现代化的必然结果。随着工业化和城镇化进程的加快，以及农村剩余劳动力的大量转移，农业劳动者的比重明显降低。1992年以来，中国农业劳动者数量大量减少，从1992年的38699万人减少至2002年的36640万人，就业人口的比重从58.5%下降到50%。农业劳动者数量下降的速度取决于经济增长和城镇化的速度，外出务工经商、兴办乡镇企业、接受高等教育以及城镇化，是这一时期农业劳动者实现社会流动的主要途径。随着乡镇企业的异军突起以及劳务输出的发展，大批剩余劳动力逐渐从土地上转移出来，开始以从事工业和加工业为主，就业于社会各个生产、经营、服务和管理部门，于是来自农村的劳动者大体分化为农业劳动者阶层、外出农民工阶层、乡镇企业职工阶层、农村管理者阶层、贫困农民阶层等。仅仅外出务工经商就吸纳了8000多万农业劳动者，还有上亿农业劳动者被吸纳到乡镇企业，成为乡镇企业职工、企业家和管理人员。农业劳动者阶层所占比例下降，对于中国社会从传统

① 王震宇：《中国婚姻家庭状况的变化》，《中国国情国力》1999年第3期。

社会结构向现代社会结构转型、从金字塔型结构向橄榄型结构过渡是极为重要的。但是,与西方现代化国家相比,中国农业劳动者所占比重还是过大,并且超过了许多发展中国家。1998 年,马来西亚、巴西和墨西哥的农业劳动者所占比重分别为 18.17%、24.19%、19.79%。

这一时期,产业工人在阶层结构中所占比例变化不大。虽然随着一些传统工业的衰落,会有一部分产业工人流向其他社会阶层,但中国加入世界贸易组织之后,东亚和西方一些国家的新兴产业中的劳动密集型工业企业加速转移到中国,从而对产业工人的需求保持在一定水平上。因此,在相当长时期内,中国不会像西方国家那样,出现产业工人在社会阶层结构中的比例大幅度下降的现象。

第二产业就业人口从 1992 年的 14355 万人增加到 2002 年的 15681.9 万人,但就业人口的比重从 21.7%下降到 21.4%。工人阶级的构成发生了变化。一方面,工人阶级由原来的国有企业和集体企业两大部分的公有制单位职工,分化成国有企业、集体企业和乡镇企业工人、知识分子、国家和社会管理者、三资企业和私营企业雇工等。另一方面,随着产业结构的升级和新兴部门的出现以及教育的普及,以脑力劳动为主的工人人数增加,知识分子所占比例也明显提高,知识分子阶层出现了分化,分化为管理者阶层、知识生产与传播者阶层、自由职业者阶层等。

变化最大的是第三产业就业人员,从 1992 年的 13098 万人增加到 2002 年的 20958 万人,就业人数增加了 60%,就业人口的比重从 19.8%增加到 28.6%。1992 年以来,一些以商业服务业为中心的城市发展迅速,小城镇的扩张运动还在继续,这些将使商业服务业员工规模继续增长,并且员工内部开始出现分化。尤其是随着新兴服务行业的出现,服务行业的产业层次逐渐提高和日益规范化、现代化,这个阶层中的一部分成员将向上流动,进入社会中间层。

从图 4-2 中,可以看到中国按三次产业划分的从业结构的基本态势。突出的一点是,农业比较效益偏低驱使从业人员由第一产业向第二、三产业流动,形成了持久不衰的“农转非”“农民工潮”的巨大压力。

2001 年,在庆祝中国共产党成立 80 周年大会上的讲话中,江泽民首次使用了“新的社会阶层”的提法,包括民营科技企业的创业人员和技术人员、受聘于外资企业的管理技术人员、个体户、私营企业主、中介组织的从

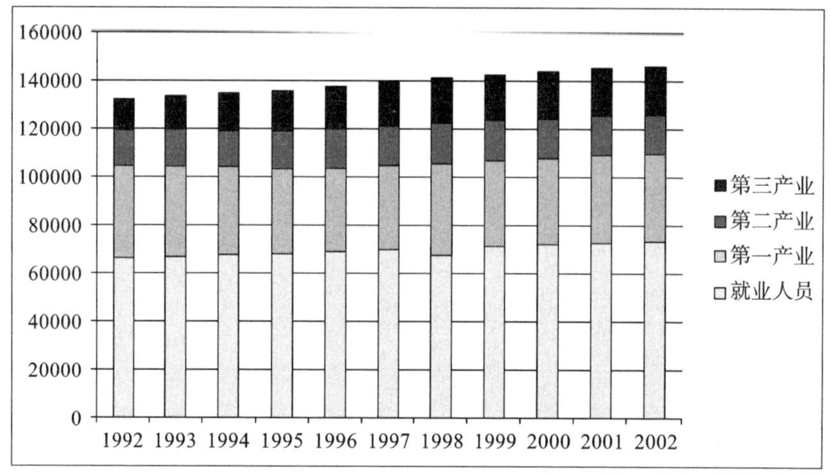

图 4-2　1992—2002 年按三次产业所划分的就业人数(单位:万人)

(数据来源:国家统计局网站 http://data.stats.gov.cn.)

业人员、自由职业人员等。[①] 新的社会阶层主要由非公有制经济人士和自由择业知识分子组成,集中分布在新经济组织、新社会组织中,呈现出快速发展的态势。经济体制的改革、非公有制经济的发展直接改变着从业人员从业单位的所有制结构,许多人在不同所有制、不同行业、不同地域之间频繁流动,人们的职业、身份经常变动。在 1992 年的 17861 万城镇从业人员中,在国有单位和集体单位的就业人员数为 14510 万人,占全国城镇从业人员的 81.24%。其他从业人员总共只有 3351 万人。2002 年,城镇非公有制经济单位(个体、私营企业、股份合作单位、联营单位、有限责任公司、股份有限公司、港澳台商投资单位和外商投资单位)的从业人员总和已达 19495 万人,增加人员超过 1.6 亿人,而在公有制(国有和集体)单位从业的人数下降到 8285 万人,仅占 33.43%。

中国新的社会阶层的出现与社会变革的大背景有关。具体来说,主要有以下几方面原因:第一,基本经济制度的变化。中国从过去单一的公有制经济转变为公有制为主体、多种所有制经济共同发展,经济领域的制度创新给新的社会阶层的产生提供了制度基础。不少人陆续脱离原来的工作岗位,转而从事非公有制经济,或"下海"经商、自主创业,或进入民营科技企业、外资企业等经济组织,或成为自由职业人员。第二,经济体制的变化。随着市场经济体制的不断发展和完善,社会的劳动分工日益精细,为

① 《江泽民文选》(第 3 卷),人民出版社 2006 年版,第 286 页。

新的社会阶层的出现提供了从业条件。第三,产业结构的变化。改革开放以来,随着社会生产力的长足发展,中国的产业结构发生了重大变化,促成就业结构、社会阶层结构的变化。新的社会阶层的出现是经济发展和社会进步的必然结果,是不以人们的意志为转移的。新的社会阶层中的广大人员,通过诚实劳动、合法经营,扩大了就业门路,缓解了就业压力,为发展社会主义社会的生产力和其他事业做出了重要贡献。新的社会阶层既是中国特色社会主义的建设者,又存在一定的消极性,这对新世纪新阶段的统战工作提出了新的要求,既要充分肯定和发挥新的社会阶层的重要作用,又要加强教育引导,抑制其消极的一面,促进新阶层健康发展。

当然,我们说新的社会阶层中的广大人员是中国特色社会主义事业的建设者,并不是否定工人、农民、知识分子、干部和解放军指战员在建设中国特色社会主义事业中的主体地位。包括知识分子在内的工人阶级和广大农民,始终是推动中国先进生产力发展和社会全面进步的根本力量。这是不容置疑、不能动摇的。新的社会阶层中的不少人正是从上述各种群体中分化出来的,彼此之间存在着某种天然的联系。他们之间尽管个人财产多寡不同,但并不存在根本的利益冲突。在建设中国特色社会主义的伟大进程中,全国人民的根本利益是一致的,各种具体的利益关系和内部矛盾可以在这个基础上进行调节。制定和贯彻党的方针政策,基本着眼点就是要代表最广大人民的根本利益,正确反映和兼顾不同方面群众的利益,使全体人民朝着共同富裕的方向稳步前进。

人口流动增多是经济和社会发展到一定阶段的重要特征。在经济迅速发展时期,在市场配置各种资源的过程中,要求包括劳动力在内的各种生产要素,按照经济规律在产业间和地区间流动。同时,我国又是一个发展中国家,由于历史和现实的多种原因,经济发展很不平衡,地区之间、城乡之间差距较大。1992 年以后基本取消了粮票,粮食供应不再成为户籍制度改革的障碍。因此,在改革开放和建立社会主义市场经济体制的新形势下,人口流动特别是农村剩余劳动力跨地区的流动大量增加。这一方面对经济发展和社会进步起到了积极的促进作用;另一方面,也对社会治安、劳动、交通、计划生育等领域的管理秩序造成了很大的冲击。作为流动人口主体的农村剩余劳动力的流动,在很大程度上仍然处于盲目无序状态。为了维护社会的稳定,保障改革开放和社会主义现代化建设的顺利进行,必须在全国范围内大力加强对流动人口的管理工作,促进人口的合理有序流动。

为了适应改革开放后城乡劳动力合理流动的需要，1992年底，由国务院牵头、公安部等部门参加，成立了国务院户籍制度改革文件起草小组，于1993年6月草拟出户籍制度改革总体方案，提出了包括取消按是否吃商品粮划分农业与非农业户口性质的做法，废止“农转非”制度，“取消农业、非农业二元户口性质，统一城乡户口登记制度；实行居住地登记户口原则，以具有合法固定住所、稳定职业或生活来源等主要生活基础为基本落户条件，调整户口迁移政策”的改革目标。[①] 户籍制度改革的基本思路或取向是，逐步剥离户籍上的种种福利附加，使户籍管理功能回归本位。这是一个顺应时代发展要求、符合广大人民群众愿望的比较好的户籍制度改革思路。对于地方政府来说，既需要外来劳动力满足发展经济的需要，又需要限制外来人口流入，为国有企业职工提供就业保护。地方政府成为流动人口限制政策的制定者。全国各省市根据地方情况，对外来务工人员，通过了种种地方管理法规、条例，采取相应措施限制、控制外来务工者，保护本地居民就业。这种状况在过去是从来没有过的。以往，包括20世纪80年代，流动人口政策完全由中央政府制定。新的背景是，一方面，地方政府获得了更大的自主权，包括地方政策的制定和实施；另一方面，随着改革的深化，地方政府对本地居民的责任也在强化。在外来流动人口压力较大的城市，限制政策措施也更为明显。北京市于1995年第十届人大常委会审议通过《北京市外地来京务工经商人员管理条例》，同时出台9个配套的政府部门规章，对于无本市常住户口，暂住本市从事劳务、经营、服务等活动的外地人员（不包括外地来京受聘从事科技、文教、经贸等工作的专业人员），在暂住证、房屋租赁合同、婚育证明、就业证、营业执照、缴纳管理服务费等方面，实施与本市户籍居民不同的管理规定。[②]

1994年6月，为了加强户籍工作，经国务院批准，公安部正式成立户政管理局，户政管理职能从公安部的治安局中分离出来。为了引导农村劳动力跨地区有序流动，规范用人单位跨省招用农村劳动力和农村劳动力跨省流动就业的行为，1994年11月，劳动部颁发《农村劳动力跨省流动就业管理暂行规定》，对跨省流动劳动力的招用、就业、服务、组织管理和罚则做了具体规定，实行流动就业证制度，控制流动人口跨省流动；采取本地就业优

① 张谦元、柴晓宇，等：《城乡二元户籍制度改革研究》，中国社会科学出版社2012年版，第221页。

② 侯亚非、张展新：《流动人口的城市融入：个人、家庭、社区透视和制度变迁研究》，中国经济出版社2010年版，第138页。

先原则,限制流动人口跨省流动;严格控制招收方式等,规范农村劳动力跨省就业的组织管理和服务工作。[①] 为了加强对流动人口的管理,各地纷纷建立流动人口管理机构。1997年,中央明确提出,要组织农村剩余劳动力的有序流动。但在此时,对流动人口的关注已经不再局限于社会稳定,保证国有企业改革顺利进行、优先解决下岗职工问题成为重要的考虑因素。

1995年9月19日,中央办公厅、国务院办公厅转发《中央社会治安综合治理委员会关于加强流动人口管理工作的意见》,提出加强流动人口管理工作的主要任务是"各有关地区和部门树立全国一盘棋的观念,加强合作,齐抓共管,采取更加有力的措施,对流动人口问题进行综合治理",在工作中"大力加强对流动人口的户籍管理、治安管理、流动就业管理和计划生育、民政、卫生、兵役等各项管理工作,并把管理与对流动人口的疏导、服务、教育等各有关工作紧密衔接",建立科学有效的工作机制,逐步把这项工作制度化、法律化,纳入依法管理的轨道。[②]

20世纪90年代的那几年里,我国农村剩余劳动力流向城镇已达数千万人,其规模之大前所未有。城乡都面临着巨大的就业压力:随着国有企业改革进入攻坚阶段,解决下岗职工再就业问题已成为当务之急;农村大量剩余劳动力还需要寻找新的出路。1997年11月,国务院办公厅转发劳动部等部门《关于进一步做好组织民工有序流动工作意见的通知》,要求地方政府"鼓励和引导农村剩余劳动力就地就近转移","加强劳动力市场建设,把民工流动的管理服务工作纳入经常化、制度化轨道"。[③] 至此,对农村外出劳动力的管理已经从限制使用、合理控制转向有序流动。

1997年国务院批转公安部《小城镇户籍管理制度改革试点方案和关于完善农村户籍管理制度的意见》,提出从2000年开始,小城镇户籍改革将推向全国。但从全国来看,国家对大中城市的户籍制度仍然没有提上改革的日程,1982年第五届全国人民代表大会第五次会议通过的《中华人民共和国宪法》,以及1988年、1993年、1999年、2004年从第七届到第十届全国人大通过的《中华人民共和国宪法修正案》也均未恢复公民的居住和迁徙自由权。在这样一个特殊的背景下,形成了中国城乡大规模劳动力流动

---

① 姜兴长、关怀主编:《中华人民共和国法库·社会法卷》,人民法院出版社2002年版,第8055—8058页。

② 《中华人民共和国行政法律法规全书》,中国民主法制出版社2000年版,第1413页。

③ 《中华人民共和国法规汇编》(第13卷),中国法制出版社2005年版,第318页。

过程的“有流动无迁移”的特殊格局。①

三、城镇化的加速与小城镇户籍改革和社区建设

1992年以来，伴随改革开放进入新的发展阶段，以原有城市改造、新的开发区建设和国际性大都市建设为核心的城镇化在全国全面展开，一度遍地兴起的“房地产热”和“开发区热”，导致土地供应严重失控，耕地资源大量流失，不但诱导土地投机和低水平重复建设，同时也严重侵害农民利益。针对这一现象，国务院于1996年5月下发《国务院关于加强城市规划工作的通知》，提出在新形势下“需要切实发挥城市规划对城市土地和空间资源的调控作用，促进城市经济和社会协调发展”②。1998年推出新修改的《中华人民共和国土地管理法》，实行严格的土地管理政策。同时，国家将城镇化发展的注意力有意识地引向有助于城乡协调发展的地方小城镇建设。特别是亚洲金融危机爆发后，针对乡镇企业发展面临的严峻形势，国家要求乡镇企业向工业园区集中，加快体制创新，依靠科技进步，逐步实现由粗放型增长方式向集约型增长方式的转变。由此形成了乡镇企业与农村城镇化捆绑式联动推进的思路，带动了一大批地方小城镇的发展。早在1998年，中共中央在《关于农业和农村工作若干重大问题的决定》中就明确提出发展小城镇是带动农村经济和社会发展的大战略。2000年6月，中共中央、国务院发布《关于促进小城镇健康发展的若干意见》，进一步将“小城镇，大战略”具体化。2001年通过的《中华人民共和国国民经济和社会发展第十个五年计划纲要》(以下简称《纲要》)指出：“发展小城镇是推进我国城镇化的重要途径。小城镇建设要合理布局，科学规划，体现特色，规模适度，注重实效。要把发展重点放到县城和部分基础条件好、发展潜力大的建制镇，使之尽快完善功能，集聚人口，发挥农村地域性经济、文化中心的作用。发展小城镇的关键在于繁荣小城镇经济，把引导农村各类企业合理集聚、完善农村市场体系、发展农业产业化经营和社会化服务等与小城镇建设结合起来。”《纲要》同时提出，要大中小城市和小城镇协调发展，逐步形成合理的城镇体系；要消除城镇化的体制和政策障碍，改进城镇化的宏

① “有流动”，是指在政策层面，获得了离开户口登记地的自由，获得了在异地他乡寻求职业的权利。“无迁移”，指绝大部分流动人口虽长期离开户口登记地，但并未在常住地办理户口登记地变更手续，拥有非居住地城市的户口。

② 《十四大以来重要文献选编》(下)，人民出版社1999年版，第1939页。

观管理。[①]

从1990年到2001年的11年间,中国地级城市数量由188个增加到269个,市区非农业人口超百万的特大城市由31个增加到41个。2001年,城市覆盖的面积达408.9万平方千米,比1990年增加了219.2万平方千米,占全国国土面积的比重由1990年的约20%增加到42.6%。2001年,全部地级以上城市国内生产总值(不包括市辖县),由1990年的6708亿元增加到55057亿元,年均增长率达15.5%。这一时期,城镇化发展模式是以工业化带动城镇化为起点,以城镇土地市场化为主要动力,克服了城市建设资金不足和就业容纳能力差的限制,城镇化率从1992年的27.63%上升到2002年的39.09%。但以工促农、以城带乡的长效机制仍有待形成,长期存在的城乡二元结构还远未改变。市场化改革以来,随着中央政府和地方政府分权化的趋势加深,城市和农村的利益主体多元化,政府力量特别是中央政府对城乡二元结构的调整能力减弱,欠规范的市场力量对城乡二元结构的影响加剧。面对复杂的部门利益,地方利益和城市偏斜性政策惯性,在机制不健全的市场力量作用下,城乡二元结构的利益重心又进一步向城市倾斜,城乡差距越拉越大。与此同时,地区发展不平衡现象也在不断加剧。还是以城镇化为例,这一时期东部地区的城镇化水平增长幅度明显高于中部和西部地区,城镇化水平地区差异越来越大。从1990年到2000年十年间,城镇化率在东部地区提高了14.04个百分点,西部地区提高了9.77个百分点,中部地区提高了8.66个百分点。[②]

1996年3月,国务院总理李鹏在八届全国人大四次会议上所做的《关于国民经济和社会发展"九五"计划和2010年远景目标纲要的报告》中明确提出"促进区域经济协调发展",总的要求是,按照统筹规划、因地制宜、发挥优势、分工合作、协调发展的原则,正确处理全国经济总体发展与地区经济发展的关系,正确处理发展区域经济与发挥各省(自治区、直辖市)积极性的关系。在"九五"期间,要更加重视支持中西部地区的发展,积极朝着缩小差距的方向努力。[③] 1999年9月22日,中共十五届四中全会明确提出"国家要实施西部大开发战略"。2000年10月,中共十五届五中全会通过的《中共中央关于制定国民经济和社会发展第十个五年计划的建议》,把实施西部大开发、促进地区协调发展作为一项战略任务,强调"实施西部

① 《人民日报》2001年3月18日。

② 周云宏,等:《加快城镇化进程研究》,四川大学出版社2011年版,第42页。

③ 《十四大以来重要文献选编》(下),人民出版社1999年版,第1761页。

大开发战略、加快中西部地区发展，关系经济发展、民族团结、社会稳定，关系地区协调发展和最终实现共同富裕，是实现第三步战略目标的重大举措”。2001 年 3 月，九届全国人大四次会议通过的《国民经济和社会发展第十个五年计划纲要》对促进地区协调发展、实施西部大开发战略再次进行了具体部署。这是西部地区继计划经济时期的“三线建设”之后迎来的又一次重大发展机遇。

（一）小城镇户籍改革

伴随着城镇化发展的加速，逐渐打破城乡壁垒，将小城镇户籍改革作为户籍改革重点，城乡二元体制进一步松动。

由于“农转非”政策范围以外的投资办企业人员、被征地农民等大量增加，加上“农转非”欠账太多，不少地区出现了买卖“非农业户口”现象。1992 年 5 月 4 日，公安部下发《关于坚决制止公开出卖非农业户口错误做法的紧急通知》，要求制止各地卖户口的行为。为了缓解“农转非”指标过少和大量农民要求进城落户的矛盾，公安部在 1992 年 8 月拟制《关于实行当地有效城镇居民户口制度的通知》，实施户口簿印鉴为蓝色的户口簿管理制度，规定限于经济特区、经济技术开发区、高新技术产业开发区、小城镇，实行“当地有效城镇居民户口”，基本上可以享受正式户口的待遇。从 1992 年 10 月开始，广东、浙江、山东、山西、河北、上海等十多个省（直辖市）先后以省（直辖市）政府名义下发了实行当地有效城镇居民户口制的通知，并着手试行。[①] 1992 年底，国务院正式成立户籍制度改革文件起草小组。1993 年 6 月，户籍制度改革起草小组推出《国务院关于户籍制度改革的决定》，主张废除农业户口与非农业户口的划分，建立以常住户口、暂住户口和寄住户口三种户口形式为基础，以居住地登记、迁徙和暂住规定等为内容，以居民身份证、出生证为证件管理主体的新型户籍管理制度。可惜该方案未能颁布实行。[②]

1993 年 9 月，国务院开始研究小城镇户籍制度改革方案，中国的户籍制度改革从此由全面改革转向重点进行小城镇户籍制度改革。为了促进农村剩余劳动力就近、有序地向小城镇转移，1997 年启动了以小城镇户籍制度为主要内容的户籍制度改革。1997 年 6 月，国务院批转了公安部《小城镇户籍管理制度改革试点方案和关于完善农村户籍管理制度的意见》

① 马福云：《户籍制度研究：权益化及其变革》，中国社会出版社 2013 年版，第 135 页。

② 胡星斗：《中国户籍制度的命运：完善抑或废除》，《学术研究》2009 年第 10 期。

(以下简称《意见》)。《意见》明确规定：从农村到小城镇务工或者兴办第二、第三产业的人员，小城镇的机关、团体、企业和事业单位聘用的管理人员、专业技术人员，在小城镇购买了商品房或者有合法自建房的居民，以及其共同居住的直系亲属，可以办理城镇常住户口。[①] 这一改革措施标志着我国户籍管理进入小幅调整、逐步改革时期，政府对于全国人口流动“变堵为疏”，开始打破城乡分割局面。1998 年 10 月，中共十五届三中全会通过了《中共中央关于农业和农村工作若干重大问题的决定》，进一步推动小城镇户籍制度改革。

2000 年 6 月 13 日，中共中央、国务院发布的《关于促进小城镇健康发展的若干意见》规定：“从 2000 年起，凡在县级市区、县级人民政府驻地镇及县以下小城镇有合法固定住所、固定职业或生活来源的农民，均可根据本人意愿转为城镇户口，并在子女入学、参军、就业等方面享受与城镇居民同等待遇，不得实行歧视性政策。”[②]

2001 年 3 月 30 日，国务院批转公安部《关于推进小城镇户籍管理制度改革的意见》的通知中指出：小城镇户籍管理制度改革的实施范围是县级市市区、县人民政府驻地镇及其他建制镇；凡在上述范围内有合法固定的住所、稳定的职业或生活来源的人员及与其共同居住生活的直系亲属，均可根据本人意愿办理城镇常住户口；已在小城镇办理的蓝印户口、地方城镇居民户口、自理口粮户口等，符合上述条件的，统一登记为城镇常住户口。[③]

2002 年，公安部明确规定，对于进入小城镇和县级市市区的农民，只要有稳定的居住地，有稳定的就业或者收入来源，就可以举家迁入或者个人迁入。由此，全国小城镇户籍管理制度改革试点在各地进行，2006 年 10 月 1 日起在全国全面实施。

小城镇户籍改革是对二元户籍政策的一种完善，县域城镇户籍开始松动或放开，首先在制度层面上打破了城乡身份限定的行政藩篱，提供了城乡劳动力在同等条件下平等竞争的机会，为人口广泛流动创造了更大的自由度。其意义在于以经济和技术的后天条件革除了强加于人身上的先天

---

① 《中华人民共和国法规汇编》(第 13 卷)，中国法制出版社 2005 年版，第 131 页。

② 《中国三农及农民增收政策法规汇编》(上)，安徽文化音像出版社 2004 年版，第 341 页。

③ 《中华人民共和国法规汇编》(第 16 卷)，中国法制出版社 2005 年版，第 131 页。

不平等，在人口向城市自由流动中设置了一个敲门进入的机制。[①] 这无疑是小城镇户籍改革的一个制度创新。它明确释放出了一个政策导向信号，学历、技术、资金是能够进入城市并在更广大范围内自由流动的"通行证"。虽然小城镇户口还只是对二元户籍制度的一种完善或松动，但它对大中城市的户籍改革和以后户籍制度的全面改革提供了经验，对破解城乡二元户籍制度难题具有试验性、探索性意义。[②]

小城镇户籍制度改革极大地促进了国家的城市化、工业化和现代化进程，但由于配套制度改革的落后、既得利益的阻碍、政府财政压力的加大、计划经济观念的影响、城乡收入差距的扩大等原因，就业失业、教育、医疗、养老制度等户籍制度的配套制度没有进行全面、有效的改革，致使户籍制度改革困难重重，难以到位。各地还出现了高考"候鸟现象"，农民工子弟的上学问题由于户籍、经费等原因始终没有得到很好的解决。农民获得小城镇的户籍必须购买住房，一般的农民还是无法实现梦想的。许多人真正梦想的地方是大城市和特大城市，而大城市和特大城市的准入门槛仍然太高，户籍制度基本没有松动。[③]

（二）社区建设

这一时期，也正式开始了社区建设。我国的社区建设是在社区服务的基础上发展而来的。随着国家工作中心转向经济建设，企事业单位的政治职能弱化，社会职能逐步剥离出来转移给社会。再加上随着城乡人口流动不断增强、人口老龄化，离退休人员、下岗失业人员、流动人口大量涌入社区，街道和居委会的管理任务不断增多。1986 年，民政部首次把"社区"概念引入城市管理，民政部首先倡导在城市基层开展以民政对象为服务主体的便民利民服务，称之为"社区服务"，区别于民政部门代表国家办的社会福利。在这种情况下，社区建设便被作为加强城市基层政权建设，改革城市基层管理体制的重要思路和重大举措提了出来。1989 年，《城市居民委员会组织法》将"社区服务"的概念以法律条文的形式规定下来。随着社区服务的普及与深入，社区服务对象也逐渐由民政对象扩展到全体社区居民，社区服务所涉及的项目也越来越广泛，远远超出了社区服务所涵盖的

① 王海光：《2000 年以来户籍制度改革的基本评估与政策分析——21 世纪以来中国城镇化进程中的户籍制度改革问题研究之一》，《理论学刊》2009 年第 5 期。

② 张谦元、柴晓宇，等：《城乡二元户籍制度改革研究》，中国社会科学出版社 2012 年版，第 222 页。

③ 袁刚：《户籍的性质、历史与我国户籍制度改革》，《学习论坛》2008 年第 5 期。

内容。民政部从我国国情出发，借鉴国外先进经验，于1991年提出社区建设的概念。1992年9月下旬，由民政部、中国基层政权建设研究会在杭州召开全国城市社区建设理论研讨会，会议从理论和实践两个方面对社区建设进行了深入研讨，要求将社区服务进一步扩展为社区建设，以社区为基础解决社会管理和发展问题。1996年11月，民政部基层政权建设司和全国城区发展促进会在北京召开了全国城市社区建设研讨会，对未来社区建设工作发展的思路、方针及原则提出了很多建设性的意见。1999年，民政部启动了“全国社区建设实验区”工作，先后有26个城区作为实验区。同年民政部制定了《全国社区建设实验区工作实施方案》，提出要改革城市基层管理体制，培育和建立与社会主义市场经济体制相适应的社区建设管理体制和运行机制。经过一年多的努力，各实验区在改革社区管理体制、探索社区建设工作运行机制等方面进行了大胆的创新和实践，创造出了各具特色的做法和成功经验。2000年11月19日，中共中央办公厅、国务院办公厅转发民政部《关于在全国推进城市社区建设的意见》的通知，要求“各级党委和政府要高度重视城市社区建设，把社区建设工作摆上重要议事日程，切实帮助解决城市社区建设中的困难和问题”①。社区建设在全国蓬勃开展，步入了整体推进、全面拓展的新的发展阶段。2001年3月，九届全国人大四次会议通过《中华人民共和国国民经济和社会发展第十个五年计划纲要》，社区建设被列入其中，“努力建设管理有序、服务完善、环境优美、治安良好、生活便利、人际关系和谐的新型现代化社区”②。这就为社区建设的快速发展提供了有力保证，把社区建设推向了一个新的高潮。2002年9月，民政部召开全国城市社区建设四平现场会，研究探讨如何进一步深化社区建设，进一步明确了社区建设的任务、目标、思路和要求，推动了社区建设在横向和纵向两个方面的发展。

四、社会组织的发展与治理

1993年11月中共十四届三中全会通过的《中共中央关于建立社会主义市场经济体制若干问题的决定》，勾画了社会主义市场经济体制的基本框架，也相应地提出了转变政府管理职能的任务目标。此后，随着社会主义市场经济体制的逐步确立，各种各样的利益主体快速成长起来，社会分

① 民政部社会工作司编：《中国社会工作相关政策法规汇编》，中国社会出版社2010年版，第373—378页。

② 张明亮主编：《社区建设政策与规章》，中国社会出版社2004年版，第115页。

化明显加剧，在市场不愿涉及而政府又无力顾及的社会领域，亟须在政府和市场二者之外动员第三方的力量——社会组织的力量来实行社会自治，于是社会组织纷纷发展起来，并且发展的空间越来越大。

但是，社会组织的发展之路并不平坦。市场化改革开启后，传统体制下由事业单位控制的一些社会服务领域陆续向社会开放，各种形式的民办事业单位迅速崛起，但此时还缺乏相关的法律加以规范，也没有统一的管理部门。据民政部门统计，到 1997 年前后，全国各类民办事业单位总数达到 70 万左右[①]，这些被称为“民办事业单位”的社会服务机构却一直游离于统一管理体系之外。由于数量庞大，鱼龙混杂，特别是西方敌对势力插手一些社会团体，非法社会团体不断出现，给国内政治和社会稳定带来重大隐患。[②] 此前，早在 1990 年，政府就对社会组织进行了一次清理整顿。针对社会团体管理制度与自律机制不完善等问题，民政部经国务院批准后于 1997 年开始第二次清理整顿，至 1999 年 10 月结束。1997 年，国务院明确原来归口不同政府主管机关的“民办事业单位”统一作为“民办非企业单位”，归口到各级民政部门登记。为将各类社会组织纳入统一管理架构，同时进一步加强对社会团体和基金会的监管，1997 年 4 月，国务院转发民政部《关于清理整顿社会团体意见的通知》，对几种社会团体进行重点整顿。1998 年 10 月 25 日国务院颁布实施的新修订的《社会团体登记管理条例》[③]和同日国务院颁布实施的《民办非企业单位登记管理暂行条例》，对社会团体进行了界定，确定了其组织特征和法律地位，同时开始对遍布全国各地的各类民办社会服务机构进行普查和登记注册，标志着社会组织“双重管理”体制的正式形成。

经过清理整顿，社会团体、基金会和民办非企业单位被纳入到统一登记的管理体系中，社会组织经过短暂的回落后发展很快恢复正常，2000 年以后出现新的发展高潮。2002 年底，全国登记注册的社会组织总数达到 244509 个，其中社会团体 133297 个，民办非企业单位 111212 个，社会组织总数比 1997 年增长了 34.85%，比 1992 年增长了 90007 个。[④] 此外，还有为数更多的社会组织游离在登记体系之外。这一时期，学会和行业协会

① 朱勇、钟利平：《民办非企业单位：驶向规范发展航道》，《中国民政》2000 年第 1 期。

② 康宗基：《改革开放以来我国民间组织管理体制的回顾与展望》，《理论导刊》2010 年第 8 期。

③ 1989 年 10 月 25 日发布的《社会团体登记管理条例》同时废止。

④ 《中国社会组织年鉴 2008》，中国社会出版社 2008 年版，第 554 页。

是社会团体的主要形式。随着政府对社会组织的调整规范力度加大以及双重管理体制的建立，学会和行业协会的发展速度受到了不同的影响，学术类社会团体发展相对滞缓，而各种协会等社会团体蓬勃发展成为社会组织的主流部分。新增协会类社会团体的数量在1997与学术类组织持平，之后一直超过学术类组织。[①] 此外，民政部于1999年底在全国范围内开展了对气功类社会团体的专项清理工作。20世纪80年代中期以后，全国各地掀起一股气功健身热。1992年，李洪志借机创立了“法轮大法研究会”，陆续在我国境内各省(区、市)设立了39个“法轮功”辅导总站、1900多个辅导站、2.8万个练功点，打着“真、善、忍”和祛病健身的幌子，编造、宣扬歪理邪说，大肆发展练习者。到1999年4月，参与练功人数达到200万人左右。“法轮功”创办之初，主要借气功之名办班授功，并未引起较大危害。1994年，李洪志编造《转法轮》一书，拼凑歪理邪说，其组织性质发生了较大变化，并引发了一些残害生命的现象，引起社会广泛关注。1996年7月，国家新闻出版署下发通知收缴封存“法轮功”书籍，有关部门注销了“法轮功”的会员资格，“法轮功”成为非法组织。其后，“法轮功”组织频繁制造事端，围攻新闻单位和党政机关，彻底地变成一个邪教组织。1999年4月25日凌晨，北京、天津、河北、辽宁等地上万名受蒙蔽的“法轮功”练习者，到中南海周围非法聚集，围攻时间长达20小时，破坏了首都的社会治安秩序，给社会稳定带来较大隐患。[②] 围攻中南海事件发生后，李洪志和“法轮功”组织变本加厉，不断在网上发出“指令”“经文”进行挑动，一些地方不断出现“法轮功”练习者非法聚集事件。1999年7月19日，中共中央发出《关于共产党员不准修炼“法轮大法”的通知》。1999年7月22日，民政部依照《社会团体登记管理条例》有关规定，针对“法轮功”未经依法登记非法活动等问题，做出《关于取缔法轮大法研究会的决定》，认定法轮大法研究会及其操纵的“法轮功”组织为非法组织，决定予以取缔。[③] 以此为标志，各级政府对“门徒会”“统一教”“呼喊派”“观音法门”等冒用宗教名义的邪教组织及一些有害气功社团进行治理。专项治理后，保留了一些以治病为目的的医疗类、以强身健体为目的的健身类综合性气功社团，注销了单一气功功法类社团。

这一时期，通过对社会组织的清理整顿和取缔“法轮功”，构建了社会

---

① 王名主编：《中国民间组织30年》，社会科学文献出版社2008年版，第26页。

② 高文英主编：《邪教与反邪教》，河北人民出版社2002年版，第166页。

③ 《中华人民共和国国务院公报》，1999年第26号。

组织管理制度，管理体制更加完善，社会团体的整体质量明显提高，法制意识明显增强，布局结构更加合理，有效规范了社会组织发展。2000 年 4 月，国务院出台《取缔非法民间组织暂行办法》，以政治理由对社会组织的发展进行限制和打压，曾一度成为一些党政机关社会管理的一项职责，一些地方甚至将不予登记新的社会组织作为考核工作业绩的一项指标。在这样的政治背景下，随着社会组织的发展，双重管理体制的弊端越来越突出，成为延续至今制约中国社会组织发展的主要制度障碍。

随着市场化改革带来的社会管理事务的增多，计划经济体制下政府一元化社会管理模式逐步得到调整，社会管理主体多元化发展，地方政府社会管理职能得到加强，社会管理结构分化与重心下移的趋势非常明显。随着市场化改革的推进，城乡互动不断加强，社会分化、专业化及社会流动性的加强带来了社会管理事务的增多，这就不仅要求各级政府重新认识社会管理职能，而且为了提高效率和质量，还要求对各级政府和社会组织的管理作用重新整合，因此使得社会管理主体的多元化发展和有效分工显得尤为重要。个体和私营经济获得较快发展，私人经济部门在经济增长和社会就业方面发挥着越来越重要的作用。民间组织管理从定期清理走向依法登记管理，20 世纪 90 年代以来获得很大发展。城市社区建设提上了党和政府的议程，农村村民自治走上规范化管理的轨道。所有这些都为现代社会管理体制的建立奠定了基础。20 世纪 90 年代以后，政府虽然仍是最重要的社会管理主体，承担着其他社会管理主体难以完成的社会管理任务，如社会保障、社会治安、环境治理、危机应急、基础公共设施建造，等等，但是除了政府之外，事业单位、社区自治组织、社会组织、企业组织也参与到社会管理，社会管理主体多元化发展的趋势已相当明显。同时，也与我国的行政和财政体制密不可分。“在整个党政科层体系里，不同层级政府之间是领导与被领导的关系，随着社会管理事务的增多，上级政府实际上具有运用行政权力重新配置事权的倾向。虽然在分税制改革之后，财权上收使地方政府的财政能力普遍被削弱，但是这并没有改变‘上级发文，下级买单’的层级行政格局。”[①]越往下一级的政府，社会管理事务越多，而下级政府的财政能力却越来越有限，由此，出现部分地方政府希望减轻负担，吸收外力帮助或参与社会管理，出现希望社会组织参与社会管理的现象。

① 卢汉龙，等：《新中国社会管理体制研究》，上海人民出版社 2009 年版，第 83 页。

第三节　构建应对社会风险的公共安全体系

在我国从温饱向小康迈进的过程中,以公有制为主体的多种经济成分共同发展的格局初步形成,市场在国家宏观调控下对资源配置起着越来越重要的作用。经济发展和社会变迁带来许许多多的社会问题,要解决这些社会问题,就必须适应市场经济,建立和完善社会保障体系、构建社会安全网。

一、构建与社会主义市场经济相适应的多层次社会保障体系

1992 年,党的十四大确立了建立社会主义市场经济体制的改革目标,把"深化分配制度和社会保障制度"的改革作为经济体制改革的四个重要环节之一。[①] 1993 年 11 月,中共十四届三中全会通过的《关于建立社会主义市场经济体制若干问题的决定》(以下简称《决定》)指出:"社会主义市场经济体制是同社会主义基本制度结合在一起的。建立社会主义市场经济体制,就是要使市场在国家宏观调控下对资源配置起基础性作用。"[②]《决定》把"多层次的社会保障制度"同现代企业制度、统一的市场体系、宏观调控体系、收入分配制度并列为构筑社会主义市场经济基本框架的五个组成部分之一,而不是仅仅将其视为国有企业改革的配套措施。1994 年,全国人大通过《中华人民共和国劳动法》,对劳动者享有的社会保险和福利待遇做出了明确、系统的法律规定。[③] 中国的大部分省、自治区和直辖市逐步推行了相关领域的改革,养老保险制度改革取得重大进展,医疗保险制度改革全面启动,完善城镇社会保障体系取得初步成效,基本实现了社会保险的统筹。1994 年 4 月 14 日,国家体改委、财政部、劳动部、卫生部颁布《关于职工医疗制度改革的试点意见》,明确提出职工医疗保障制度改革的目标是建立社会统筹医疗基金和个人医疗账户相结合的社会保险制度,并使之逐步覆盖城镇所有劳动者。[④] 1995 年 3 月 17 日,国务院发布《关于深化

① 《江泽民文选》(第 1 卷),人民出版社 2006 年版,第 228—230 页。

② 《十四大以来重要文献选编》(上),人民出版社 1996 年版,第 520 页。

③ 《中华人民共和国劳动法》第七十条规定:"国家发展社会保险事业,建立社会保险制度,设立社会保险基金,使劳动者在年老、患病、工伤、失业、生育等情况下获得帮助和补偿。"第七十一条规定:"社会保险水平应当与社会经济发展水平和社会承受能力相适应。"

④ 刘文华主编:《最新劳动人事政策法律法规汇编 2》,中国人事出版社 2001 年版,第 845—848 页。

企业职工养老保险制度改革的通知》，要求到20世纪末，基本建立起适应社会主义市场经济体制要求，适用城镇各类企业职工和个体劳动者，资金来源多渠道、保障方式多层次、社会统筹与个人账户相结合、权利与义务相对应、管理服务社会化的养老保险体系。①

1997年7月16日，国务院发布《关于建立统一的企业职工基本养老保险制度的决定》，统一了全国企业基本养老保险制度。② 这是中国社会保障制度改革的一个重要里程碑。

1997年，党的十五大进一步提出："建立社会保障体系，实行社会统筹和个人账户相结合的养老、医疗保险制度，完善失业保险和社会救济制度，提供最基本的社会保障。"③这标志着适应社会主义市场经济发展需要，社会保障由国家-单位制向国家-社会制过渡，社会化和个人责任回归成为主要方向，中国的社会保障体制建设进入一个新的阶段。各地加快了社会保障改革的步伐，社会保障逐渐成为一项基本的社会制度和公共产品。当时，保证下岗职工基本生活和企业离退休人员基本养老金的按时足额发放，成为关系企业改革和社会稳定的突出问题。1998年5月，中共中央、国务院召开国有企业下岗职工基本生活保障和再就业工作会议。同年6月9日，中共中央、国务院发出《关于切实做好国有企业下岗职工基本生活保障和再就业工作的通知》，做出了实行"两个确保"(确保国有企业下岗职工基本生活、确保企业离退休人员基本养老金按时足额发放)、建立"三条社会保障线"(国有企业下岗职工基本生活保障制度、失业保险制度、城市居民最低生活保障制度)的重大决策。1997年至1999年，国务院集中出台了一批建立健全社会保障制度的政策法规。④

为加强对社会保障事业的管理，1998年3月，在原劳动部基础上组建劳动和社会保障部，统一管理城镇企业职工养老、医疗、失业、工伤、生育保险和农村社会养老保险。1998年8月，国务院颁布《关于实行企业职工基本养老保险省级统筹和行业统筹移交地方管理有关问题的通知》，解决了

---

① 中华人民共和国财政部办公厅编：《财政规章制度选编(1995年1—6月)》，中国财政经济出版社1995年版，第292—296页。

② 统一企业和职工个人缴费比例，统一个人账户模式，统一基本养老金计发办法。参见《最新社会保险法律政策全书》(第4版)，中国法制出版社2013年版，第55—56页。

③ 《十五大以来重要文献选编》(上)，人民出版社2000年版，第24页。

④ 如《关于建立统一的企业职工基本养老保险制度的决定》(1997年)、《关于建立城镇职工基本医疗保险制度的决定》(1998年)、《失业保险条例》(1999年)、《社会保险费征缴暂行条例》(1999年)、《城市居民最低生活保障条例》(1999年)等。

过去长期存在的行业统筹与地方统筹条块分割的矛盾。1999 年 1 月,国务院颁发《社会保险费征缴暂行条例》,对社会保险费征缴范围、征缴管理、监督检查和处罚等做了规定,社会保险体制逐步完善。2000 年,党中央、国务院决定建立全国社会保障基金,同时设立全国社会保障基金理事会,负责管理全国社会保障基金。国务院在总结多年来社会保障改革实践经验和进行专题研究的基础上,于 2000 年底出台了《关于完善城镇社会保障体系的试点方案》,明确了完善社会保障体系的总体目标和基本原则,提出了试点工作的主要任务,并决定 2001 年在辽宁省全省和其他省份确定部分城市进行试点。2001 年 2 月,财政部与劳动和社会保障部联合颁布《全国社会保障基金投资管理暂行办法》,对社保基金理事会、投资管理人、托管人、投资及其收益分配和费用、账户和财务管理等都做出了详细的规定。

这一时期,逐步形成了覆盖社会保险主要险种、相互配套的社会保障体系,以养老、失业、医疗、工伤、生育保险为核心,以社会保险、社会救助、社会福利、优抚安置、社会互助和住房保障为重要内容,以及社会统筹与个人账户相结合的筹资渠道和筹资模式,综合起来构成了与中国特色社会主义市场经济相适应的社会保障体系的初步总体框架。

社会保障制度的建立和改革是一个渐次推进的过程,在取得巨大成就的同时,不可避免地有许多改革不到位、不彻底的地方,甚至出现一些失误,给社会保障制度的进一步改革和完善带来了新的困难和问题。例如,社会保障覆盖范围窄、农村社会保障亟待建立和发展、下岗失业人员的社会保障水平低、社会保障法制不健全,等等。

二、加强安全生产管理和环境治理

由于中国正处于经济体制改革和现代化建设的关键时期,社会情况发生了深刻而复杂的变化,经济成分和利益多样化、个人生活方式多样化、社会组织形式多样化、就业岗位和就业方式多样化的发展趋势日益明显。这给正确处理改革、发展、稳定带来了大量的新情况、新问题。为保证经济社会的持续发展,保证改革开放的进一步深化,中共中央、国务院高度重视解决关系人民群众疾苦的各种实际问题,正确处理新形势下的人民内部矛盾问题。

进入 20 世纪 90 年代,市场化改革给中国传统的安全管理和运作方式带来了巨大的冲击。尽管已经颁布实施了《劳动法》《矿山安全法》《消防法》等法律法规,但由于大量非公有制经济成分的产生,安全监管工作不能适应形势变化，在 1994 年左右出现了新中国成立以来的第四次事故高峰。于是，为加强管理，政府从 1998 年开始对负责安全生产管理的机构和职能频繁做出调整。

1998 年，根据国务院机构改革方案，新组建劳动和社会保障部，将原劳动部承担的安全生产综合管理、职业安全监察、矿山安全监察职能，交由国家经济贸易委员会（以下简称“国家经贸委”）承担。国家经贸委成立安全生产局。原劳动部承担的职业卫生监察（包括矿山卫生监察）职能交由卫生部承担。原劳动部承担的锅炉压力容器监察职能，交由国家质量技术监督局承担。劳动保护工作中的女职工和未成年工特殊保护、工作时间和休息休假，以及与劳动保护工作关系密切的工伤保险、劳动保护争议与仲裁等，仍由劳动和社会保障部管理。

1999 年，根据煤矿安全生产的实际情况，又增设国家煤矿安全监察局，与国家煤炭工业局是一个机构、两块牌子。国家煤矿安全监察局是国家经贸委管理的负责煤矿安全监察的行政执法机构，承担国家经贸委负责的煤矿安全监察职能。同年，国家煤炭工业局的有关内设机构加挂国家煤矿安全监察局内设机构的牌子。

2000 年 12 月，为适应安全生产工作的需要，进一步加强对安全生产的监督管理，预防和减少各类伤亡事故，国务院决定设立国家安全生产监督管理局，国家煤矿安全监察局与其一个机构、两块牌子。涉及煤矿安全监察方面的工作，以国家煤矿安全监察局的名义实施。国家安全生产监督管理局（国家煤矿安全监察局）是综合管理全国安全生产工作、履行国家安全生产监督管理和煤矿安全监察职能的行政机构，由国家经贸委负责管理。原由国家经贸委承担的安全生产监督管理职能划给国家安全生产监督管理局（国家煤矿安全监察局）。原国家煤矿安全监察局承担的职能不做调整。

2001 年 3 月，国家决定恢复成立国务院安全生产委员会，办公室设在国家安全生产监督管理局。该年，全国集中开展了道路交通、煤矿、烟花爆竹及易燃易爆企业、群众聚集场所五项安全生产专项整治。除上述五个方面的专项整治外，非煤矿山、石化、建筑、铁路、民航、林业和教育等系统，也从各自实际情况出发，有针对性地组织开展了专项安全整治，取得了一定的成效，特别是非煤矿山企业，其重大、特大事故多发的势头得到遏制。但安全生产状况仍很不稳定，重大、特大事故时有发生，安全生产形势依然十分严峻。2002 年 6 月 29 日，九届全国人大常委会第二十八次会议审议通过《安全生产法》,进一步强化了安全生产管理方面的法制建设。

这一时期,为了维护社会稳定,在狠抓安全生产管理的同时,环境保护和治理工作也在同步推进。1992 年联合国环境与发展大会之后,中共中央、国务院批准环境与发展十大对策,指导方针是经济建设、城乡建设、环境建设同步规划同步实施同步发展。① 1992 年成立中国环境与发展国际合作委员会。随后中国又制定了《中国环境保护行动计划》(1993)、《中国21 世纪议程——中国 21 世纪人口、环境与发展白皮书》(1994)等纲领性文件,提出环境保护的目标、对策以及行动方案,确定了污染治理和生态保护重点,积极稳步推行各项环保管理制度和措施。中国环境保护事业得到了进一步发展,环境保护事业进入了快速发展期。

首先是环境立法进程加快,先后制定出台了《清洁生产促进法》等 5 部新法律,修改了《大气污染防治法》等 3 部法律,国务院制定或修改了《自然保护区条例》等 20 多件环境法规。国家制定和修改环境标准 200 多项。1992 年,中国除西藏、青海等少数省、自治区外,均开展了水污染物排放许可证发放工作。选择太原、柳州、贵阳、平顶山、开远和包头等 6 个城市开展大气排污交易政策试点工作。从 1992 年起,国务院决定不再推行企业升级考核评比制度,企业升级的环境保护考核相应取消。1993 年开始在全国 21 个省、市、自治区试点建立环保投资公司。1994 年全国环境保护工作会议提出建立和推行环境标志制度。同年 5 月,中国环境标志产品认证委员会成立。1996 年 1 月,国家环保局实施 ISO14000 环境管理系列标准的辅助机构——国家环保局环境管理体系审核中心成立。实施环境标志制度的一个重要举措便是推行 ISO14000 环境管理系列标准。

1996 年 3 月通过的《中华人民共和国国民经济和社会发展"九五"计划和 2010 年远景目标纲要》,将环境保护纳入经济社会发展的整体加以统筹规划和安排。为进一步落实环境保护基本国策,国务院发布了《关于环境保护若干问题的决定》,实施《污染物排放总量控制计划》和《中国跨世纪绿色工程规划》,大力推进"一控双达标"(控制主要污染物排放总量、工业污染源达标和重点城市的环境质量按功能区达标)工作,全面展开"三河"(淮河、海河、辽河)、"三湖"(太湖、滇池、巢湖)水污染防治,"两控区"(酸雨污染控制区和二氧化硫污染控制区)大气污染防治,以及"一市"(北京市)、"一海"(渤海)的污染防治,简称"33211"环境工程,环境污染防治取得初

① 《人民日报》1992 年 9 月 17 日。

步、阶段性进展。“九五”期间，先后修订和制定了一系列有关环境、资源方面的法律、法规。在新修订的《刑法》中，增加了“破坏环境资源保护罪”，强化环境监督执法、制裁环境犯罪。1999年12月修订的《海洋环境保护法》，进一步加大了对海上活动的环保监督力度。2000年修订的《大气污染防治法》，强化了法律责任和执法力度。[①] 从1997年开始将环境保护纳入中央工作会议议题，每年召开一次计划生育和环境保护工作座谈会。1999年正式更名为人口资源环境工作座谈会。1998年，国家环境保护局升格为国家环境保护总局。

2001年通过的《中华人民共和国国民经济和社会发展第十个五年计划纲要》提出，要把改善生态、保护环境作为经济发展和提高人民生活质量的重要内容，加强生态建设，遏制生态恶化，加大环境保护和治理力度，提高城乡环境质量。[②] 2002年1月8日，国务院召开第五次全国环境保护会议，提出环境保护是政府的一项重要职能，要按照社会主义市场经济的要求，动员全社会的力量做好这项工作。同年制定的《国家产业技术政策》中明确指出要重点推进高新技术与产业化发展，用先进适用技术改造提升传统产业。同年，中国第一部循环经济法律——《清洁生产促进法》出台，标志着污染治理模式由末端治理开始向全过程控制转变。

经过10年的艰苦努力，可持续发展战略已贯穿于中国经济和社会发展的各个领域，有力地促进了经济与人口、资源、环境持续协调发展。这一时期，中国显著加大了用于环境方面的投资力度，1998年到2002年在环境保护和生态建设方面的投入达5800亿元，占同期国内生产总值的1.29%，是1950年至1997年这方面投入总和的1.8倍。[③]

从1992年到2002年，中国的环境保护工作在多个方面取得较大进展，在国家宏观经济的战略调整中，以解决流域、区域和城市环境问题为重点的大规模污染防治工作全面展开，部分城市和地区的环境质量有所改善。但总体上看，环境污染问题并未得到有效控制，在有些地方反而呈不断加重的趋势，从根本上扭转这一局面有赖于发展观的更新和粗放型经济发展方式的转变。

① 《人民日报》2001年2月3日。

② 《人民日报》2001年3月18日。

③ 《人民日报》2003年7月25日。

三、社会治安综合治理的法制化、现代化

1992年,党的十四大把"加强社会治安综合治理,保持社会长期稳定"[①]写入党章的总纲,作为全党在新时期的一项重要工作加以明确。为了进一步完善相关体制,在1986年出台的《治安管理处罚条例》的基础上,1993年11月14日,中央社会治安综合治理委员会(以下简称"中央综治委")等五部委出台了《关于实行社会治安综合治理领导责任制的若干规定》,比较全面系统地阐述了社会治安综合治理的重要意义、工作任务、要求和目标、工作范围、原则、目标管理责任制、领导和组织体制、重大措施等一系列问题。[②] 1991年至1993年,中央综治委先后部署开展了反盗窃专项斗争,重点治乱活动,打击、取缔卖淫嫖娼和拐卖妇女儿童犯罪活动,以及围歼车匪路霸、整顿铁路治安等一系列专项整治活动,限期扭转一些地方治安混乱状况,集中解决突出治安问题。特别是针对农村治安混乱状况,1994年6月,中央综治委会同中组部、公安部、司法部、民政部在江苏省吴江市(现"吴江区")联合召开全国农村社会治安综合治理工作会议,部署开展农村治安整治工作。针对一些农村地区治安混乱的状况,1994年11月21日,中央社会治安综合治理委员会、公安部、民政部、农业部发布《关于加强农村治保会工作的意见》,对农村社会治安制度创新做出了新的尝试,体现了各部门齐抓共管、专门机关工作与群众路线相结合的综合治理特征。[③] 一批横行乡里、群众深恶痛绝的流氓恶势力被铲除,农村基层党政组织得到加强。1996年2月19日,中共中央、国务院重新做出《关于加强社会治安综合治理的决定》。中央社会治安综合治理委员会一直把加强综合治理基层基础工作放在突出位置。1996年10月,中央社会治安综合治理委员会下发了《关于加强社会治安综合治理基层基础工作的意见》,对建立基层综治组织、强化基础工作提出具体要求。1997年之后,社会治安综合治理主要围绕创新综合治理工作机制展开。1997年9月,党的十五大报告提出,加强社会治安综合治理,要坚持"打防结合,预防为主"的指导思想。1997年,全国基层安全创建活动经验交流会召开,会后,中央社会治安综合治理委员会发布《关于进一步开展基层安全创建活动的意见》,全面部

① 《十四大以来重要文献选编》(上),人民出版社1996年版,第53页。

② 刘文华主编:《最新劳动人事政策法律法规汇编4》,中国人事出版社2001年版,第2236页。

③ 《中国社会治安综合治理年鉴(1993—1994年)》,法律出版社1996年版,第21—22页。

署基层安全创建活动。21世纪初，人民内部矛盾逐渐增多，社会治安形势严峻，严重刑事犯罪时有发生。2000年8月4日，中共中央办公厅、国务院办公厅转发中央社会治安综合治理委员会《关于进一步加强矛盾纠纷排查调处工作的意见》。2001年9月5日，中共中央、国务院发布《关于进一步加强社会治安综合治理的意见》，要求加强基层基础建设，把社会治安综合治理各项措施落实到基层。[①] 2002年11月4日，中共中央办公厅、国务院办公厅转发《中央社会治安综合治理委员会关于加强社会治安防范工作的意见》，把综合治理的工作重心转移到"预防为主"上来，从深层次上解决治安问题，从更广的范围构筑社会治安防控体系，全面落实社会治安综合治理的各项措施。

这一时期，各有关部门齐抓共管，针对流动人口服务和管理、预防青少年违法犯罪、刑释解教人员安置帮教、学校及周边治安环境等综合治理中的突出问题，找到了有效的解决办法，社会管理的薄弱环节得到明显加强。做好刑满释放、解除劳教人员的安置帮教工作，预防和减少这部分人重新违法犯罪，是社会治安综合治理的重要内容之一。1994年，中央社会治安综合治理委员会等六部门联合下发了《关于进一步加强对刑满释放、解除劳教人员安置和帮教工作的意见》，为进一步加强对刑释解教人员的安置帮教工作，最大限度地预防和减少其重新违法犯罪，切实维护社会和谐稳定，对新形势下做好这项工作提出了新的要求。1995年，中央社会治安综合治理委员会成立了刑满释放、解除劳教人员安置帮教工作协调小组办公室。各地相继建立了一些安置帮教基地，探索了社区矫正工作的方式方法，"帮带制""连心卡"等安置帮教的新做法得到了推广。1995年7月，在厦门市召开的全国流动人口管理工作会议明确提出了加强流动人口服务和维权工作，当时的指导思想是"因势利导，宏观调控，加强管理，兴利除弊"。会后，中共中央办公厅、国务院办公厅转发了中央社会治安综合治理委员会《关于加强流动人口管理工作的意见》。一些省、区、市还制定了地方性法规和行政规章，逐步使流动人口管理工作纳入法制化、规范化轨道。1999年2月3日，中央社会治安综合治理委员会、司法部、公安部、民政部联合发布《关于进一步做好服刑、在教人员刑满释放、解除劳教时衔接工作的意见》。为进一步推动预防青少年违法犯罪工作，2000年11月，中央社会治安综合治理委员会制定《关于进一步加强预防青少年违法犯罪工作的

① 莫德升、荆长岭：《社会治安综合治理专题研究》，群众出版社2003年版，第271—279页。

意见》，中共中央办公厅、国务院办公厅予以转发。加强对大、中、小学学生的法制教育和整治校园周边环境，是预防和减少在校学生违法犯罪的重要举措。1995年12月，中央社会治安综合治理委员会会同有关部门下发了《关于加强学校法制教育的意见》。从1996年起，中央社会治安综合治理委员会、教育部、公安部曾多次部署对校园及周边地区的治安整治工作。2000年7月，国务院办公厅转发中央社会治安综合治理委员会、教育部、公安部《关于深化学校治安综合治理工作的意见》，相关工作得到进一步加强。

四、信访和人民调解的法制化建设

改革开放之后，随着市场经济制度的确立和“依法治国”理念的提出，信访工作出现了新的情况，群众来信来访数量持续上升，集体上访、越级上访不断增多，信访制度开始遭遇挑战。在新的历史条件下，各地信访部门积极探索适应社会主义市场经济体制需要的信访工作机制，信访制度的功能重新定位，为经济建设和改革开放服务。1995年第四次全国信访工作会议召开，1995年《信访条例》颁布实施，信访制度建设由此开始步入制度化、规范化和法制化轨道，信访工作全面进入一个依法治理与制度改革的全新时期。

1995年10月30日至11月2日，第四次全国信访工作会议召开。会议要求进一步加强对信访工作的领导，为改革、发展、稳定，为建设有中国特色的社会主义事业做出新的更大的贡献。① 第四次全国信访工作会议提出加强和改进信访工作的措施，强调信访工作必须服从服务于全党全国工作大局，在正确处理改革、发展、稳定三者关系中发挥应有的作用。各级信访部门面对改革开放以来出现的新问题、新情况，积极探讨、开拓创新，开创了信访工作体制新局面。1995年10月28日，新中国成立后第一部严格意义上的信访行政法规《信访条例》正式颁布。《信访条例》虽然只是一部行政法规，但是由于中国现实情况中党政合一的事实，所以《信访条例》不仅对政府部门的信访活动有效，而且对人大、司法、党的机构和其他社会组织的信访活动也具有事实上的约束力，因此该条例是当代中国信访活动的基本法。② 20世纪90年代中后期是信访法规集中出台的时期，标志着信

① 《人民日报》1995年10月31日第1版。

② 李宏勃：《法制现代化进程中的人民信访》，清华大学出版社2007年版，第142页。

访治理开始由政策规定向法制化轨道转变。这一时期,各地根据《信访条例》的精神,纷纷制定了地方性的信访法律法规,整个信访法律法规体系日臻完善。截至2001年9月,许多省(区、市)和中央有关部委制定的与《信访条例》相配套的法规、制度有226部(个)。[①]

进入21世纪,我国已初步建立了社会主义市场经济体制。社会上长期积累的深层次矛盾和问题开始显现,并大量通过信访渠道反映出来,人民内部矛盾进入凸显期。信访形势呈现出一些新特点:信访总量持续上升,上行趋势明显,信访高峰到来;信访内容日益多样化,反映的问题相对集中,政策性、群体性问题突出;信访表现形式日趋激烈,集体访、异常访明显增多。2001年9月27日至29日,全国第五次信访工作会议在北京举行,会议分析了信访活动出现的新变化,要求正确把握信访工作的新形势。[②] 在国家的高度重视和巨大的信访压力之下,信访部门的规格和地位也得以提高。2000年2月13日,中共中央办公厅国务院办公厅信访局更名为国家信访局,升格为副部级单位。[③] 在国家的高度重视和巨大的信访压力之下,各地各部门适应新时期人民内部矛盾发展变化特点,在化解信访难题工作中,勇于创新,努力探索新思路、新模式、新方法,在实践中创造了许多行之有效的信访工作的新形式。

人民调解作为预防和解决社会矛盾纠纷的重要手段,是维护社会稳定的"第一道防线",是增进团结、和谐的"润滑剂"。随着改革开放的不断推进,影响社会稳定的民间纠纷也在不断发展、变化。民间纠纷及其调解工作呈现出很多新的特点,如诱因复杂、触发点多,突发性事件、群体性纠纷增多,调解难度大、反复性强等,人民调解工作的发展面临许多新情况、新问题、新挑战。2003年,胡锦涛在视察湖南省长沙市开福区四方坪黑石渡地区社会矛盾调解中心时指出:"人民调解是中国的特色,要变被动调解为主动调解,深入开展矛盾纠纷的排查调处工作。"[④]2005年,胡锦涛在省部级主要领导干部提高构建社会主义和谐社会能力的专题研讨班上的讲话中再一次指出:"建立健全社会矛盾纠纷调处机制,把人民调解、司法调解、

① 《国家信访局局长周占顺在第五次全国信访工作会议上的讲话》,《人民信访》2001年第10期。

② 《人民日报》2001年9月30日第1版。

③ 参见《关于印发〈国家信访局职能配置、内设机构和人员编制规定〉的通知》。

④ 全国人大常委会法制工作委员会民法室、中华人民共和国司法部法制司编著:《中华人民共和国人民调解法解读》,中国法制出版社2010年版,第10页。

行政调解结合起来，依法及时合理地处理群众反映的问题。”①

2004年2月24日，司法部、最高人民法院联合召开了全国人民调解工作座谈会，并出台了最高人民法院、司法部《关于进一步加强人民调解工作切实维护社会稳定的意见》，把进一步加强人民调解工作列为司法行政机关今后一个时期的重要工作，表明新时期人民调解工作依然是我国多层次、多方位纠纷解决机制中的一个重要组成部分。2004年9月16日，最高人民法院颁布了《关于人民法院民事调解工作若干问题的规定》，其中第三条规定：“根据民事诉讼法第八十七条的规定，人民法院可以邀请与当事人有特定关系或者与案件有一定联系的企业事业单位、社会团体或者其他组织，和具有专业知识、特定社会经验、与当事人有特定关系并有利于促成调解的个人协助调解工作。”“经各方当事人同意，人民法院可以委托前款规定的单位或者个人对案件进行调解，达成调解协议后，人民法院应当予以确认。”这也是法院调解与人民调解进行对接的尝试。

2006年10月，中共十六届六中全会通过的《中共中央关于构建社会主义和谐社会若干重大问题的决定》要求：“完善矛盾纠纷排查调处工作制度，建立党和政府主导的维护群众权益机制，实现人民调解、行政调解、司法调解有机结合，更多采用调解方法，综合运用法律、政策、经济、行政等手段和教育、协商、疏导等办法，把矛盾化解在基层、解决在萌芽状态。”②

在实行依法治国、建设社会主义法治国家的进程中，需要更多地采用调解方法，强化、健全解决社会矛盾纠纷的工作机制，尽可能地使大量的矛盾纠纷在进入司法程序之前通过政治优势得到化解；即便已经进入司法程序，也要尽可能地通过调解定分止争；对于大量的涉法涉诉信访问题，也要尽可能地通过调解实现息诉罢访。人民调解工作必须适应新形势的要求，不断更新工作理念、开拓工作方法、创新工作机制、完善组织形式、提高队伍整体素质，努力拓展人民调解的领域和空间。

2004年，最高人民法院制定了《关于人民法院民事调解工作若干问题的规定》；2009年，最高人民法院发布《关于建立健全诉讼与非诉讼相衔接的矛盾纠纷解决机制的若干意见》等一系列规范性文件。2010年5月，国务院第110次常务会议讨论通过了《人民调解法(草案)》，提请全国人大常委会审议；同年6月，全国人大常委会第一次审议《人民调解法(草案)》；同

① 《十六大以来重要文献选编》(中)，中央文献出版社2006年版，第715页。

② 《十六大以来重要文献选编》(下)，中央文献出版社2008年版，第664页。

年8月，第二次审议通过，颁布实施《人民调解法》。通过立法全面提升人民调解工作的法律地位，对于进一步规范人民调解工作，丰富和完善中国特色社会主义法律体系具有十分重要的意义。

2011年3月，最高人民法院审判委员会讨论通过《关于人民调解协议司法确认程序的若干规定》。经司法确认有效的人民调解协议，被赋予了强制执行效力，堵住了当事人反悔的后路，使纠纷得到最终解决；当事人在人民调解组织的调解下就纷争达成的调解协议成为解决纠纷的最终依据，既维护了人民调解组织的威信，也彻底平息了纠纷，从根本上消除了影响社会稳定的隐患。

综上所述，经历了革命、建设和改革三个历史阶段的实践，经过几十年的发展完善，人民调解制度已经成为预防化解矛盾纠纷、维护社会和谐稳定的重要手段，成为我国社会主义法律体系的有机组成部分。经过法制化的人民调解，已经形成了以宪法为核心、基本法为主干、司法部行政规章及最高人民法院司法解释为补充的全面系统的体系，有效地保障了人民调解制度的实施。①

与此同时，也需要指出，这一时期教育、医疗、住房、社会保险、社会福利等社会事业发展中过于强调商业化和社会化的资源动员机制②，过于强调职工个人和企事业单位所应担负的责任，政府有意无意地淡化自身在提供社会性公共服务或基本公共服务中所应担负的责任，由此导致社会性公共服务供给严重不足和享受基本公共服务方面的地区差别、城乡差别和外来人口与本地人口差别的扩大。社会组织发展受到的限制和控制较多，仍然属于社会管理的对象，在社会服务方面仅发挥有限的拾遗补阙的作用。③

第四节　社会思想再解放与共同理想的构建

在从温饱到小康的转变过程中，中国经济的改革发展引发了整体性的社会变迁，引起了从个人生活方式到家庭社区，乃至整个社会结构的深刻变革。这一时期，伴随着经济的高速发展、社会的快速变迁，社会心理在社会转型过程中也出现了不少新的动向。在创新社会管理体制的过程中，不

① 吴军营主编：《人民调解理论与社会管理创新》，上海社会科学院出版社2011年版，第69页。

② 关信平主编：《社会政策概论》(第2版)，高等教育出版社2009年版，第36—42页。

③ 何增科主编：《中国社会管理体制改革路线图》，国家行政学院出版社2009年版，第15页。

但要重视硬实力建设，也要注重软实力建设，以凝聚人心、形成共识。

一、邓小平南方谈话后的思想再解放

20 世纪 80 年代末 90 年代初，国际国内形势发生了巨大的变化。国际方面，苏联解体、东欧剧变，世界社会主义运动遭受重大挫折，陷入了低潮。此时正值中国完成改革开放第二步战略目标、实现经济发展三步走战略的关键时期，任务艰巨，时间紧迫。1989 年至 1991 年，中国在经济上进行了三年的治理整顿。到 1991 年底，治理整顿任务基本完成，达到既定目标。但经济发展仍存在很大问题，市场疲软，经济结构不合理，部分国有企业的经济效益差、亏损严重的状况并没有得到根本扭转，重复建设又有所抬头，通货膨胀的潜在压力、政企不分依然存在，不合理的分配状况尚未根本改善。上述这些经济生活中深层次的或新出现的问题，并不是治理整顿所能加以解决的。

在此形势下，围绕改革方向、改革道路等问题，人们有不同认识，不少人在思想上感到茫然、困惑，改革开放的实践提出了一系列亟待回答的重大课题。有些人失去对社会主义的信心，也有些人开始否定和怀疑党的十三大制定的“一个中心，两个基本点”的基本路线，甚至出现了姓“资”还是姓“社”的争论。对于这些问题若不能做出明确的回答，就会对人们的思想构成严重的束缚，就会影响改革开放的顺利进行，就会导致建设中国特色社会主义事业的停滞不前。改革开放和社会主义现代化建设处于紧要关头，中国再一次面临着向何处去的问题。

在这样的关键性时刻，1992 年邓小平南方谈话围绕两个关系全局的焦点问题做出了坚定的回答。一是坚持中共十一届三中全会制定的路线、方针、政策，关键是坚持“一个中心、两个基本点”，不坚持社会主义，不改革开放，不发展经济，不改善人民生活，只能是死路一条。二是改革开放迈不开步伐，不敢闯，就是怕资本主义的东西多了，走了资本主义道路。要害是姓“资”还是姓“社”的问题，判断的标准，应该主要看是否有利于发展社会主义社会的生产力，是否有利于增强社会主义国家的综合国力，是否有利于提高人民的生活水平。①

改革开放的历程就是思想解放的历程。《人民日报》于 1992 年 7 月 4 日发表的专题社论《论解放思想》对此有着精当的概括。社论指出：邓小平

① 《邓小平文选》（第 3 卷），人民出版社 1993 年版，第 370、373 页。

南方谈话自始至终贯穿着一条红线，就是要求我们进一步解放思想，摆脱束缚，锐意创新，开拓前进。邓小平南方谈话从思想上和实践上进行了改革开放的再动员和加快建设的再推进。谈话深刻总结了中共十一届三中全会以来的基本经验教训，进一步阐明了“什么是社会主义，怎样建设社会主义”等一系列重大问题，明确回答了长期困扰和束缚人们思想的许多重大认识问题，把改革开放和现代化建设推向又一个新阶段。党的十四大据此确立了经济体制改革的目标是建立社会主义市场经济体制，并使之具体化和系统化。以邓小平南方谈话和党的十四大为标志，中国改革开放和现代化建设事业进入从计划经济体制向社会主义市场经济体制转变的新阶段，迎来又一轮社会思想大解放和改革开放、经济发展新高潮。

二、市场经济下的社会心态变迁

公众的社会心态是推进改革的社会基础，又对改革提出社会期待。改革既改变了公众的社会心态，又要顺应公众的价值趋向。

随着社会主义市场经济体制的逐步确立，中国也发生了广泛而深刻的变革，社会经济成分、组织形式、就业方式、利益关系和分配方式日益多样化，许多深层次的矛盾也趋于尖锐。与此同时，各种舆情调查机构大量出现，报刊也不定期进行社会舆情调查，互联网更加普及，这些现代传媒通信的发展为真实反映民众的心理状态提供了诸多有效的手段和载体。改革的深入和体制的转轨表现在社会心理特征上，高依赖性和低风险承受力的心理特质开始发生改变，竞争意识和抗风险能力增强，同时对改革的诉求目标在经济领域逐渐深化并向其他领域特别是政治领域延伸。

中国社会科学院“社会形势分析与预测”课题组与国家统计局社会司合作对1992年的公众心态进行了调查分析。研究表明，公众对改革的态度有两大特点：一是求快，二是求稳。其中，认为“改革的条件已经具备，应加快改革”者占42.1%，认为“稳一点好”者占49.2%，这说明，1992年的改革形势引起绝大部分公众的关注。在回答“加快改革步伐可能会遇到的问题是什么”时，31.6%的人称“改革不配套、改革机制运行不力”，居第一位；23.6%的人称“物价上涨加快”，居第二位。在公众心目中，政策的科学性和机制的合理性占有极其重要的地位，这是对改革决策者和各具体实施部门的特定期望。公众对“物价上涨加快”的担忧，则主要基于对自身生活水平的关心。在1992年改革步伐加快以后全面、快速推进的10项改革中，公众对哪项改革最为关心，调查（选择两项）结果显示，占据前四位的分别是:工资分配制度的改革(37.6%),住房制度的改革(31.3%),社会保障制度的改革(27.6%),劳动人事制度的改革(26.69%)。调查表明,公众并不是从一般角度来确定改革的孰重孰轻、孰前孰后,他们完全依据与自己的切身利益的关系密切程度来调节自己的关注焦点。在公众对与改革近期目标相关的"小康问题"的基本看法的调查中,43.1%的人认为自己已经"满足生活需要后略有结余";8%的人则认为自己"生活比较宽裕";10%的人认为自己"生活用品齐全,生活质量较高、有较多结余"。三项相加,大致是小康及小康以上的水平,超过半数的公众自我认定生活水平已经达到小康。1992 年公众的基本心态可以归纳为:对在稳定的前提下加快改革持支持态度;期望改革决策要合理,要科学,特别要注意改革措施的配套;对自身利益的关注十分强烈,特别敏感于经济收入的变化;对尚存在的一些不合理现象依然保持高度的警觉,如社会分配不公、社会治安状况差、物价上涨过快。①②

随着改革的推进和利益格局的变化,人们对改革的期望和诉求出现多元化,已从最初的盲目乐观转为冷静、客观的思考,认识到改革的复杂性和艰巨性,逐步看到了改革中存在的问题,出现对改革的态度更加理性的社会心理特征。国家体改委研究所的调查表明,1993 年 7 月到 1994 年底,宏观上紧缩和重建经济秩序成为主旋律。人们在对支持改革的态度基本没变的同时,对政府控制物价和惩治腐败的信心不足,公众对社会稳定的需求增加了,社会心理环境出现了趋紧的态势。相比之下,1994—1995 年,由于政府控制物价上涨和建立经济秩序的努力开始有成效,公众对改革和控制物价上涨以及建立经济秩序的信心开始出现上升趋势。针对这一点,1996 年上半年,国家停办保值储蓄和降低利率后,人们对此反应相当平静。1996 年上半年城乡居民储蓄存款余额达 35460 亿元,比 1995 年末增加 5700 亿元。这充分显示了人们对抑制通货膨胀、稳中求发展,在心理准备上已经具备了一些理性判断的基本素质。③ 1996 年的中国城市社会保持了较高的稳定性,尤其是在下半年整体经济走势抬升的情况下,城市居民对于社会稳定与发展的信心基本平稳。由于 1996 年未出现重大的改革举

① 陆建华:《1992 年社会各阶层对社会形势的基本看法》,《社会学研究》1993 年第 3 期。

② 江流、陆学艺、单天伦主编:《1992—1993 年中国:社会形势分析与预测》,中国社会科学出版社 1993 年版,第 52—57 页。

③ 江流、陆学艺、单天伦主编:《1996—1997 年中国社会形势分析与预测》,中国社会科学出版社 1997 年版,第 6—7 页。

措作为刺激信号，公众对于个人社会地位相关事务的关注程度反而有所提高。与1995年不一样的是，公众精神层面的道德重整与文明建设问题被提到了前所未有的高度。零点调查公司1996年进行的35项相关民意测验结果表明，1996年中国城市居民对于中国所处的国际地位的关注程度上升，同时依然保持了对于政府国际事务政策的较高认同度；国内事务方面，经济调控使经济发展节奏保持平稳，但是局部经济肌体机能的衰退局面未有改观，就业与保障压力对于社会稳定的影响力继续加大，公众更加期待对于经济体制与行政管理体制的重大改革措施，以寻求解决不断加剧的腐败问题与应对持续未减的国有企业不良经营状况。[①]

1997年以后，中央政府推出了一系列旨在建立社会主义市场经济体制的宏观改革措施，这标志着改革已进入以全面制度创新为主的转型关键时期，公众对改革的社会心理相应地发生了根本性变化。随着各项改革配套措施的逐步建立和完善，人们对改革的态度更加理性，持积极评价和乐观态度的比例恢复并上升。1997年公众对改革的赞成度处于84.9%的较高位，63.3%的公众不同意“现在的改革越改越糟”这一说法。1997年9月进行的一项全国城乡居民的相关调查表明，公众对改革仍有很高的热情和期望，51.3%的被调查者赞同在今后一段时期应“进一步加大改革力度，掀起新的改革高潮”，19.1%的被调查者赞同“维持现有力度，逐步推进改革”，只有3.4%的被调查者认为“已改得差不多了，没有必要再搞改革”。[②] 以上多个调查中呈现出的不断起伏的公众心态表明，改革已进入攻坚阶段，公众对改革有了更深的理性思考和较为成熟的期望。1998年城镇居民对社会生活的总体满意度为42.3%，比1997年高出近6个百分点；对经济和社会发展总体状况的评价比1997年有所好转，表明宏观的社会心理环境向好。但不容忽视的是，公众对社会生活的总体满意倾向仍然偏低，在50%以下，表明仍有一半以上的城镇居民对社会生活持不满意看法；贫富差别、社会风气、消费品质量、治安状况和依法办事仍是1998年城镇居民最为不满的几个社会焦点问题。总体上公众对五年来宏观和微观生活的满意度均呈上升趋势，表明该阶段公众的社会心理正处在向好的演进趋势之中；从相对比例来看，公众对微观生活环境的评价明显高于对宏观生活

① 江流、陆学艺、单天伦主编:《1996—1997年中国社会形势分析与预测》，中国社会科学出版社1997年版，第80—81页。

② 汝信、陆学艺、单天伦主编:《1998年:中国社会形势分析与预测》，社会科学文献出版社1998年版，第149页。

环境的评价，对宏观生活环境的评价为基本不满意，而对微观生活环境的评价为基本满意，公众感受到的家庭和个人生活改善倾向先下降后稳定，说明公众在微观心理层面感到生活有变化的幅度减小了。[①]

2001 年，国家计委宏观经济研究院社会稳定问题跟踪研究与对策课题组在往年研究和调查的基础上，继续对中国居民社会心态与社会发展形势进行问卷调查和个案研究。调查与研究发现，居民对于社会发展的满意度有所下降，长期困扰中国城乡居民的各种问题没有从根本上得到解决，国际形势动荡引发国内问题的复杂化。城乡居民对中国当前社会形势的稳定性有较高认同，认为社会形势稳定和较稳定的占 56.3%（但低于上年的 63%），认为较不稳定和不稳定的仅占 13.1%（但超过上年的 10%）。尽管居民对社会发展的满意度在下降，但社会矛盾并没有达到不可调和的程度，因为针对社会不安定因素，城乡居民均倾向于采取理性的解决方式，大多数人选择向政府有关部门、新闻单位反映，或诉诸法律。城乡居民的社会和经济发展预期好于对现状的评价，即城乡居民总体上对未来的态度是中性的，略好于对现状的态度。[②] 2001 年 10 月，中国经济景气监测中心的调查结果显示，有 58.2% 的城市居民对自己的收入水平表示满意。这样的满意度是有现实根据的。据统计，2001 年 1—6 月，全国城镇单位在岗职工月均工资为 4707 元，同比增长 12.7%，超过了同期的 GDP 增长速度。[③]

改革开放以来，尤其是进入 20 世纪 90 年代后，中国社会心理变化的主要趋势与特征表现为：在价值取向上，从注重理想向强调实际的方向发展，从注重义务向强调利益的方向演变，从注重集体向强调个体的方向转化；在社会心态上，从封闭化走向开放化，从情感化走向理性化，从单一化走向多样化。

三、加强与社会主义市场经济相适应的社会主义意识形态建设

进入 20 世纪 90 年代以后，由于我国政治体制和经济体制改革加大步伐，进展顺利，经济迅速发展，社会主义精神文明建设蓬勃开展，中央加强了对资产阶级自由化思潮的有效斗争，与 20 世纪 80 年代中后期相比，资

① 汝信、陆学艺、单天伦主编：《1999 年：中国社会形势分析与预测》，社会科学文献出版社 1999 年版，第 44—47 页。

② 汝信、陆学艺、李培林主编：《2002 年：中国社会形势分析与预测》，社会科学文献出版社 2002 年版，第 19—21 页。

③ 汝信、陆学艺、李培林主编：《2002 年：中国社会形势分析与预测》，社会科学文献出版社 2002 年版，第 3—4 页。

产阶级自由化思潮的影响相对减小。但是，也并没有消失，而是改头换面，以所谓“远离政治”“淡化意识形态”等观念和主张继续对思想文化领域产生影响。以江泽民同志为核心的党的第三代领导集体一方面继续警惕和加强对资产阶级自由化思潮的斗争；另一方面，重视推进马克思主义理论创新，积极探索与社会主义市场经济条件相适应的社会主义意识形态建设，巩固和发展马克思主义的指导地位。

十三届四中全会以来，以江泽民同志为核心的党的第三代领导集体，高举邓小平理论伟大旗帜，准确把握时代特征，科学判断党所处的历史方位，围绕如何继续推进中国特色社会主义事业，与时俱进，逐步探索和形成了以“三个代表”重要思想为主要内容的马克思主义中国化成果。“三个代表”重要思想在中国特色社会主义发展道路和发展战略、根本任务和动力、根本目的和依靠力量等方面，提出了一系列创新性成果，丰富和发展了中国特色社会主义理论体系，在思想宣传和社会主义意识形态建设方面阐发了丰富的思想，推动适应社会主义市场经济的社会主义意识形态建设不断巩固和发展。

1996 年 10 月，中共十四届六中全会审议并通过《中共中央关于加强社会主义精神文明建设若干重要问题的决议》（以下简称《决议》）。《决议》具有较强的时代性、针对性和可操作性。《决议》强调要坚持全面的、历史的、发展的观点，把社会主义精神文明建设放到建设有中国特色社会主义整个事业的大局中来考察，放到整个世界的大局中来考察，从而正确认识新形势下精神文明建设的重要性、迫切性、长期性、复杂性。《决议》第一次提出了新形势下精神文明建设必须认真解决的三个历史性课题：如何在以经济建设为中心的前提下，使物质文明建设和精神文明建设相互促进、协调发展，防止和克服一手硬、一手软；如何在深化改革、建立社会主义市场经济体制的条件下，形成有利于社会主义现代化建设的共同理想、价值观念和道德规范，防止和遏制腐朽思想和丑恶现象的滋长蔓延；如何在扩大对外开放、迎接世界新科技革命的情况下，吸收外国优秀文明成果，弘扬祖国传统文化精华，防止和消除文化垃圾的传播，抵御敌对势力对我国“西化”“分化”的图谋。由此，《决议》提出了建立和发展与市场经济相适应的社会主义思想道德体系的历史任务，并提出今后 15 年精神文明建设的主要目标是：全民族牢固树立建设有中国特色社会主义的共同理想，牢固树立坚持党的基本路线不动摇的坚定信念。《决议》根据干部群众普遍关心的迫切问题，提出了今后 5 年的主要工作任务，较好地体现了长远规划和近期任务的结合,全面加强和重点难点推进相结合,构成了社会主义精神文明建设的完整的目标体系。[①] 这样,《决议》既从宏观上、全局上着眼,又从微观方面和基础工作入手,把长远目标和近期要求结合起来,既有很强的思想性、理论性,又有很强的针对性和可操作性,成为社会主义精神文明建设的跨世纪的行动纲领。

为了贯彻落实中共十四届六中全会《决议》,1997 年 5 月,中共中央成立了中央精神文明建设指导委员会,作为党中央指导全国精神文明建设工作的组织机构。此后,各省、自治区、直辖市也成立了相应的机构。群众性的精神文明创建活动进一步开展起来。1996 年第四季度,铁路、民航、交通、邮电、卫生、内贸、电力、公安、建设、金融等"十大窗口行业"和部门率先实施以"为人民服务,树行业新风"为主题的创建文明行业活动。1997 年 3 月,创建文明城市、文明村镇活动示范点工作正式启动。至此,创建文明城市、文明村镇、文明行业三大创建活动形成示范点网络,示范点工作全面铺开。1997 年 7 月,由中央精神文明建设指导委员会部署的"讲文明、树新风"活动在全国各地蓬勃开展,预示着群众性精神文明创建活动正向更广范围和更深层次拓展和推进。中共十四届六中全会之后,以提高公民素质和发展社会主义新型人际关系为目标的社会公德、职业道德和家庭美德教育在全国各地广泛开展。全国各主要城市普遍制定了规范市民行为的《文明市民手册》和《市民行为道德规范》,各行各业也根据自身特点,制定了行业和职业道德规范标准,全社会的思想道德建设逐步走向深入。

四、树立中国特色社会主义共同理想

构建社会主义和谐社会,是一项复杂而艰巨的系统工程,是需要长期奋斗、不懈努力才能实现的伟大事业,需要以理想信念为强大的精神支柱。

改革开放后,随着国内政治经济和社会发生翻天覆地的变化,思想文化领域也出现了一些值得注意的不良倾向,人们对于物质利益的追求日益凸现出来。功利主义对社会的影响越来越大,社会的一些领域和一些地方道德失范,是非、善恶、美丑界限混淆,拜金主义、享乐主义、极端个人主义有所滋长,见利忘义、损公肥私行为时有发生,不讲信用、欺骗欺诈成为社会公害,以权谋私、腐化堕落现象严重存在。对此,中共中央一再提出要加强公民道德建设,树立中国特色社会主义共同理想。

---

① 《十四大以来重要文献选编》(下),人民出版社 1999 年版,第 2044—2069 页。

中国特色社会主义共同理想的提出是中国共产党理想建设在社会主义现代化建设和改革开放时期出现的一个新变化和新发展；是在邓小平理论指导下，深刻总结理想建设的历史经验，从社会主义初级阶段的实际出发，坚持与发展马克思主义，对社会主义意识形态性质与功能进行再认识而得出的一个崭新的科学论断；是中国社会主义思想文化建设的一项重大战略选择。“鸦片战争以来，救中国，救人民，实现国家的独立、统一、民主、富强，成为中国各族人民不懈追求的共同理想。”①中国人民在长期的斗争中反复比较和选择，终于确立了社会主义的理想。1986 年 9 月，中共十二届六中全会通过《中共中央关于社会主义精神文明建设指导方针的决议》（以下简称《决议》），第一次在党的正式文件中提出了“共同理想”的概念，指出“建设有中国特色的社会主义，把我国建设成为高度文明、高度民主的社会主义现代化国家，这就是现阶段我国各族人民的共同理想”②。只有这样一个“共同理想”，才能保证全体人民政治上、道义上和精神上的一致。同时，《决议》还要求正确处理最高理想和共同理想的关系，着重指出：“建设有中国特色的社会主义，则是实现最高理想的必经阶段。对于我们共产党人来说，为建设有中国特色的社会主义而奋斗，也就是为党的最高理想而奋斗。如果在这个现实斗争中不忠诚、不热情，那就是有意无意地背离党的最高理想，就不是一个自觉的共产主义者。”③此后，共同理想教育成了思想政治教育和思想道德建设工作的重要组成部分，对它的强调出现在此后中国共产党历次代表大会的报告中，成为“九五”计划、“十五”计划和“十一五”规划的重要内容。江泽民指出：“在全社会形成共同理想和精神支柱，是有中国特色社会主义文化建设的根本。”他还强调：巩固和发展全国人民的大团结，是建立在建设有中国特色社会主义的共同理想基础之上的。

坚持中国特色社会主义共同理想并不是说否定或放弃了共产主义远大理想。恩格斯指出，社会主义社会“不是一种一成不变的东西”，而是一个“经常改革和变化的社会”。④ 毫无疑问，社会主义社会以实现共产主义为最高目标，它从诞生之日起，就使自己的前途命运同创新熔铸在一起，始终要通过改革为自己开辟通向更高境界的道路。但是，这种创新、改革，并

① 《江泽民文选》(第 1 卷)，人民出版社 2006 年版，第 340 页。

② 《十二大以来重要文献选编》(下)，人民出版社 1988 年版，第 1178 页。

③ 《十二大以来重要文献选编》(下)，人民出版社 1988 年版，第 1178—1179 页。

④ 《马克思恩格斯选集》(第 37 卷)，人民出版社 1971 年版，第 443 页。

不是要超越生产力发展阶段搞生产关系“大跃进”。恰恰相反,是要从体制机制上变革与生产力发展要求不相适应的生产关系,不断完善和发展社会主义。改革是要解放和发展生产力。生产力的发展没有止境,为其发展扫除障碍的改革同样没有止境。改革贯穿于社会主义发展的全过程。当代中国共产党人坚持与时俱进,勇于站在时代潮流的前头,冲破本本、教条的束缚,大力推进理论创新和实践创新。

在这以后,1994 年 8 月 23 日,中共中央印发的《爱国主义教育实施纲要》指出,“开展爱国主义教育的目的,是要振奋民族精神,增强民族凝聚力,树立民族自尊心和自豪感,巩固和发展最广泛的爱国统一战线,把人民群众的爱国热情引导和凝聚到建设有中国特色的社会主义伟大事业上来,引导和凝聚到为祖国的统一、繁荣和富强作贡献上来,做有理想、有道德、有文化、有纪律的社会主义公民,为实现四化、振兴中华的共同理想团结奋斗”[①],强调实现社会主义现代化、实现中华民族的伟大复兴就是当代中国的共同理想,也是建设中国特色社会主义的伟大事业。1995 年 9 月 28 日,《中共中央关于制定国民经济和社会发展“九五”计划和 2010 年远景目标的建议》在论述社会主义精神文明建设必须抓好的几项工作中,第一点中就指出“要引导人们正确认识什么是社会主义、怎样建设社会主义,认识国家的命运和发展前途,在全社会形成共同理想和精神支柱”[②]。这时,对共同理想的认识有了重大突破,提出要在全社会形成共同理想,并将其看成是一个有待形成的东西,从而把理想的实现转化成一种生机勃勃的创造活动和现实运动,而不仅仅是实现某种既定的理论目标。对理想建设和文化建设以及精神文明建设之间是什么关系,却论述不多,共同理想的地位还只是定位于社会主义精神文明建设中的一项任务。1996 年 10 月 10 日,中共十四届六中全会通过《中共中央关于加强社会主义精神文明建设若干重要问题的决议》,明确把“在全民族牢固树立建设有中国特色社会主义的共同理想,牢固树立坚持党的基本路线不动摇的坚定信念”确定为今后十五年社会主义精神文明建设的第一个主要目标;将“坚持爱国主义、集体主义、社会主义教育,加强社会公德、职业道德、家庭美德建设,引导人们树立建设有中国特色社会主义的共同理想和正确的世界观、人生观、价值观”规定为在改革开放和现代化建设整个过程中思想道德建设的基本任务。[③] 随

① 《十四大以来重要文献选编》(上),人民出版社 1996 年版,第 921 页。
② 《十四大以来重要文献选编》(中),人民出版社 1997 年版,第 1505 页。
③ 《十四大以来重要文献选编》(下),人民出版社 1999 年版,第 2052—2054 页。

着改革开放的不断深入和国际形势的变化，共同理想的问题一再被强调和重视。1997 年 9 月，党的十五大报告进一步指出“在全社会形成共同理想和精神支柱，是有中国特色社会主义文化建设的根本”，巩固和发展全国人民的大团结，是建立在中华民族实现全面振兴的共同利益基础之上的，是建立在建设中国特色社会主义的共同理想基础之上的。[①] 至此，确立了共同理想的内涵，确定了其在精神文明建设和文化建设中的重要位置。

在 21 世纪，全面建设小康社会，顺利实现第三步战略目标，必须在依法治国的同时，切实加强社会主义道德建设、以德治国，通过公民道德建设的不断深化和拓展，逐步确立共同理想，推进中国特色社会主义伟大事业。2001 年 9 月 12 日，中共中央颁发《公民道德建设实施纲要》，要求在全民族牢固树立建设有中国特色社会主义的共同理想和正确的世界观、人生观、价值观，在全社会大力倡导“爱国守法、明礼诚信、团结友善、勤俭自强、敬业奉献”[②]的基本道德规范，努力提高公民道德素质，促进人的全面发展；提出在公民道德建设中，应当把这些主要内容具体化、规范化，使之成为全体公民普遍认同和自觉遵守的行为准则。这二十个字的基本道德准则，涵盖了个人与社会、国家及他人的关系，既包括了传统美德、革命道德的内容，又弘扬了时代精神，体现了时代特色，易为大家理解和接受。此后在党的十六大报告中，这一共同理想进一步明确为：“我们要在本世纪头二十年，集中力量，全面建设惠及十几亿人口的更高水平的小康社会，使经济更加发展、民主更加健全、科教更加进步、文化更加繁荣、社会更加和谐、人民生活更加殷实。”“经过这个阶段的建设，再继续奋斗几十年，到本世纪中叶基本实现现代化，把我国建成富强民主文明的社会主义国家。”[③]

理想是有层次的，对中国共产党人来说，最高理想是实现共产主义。这个理想并没有随着时代的改变而改变，共产主义的最高理想同现阶段建设中国特色社会主义的共同理想是统一的。邓小平指出：“光靠物质条件，我们的革命和建设都不可能胜利。过去我们党无论怎样弱小，无论遇到什么困难，一直有强大的战斗力，因为我们有马克思主义和共产主义的信念。”[④]可以说，这个最高理想，无论过去、现在和将来，都是我们共产党人的精神支柱和力量源泉。但是也要清醒地认识到，实现共产主义是一个漫长

① 《江泽民文选》(第 2 卷)，人民出版社 2006 年版，第 33 页。

② 《十五大以来重要文献选编》(下)，人民出版社 2003 年版，第 1981—1982 页。

③ 《江泽民文选》(第 3 卷)，人民出版社 2006 年版，第 543 页。

④ 《邓小平文选》(第 3 卷)，人民出版社 1993 年版，第 144 页。

过程，需要经过很多阶段，现在实践还没有发展到那一步，用超越现阶段的空想代替现实的运动，会严重影响和干扰社会主义现代化建设的中心任务。同时还要清醒地认识到，建设中国特色社会主义，是实现共产主义理想的必要准备和必经阶段。只有实现中国特色社会主义共同理想，社会主义制度的优越性才能充分显示出来，从而为实现共产主义准备好物质条件和打好思想基础。胡锦涛指出："必须认识到，我们现在的努力以及将来多少代的持续努力，都是朝着实现共产主义这个最终目标前进的。同时必须认识到，实现共产主义是一个非常漫长的历史过程，我国现在仍处于并将长期处于社会主义初级阶段。我们必须从这个实际出发确定现阶段的奋斗目标，脚踏实地地推进我们的事业。"①可以说，没有共产主义理想，中国特色社会主义共同理想就会失去灵魂，偏离正确的方向；没有中国特色社会主义共同理想，就不可能循序渐进地做好当前工作。江泽民在庆祝中国共产党成立80周年大会上的讲话中指出："忘记远大理想而只顾眼前，就会失去前进方向；离开现实工作而空谈远大理想，就会脱离实际。"②

当然，随着改革开放和社会主义市场经济的不断深入发展，中国经济体制深刻变革，社会结构深刻变动，利益格局深刻调整，思想观念深刻变化，人们思想活动的独立性、选择性、多变性和差异性进一步增强，不可避免地出现社会意识的多样化。中国社会科学院哲学研究所进行的一项"转型时期的社会伦理与道德"大型社会调查显示，全体被调查者对有无信仰的回答中，"有信仰"者只占28.10%，如果加上"不想回答"中可能的有信仰者的比例，约在30%；明确表示"没有信仰"者占36.09%，如果把"曾有过信仰"视为目前没有信仰，那么，目前"没有信仰"者达到58.33%，超过全体被调查者的一半。研究指出，如此高比例的人群过着没有信仰的生活，对道德价值观将产生怎样的影响，值得认真分析和探讨。③ 这一数字表明信仰危机不仅客观存在，而且还很严重。日本学者堺屋太一在《历史的波澜》中提出了有名的"文化比经济更重要"的假说，他在分析苏联、东欧社会主义崩溃原因时指出：任何政权，只有两种情况会使它发生毁灭性的大变革，

---

① 《十六大以来重要文献选编》(中)，中央文献出版社2006年版，第622页。

② 中共中央文献研究室编：《改革开放三十年重要文献选编》(下)，中央文献出版社2008年版，第1183页。

③ 廖申白、孙春晨主编：《伦理新视点——转型时期的社会伦理与道德》，中国社会科学出版社1997年版，第343页。

那就是丧失维持治安的能力和人们不再信任支撑它的文化。使苏联的社会主义体制走向崩溃的其实是(苏联)社会主义的文化,也就是人们不再相信社会主义的观念、理想和领导层的决策与人品。①

理想决定行动。有共同理想,才能有共同步调。在价值多元化时代,要完全做到舆论一律既不必要也无可能。这就必须有一个能够代表广大人民根本利益、为社会各个阶层广泛认可和接受、能有效凝聚各个方面智慧和力量的共同理想。这个共同理想,就是在中国共产党领导下,走中国特色社会主义道路,实现中华民族的伟大复兴。邓小平曾指出:要有远大的理想,这样才能永远保持前进的勇气和方向。“我们一定要经常教育我们的人民,尤其是我们的青年,要有理想。”②《中共中央关于加强社会主义精神文明建设若干重要问题的决议》指出:“建设有中国特色社会主义的伟大事业,是一场新的伟大革命。在这场革命中,中国共产党人和中国人民有信心、有能力在改造客观世界的同时改造主观世界,在建设高度物质文明的同时建设高度的社会主义精神文明。”③

第五节　社会治理与公共服务的市场化、法制化

一、在市场化改革中激发活力

市场经济条件下,经济社会飞速发展,新问题新情况层出不穷,社会管理事务日益增多,不同于计划经济体制时期,为了提高政府行政效率,要更加注重市场化、多元化的社会管理方式。1994 年实行分税制改革之后,地方政府的财政能力随着政府层级的下降而递减,按照传统社会行政管理模式,地方政府难以承担社会管理的职能。随着经济体制市场化改革的发展,与市场经济体系相对应,展开了一系列制度配套工程的建设,“加强政府的社会管理职能”成为市场化改革的重要保障工作,并被提上日程。来自财政方面的压力,加强政府的社会管理职能的要求,是使社会管理方式向市场化发展的双重动力。在这种情况下,政府通过市场提供一定类型公共服务,降低了行政成本,提高了管理效率,行使了社会管理的职能。社会

① 葛晨虹:《荣辱观与社会主义核心价值体系》,《思想政治工作研究》2008 年第 9 期。

② 《邓小平文选》(第 3 卷),人民出版社 1993 年版,第 110—111 页。

③ 《十四大以来重要文献选编》(下),人民出版社 1999 年版,第 2069 页。

管理方式手段的市场化[①]发展成为社会管理领域的新动向。

社会管理体制改革作为社会主义市场经济的配套工程，以服务市场经济良好运行为目标取向，社会管理方式手段的市场化发展也是对市场经济条件下政府职能理性调整的回应。在这样的背景下，社会管理的市场化趋势日益明显，政府公共服务和社会事业管理越来越多地吸收和应用市场要素、市场机制和市场手段，运用市场机制以提高社会管理水平和社会管理效率，社会管理方式手段的市场化发展成为社会管理领域的新趋向。

在公共服务市场化方面，在国家财政出资通过公共部门或私营组织生产、供给过程引入竞争和市场机制以提高公共服务的质量和效率。比如，在公共基础设施建设和投融资体制上，政府除了在制定方针政策统筹规划、筹集资金、政策扶持等方面继续发挥重要作用以外，在吸引国外资金和国内民间资金方面也取得很大进展。[②] 又如，在政企分开方面推行公司化改造，使企业脱离政府走向社会，尤其是在电力、电信、铁路、公路、航空等领域实行政企分开，将原来的部门进行公司化改造。再如，在教育、卫生、文化、环境保护等领域也部分地引进市场机制，优胜劣汰、提高效率。

在社会事业单位的市场化改革方面，1993 年党中央印发的《关于党政机构改革的方案》和《关于党政机构改革方案的实施意见》明确提出，事业单位改革的方向是实行政事分开，推进事业单位的社会化。1996 年出台的《中央机构编制委员会关于事业单位机构改革若干问题的意见》，对事业单位的设置、职能划分、经费等进一步做出规定，事业单位改革由此进入实质性阶段。

在社会管理方式手段市场化发展中也形成了一些有效的工具性方法，如合同外包、特许经营、用者付费、内部市场等[③]，这些市场化的工具提高了管理的效率。从 20 世纪 90 年代初中国确立市场化的改革方向到 21 世纪初中国进入世界贸易组织为止，中国的社会管理具有十分明显的市场化趋向，市场的原则被大量引入社会管理领域，管理的效率和效益均有不同程度的提高。但是也出现了政府的“公司化”趋势，职能部门的“寻租”现象，以及再分配权力滥用市场逻辑的问题。

---

① 所谓市场化，主要是指以建立市场型管理体制为重点，以市场经济的全面推进为标志，以社会经济生活全部转入市场轨道为基本特征，把特定对象按照市场原理进行组织的行为，通过市场化实现资源和要素优化配置，从而提高社会效率，推动社会进步。

② 何海兵：《公共服务市场化：西方理论与中国实践》，《学术交流》2006 年第 4 期。

③ 卢汉龙，等：《新中国社会管理体制研究》，上海人民出版社 2009 年版，第 90—96 页。

20 世纪 90 年代，许多城市形成了一种所谓城市经营的管理理念，即不再将城市管理视为一种政府的沉重负担，而是“通过市场化的操作方式盘活城市资产，引入民间资金和跨国资金进行城市基础设施建设和其他公共服务供给，从而改善城市综合竞争力，吸引更多的资金和人口，形成一种‘以城聚财、以城兴城、滚动发展、良性互动’的经营城市道路”①。

社会管理方式手段的市场化是社会建设和社会管理领域的创新过程。对于幅员辽阔、地区差异明显的发展中大国而言，中央法律法规和政策实际上对许多事务只能做出笼统的规定，地方往往需要变通和规定具体的形式才能提高规则的可适用性。随着中央政府简政放权改革的深入，地方政府的自主权逐步增大，这为地方政府的管理创新提供了体制空间，也为地方政府创新留下了操作空间，市场的原则和理念不断被引入社会管理领域，效率和创新水平都有不同程度的提高。

二、社会治理的法制化

在推进社会主义市场经济体制建设的过程中，党和政府非常重视法制建设，因为市场经济还是一种法制经济，这是市场经济自身的特点决定的，不但需要法律体系提供产权清晰的规则，还需要政府通过法制措施来干预和弥补市场失灵状况。1997 年，党的十五大将“依法治国，建设社会主义法治国家”确定为治国的基本方略②，并于 1999 年修宪时将其写入宪法。就社会管理而言，在这一阶段，随着市场化改革的深入，单位体制的瓦解，原来承担生产经营、维持秩序、生活保障的共同体单位逐渐解体。因此，这就迫切要求重构社会秩序，在市场经济体制下，大力推进社会管理法制化，加强基层社会管理、公共安全管理、社会团体管理、社会保障等方面的法制建设。

基层社会管理的法制化不断加强。1989 年《城市居民委员会组织法》的出台，意味着由单位体制向社区自治体制的根本性过渡；1998 年《村民委员会组织法》正式颁布，村民自治以法律形式确立下来，逐步走上正轨；在城市，1994 年《公司法》的实施，城市原有的单位体制在市场化改革的冲击下宣告结束。2000 年 12 月 12 日，以中共中央办公厅、国务院办公厅转发民政部《关于在全国推进城市社区建设的意见的通知》为标志，城市基层社

---

① 余晖、秦虹主编：《公私合作制的中国试验：中国城市公用事业绿皮书 No. 1》，上海人民出版社 2005 年版，第 18 页。

② 《十五大以来重要文献选编》(上)，人民出版社 2000 年版，第 30 页。

会管理被纳入了社区建设的范畴。随着社会团体的大量涌现,社团的法制化管理也步入正轨。1998 年 9 月国务院重新修订了《社会团体登记管理条例》,并于同年 10 月颁布《民办非企业单位登记管理暂行条例》。

社会治安管理的法制化进步显著。1993 年中央综治委等五部委出台了《关于实行社会治安综合治理领导责任制的若干规定》,系统阐述了社会治安综合治理的重要意义、要求和目标、工作范围、目标管理责任制、领导和组织体制等一系列问题。此外,中央还出台了《关于加强农村治保会工作的意见》《关于加强社会治安综合治理的决定》《关于进一步开展基层安全创建活动的意见》等意见或决定,到 2001 年,中共中央和国务院做出了《关于进一步加强社会治安综合治理的决定》,并提出要坚持"打防结合、预防为主"的方针。

信访和人民调解的法制化不断加强。1995 年,新中国成立后第一部严格意义上的信访行政法规《信访条例》正式颁布。20 世纪 90 年代中后期信访法规集中出台,截至 2001 年 9 月,许多省(区、市)和中央有关部委制定的与《信访条例》相配套的法规、制度有 226 部(个)。[①] 这标志着信访治理开始由政策规定向法制化轨道转变。2002 年,司法部又以部门规章的形式颁布了《人民调解工作若干规定》,使得人民调解工作更加符合新时期我国经济社会发展的新情况和解决矛盾纠纷的新要求。

社会保障的法制化进步显著。1993 年中共十四届三中全会通过的《关于建立社会主义市场经济体制若干问题的决定》提出要建立多层次的社会保障体系。自此之后,国家明显加大了对社会保障立法的力度。在社会保险方面,先后颁布《关于深化企业职工养老保险制度改革的通知》《关于建立城镇职工基本医疗保险制度的决定》《失业保险条例》《工伤保险条例》等。在社会救助方面,先后颁布了《农村五保供养工作条例》《农村敬老院管理暂行办法》《城市居民最低生活保障条例》《救灾捐赠管理暂行办法》等。在社会福利方面,先后制定和颁布了《母婴保健法》《老年人权益保障法》等。这样,在市场经济条件下,我国基本建立起养老、医疗、就业培训、社会救助、公共福利等相关的法制或制度体系,逐步形成与社会管理相配套的法律法规等制度体系。

总体回顾这一阶段,社会管理体制建设与建立社会主义市场经济体制密切相关,市场开始在资源配置中发挥基础性作用,社会管理服务已经开

① 《国家信访局局长周占顺在第五次全国信访工作会议上的讲话》,《人民信访》2001 年第 10 期。

始考虑社会建设和社会管理的一些内在规律,开始逐步把社会管理体制改革从经济体制改革中分离出来,从而使其更具有逻辑性和连贯性。社会治理从社会行政管理向社会治理的市场化转变,改革的推拉动力不再完全局限于政府力量,开始引入市场机制和社会力量。这一时期,在推进改革过程中加大创新力度,有关社会治理体制改革的目标日益明确,重点开始逐渐突出,措施也更为细化。随着市场化改革带来的社会管理事务的增多,计划经济体制下政府一元化社会管理模式逐步得到调整,社会管理主体多元化发展,地方政府社会管理职能得到加强,社会管理结构分化与重心下移的趋势非常明显。同时也加快了社会治理法制化进程,并且出现了结构分化和治理重心下移。在社会主义初级阶段,正确处理改革、发展、稳定的关系,保持稳定的政治环境和社会秩序,具有极端重大的意义。

这一阶段社会治理发展迅速但不平衡,这主要是由于市场化推动,或者说是服务于、配套于经济体制的市场化改革的结果。社会治理着眼于解决社会巨大变迁和经济发展中不断凸显的社会问题,以缓和社会矛盾,维护社会稳定,从而减少经济建设的阻力。作为经济体制改革的"配套工程",给企业减负,给政府甩包袱,各项社会建设政策得以制定和实施。尽管这一时期还没有把社会治理和社会建设作为独立的概念提出,也没有形成较为完备和系统的理论,但已经把社会治理作为社会发展的重要组成部分,社会治理的具体内容包含在经济、政治和文化建设中,而且分散在党的报告和文献中,以论断或论述的形式加以体现。

当然,在这一阶段,对社会管理体制建设的探索尽管取得了长足的进步和发展,但也应注意到在社会治理开拓道路上出现的问题和难点,社会治理领域的新事物和新形式不断涌现,体制不顺和利益机制不协调的负面影响开始显现。这一时期教育、医疗、住房、社会保险、社会福利等社会事业发展中过于强调商业化和社会化的资源动员机制①,过于强调职工个人和企事业单位所应担负的责任,政府有意无意地淡化自身在提供社会性公共服务或基本公共服务中所应担负的责任,由此导致社会性公共服务供给严重不足和享受基本公共服务方面的地区差别、城乡差别和外来人口与本地人口差别的扩大。个别政府职能部门有权力寻租现象,存在着权力再分配滥用市场逻辑的情况等。总之,这一时期的社会治理探索,既为下一阶段社会治理的进一步推进奠定了良好的基础,同时也提出了更高的要求。

① 关信平主编:《社会政策概论》(第2版),高等教育出版社2009年版,第36—42页。

第五章

和谐社会：社会治理发展道路的转型（2002—2012）

从2002年到2012年的十年间，是我国经济社会发展进程中极不平凡的十年。十年间，国际环境云谲波诡，美国次贷危机引发的国际金融危机肆虐全球；国内非典、雨雪冰冻灾害、汶川特大地震等自然灾害和重大挑战接连不断，经济形势的复杂性和宏观调控的艰巨性空前加剧。面对国内外复杂环境和一系列重大风险挑战，中国政府全面推进改革开放和现代化建设，经济总量从世界第六位跃升到第二位，人民生活明显改善，社会治安状况不断改善，社会事业全面进步；承办奥运，兴办世博，组织世界上最大最为复杂的赛事和展会，经济社会发展取得举世瞩目的辉煌成就。在深化改革开放进程中，我国经济社会获得了前所未有的发展活力，各项事业呈现出欣欣向荣的生动局面。同时，中国的发展也呈现日益突出的矛盾和问题，经济结构面临深层次矛盾；经济发展受到资源环境的严重制约；经济与社会发展不均衡；贫富差距扩大，利益纠纷和社会矛盾集中多发。

这一时期，中国特色社会主义道路探索渐次转型，执政理念发生转变，从"一部分人先富起来""发展是硬道理""效率优先，兼顾公平"到坚持"以人为本的科学发展观""强调公平正义，更加注重社会公平"，明确了构建社会主义和谐社会在中国特色社会主义事业总体布局中的地位，明确提出了"加强社会建设和完善社会管理体系，健全党委领导、政府负责、社会协同、公众参与的社会管理格局"，将实现社会建设与社会管理并举，标志着我国的现代社会治理体系建设进入了一个自觉构建的阶段。

第一节　国家长治久安的战略部署

加强和创新社会管理，事关巩固党的执政地位，事关国家长治久安，事关人民安居乐业，对继续抓住和用好我国发展重要战略机遇期、推动党和国家事业发展、实现全面建设小康社会宏伟目标具有重大战略意义。加强和创新社会管理这一主题的确立，首先源于对当前我国经济社会发展阶段性特征的深刻把握。

一、加强和创新社会管理的任务凸显

我国既处于发展的重要战略机遇期，又处于社会矛盾凸显期，社会管理任务更为艰巨繁重。加强和创新社会管理，是适应时代发展新特征新变化的重要课题。

新世纪新阶段，中国的发展延续了前20年的势头：积极应对国际形势深刻调整，国内发展日新月异；战胜各种风险、困难和挑战，经济总量实现历史性跨越；取得一系列新的历史性成就，为全面建成小康社会打下了坚实基础。我国经济总量从世界第六位跃升到第二位，社会生产力、经济实力、科技实力迈上一个新台阶，人民生活水平、居民收入水平、社会保障水平实现前所未有的进步，综合国力、国际竞争力、国际影响力显著提升，国家面貌发生新的历史性变化。人们公认，这是中国经济持续发展、民主不断健全、文化日益繁荣、社会保持稳定的时期，是着力保障和改善民生、人民得到更多实惠的时期。我国经济实力和综合国力不断增强，为不断满足人民日益增长的物质文化需要、解决社会管理领域存在的问题奠定了重要的物质基础。

我国仍处于并将长期处于社会主义初级阶段的基本国情没有变，人民日益增长的物质文化需要同落后的社会生产之间的矛盾这一社会主要矛盾没有变。与此同时，经济结构面临深层次矛盾；经济发展受到资源环境的严重制约；经济与社会发展不均衡；贫富差距扩大，利益纠纷和社会矛盾集中多发；世界经济复苏乏力，国内经济下行压力加大，中国的发展也呈现日益突出的矛盾和问题。随着工业化、信息化、城镇化、市场化、国际化进程不断加快，我国经济体制深刻变革、利益格局深刻调整、思想观念深刻变化、社会活力显著增强，社会结构和社会组织形式也相应地发生深刻变动，给社会管理带来一系列新课题。2002—2012年，这十年间，社会变革日新

月异，阶层分化，流动加速，利益多元，社会转型尚未完成，社会活力蓬勃迸发，新老矛盾叠加交织。我们用30多年时间走完了西方发达国家上百年走过的道路，也让西方国家百年来不同阶段产生的矛盾在我国短期内集中呈现。社会建设和社会管理的任务之重、挑战之大、难度之高，举世罕有。进入21世纪以来，中国在社会稳定方面面临的形势是严峻的，人民群众在就业、教育、分配、社会保障等民生方面的诉求尤为强烈，征地拆迁、环境污染引发的利益冲突以及管理部门执法不当屡屡酿成群体性事件。这一时期，人民内部矛盾多样多发、群体性事件增多、流动人口和特殊人群管理和服务问题突出、刑事犯罪率居高不下、公共安全事故频发、非公有制经济组织与社会组织管理和服务问题突出、信息网络建设管理面临严峻挑战、外部势力千方百计插手。

在这一社会体制转轨、经济成分日益多元化的巨大变革过程中，各类社会矛盾和利益冲突加剧：一是利益性矛盾越来越突出，对抗性明显增强；二是矛盾的复杂性增强。一方面，矛盾成因复杂化，既有历史原因、政策原因、利益原因，也有处理方法不当的原因；另一方面，多种矛盾交织化，经济、政治、思想、文化各个领域的矛盾交织在一起。根据国家统计局公布的数据，公安机关立案的刑事案件从2002年的4337036起到2012年的6551440起，增加了51.06%；调解民间纠纷数从2002年的4636157件增加到2012年的9265855件，增加了99.86%。[①] 根据公安部公布的数据，中国每年发生的群体性事件数量，已经从1993年的8700起，迅速上升至2007年的8万多起。参与人数也从1994年的73.2万人次上升到了2003年的307.3万人次。群体性事件几乎涉及企业、机关、学校等各个领域，波及各省、自治区和直辖市。[②] 进入21世纪，我国经济发展和社会转型呈现出一个崭新的局面。2002年，党的十六大提出了全面建设惠及十几亿人口的更高水平的小康社会的奋斗目标。在这个人均GDP突破1000美元以后的“黄金发展期”和“矛盾凸显期”并存的特殊时期，一方面，调整经济结构、转变经济发展方式需要和谐稳定的环境；另一方面，经济增长过程中始终伴随着收入分配差距加大、社会矛盾加剧、社会管理滞后的问题，维护社会和谐稳定的任务依然艰巨繁重。如何既紧紧抓住难得的发展机遇，又妥善应对来自各方面的严峻挑战，确保全面建设小康社会目标的顺利实现，

① 国家统计局网站，http://data.stats.gov.cn/easyquery.htm? cn=C01.

② 《预防与处置群体性事件党政干部读本》，人民日报出版社2009年版，第43页。

成为中央高度关注的一个重大问题。如果这些问题处理不当、解决不好，势必会影响甚至干扰党和国家工作大局。这就迫切要求妥善处理好事关最广大人民根本利益的民生问题，不断提高社会管理的科学化、现代化的水平和能力，建立起与社会主义市场经济体制和我国政治制度相适应的社会管理体系。

市场取向的改革促进了经济发展，显著地改善了民生，也带来了社会行为规范和价值理念的变化。对个人利益的追求获得了正当性和合理性，但约束、监督追求个人利益的行为规范系统还不完善；社会生活和生产行为的复杂性大大提高，但适应这种复杂性的社会管理技术还没有得到相应提高；市场经济条件下人们的价值理念发生深刻变化，但与这种变化相适应的社会道德和诚信体系建设明显滞后，等等。因此，在创新社会管理体制的过程中，不仅要重视硬件建设，而且要注重软件建设。要大力推进社会主义核心价值体系建设，更新社会管理的理念，完善与新型社会管理体制相适应的道德秩序、诚信体系和行为规范。①

在国家和社会日益分离的基础上，一个相对独立于国家和企业的社会生活领域逐步形成，利益分化和多样化导致的社会矛盾冲突凸显出来，以维护社会秩序为己任的社会管理的重要性越来越突出。社会问题多发凸显有诸多因素的影响，其中一个重要因素就是现有的社会管理体制难以适应经济社会快速而深刻的变化。随着实际情况的变化，我国社会管理理念思路、体制机制、法律政策、方法手段等方面还存在很多问题，解决社会管理领域存在的问题既十分紧迫又需要长期努力。② 随着改革开放的日益深入和社会主义市场经济的不断发展，我国社会结构和社会阶层日趋多样化，现有的社会管理体制面临一些重大变化的挑战。原有的利益分化较小的、由工人阶级、农民阶级和知识分子组成的简单阶层结构，已经转化成利益分化较大的、由许多不同利益群体组成的复杂阶层结构；先后有2亿多农民离开耕作的土地和生活的村庄，转变为从事第二、第三产业的工人；城乡、区域和社会成员之间的收入差距不断扩大，一些分配不公现象引起群众不满；随着独生子女家庭的增多，开始出现倒金字塔型家庭结构，社会流动的加强和代际关系的转变使城乡家庭小型化、居住人少化趋势明显，很多过去可以由家庭和代际帮助解决的问题如养老、单亲抚养、疾病照顾等

---

① 李培林：《创新社会管理是我国改革的新任务》，《人民日报》2011年2月18日第7版。

② 《胡锦涛在省部级主要领导干部社会管理及其创新专题研讨班上的讲话（2011年2月19日）》，《人民日报》2011年2月20日第1版。

逐渐成为社会问题。在城市就业总人口中，“单位人”由过去占95%以上下降到现在占25%左右。在政府和分散的“社会人”之间，原有的单位管理网络在弱化，而新的社区管理网络还不够完善，导致出现社会整合的缺失。这些都是我国社会管理面临的新任务。

中国，一个13亿人口的发展中国家，进行的是一场人类历史上规模空前的社会变革，这就迫切要求创新社会管理体制，以社会管理的创新为推手，在重要时期取得重大突破，维护社会秩序，促进社会和谐，保障人民安居乐业，最大限度激发社会活力，最大限度增加和谐因素，最大限度减少不和谐因素，确保全面建设小康社会宏伟目标如期达成。

二、创新社会管理的战略部署

2002年以来，社会管理体制创新的地位逐渐凸显，在新的世纪里继续推进改革开放、促进社会和谐的新征程，也开始了对社会管理发展道路和体制创新的新探索。实践的深化促进理论的提升，理论的完善也可以指导新的实践，丰富实践的内涵和深度。在新的阶段里，社会管理体制创新，是实践和理论相结合的过程，实践的创新是以理论认识的提升为先导的。对社会建设和社会管理的认识也是一个逐步深化、逐步完善的过程，正是在这样一个基础上，才逐步提出新型社会管理体制的目标和框架结构，脉络逐渐清晰，步骤更加稳妥，方向更加明确。

2002年党的十六大提出了全面建设小康社会的奋斗目标，把社会更加和谐列为全面建设小康社会的一个重要目标，虽然还没有把社会建设单列出来，但在经济、政治、文化三大建设的表述里面，涉及社会领域的内容明显增多；同时提出，“完善政府的经济调节、市场监管、社会管理和公共服务的职能”，将社会管理作为政府的四大职能之一，并从维护社会稳定的角度提出要“改进社会管理、保持良好的社会秩序”。①

2003年7月，胡锦涛在总结非典经验教训时指出，要进一步加强社会管理体制的建设和创新，建立健全与发展社会主义市场经济相适应的社会管理体制。② 2003年中共十六届三中全会在阐述科学发展观时，“社会建设和管理”是五个统筹之一。2004年中共十六届四中全会明确提出构建社会主义和谐社会的目标，强调要坚持最广泛最充分地调动一切积极因素，

① 《十六大以来重要文献选编》(上)，中央文献出版社2005年版，第28—29页。

② 《十六大以来重要文献选编》(上)，中央文献出版社2005年版，第399页。

不断提高构建社会主义和谐社会的能力，不断增强全社会的创造活力，妥善协调各方面的利益关系，推进社会管理体制创新，加强和改进新形势下的群众工作，维护社会稳定。会议通过《中共中央关于加强党的执政能力建设的决定》，正式提出“加强社会建设和社会管理，推进社会管理体制创新”，“建立健全党委领导、政府负责、社会协同、公众参与的社会管理格局”，从而明确了社会管理的领导体制。①

2005 年，中共十六届五中全会从行政管理体制改革的角度强调了加强社会管理的必要性。全会通过的《中共中央关于制定国民经济和社会发展第十一个五年规划的建议》指出，“要着力推进行政管理体制改革，政府要加强社会管理和公共服务职能，不得直接干预企业经营活动”。同时指出，“加强社会建设和完善社会管理体系是构建社会主义和谐社会的必要条件”。

2006 年 10 月，中共十六届六中全会审议通过的《中共中央关于构建社会主义和谐社会若干重大问题的决定》，将“社会建设”与“经济建设、政治建设、文化建设”并列，由原来的“三位一体”拓展为“四位一体”，就构建社会主义和谐社会的相关制度建设做出了全面部署；明确强调“必须创新社会管理体制，整合社会管理资源，提高社会管理水平，健全党委领导、政府负责、社会协同、公众参与的社会管理格局”。第一次鲜明地提出关于社会体制的观点，对加强社会管理的具体途径进行了部署，从健全社会管理格局、健全社会管理机制、完善社会治安防控体系等三个方面，就社会管理做出了部署。这表明党对社会管理的认识实现了从宏观层面到中观和微观层面的转变，也表明党对社会管理的认识进一步深化。《中共中央关于构建社会主义和谐社会若干重大问题的决定》将“社会管理体系更加完善”作为“2020 年构建社会主义和谐社会的目标和主要任务”之一。它指出：“加强社会管理，维护社会稳定，是构建社会主义和谐社会的必然要求。”同时强调“在服务中实施管理，在管理中体现服务”。

2007 年，党的十七大报告从实现全面建设小康社会新要求的角度提出了建设更加健全的社会管理体系的要求，在重申“健全党委领导、政府负责、社会协同、公众参与的社会管理格局”的同时，提出了要“最大限度激发社会创造活力，最大限度增加和谐因素，最大限度减少不和谐因素”的新要求，并提出加快推进以改善民生为重点的社会建设。十七大报告论及十个

---

① 《人民日报》2004 年 9 月 27 日。

方面的社会管理体系:公共服务体系、社会保障体系、社会组织建设和管理、基层社会管理体制、群众权益维护机制、和谐劳动关系、流动人口服务和管理、安全生产管理和监督、突发事件应急管理机制、社会治安防控体系。[①] 由此,社会体制改革正式提上党和政府的工作日程,这与构建社会主义和谐社会的要求相一致,体现了社会管理思想逐步成熟。

2008 年,中共十七届三中全会将“农村社会管理体系进一步完善”列为“2020 年农村改革发展基本目标任务”之一,并从促进社会和谐、建设社会主义新农村等角度突出了加强和完善农村社会管理的重要性。[②] 这就突破了传统意义上的城市层面的社会管理,使得社会管理的内涵更加丰富。

2010 年,中共十七届五中全会从建立健全基本公共服务体系的角度提出“加强和创新社会管理”。全会通过的《中共中央关于制定国民经济和社会发展第十二个五年规划的建议》将“社会管理制度趋于完善”作为“十二五”时期经济社会发展主要目标之一,并从法律、体制和能力建设方面对加强社会管理进行了部署。

2010 年 10 月,中共中央政法委员会、中央社会治安综合治理委员会确定了 35 个市、县(市、区)作为全国社会管理创新综合试点,并制定了《全国社会管理创新综合试点指导意见》,细化了社会管理创新的主要内容。各地抓住社会管理的主要环节和制约瓶颈,围绕服务民生和社会矛盾化解、特殊人群服务管理、社会治安重点地区排查整治、综治基层基础建设、“两新组织”服务管理、互联网管理等工作,积极探索建立新的管理体制和运行机制,创造了一些新的经验和亮点。

2011 年,是“十二五”规划的开局之年。这一年,中国跃居“全球第二大经济体”。2011 年,也是中国的“社会管理年”。这一年,“加强和创新社会管理”成为国家发展战略的重要组成部分,并且第一次明确了加强和创新社会管理的八大重点任务。2011 年 2 月 19 日,胡锦涛在中央党校举行的省部级主要领导干部“社会管理及其创新”专题研讨班发表的讲话中强调,要“扎扎实实提高社会管理科学化水平,建设中国特色社会主义社会管理体系”[③]。同年 3 月,“标本兼治,加强和创新社会管理”独立成篇,写入“十二五”规划纲要,从创新社会管理体制、强化城乡社区自治和服务功能、加

① 胡锦涛:《高举中国特色社会主义伟大旗帜　为夺取全面建设小康社会新胜利而奋斗》,人民出版社 2007 年版,第 41 页。

② 《十七大以来重要文献选编》(上),中央文献出版社 2009 年版,第 672 页。

③ 胡锦涛:《扎扎实实提高社会管理科学化水平》,《人民日报》2011 年 2 月 20 日第 1 版。

强社会组织建设、完善维护群众权益机制、加强公共安全体系建设等方面，对加强和创新社会管理的工作进行了全面规划。5月30日，中共中央政治局召开会议，专门研究了加强和创新社会管理问题，对进一步加强和创新社会管理工作做出了全面部署。7月，中共中央、国务院又专门出台了《关于加强和创新社会管理的意见》(以下简称《意见》)，这是我国第一份关于创新社会管理的正式文件。《意见》进一步明确了加强和创新社会管理的指导思想、基本原则、目标任务和主要措施，以构建社会主义和谐社会为目标，将社会秩序与社会发展贯通起来，实现社会建设与社会管理并举。这标志着我国的现代社会管理体制建设进入了一个自觉构建的阶段。8月21日，中央办公厅、国务院办公厅印发了关于中央社会治安综合治理委员会更名为中央社会管理综合治理委员会的通知。9月16日，中央社会治安综合治理委员会正式更名为中央社会管理综合治理委员会，被赋予协调和指导社会管理工作的重要职责。

2012年2月，全国社会管理创新综合试点工作座谈会提出，要加强整体规划设计，因地制宜搞好典型培育，积极探索具有中国特色、地方特点、时代特征的社会管理新路子，不断提高社会管理科学化水平。通过各地的积极探索，一个与社会主义市场经济新体制和社会全面转型相适应的社会管理新格局初步形成；与此同时，政府的角色和职能也自觉或不自觉地发生着蜕变。

第二节　加强和创新社会管理体系

加强和创新社会管理，根本目的是维护社会秩序、促进社会和谐、保障人民安居乐业，为党和国家事业发展营造良好社会环境。21世纪以来，社会建设的艰巨任务，社会结构的深刻调整，整个社会的快速转型，都对当代中国的社会管理构成新挑战、提出新要求。党的十六大以来，党和国家高度重视社会管理工作，进一步加强和创新社会管理，建立社会管理工作领导体系，构建社会管理组织网络，制定社会管理基本法律法规，初步形成了“党委领导、政府负责、社会协同、公众参与”的社会管理体系。

一、创新基层社会管理和服务机制

随着改革开放的不断深入，我国的经济和政治体制发生了深刻的变化。经济和政治体制改革引发了整体性社会结构变迁。一方面对传统的城市基层管理体制提出了严峻的挑战;另一方面也为新型居民自治制度的形成提供了前所未有的历史机遇与现实条件。因此,在社会转型的大背景下,对城市基层社会的治理结构和治理方式进行制度创新,就成为摆在我们面前急需解决的一个现实问题。为适应这一历史性转变,各级政府都进行了大胆的探索和尝试,采取了许多积极有效的措施,其中最主要的就是推进城乡社区建设,重视社会组织建设和管理,扩大基层民主,注重发挥中共基层党组织的独特作用。

(一)城乡社区建设

21世纪以来,政府大力开展和谐社区建设和社会主义新农村建设,加强和完善基层社会管理和服务体系,把人力、财力、物力更多地投向基层,强化城乡社区自治和服务功能,健全新型社区管理和服务体制。中国的基层自治组织主要是城市里的居民委员会和居民小组,农村的村民委员会和村民小组。2002年,全国自治组织共有76.7万个,其中社区居委会8.6万个,村民委员会68.1万个;到2012年,全国自治组织共有约68.0万个,其中社区居委会9.1万个,村民委员会58.8万个。[①] 伴随城市化的推进,基层自治组织的发展呈现村委会与居委会此消彼长之势。

早在2003年10月,中共十六届三中全会在《中共中央关于完善社会主义市场经济体制若干问题的决定》中就提出了加强“农村社区服务”“农村社区保障”“发挥城乡社区自我管理、自我服务的功能”“城市改革和农村改革相协调”等内容。2006年10月,中共十六届六中全会通过的《中共中央关于构建社会主义和谐社会若干重大问题的决定》,首次正式提出“农村社区建设”的概念。[②] 2007年10月,党的十七大报告延续了中共十六届六中全会精神,进一步提出要“把城乡社区建设成为管理有序、服务完善、文明祥和的社会生活共同体”[③],过去城市实行的是社区制,党的十七大报告则明确了城乡社区建设,为我国社区治理模式中城乡之间的并轨指明了方向。2008年10月,中共十七届三中全会又进一步明确提出:“加强农村社区建设,保持农村社会和谐稳定。”[④]2010年中央一号文件则进一步指出:“开展农村社区建设创建活动,加强服务设施建设,培育发展社区服务性、公益性、互助性社会组织。强化乡镇政府社会管理和公共服务职能,建立

① 国家统计局网站,http://data.stats.gov.cn/easyquery.htm? cn=C01.

② 《十六大以来重要文献选编》(下),中央文献出版社2008年版,第663页。

③ 《十七大以来重要文献选编》(上),中央文献出版社2009年版,第23页。

④ 《十七大以来重要文献选编》(上),中央文献出版社2009年版,第687页。

综合服务平台，有条件的乡镇要设立便民服务中心、村设立代办点，为农民提供一站式服务。”

2010年10月15日，民政部在宁夏银川召开的全国农村社区建设实验工作推进会上指出，截至2009年，全国已有11%左右的村庄开展了农村社区建设实验工作。该会议进一步明确推进农村社区建设实验的总体要求和重点工作。会议提出，到2015年，全国农村地区将普遍开展农村社区建设，60%以上的农村社区基本建成为管理有序、服务完善、文明祥和的社会生活共同体。到2020年，要求全国所有农村社区基本实现上述要求。

如果说“社队制”和“村组制”是我国农村基层第一次和第二次组织变革和制度变迁的话，“社区制”将成为我国农村基层社会组织与管理体制的第三次变革和制度创新。[①] 农村社区建设，一是要“村社分离”——从生产共同体向生活共同体转变；二是要“社区自治”——从村民自治向居民自治转变；三是要“城乡统筹”——从城乡分割到城乡一体转变。[②] 社区建设要在党和政府的领导下，打破城乡之间的体制分割，进一步完善社区自治，同时推动政府、居民、社会组织等多元主体参与社区建设，以便为群众提供公共产品，强化公共管理和公共服务。

除了居委会和村委会以外，基层自治组织还包括企业中的职工民主管理组织——职工代表大会。2001年10月新修订的《工会法》，从法律上进一步保障职工代表大会制度作为工会履行维护职工合法权益基本职责的主要机制之一。在发展过程中，许多企业、事业单位及机关单位根据自身特点，逐渐形成了以职工代表大会为基础，企务公开（厂务公开）制度、劳动合同制度、平等协商和集体合同制度、工资集体协商制度、职工董事（监事）制度等为补充的职工民主管理新格局。截至2010年9月，全国已建工会的企事业单位建立企务公开（厂务公开）制度的有211.3万家，建立职工代表大会制度的有224.9万家，覆盖了大部分企事业单位。

城市居民委员会、农村村民委员会、企事业单位职工代表大会，以及城市社区里的居民（成员）代表大会、协商议事委员会、业主委员会、居民评议会、社区听证会、非政府组织、志愿者组织，农村里的村民大会或村民代表大会、村民小组、村民理财小组、村务公开监督小组等基层群众自治组织，构成当代中国最直接、最广泛的民主实践，并从中共十七大开始正式与人

① 项继权：《从“社队”到“社区”：我国农村基层组织与管理体制的三次变革》，《理论学刊》2007年第11期。

② 项继权：《农村社区建设：社会融合与治理转型》，《社会主义研究》2008年第2期。

民代表大会制度、中国共产党领导的多党合作和政治协商制度、民族区域自治制度一起纳入了中国特色政治制度范畴。

但就总体情况而言，中国的基层群众自治和社区服务体系建设仍处于初级阶段，存在一些困难和问题，主要表现为：基层群众自治组织与基层党组织和上级政府权责不清，受到的行政干预较多；基层群众参与不足，工作人员人才短缺，待遇差，工作积极性不高；基层群众自治组织不受重视，服务设施缺口大，缺乏统一规划，保障能力不强，自治水平有限，对行政资源的依赖性强，无法形成良性循环；部分农村存在拉票贿选现象，村委会容易被村里的强势家族把持。针对这些问题，党的十七大以来已经从制度建设、组织建设、“四个民主”(民主选举、民主决策、民主管理、民主监督)实践和保障机制方面做出了许多新的尝试和努力。2011 年颁发的《国民经济和社会发展第十二个五年规划纲要》单辟一章，从完善社区治理结构、构建社区管理和服务平台两个方面对强化社区自治和服务功能做出了规划。

(二) 重视社会组织建设和管理

2002 年以来，随着社会主义市场经济体制的确立，社会各种各样的利益主体快速成长起来，充分激发了社会的活力，也为社会组织的发展带来了良好的发展机遇。同时，党和国家对现阶段的国情认识更加清晰，在科学发展观的指导下，大力推进社会建设，群众参与社会管理的积极性也被充分调动起来，基层社会组织也拥有了更多的自身事务决定权，为各类社会组织的产生和发展奠定了坚实的基础，社会组织迎来了蓬勃发展的黄金时期。这些新涌现出来的社会组织，不仅在国家体系的边缘部分出现，也更多地在国家与社会之间、国家与市场之间、市场与社会之间，以及国家体系内部、社会体系内部和市场体系内部各种可能的公共领域里出现。[①] 它们通过吸纳各种社会资源，广泛动员志愿参与，开展公益或公益服务、公共服务等社会服务，形成一个区别于国家和市场体系之外的社会力量。

社会组织是社会建设的主要载体，在构建社会主义和谐社会的过程中，是十分重要的战略资源和行动力量。2004 年 9 月，中共十六届四中全会上通过的《中共中央关于加强党的执政能力建设的决定》强调，要“发挥社团、行业组织和社会中介组织提供服务、反映诉求、规范行为的作用，形

① 刘求实、王名：《改革开放以来我国民间组织的发展及其社会基础》，《公共行政评论》2009 年第 3 期。

成社会管理和社会服务的合力”[①]。这也说明党在领导社会建设的历程中，已经把社会组织当成必须合作并要充分发挥作用的一支重要的社会治理力量。2006年，中共十六届六中全会通过的《中共中央关于构建社会主义和谐社会若干重大问题的决定》，对社会组织这一发展的方针政策、功能定位、发展重点、自身建设进行了全面阐述，明确提出：“健全社会组织，增强服务社会功能。发挥各类社会组织提供服务、反映诉求、规范行为的作用，为经济社会发展服务。”[②]官方开始正式采纳“社会组织”的称谓，并将传统上的“民间组织”纳入了创新社会管理、构建和谐社会的工作大局。社会组织这一称谓的提出和使用，有利于纠正社会上对这类组织存在的片面认识、形成各方面重视和支持这类组织的共识。2007年党的十七大报告指出，“要全面推进经济建设、政治建设、文化建设、社会建设”，“重视社会组织建设和管理”[③]，已经从国家建设和社会管理的高度来看待社会组织的发展。2011年7月，中共中央、国务院出台了《关于加强和创新社会管理的意见》，全面安排和部署了新形势下加强和创新社会管理的工作。社会组织在社会治理中发挥着政府和单位不可替代的作用，在《中华人民共和国国民经济和社会发展第十二个五年规划纲要》(以下简称《纲要》)中将其归纳为提供服务、反映诉求、规范行为三个方面，并对促进社会组织的发展做出具体规划，赋予社会组织在社会建设和社会管理创新中相应的角色、任务。《纲要》第39章专章规划加强社会组织建设，明确提出了培育扶持社会组织的政策措施，同时提出要推动政府部门向社会组织转移职能，向社会组织开放更多的公共资源和领域。[④]

截至2011年底，全国共有社会组织46.2万个，同比增长3.7%，比2010年增速提高0.2个百分点(见图5-1)；社会组织增加值660.0亿元，同比增长24.2%，占第三产业增加值比重0.32%；形成固定资产1885.0亿元，同比增长1.1%；吸纳社会各类人员就业599.3万人；2011年接收社会捐赠393.6亿元。

① 《十六大以来重要文献选编》(中)，中央文献出版社2006年版，第287页。

② 《十六大以来重要文献选编》(下)，中央文献出版社2008年版，第663页。

③ 胡锦涛：《高举中国特色社会主义伟大旗帜　为夺取全面建设小康社会新胜利而奋斗》，人民出版社2007年版，第41页。

④ 《中华人民共和国第十一届全国人民代表大会第四次会议文件汇编》，人民出版社2011年版，第130页。

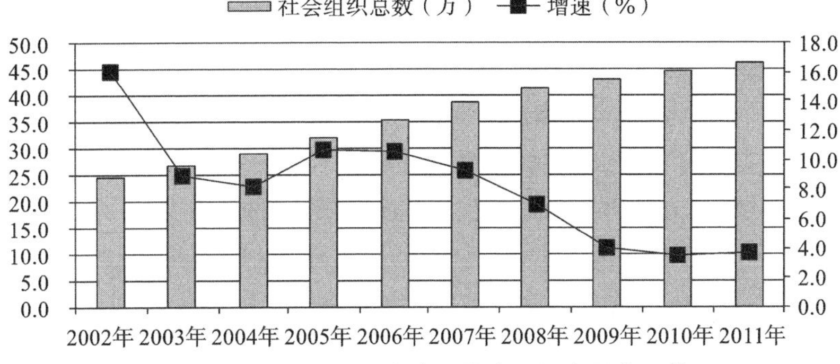

图 5-1　2002—2011 年全国社会组织发展状况①

中国将社会组织分为三类，即社会团体、基金会和民办非企业单位。社会团体是由公民或企事业单位自愿组成、按章程开展活动的社会组织，包括行业性社团、学术性社团、专业性社团和联合性社团。基金会是利用捐赠财产从事公益事业的社会组织，包括公募基金会和非公募基金会。民办非企业单位是由企业事业单位、社会团体和其他社会力量以及公民个人利用非国有资产举办的、从事社会服务活动的社会组织，分为教育、卫生、科技、文化、劳动、民政、体育、中介服务和法律服务等十大类。据民政部门统计，2005—2012 年，全国社会团体由 17.1 万个增加到 27.1 万个，基金会由 975 个增加到 3029 个，民办非企业单位由 14.8 万个增加到 22.5 万个。

从社会组织发展的质量来看，总体上向稳步趋好态势发展。国际上通过比较社会组织增加值占服务业(第三产业)的比重，来衡量社会组织在国民经济发展中的地位。2006 年至 2011 年，我国社会组织增加值占服务业的比重一直稳定在 0.3%左右，增加值六年间增长了 4.9 倍。与国内生产总值的增长速度相比，除 2010 年外，社会组织增加值的增长速度远大于国内生产总值的增长速度。从社会组织在社会领域中的作用情况来看，社会影响力大幅攀升。2011 年，全国 46.2 万个社会组织吸纳社会各类就业人员 618.2 万人，与 2006 年全国 35.4 万个社会组织吸纳社会各类就业人员 425.2 万人相比，吸纳就业人数增加了 193 万人，比 2006 年增长了 45.39%，已成为吸纳新增就业的重点领域。总体而言，我国社会组织发展质量进一步提升，经济实力和社会影响力大幅攀升，已成为社会建设中的一支重要力量。

---

① 依据民政部 2002—2009 年《民政事业发展统计公报》《2010 年社会服务发展统计公报》《2011 年社会服务发展统计公报》有关数据绘制，http://www.mca.gov.cn/.

进入2010年以来，虽然部分地区在社会组织登记管理体制改革等方面进行了积极探索，降低了登记门槛，放宽了注册条件，试水社会组织直接登记，社会组织发展的政策环境逐步好转，社会组织整体呈增长态势，但社会组织整体发展增速仍处于低位徘徊，在一定程度上来说，单是"入门难"问题的破冰，不一定能带来社会组织的快速发展。由于历史原因，中国不少民间组织的行政化倾向比较严重，许多社会团体本身就是政府办的，一些行业协会或商会也是脱胎于政府部门，依然行使着部分行政职能。社会组织普遍受到政府行政权力的过多干预，失去其独立发展的条件。

（三）注重发挥党的基层组织的独特作用

进入21世纪以来，党和政府与时俱进，逐步把社会建设摆在更加突出的位置，把主攻方向放到保障和改善民生上来，相应地，党的基层组织在社会建设和社会管理中的重要性也受到更多的关注。按照生产单位、工作单位来建立党的基础组织，是中国共产党的一个组织原则。这一原则使其组织基础融入社会组织的细胞之中。2012年底，中国共产党党员总数达8512.7万名，党的基层组织总数达420.1万个。从党的基层组织的分布来看，全国7245个城市街道、3.3万个乡镇、8.7万个社区（居委会）、58.8万个建制村建立了党组织。机关、事业单位党组织覆盖面分别达到99.97%、99.4%。公有制企业党组织覆盖面达到99.98%。147.5万个非公有制企业建立党组织，占具备建立党组织条件的非公有制企业数的99.95%。4.03万个社会团体建立党组织，占具备建立党组织条件的社会团体数的99.21%。3.95万个民办非企业单位建立党组织，占具备建立党组织条件的民办非企业单位数的99.61%。①

中共十六届四中全会首次提出"建立健全党委领导、政府负责、社会协同、公众参与的社会管理格局"，党的十七大报告中将党的基层组织的作用归纳为"推动发展，服务群众，凝聚人心，促进和谐"四个方面，体现了党的基层组织参与社会建设和社会管理的时代要求。实践证明，党的基层组织是维护社会稳定的第一道"防线"，是党凝聚人心的"支撑点"，是促发展、保民生的核心力量。而要真正体现这样的作用，就要适应形势和任务的需要，创新活动内容方式，找准开展活动、发挥作用的着力点。具体说来，就是要与服务型政党建设的总体要求相一致，与党的宗旨相吻合，与党组织的基本属性相匹配，切实发挥好密切联系群众的优势，以服务群众、做群众

---

① 人民网，http://politics.people.com.cn/n/2013/0701/c70731-22026648.html.

工作为主要任务，加强基层服务型党组织建设，寓领导于服务之中。

二、加强和完善维护群众权益机制

加强和创新社会管理的重点是做好新形势下的群众工作。早在 2005 年 2 月省部级主要领导干部提高构建社会主义和谐社会能力专题研讨班的讲话中，胡锦涛就明确指出："构建社会主义和谐社会的大量工作同党的群众工作有密切联系，要求我们把联系群众、宣传群众、组织群众、服务群众、团结群众的工作做得更好。"①社会管理，说到底是对人的管理和服务，必须始终坚持以人为本、执政为民，不断实现好、维护好、发展好最广大人民根本利益。

加强和完善新形势下的社会管理格局，更好地发挥政府的社会管理职能，很重要的一点，就是要进一步加强和完善党和政府主导的维护群众权益机制，统筹协调各方面利益关系，加强社会矛盾源头治理。2004 年 3 月 14 日，十届全国人大二次会议通过的《中华人民共和国宪法修正案》中明确规定，宪法第三十三条增加一款，作为第三款："国家尊重和保障人权。"②由此将切实维护人民的合法权益提高到发展人权事业的高度加以强调。党的十六大以来，加强和完善党和政府主导的维护群众权益机制，逐步建立科学有效的利益协调机制、诉求表达机制、矛盾调处机制、权益保障机制，修订信访条例，积极完善信访制度，统筹协调各方面利益关系，加强社会矛盾源头治理，妥善处理人民内部矛盾，把矛盾化解在基层、化解在萌芽状态。浙江省诸暨市加强人民调解、行政调解、司法调解相衔接的社会矛盾纠纷"大调解"工作体系建设，探索完善第三方调解机制，成立医患纠纷、征地拆迁纠纷、交通事故等行业性、专业性调解组织和工作平台。新疆生产建设兵团农六师共青团农场建立团场、连队、综治协管员三级矛盾纠纷排查调处网络，在连队、社区首创"老军垦"矛盾纠纷调解室。③ 其中，信访和人民调解制度的发展和完善，在化解矛盾纠纷和维护群众权益中发挥着重要的作用。

从 1992 年起，全国信访总量开始连续 12 年攀升，2004 年达到历史峰值。为进一步加大处理解决信访问题的力度，2004 年 8 月，中共中央、国务

① 《十六大以来重要文献选编》（中），中央文献出版社 2006 年版，第 717 页。

② 《十六大以来重要文献选编》（上），中央文献出版社 2005 年版，第 889 页。

③ 《各地深入推进社会管理创新综合试点工作综述》，新华网 http://news.xinhuanet.com/politics/2011-09/15/c_122040097_3.htm.

院建立了处理信访突出问题及群体性事件联席会议制度。此后，各省、市、县也相继建立了由党委、政府负责同志牵头、主要职能部门负责同志参加的处理信访突出问题及群体性事件联席会议制度。各地各部门在化解信访难题工作中，勇于创新，努力探索新思路、新模式、新方法，在实践中创造了许多行之有效的信访办理新形式，如人大监督、信访听证、下访、接访等。这些信访工作经验的宣传和传播，不同程度地影响着其他地方信访工作的发展方向和工作格局的变化，推进信访制度改革的进一步深化和完善。与此同时，中央始终把信访工作制度化、规范化、法制化建设摆在突出位置。2005 年 1 月 10 日颁布新修订的《信访条例》内涵丰富，针对性和可操作性比较强，为依法按政策处理群众信访诉求提供了基本准则。2006 年 10 月，中共十六届六中全会在对构建社会主义和谐社会的整体部署中，对信访工作"统筹协调各方面利益关系，妥善处理社会矛盾"方面提出了新的更高的要求，确立了信访工作在构建和谐社会中的基础性地位，赋予了新的职责任务。2007 年 3 月 10 日，中共中央、国务院颁发《关于进一步加强新时期信访工作的意见》，并召开了第六次全国信访工作会议，明确了新时期信访工作的指导思想、目标任务、定位、体制、机制等重大问题，新时期信访工作是党和政府的一项重要工作，是构建社会主义和谐社会的基础性工作，是党的群众工作的重要组成部分。2008 年，颁布了《关于违反信访工作纪律处分暂行规定》《关于违反信访工作纪律适用〈中国共产党纪律处分条例〉若干问题的解释》，这是新中国成立以来第一次就信访工作责任追究问题做出的专门规定。2009 年，中共中央办公厅、国务院办公厅转发《关于领导干部定期接待群众来访的意见》《关于中央和国家机关定期组织干部下访的意见》《关于把矛盾纠纷排查化解工作制度化的意见》等 3 个文件。对缠访、闹访等行为依法处置工作做出规定，纠正了一些信访人信"访"不信"法"、信"闹"不信"理"的错误认识和行为。各地各部门按照中央总体部署，结合各自实际，制定出台相关配套法规、制度 2000 多件，初步形成了覆盖各个方面、规范各个环节的信访工作法规制度体系。通过上述努力，从 2005 年开始到 2011 年，连续 7 年保持信访总量、集体上访、重信重访、非正常上访数量下降和信访秩序明显好转的总体态势。①

在传统的人民调解制度中，人民调解协议只具有自治性。在法制现代化建设的进程中，人民调解协议具有了合同效力。2002 年，最高人民法院

① 《人民群众权益得到维护——十六大以来信访工作综述》，《人民日报》2012 年 10 月 30 日。

出台《关于审理涉及人民调解协议的民事案件的若干规定》和《人民调解工作若干规定》，赋予人民调解协议以民事合同性质。2009年，最高人民法院出台了《关于建立健全诉讼与非诉讼相衔接的矛盾纠纷解决机制的若干意见》，赋予人民调解协议司法确认和法律强制执行力。2010年8月28日，十一届全国人大常委会十六次会议审议通过《中华人民共和国人民调解法》(以下简称《人民调解法》)，以国家制定法的形式，对人民调解制度进行了系统整理，这是人民调解制度发展史上具有里程碑意义的事件。它对于及时、高效、完善地解决民事纠纷，促进社会主义和谐社会建设及新农村建设，都将发挥重要的作用；对于今后规范人民调解工作、化解社会矛盾、维护社会稳定、构建和谐社会，具有深远意义。《人民调解法》颁布以后，司法部大力加强人民调解执法规范化建设，对现有法规、规章和相关制度进行清理、修改和完善，先后制定了《关于贯彻实施〈中华人民共和国人民调解法〉的意见》《关于加强行业性专业性人民调解委员会建设的意见》，与最高人民法院联合下发的《关于认真贯彻实施〈中华人民共和国人民调解法〉加强和创新社会管理的意见》，初步形成了与《人民调解法》衔接配套的规章制度体系。各地积极推进人民调解地方立法，一些省(区、市)结合实际出台了条例或规章，对人民调解做出更为具体的规定，使各项工作有章可循。2011年，最高人民法院又出台了《关于人民调解协议司法确认程序的若干规定》，对人民调解协议司法确认工作做出了具体规定，进一步建立健全诉讼与非诉讼相衔接的矛盾纠纷解决机制①，进一步加强了人民调解协议的效力。此外，通过人民调解委员会的诉前调解、人民法院委托人民调解委员会调解，实现了人民调解与诉讼的对接，即"诉调对接"。

可以说，改革开放以来，为了适应社会主义市场经济体制的建立和完善，为了消解在社会转型中出现的方方面面的矛盾和纠纷，人民调解工作在上述一系列法律法规的有力保障下，不断强化内部机制的改革、扩大调解组织的覆盖面、拓宽调解业务领域，使得其在民间纠纷的预防和调控、社会治安的综合治理等方面的优越性进一步体现出来。实践证明，人民调解制度是人民群众自我管理、自我约束和自我服务的一项优良制度，是解纷息争、化解社会矛盾、维护社会稳定的一项有效制度，符合我国国情、民情和社会经济发展需要，具有强大和旺盛的生命力。毋庸置疑，在构建和谐社会的今天，人民调解以其特有的优势，必将有着更加广阔的发展空间。

---

① 《最高人民法院、最高人民检察院司法解释全编》，中国法制出版社2013年版，第215页。

问政于民,问计于民。这十年,人民民主权利得到进一步保障:重大事项社会公示、重大决策征求意见、社会听证等制度的实施已成常态;党务公开、政务公开、村务公开、厂务公开深入人心;"开门立法""民主立法"大力推行;网络问政蓬勃发展。这十年,公民个人权利更加彰显:2004 年,"国家尊重和保障人权"写入宪法;2007 年 10 月,《物权法》施行;2010 年《选举法》进行修改,城乡实现按相同人口比例选举全国人大代表;2012 年,"尊重和保障人权"写入刑事诉讼法。以人为本,是科学发展的力量源泉。发展为了人民,发展依靠人民,发展成果由人民共享。十年间,人们的创造活力进一步迸发。

三、建立健全社会公共安全与应急管理体系

2003 年以来,"非典"突袭、汶川特大地震、舟曲特大泥石流灾害事件,以及一再被公开报道的生产安全事故、食品药品安全事件等,无一不对政府构成严峻考验。对这些事件的积极应对有力地促进了政府的社会管理水平和应急管理能力的提升,在应对一系列灾难和危机的实践中,进一步加强和完善公共安全体系,健全食品药品安全监管机制,建立健全安全生产监管体制,完善社会治安防控体系,完善应急管理体制。

在食品药品安全方面,2007 年发布了《国务院关于加强食品等产品安全监督管理的特别规定》,2009 年《食品安全法》颁布施行,沿用多年的"食品卫生"概念被"食品安全"取代。与此同时,国务院食品安全委员会、食品安全风险评估专家委员会、食品安全标准评审委员会等高层次议事协调机构陆续建立,更新了应对食品安全问题的法律机制、协调机制和科学评估机制。卫生部(现国家卫健委)等六部委组织的药品安全专项整治工作也收到明显成效,药品安全责任体系得到有效落实。

继续强化安全生产管理和监督,坚持安全发展,制定《矿山安全法》等法律法规,完善安全生产体制机制和政策措施,开展重点行业领域安全专项整治,努力遏制重特大安全事故。国务院于 2004 年和 2011 年先后下发《关于进一步加强安全生产工作的决定》和《关于坚持科学发展安全发展促进安全生产形势持续稳定好转的意见》,重点推进安全生产执法活动,推进安全生产治理行动,推进安全生产法制体制机制建设。通过全国上下的共同努力,安全生产状况呈现总体稳定、持续好转的发展态势,从 2003 年开始连续 9 年实现事故起数和事故死亡人数的"双下降"。衡量安全生产综合水平的相对指标也有了显著下降,亿元 GDP 事故死亡率由 2002 年的

1.33降到2011年的0.173，同期道路交通万车死亡率从13.7降至2.8，煤炭百万吨死亡率从4.97降到0.56。不过这些指标与世界先进国家相比还存在着很大的差距，尤其是职业危害还相当严重。①

进一步加强社会治安综合治理，坚持打防结合、预防为主、专群结合、依靠群众的方针，完善社会治安防控体系，制定《治安管理处罚法》，深入开展平安建设活动，依法打击违法犯罪活动，着力整治突出治安问题和治安混乱地区。2002年11月，党的十六大提出"坚持打防结合、预防为主，落实社会治安综合治理的各项措施，改进社会管理，保持良好的社会秩序"②。2003年，各地陆续开展"平安建设"。开展"平安建设"，是中央落实科学发展观的一项重大决策，是构建社会主义和谐社会的保障工程、民心工程和基础工程，是社会治安综合治理工作的深化和发展。2004年，中共十六届四中全会通过的《中共中央关于加强党的执政能力建设的决定》提出"打防结合，预防为主，专群结合，依靠群众"的新方针，进一步明确了依靠广大人民群众搞好基层安全工作，深入开展社会治安综合治理的重要性。2005年10月21日，中共中央办公厅、国务院办公厅转发中央政法委员会、中央社会治安综合治理委员会《关于深入开展平安建设的意见》(以下简称《意见》)的通知，要求各省、自治区、直辖市党委和人民政府、中央和国家机关各部委、军委总政治部、各人民团体，结合实际认真贯彻执行。《意见》阐述了"平安建设"的重要意义，提出了"平安建设"的指导思想、目标任务、工作重点和主要措施，强调"平安建设"作为新形势下加强社会治安综合治理工作的新举措，是构建社会主义和谐社会、促进经济社会协调发展的保障工程，是维护广大人民群众根本利益、为人民群众所期盼的民心工程，是提高党的执政能力、巩固党的执政地位的基础工程。③ 在深入开展基层安全创建活动的基础上，重点开展平安县(市、区)活动，进而开展建设平安市(地)、平安省(区、市)活动，推动"平安建设"向纵深发展。在《意见》的指导下，"平安建设"在全国各城市内全面铺开。2006年11月18日，为维护农村社会和谐稳定，推进社会主义新农村建设，中央社会治安综合治理委员会发布了《关于深入开展农村平安建设的若干意见》，就深入开展农村"平

① 《新闻办介绍近年来全国安全生产工作情况等》，中国政府网，2012年8月24日，http://www.gov.cn/wszb/zhibo531/wzsl.htm.

② 《十六大以来重要文献选编》(上)，中央文献出版社2005年版，第28页。

③ 《十六大以来重要文献选编》(下)，中央文献出版社2008年版，第1—10页。

安建设”提出11条具体意见。[①] 2007年4月9日，中央社会治安综合治理委员会发布了《关于深入推进农村平安建设的实施意见》，就深入推进农村“平安建设”提出具体实施意见，要求抓好各项工作措施的落实，为党的十七大胜利召开创造和谐稳定的农村社会环境。

制定《突发事件应对法》，建立健全应急管理体制机制，完善自然灾害、事故灾难、公共卫生事件、社会安全事件应急预案，提高危机管理和抗风险能力。在2003年抗击“非典”的过程中暴露了我国政府管理中存在的诸多弊病，特别是应急管理工作中的薄弱环节。2003年7月，胡锦涛在全国防治“非典”工作会议上明确指出了我国应急管理中存在的问题，并强调大力增强应对风险和突发事件的能力。[②] 国务院提出“争取用3年左右的时间，建立健全突发公共卫生事件应急机制”，“提高突发公共卫生事件应急能力”。2003年10月，中共十六届三中全会通过《中共中央关于完善社会主义市场经济体制若干问题的决定》，提出“为适应经济全球化和科技进步加快的国际环境，适应全面建设小康社会的新形势，必须加快推进改革”，“建立健全各种预警和应急机制，提高政府应对突发事件和风险的能力”。[③] 2003年，制定并公布了《突发公共卫生事件应急条例》，将防治工作纳入依法、科学、规范、有序的轨道。

2004年9月，中共十六届四中全会通过《中共中央关于加强党的执政能力建设的决定》，从加强党的执政能力和政府执行力的层面，进一步提出“建立健全社会预警体系，形成统一指挥、功能齐全、反应灵敏、运转高效的应急机制，提高保障公共安全和处置突发公共事件的能力”[④]。

2005年，国务院组织召开了第一次全国应急管理工作会议，出台了《关于全面加强应急管理工作的意见》，通过了《国家突发公共事件总体应急预案》，并在国务院办公厅先后成立了国务院应急管理办公室和应急管理专家组。

2006年1月，国务院发布了《国家突发公共事件总体应急预案》，之后，又发布了9件事故灾难类突发公共事件专项应急预案。2006年3月，十届全国人大四次会议审议通过《中华人民共和国国民经济和社会发展第十一个五年规划纲要》，第一次提出“开创社会主义经济建设、政治建设、文化建

① 《中国社会治安综合治理年鉴(2006)》，中国长安出版社2007年版，第19—22页。

② 《十六大以来重要文献选编》(上)，中央文献出版社2005年版，第395页。

③ 《十六大以来重要文献选编》(上)，中央文献出版社2005年版，第465、479页。

④ 《十六大以来重要文献选编》(中)，中央文献出版社2006年版，第287页。

设、社会建设的新局面”的要求,在这个总要求下,提出“建立健全社会预警体系和应急救援、社会动员机制,提高处置突发性事件能力”。2006 年 8 月,中共十六届六中全会通过《中共中央关于构建社会主义和谐社会若干重大问题的决定》,正式提出了我国按照“一案三制”的总体要求建设应急管理体系。

2007 年,国务院办公厅下发《关于加强基层应急管理工作的意见》,相关工作向各级政府和全社会延伸。全国 31 个省级应急管理领导机构,国家防汛抗旱、抗震救灾、疾病防控、灾害救助、安全生产、海上搜救、森林防火等应急管理专项机构职能得到加强。同年 8 月,第十届全国人大常委会第二十九次会议审议通过《中华人民共和国突发事件应对法》;10 月,党的十七大提出进一步完善突发公共事件应急管理体系的新要求。

2008 年对中国应急管理来说是一个特殊的年份。2008 年初,南方雪灾、拉萨 3・14 事件和汶川特大地震,对应急管理研究提出了严峻的考验。国家立法机关修订《防震减灾法》,提高学校、医院的抗震设防标准,并对应急救援机制、过渡性安置、灾后恢复重建等做出相应调整。在加强制度建设的同时,我国应急管理机构也逐渐得到充实和加强,应急管理机制逐步完善,政府应急保障能力进一步提高,面向公众的应急管理科普宣教工作也得到开展,在一些地区初步形成了党委领导、政府主导、军地协同、条块结合、全社会共同参与的应急管理工作格局。以“一案三制”(应急预案和应急体制、应急机制、应急法制)和“一网五库”(应急工作联络网和法规库、救援队伍库、专家库、典型案例库、救援物资库)为主要框架的全国应急管理体系基本建立。总体来看,中国应急管理体系建设以全面整合为基本特征,有效地实现了应急管理工作从单一性到综合性、从临时性到制度化、从封闭性到开放性以及从应对性到保障性的重大转变。

四、虚拟社会的发展及管理

20 世纪 90 年代以来,信息技术不断创新,相继启动了以金关、金卡和金税为代表的重大信息化应用工程,信息产业持续发展,信息网络广泛普及,信息化成为全球经济社会发展的显著特征,并逐步向一场全方位的社会变革演进。进入 21 世纪,信息化与经济全球化相互交织,信息化对经济社会发展的影响更加深刻,信息网络更加普及并日趋融合,互联网加剧了各种思想文化的相互激荡,成为信息传播和知识扩散的新载体;电子政务在提高行政效率、改善政府效能、扩大民主参与等方面的作用日益显著。

全球信息化正在引发当今世界的深刻变革，重塑世界政治、经济、社会、文化和军事发展的新格局。加快信息化发展，已经成为世界各国的共同选择。

1997 年，中共十五届五中全会把信息化提到了国家战略的高度；2002 年，党的十六大进一步做出了"坚持以信息化带动工业化，以工业化促进信息化"，走出一条新型工业化道路的战略部署。① 2005 年 10 月，中共十六届五中全会再一次强调，必须加快转变经济增长方式，要"推进国民经济和社会信息化，切实走新型工业化道路"②，推进国民经济和社会信息化。2006 年 3 月 19 日，中共中央办公厅、国务院办公厅下发关于印发《2006—2020 年国家信息化发展战略》的通知，要求各部门贯彻执行。到 2020 年，我国信息化发展的战略目标为：综合信息基础设施基本普及，信息技术自主创新能力显著增强，信息产业结构全面优化，国家信息安全保障水平大幅提高，国民经济和社会信息化取得明显成效，新型工业化发展模式初步确立，国家信息化发展的制度环境和政策体系基本完善，国民信息技术应用能力显著提高，为迈向信息社会奠定坚实基础。信息化上升为国家发展战略，为信息化的基础设施建设和成果普及提供了强有力的保证。"十五"期间，国家信息化领导小组对信息化发展重点进行了全面部署，做出了推行电子政务、振兴软件产业、加强信息安全保障、加强信息资源开发利用、加快发展电子商务等一系列重要决策。各地区各部门从实际出发，认真贯彻落实，不断开拓进取，我国信息化建设取得了可喜的进展。截至 2012 年 6 月，全国通信光缆线路总长度达 1343.2 万千米，已建成辐射全国的通信光缆网络；移动电话用户数由 2002 年的 2.06 亿增加至 2012 年的 10 亿，手机成为人们工作生活中不可缺少的一部分；计算机拥有量从 2002 年的 3800 万台增加至 2011 年的 3 亿台，农村居民家庭电脑拥有量也在过去 10 年增加了 10 倍，计算机向农村普及的趋势十分明显；中国的网民数量在 2008 年跃居世界第一，网民上网方式已从最初以拨号上网为主，发展到以宽带和手机上网为主，中国成为世界互联网使用最活跃的地区之一。③ 中国互联网络信息中心（CNNIC）的统计数据显示，到 2012 年 12 月底，中国网民规模达到 5.64 亿人（其中手机网民 4.2 亿人），互联网普及率为

① 《十六大以来重要文献选编》（上），中央文献出版社 2005 年版，第 16 页。

② 《十六大以来重要文献选编》（中），中央文献出版社 2006 年版，第 1064 页。

③ 《十年，中国人的幸福"网事"成就辉煌·民生专稿——十六大以来民生领域发展成就述评之十》，《人民日报》2012 年 9 月 6 日。

42.1%,是10年前(2002年)5910万人的网民规模和4.6%的互联网普及率的9倍多。[①②]

互联网的普及极大地改变了人们的生活方式、工作方式和交往方式。互联网应用极大地便利了人们的生活,同时也造成了网民对电脑和手机的严重依赖,人们习惯于网上通信、解疑释惑、查找信息、阅读新闻、听音乐、看视频、玩游戏、社交、购物、求职、安排旅行,等等。以微博为例,截至2012年12月底,中国微博用户规模为3.09亿,高达65.6%的微博用户使用手机终端访问微博。[③]互联网的普及极大地改变了传统的信息传播秩序和舆论生态。随着社会化媒体的发展,互联网对传统媒体的替代更为明显,而基于无线通信技术,通过以手机为代表的移动终端展现信息资讯内容的"第五媒体",进一步促进了媒体的融合化和信息分享行为,推动了网络在人们生活中的深层次渗透。互联网应用的普及也使网络欺诈成为社会上的一大公害,信息安全更是社会各界面临的一大课题。

互联网的普及是信息技术发展的必然结果,它会给人类的发展和社会的发展带来方方面面的革命性影响,用好互联网、管好互联网是互联网健康发展的必要条件。但虚拟社会的管理是个新课题,需要结合实践不断总结和完善。为促进互联网在中国的普及和健康发展,国家有关部门出台了一系列相关政策法规,从内容、服务和网络安全等角度,对互联网的经营行为、运作方式等加以规范。2000年9月25日,国务院公布施行《互联网信息服务管理办法》,界定了互联网信息服务的范围、性质以及管理的基本形式。2002年11月15日,国务院为了加强上网服务经营场所的管理,规范经营者的经营行为,开始实施《互联网上网服务营业场所管理条例》,对互联网行业的管理流程进行了细化。2005年11月,公安部部长办公会议通过了《互联网安全保护技术措施规定》,为保护著作权人、表演者、录音录像制作者的信息网络传播权法规。2006年7月1日,《信息网络传播权保护条例》开始施行,该条例包括合理使用、法定许可、避风港原则、版权管理等内容,明确了著作权人、网络传播使用者和读者等各方的基本权益。2007年1月17日,国务院第165次常务会议通过《中华人民共和国政府信息公开条例》,使政府信息公开有了法律依据。2009年,文化部、商务部联合颁发了《关于加强网络游戏虚拟货币管理工作的通知》,规定了虚拟货币和虚

①③　第31次《中国互联网络发展状况统计报告》。

②　第11次《中国互联网络发展状况统计报告》。

拟货币发行企业的内涵,申请从事虚拟货币发行业的程序。其中专门明确规定"不得为未成年人提供虚拟货币服务"。2010年2月5日,文化部指导下的网络游戏未成年人家长监护工程启动首批试点。同年3月17日,文化部部务会议审议通过了《网络游戏管理暂行办法》。该暂行办法包括六个部分——总则、经营单位、内容准则、经营活动、法律责任、附则,分别从经营组织界定、游戏内容管控、市场运行规则及法律责任承担等方面,比较全面地对网络游戏产业的各个环节做出具体规定。2011年5月,国务院设立国家互联网信息办公室,在国务院新闻办公室加挂国家互联网信息办公室牌子,在职责范围内指导各地互联网有关部门开展工作。为了规范互联网信息服务市场秩序,保护互联网信息服务提供者和用户的合法权益,促进互联网行业的健康发展,2011年12月29日,工业和信息化部公布《规范互联网信息服务市场秩序若干规定》,为规范互联网信息服务市场秩序,要求"互联网信息服务提供者应当遵循平等、自愿、公平、诚信的原则提供服务",对那些互联网信息服务提供者侵犯其他互联网信息服务提供者合法权益的行为的处罚办法及用户利益所负的责任都做出了明确的规定。① 2012年6月28日,《国务院关于大力推进信息化发展和切实保障信息安全的若干意见》颁布,该《意见》提出"坚持积极利用、科学发展、依法管理、确保安全,加强统筹协调和顶层设计,健全信息安全保障体系,切实增强信息安全保障能力,维护国家信息安全"的战略思想,制定了"加快社会领域信息化,推进先进网络文化建设""提高社会管理和城市运行信息化水平及加快推进民生领域信息化"等措施,要求在发展的同时要"健全安全防护和管理,保障重点领域信息安全""加快能力建设,提升网络与信息安全保障水平"等。② 在业界自律方面,中国互联网协会于2012年11月1日举行《互联网搜索引擎服务自律公约》签约仪式。自律公约规定,搜索引擎服务提供者有义务协助保护用户隐私和个人信息安全,尊重权利人的合法权益,抵制不正当竞争行为。不少网站对微博加强了自我管理措施。③ 上述政策和法规的颁布实施,初步构建了互联网和信息管理的基本架构,对推动中

① 《中华人民共和国新法规汇编(2012)》(第2辑),中国法制出版社2012年版,第185—188页。

② 《中华人民共和国法规汇编(2012年1月—12月)》,中国法制出版社2013年版,第886—893页。

③ 国务院发展研究中心信息中心编:《中国新发展2013》,五洲传播出版社2013年版,第35页。

国互联网的发展,规范互联网从业者行为,保护经营者和使用者的合法权益,以及维护网络安全、信息安全等方面,起到了积极作用。[①]

第三节　以人为本、服务为先:解决影响社会和谐稳定的突出问题

社会管理,说到底是对人的管理和服务。管理社会不是最终目的,服务社会才是根本要求。创新社会管理必须坚持“以人为本、服务为先”的理念,适应经济社会发展的新形势新要求,切实转变社会管理理念。树立以人为本、服务为先的理念,寓管理于服务之中,管理中体现服务,服务中延伸管理,努力实现管理与服务的有机统一,解决影响社会和谐稳定的突出问题,实现最大限度激发社会活力、最大限度增加和谐因素、最大限度减少不和谐因素。

一、建设服务型政府

加强和创新社会管理,首先要定位好政府的角色,履行好政府的职能。长期以来,党政关系和政企关系没有完全理顺,在社会管理方面,还突出地存在着政事不分、政社不分的现象,在许多领域出现了政府越位、错位、失位的现象。21 世纪以来,在市场经济的大环境下,面对社会结构的急剧转型和多元化的利益格局,政府不但要向市场放权,也要向社会放权,变“全能型政府”为“有限型政府”。2002 年,第九届全国人民代表大会第五次会议提出要把政府职能转到“经济调节、市场监管、社会管理和公共服务”上来,首次明确了与社会主义市场经济新体制相适应的政府职责。2003 年 8 月,第十届全国人民代表大会常务委员会通过的《行政许可法》第一次鲜明地体现了有限政府的理念,核心是放松管制。2003 年 10 月,中共十六届三中全会做出的《中共中央关于完善社会主义市场经济体制若干问题的决定》强调:增强政府服务职能,首要的是深化行政审批制度改革,政府职能从“全能型”转向“服务型”,政府决策建设突出规范化,增强透明度和公众参与度。2004 年 2 月,温家宝在省部级主要领导干部树立和落实科学发展观高级研究班上的讲话中明确提出了“服务型政府”的概念。此后,国家领

① 龚维斌主编:《中国社会体制改革报告(2013)》,社会科学文献出版社 2013 年版,第 174—175 页。

导人多次强调:建设服务型政府,首先要创新行政管理体制。要着力转变职能、理顺关系、优化结构、提高效能,把政府主要职能转变到经济调节、市场监管、社会管理、公共服务上来,把公共服务和社会管理放在更加重要的位置上,努力为人民群众提供方便、快捷、优质、高效的公共服务。2004 年 3 月,国务院颁布的《全面推进依法行政实施纲要》明确规定:“依法界定和规范经济调节、市场监管、社会管理和公共服务的职能。推进政企分开、政事分开,实行政府公共管理职能与政府履行出资人职能分开,充分发挥市场在资源配置中的基础性作用”,“在继续加强经济调节和市场监管职能的同时,完善政府的社会管理和公共服务职能”,逐步建立“统一、公开、公平、公正的现代公共服务体制”。2007 年 4 月 5 日,广受社会各界关注的《中华人民共和国政府信息公开条例》公布。该条例首次从法律上对政府信息公开做了明确规定,使广大群众对行政机关的职责权限、办事程序、办事结果、监督方式等信息能够一目了然,保障了人民群众的知情权、参与权和监督权。

从 2003 年开始,社会建设、缩小城乡差距和居民收入差距、加快城市化步伐等开始受到重视,成为政府经济职能转变的重要内容。财政职能和支出保障范围也相应地做出调整,政府财政支出也加快了从过去长期实行的“生产建设型财政”向“公共服务型财政”的转变,着力建立保障和改善民生的长效机制,重点保证公共服务领域的支出需要。转变主要体现在大力支持社会事业发展、积极支持教育和医疗卫生事业发展、加大对社会保障体系建设的投入力度以及支持生态建设和环境保护等方面。“三农”方面,2005 年,592 个国家扶贫开发工作重点县全部免征了农业税,全部免征牧业税;2006 年,在全国范围内取消农业税,彻底改变了两千多年来农民种田交税的历史。教育方面,2007 年在全国农村普遍实行了免除义务教育学杂费政策,并在 2008 年推广至所有城镇区域,将义务教育全面纳入公共财政保障体系;2012 年,还兑现了当届政府承诺目标,年度政府教育投入达到当年 GDP 的 4%以上。在医疗卫生方面,推动和加快建立新型农村合作医疗制度,2010 年以来,财政以资金投入大力支持“新医改”,到 2012 年中,已投入财力 1 万余亿元。在建立健全各项社会保障制度方面,在城镇区域家庭最低生活保障做到“应保尽保”之后,把低保制度推行到农村区域,并将低收入家庭住房纳入公共财政保障范围;同时,积极配合国家房地产调控新政和基本住房保障体系建设。在生态建设和环境保护方面,大力推进建设资源节约型和环境友好型社会。[①] 除此之外,对公共文化服务体系建设的支持也不断加大。“十一五”期间,各级财政对文化的投入从2006年的685亿元增加到2010年的1528亿元,年均增长22.2%。2008年到2010年,中央财政累计安排52亿元专项资金用于公共文化设施免费开放。[②] 2008年以来每年提交“两会”审议的预算报告显示,到2012年,中央财政民生支出累计16.89万亿元,占中央财政支出比重稳定在2/3以上。[③] 地方财政的民生支出比重更大,财政民生支出被纳入地方政府工作目标任务考核范围是从2011年开始的,从公布的数据看,大部分省市集中在70%到80%。[④] 财政体制的配套改革和财政支出结构的不断优化,有力地促进了发展方式转变和社会主义和谐社会建设。

2012年,中央财政教育支出与2005年相比增加了近10倍,就业和社会保障支出仅中央财政负担的资金就远远超出2005年中央和地方两级财政支出之和;保障房建设资金从2007年到2011年实现了20多倍的增长;2011年,我国经济增速与上年相比回落1.1个百分点,但中央财政预算用于教育、医疗卫生、社会保障和就业、住房保障、文化方面的支出安排比上年增长18.1%。

二、加快推进以保障和改善民生为重点的社会建设

要搞好社会管理,必须加快推进以保障和改善民生为重点的社会建设。要把保障和改善民生作为加快转变经济发展方式的根本出发点和落脚点,坚定不移走共同富裕道路,完善保障和改善民生的制度安排,加快发展各项社会事业,坚持优先发展教育,着力抓好就业这个民生之本,合理调整收入分配关系,加快推进覆盖城乡居民的社会保障体系建设,加快医疗卫生事业改革发展,加快推进住房保障体系建设,继续推进扶贫开发,发展妇女儿童事业,培育壮大老龄服务事业和产业,健全残疾人服务体系,使发

① 贾康:《“十六大”以来的财政管理体制改革评述》,《铜陵学院学报》2012年第5期。

② 杨雪梅,等:《凝聚起文化复兴的力量——我国公共文化服务体系建设取得丰硕成果》,《人民日报》2012年9月26日。

③ 《两会权威解读:2013年,细读万亿“民生大账”》,中国政府网,2013年3月6日,http://www.gov.cn/2013lh/content_2346593.htm.

④ 席斯:《民生支出单列考核地方恐高》,《经济观察报》2012年2月10日。按照财政部的口径,规定将教育、科学技术、文化体育与传媒、社会保障和就业、医疗卫生、节能环保、城乡社区事务、农林水事务、交通运输、商业服务业等事务、国土资源气象等事务、住房保障支出、粮油物资储备管理事务等13个方面确定为财政民生支出统计范围。

展成果更好地惠及全体人民。[①]

(一)社会保障

2002年,党的十六大把社会保障作为全面建设小康社会的重要内容,明确要求建立健全同经济发展水平相适应的社会保障体系。2009年,在新中国成立60周年之际,启动了新型农村社会养老保险的试点;2011年,在中国共产党成立90周年之际,开展了城镇居民社会养老保险试点。十年来,社会保障从国有企业扩展到各类企业和用人单位,从单位职工扩展到灵活就业人员和城乡居民,从城镇扩展到农村,数亿人被纳入社会保障覆盖范围。

在社会保险方面,颁布了《社会保险法》,修订了《工伤保险条例》。2003年4月颁布的《工伤保险条例》(以下简称《条例》)规定:中华人民共和国境内的企业、事业单位、社会团体、民办非企业单位、基金会、律师事务所、会计师事务所等组织和有雇工的个体工商户(以下称用人单位)应当依照本条例规定参加工伤保险,为本单位全部职工或者雇工(以下称职工)缴纳工伤保险费。中华人民共和国境内的企业、事业单位、社会团体、民办非企业单位、基金会、律师事务所、会计师事务所等组织的职工和个体工商户的雇工,均有依照本条例的规定享受工伤保险待遇的权利。

《条例》在"附则"中特别强调,"与用人单位存在劳动关系(包括事实劳动关系)的各种用工形式、各种用工期限的劳动者"都在参保范围内。建立新型农村社会养老保险制度并开展试点,全面建立企业职工基本养老保险省级统筹制度,建立并全面实施城镇居民基本医疗保险制度,新型农村合作医疗制度和城乡医疗救助制度普遍实施,职工基本医疗保险制度进一步完善。继2009年初将农民工纳入城镇职工基本养老保险体系之后,同年底开启的新型农村社会养老保险试点及2011年7月启动的城镇居民社会养老保险试点进展顺利,2012年基本实现制度全覆盖,这也标志着我国覆盖城乡居民社会保障体系的主要制度基本建立。社会保障管理服务体系初步建立,形成了以各级社会保险经办机构为主干、以银行及各类定点服务机构为依托、以社区劳动保障工作平台为基础的社会保障管理服务组织体系和服务网络,并逐步向乡镇、行政村延伸。截至2012年底,全国社会

① 参见《胡锦涛在省部级主要领导干部社会管理及其创新专题研讨班上的讲话(2011年2月19日)》,《人民日报》2011年2月20日第1版。

保险基金收支结余 4915 亿元，年末滚存结余 40943 亿元，资金总体安全完整。[①]

21 世纪之初，就业形势依然十分严峻，尤其是下岗职工再就业问题已经成为有全局性影响的重大社会问题。2002 年 11 月，中共中央、国务院发出《关于进一步做好下岗失业人员再就业工作的通知》；2005 年 11 月，国务院发出《关于进一步加强就业再就业工作的通知》，要求努力开辟就业门路，积极创造就业岗位。2007 年 8 月出台的《就业促进法》，将几年来一系列行之有效的就业促进政策、制度和机制以法律的形式确定下来，形成了一套包括扩大就业、专项支持、失业调控和就业管理，以及进一步完善社会保障制度等在内的积极的就业政策体系。从 2008 年开始，受国际金融危机和国内重大自然灾害的双重冲击，就业形势愈发严峻。为迅速扭转城镇新增就业下滑、岗位流失、失业率上升的局面，2008 年 12 月，人力资源和社会保障部、财政部、国家税务总局联合下发了《关于采取积极措施减轻企业负担稳定就业局势有关问题的通知》。2009 年 2 月，国务院发出《关于做好当前经济形势下就业工作的通知》，提出要紧密结合实施扩大内需促进经济增长的措施，千方百计扩大就业，强化政府促进就业责任，广泛动员全社会共同做好就业工作。[②] 积极的就业政策收到明显成效，建立起了覆盖城乡的公共就业体系，劳动者自主择业、市场调节就业和政府促进就业的市场就业格局初步形成。城镇就业人数从 2002 年的 2.51 亿人增加到 2011 年的 3.59 亿人，城镇登记失业率 2003 年至 2011 年始终保持在 4.3%以下的较低水平；劳动者的最低工资标准有所提高，农民工的权益保障有所加强，第二、三产业和非公有制经济就业比重进一步提升。在此基础上，2012 年 1 月国务院批转的《促进就业规划(2011—2015 年)》，提出了“十二五”时期城镇新增就业 4500 万人、转移农业劳动力 4000 万人、城镇登记失业率控制在 5%以内的发展目标。

进入 21 世纪以来，特别是自 2003 年以来，房地产价格节节攀升，经济适用住房的建设投资陷入谷底且分配不公问题严重，加之建立廉租住房制度的目标未能完全落实，普通民众的基本住房需求无法得到满足，由此引发了许多社会矛盾。从 2005 年 3 月 26 日国务院办公厅发出《关于切实稳定住房价格的通知》开始，政府连续出台调控措施给过热的房地产市场降

---

① http://www.mof.gov.cn/zhuantihuigu/czjbqk1/czzc/201405/t20140507_1076093.html.

② http://www.gov.cn/zwgk/2009-02/10/content_1226243.htm.

温。2007年发出的《国务院关于解决城市低收入家庭住房困难的若干意见》,进一步明确提出了住房保障制度的目标和基本框架,力争到"十一五"(2006—2010年)末,使低收入家庭住房条件得到明显改善。这些意见的出台标志着从"重市场、轻保障"向着1998年房改政策"市场、保障并重"的正确方向的回归,从"重买房、轻租赁"向着"租、售并举"的合理模式的回归。同年,党的十七大提出到2020年要实现"住有所居"的目标。为此,政府着手加快保障性住房建设步伐。2008年应对国际金融危机出台的"四万亿计划"[①]中,加快建设保障性安居工程是十项重要措施中的第一项。2010年底召开的中央经济工作会议提出"要加快推进住房保障体系建设,加大保障性安居工程建设力度,逐步形成符合中国国情的保障性住房体系和商品房体系"。2011年进一步提出"十二五"期间,全国城镇保障性住房覆盖面要达到20%左右。[②] 2008—2012年这五年,是中国历史上保障性住房建设规模最大、投入最多的五年,全国共开工建设城镇保障性住房超过3000万套,基本建成1700万套以上,大批城镇中低收入家庭的住房困难问题得到解决。同时,农村危房改造也已经实现了全国农村地区全覆盖,累计支持了1033.4万贫困户实施危房改造。[③] 不过,迄今为止的住房保障体系建设主要是针对包括流动人口在内的城镇居民而言的,农村还基本是一片空白,而且一线城市房价上涨过快、房价收入比不断扩大也一直是社会各界关注的热点话题。

党的十六大以来,中国政府把扶贫开发纳入国民经济和社会发展总体规划,不断加大对贫困地区的扶持力度,逐步形成了集行业、区域和社会政策于一体的大扶贫格局。2008年,中国政府将以往确定的绝对贫困标准和低收入标准合二为一,并且每年都会根据物价指数对当年扶贫标准做出调整。据此,2010年调整后的扶贫标准为1274元,比2000年的865元增加409元;以此标准衡量的农村贫困人口数量为2688万人,同期农村贫困人口占农村人口的比重从10.2%下降到2.8%。[④] 中国成为第一个提前实现联合国千年发展目标中的贫困人口减半目标的发展中国家。2011年中国

① 2008年,为了应对国际金融危机对中国经济的严重冲击,中央政府制定出台了十大措施以及两年四万亿元的刺激经济方案。

② 温家宝:《政府工作报告——2011年3月5日在第十一届全国人民代表大会第四次会议上》,人民出版社2011年版,第16、30—31页。

③ 王炜:《明年房地产调控不放松》,《人民日报》2012年12月25日。

④ 国务院新闻办公室:《中国农村扶贫开发的新进展》(2011年11月16日),中国政府网,http://www.gov.cn/gzdt/2011-11/16/content_1994683.htm.

政府进一步大幅上调国家扶贫标准，从2010年的农民人均纯收入1274元升至2300元（2010年不变价），全国贫困人口数量和覆盖面也由2010年的2688万人扩大至1.28亿人，占全国（除港澳台地区外）总人口的近10%。经过此次大幅上调，中国国家扶贫标准线历史上第一次接近世界银行确定的国际贫困标准线。① 2010年，中共中央、国务院印发《中国农村扶贫开发纲要（2011－2020年）》，把巩固温饱成果、加快脱贫致富、改善生态环境、提高发展能力、缩小发展差距作为新的政策目标，大力推进扶贫开发事业的深入发展。

作为民生政策的基础工程，社会保障体系建设这一时期受到前所未有的重视，走上了城乡统筹、覆盖全社会的快车道，初步建成了以社会保险、社会救助、社会福利为基础，以基本养老、基本医疗、最低生活保障制度为重点，以慈善事业、商业保险为补充的项目齐全、覆盖全面的社会保障体系框架，建立了世界上最大的社会保障计划。

总体上看，中国社会保障体系还不完善，城乡社会保障发展还不平衡，广大农村地区社会保障发展严重滞后，一些基本保障制度覆盖面比较窄；随着城镇化进程的不断推进，加强制度整合、衔接和推进管理服务一体化的要求日趋紧迫，难度不断加大；城乡间、不同群体间（机关事业单位与企业、国有企业与非国有企业等）社会保障待遇差距仍然较大，矛盾比较突出；人口老龄化加快，养老保险个人账户大部分空账运行，社会保障长期资金平衡和基金保值增值压力加大；社会保险统筹层次低、信息化建设发展水平不均衡、管理服务体系不健全等问题尚未得到根本解决，在一定程度上成为完善社会保障体系、促进基本公共服务均等化发展的制约因素；社会保障内部各板块、各要素的发展不平衡，老百姓看病难、看病贵的问题尚未得到根本缓解，解决困难群众基本住房的任务同样繁重。

(二) 社会事业

21世纪以来，特别是党的十六大以来，中国深入实施科教兴国战略和人才强国战略，教育优先发展的战略地位得到巩固和加强，教育事业取得历史性成就。1993年下发的《中国教育改革和发展纲要》提出，在20世纪末，国家财政性教育经费占GDP的比例达到4%（相当于发展中国家20世纪80年代的平均水平）的目标。2006年以来，积极贯彻“三个优先”（经济

① 参见《人民日报》2011年11月30日。世界银行2008年宣布，将国际贫困标准从每天生活费1美元提升至1.25美元。

社会发展规划要优先安排教育发展，财政资金要优先保障教育投入，公共资源要优先满足教育和人力资源开发需要)，国家财政性教育经费开始突破3%的比例并逐年提升，2012年终于达到并超过4%的比例。在此期间，教育改革不断深化，教育公平迈出重大步伐，在办学体制上，政府与学校的关系逐步理顺，学校的办学自主权初步得到保障，以政府办学为主体、公办学校和民办学校共同发展的格局基本形成；在投入体制上，形成了义务教育由政府负全责、非义务教育阶段以政府投入为主、多渠道筹措教育经费的体制机制。继2007年全面免除农村义务教育阶段学生学杂费之后，从2008年秋季学期开始，全面免除城市义务教育阶段学生学杂费，在全国范围实现免费义务教育。教育开放进一步扩大，对外交流日益密切，孔子学院蓬勃发展、影响越来越大。学前教育发展加快，义务教育实现历史性跨越，高中阶段教育普及提速，高等教育大众化水平提高。据统计，2002—2012年各级教育的毛入学率，学前阶段由36.8%提高到64.5%；义务教育阶段初中教育从90%提高到102.1%，从而与小学教育一起实现了全面普及；高中阶段教育全口径从42.8%提高到85.0%；大学阶段教育从15%提高到30%，同样提高了一倍。[①] 实现国家现代化，教育必须率先现代化。2010年公布的《国家中长期教育改革和发展规划纲要(2010—2020年)》，着眼点依然是均衡发展和教育公平问题。

市场化的改革取向曾导致公立医院盈利动机增强、医患矛盾凸显，公共卫生萎缩，医疗费用快速增长，个人负担比重过大且相当数量的人群(尤其是农村居民)不享受任何医疗保障。2006年，《中共中央关于构建社会主义和谐社会若干重大问题的决定》提出："坚持公共医疗卫生的公益性质，深化医疗卫生体制改革，强化政府责任，严格监督管理，建设覆盖城乡居民的基本卫生保健制度，为群众提供安全、有效、方便、价廉的公共卫生和基本医疗服务。"[②]经过近三年的充分酝酿和广泛征求意见，2009年出台了新的医改方案，即《中共中央国务院关于深化医药卫生体制改革的意见》，把基本医疗卫生制度作为公共产品向全民提供，强化政府在基本医疗卫生制度中的责任；提出了"有效减轻居民就医费用负担，切实缓解'看病难、看病贵'"的近期目标，以及"建立健全覆盖城乡居民的基本医疗卫生制度，为群

① 数据来源：袁贵仁主编，《百年大计教育为本——党的十六大以来教育事业改革发展回顾(2002—2012)》，人民出版社2011年版；中国教育和科研计算机网；教育部官网。

② 《中共中央关于构建社会主义和谐社会若干重大问题的决定》，《人民日报》2006年10月19日。

众提供安全、有效、方便、价廉的医疗卫生服务”的长远目标；描绘了近期深化医改的“路线图”，并以此为抓手，促进公共医疗卫生事业落实公益性质，着力解决百姓反映最强烈的突出问题。[①] 在同时发布的《医药卫生体制改革近期重点实施方案(2009—2011 年)》中加以细化和落实。经过三四年的努力，“新医改”快速推进，基本医疗保障制度基本建立，为实现“病有所医”的目标迈出了关键一步。截至 2011 年，职工医保、城镇居民医保、新农合[②]参保人数超过 13 亿，覆盖率达到 95%以上。2010 年，推行新农合大病保障；2012 年，又将肺癌、食道癌、胃癌等 12 种常见多发大病纳入农村重大疾病保障试点范围，费用报销比例最高可达 90%。严重威胁居民健康的重点传染病、地方病得到有效控制，建立健全了卫生应急预案体系，动员群众广泛参与的爱国卫生运动更加深入，到 2012 年，已创建 153 个“国家卫生城市”、32 个“国家卫生区”和 456 个“国家卫生镇(县城)”，农村自来水普及率和卫生厕所普及率分别达到 72.1%和 69.2%，为降低传染病危害、提高居民健康水平发挥了重要作用。[③] 经过三年的医改，全国 95%的城乡居民有了基本医保，基层医疗卫生机构回归公益性，基本公共卫生服务均等化免费提供，百姓的基本医疗需求有了保障。

基层地区的公共文化服务体系建设也得到重点关注，极大地丰富了广大群众的精神文化生活。从 1998 年开始实施的广播电视村村通工程到“十一五”期间完成的已通电行政村和 20 户以上自然村的建设任务，全国广播电视综合人口覆盖率分别提高到 97.06%和 97.82%。从 2011 年开始，又在有线电视未通达的广大农村地区实施直播卫星公共服务工程，推动广播电视覆盖由村村通向户户通转变。全国文化信息资源共享工程自 2002 年实施，“十一五”期间已初步构建了层次分明、互联互通、多种方式并用的国家、省、市、县、乡镇(街道)、村(社区)等六级数字文化服务网络。截至 2011 年底，已建成 1 个国家中心、33 个省级分中心(覆盖率达 100%)、2840 个县级支中心(覆盖率达 99%)、28595 个乡镇基层服务点(覆盖率达 83%)、60.2 万个行政村基层服务点(覆盖率达 99%)，部分省(区、市)村级覆盖范围已经延伸到自然村。基层文化设施建设得到政策扶持，公益性文化设施逐步实现向公众免费开放。截至 2011 年底，全国共有 1804 个博物馆、2952 个公共图书馆、3285 个文化馆、34139 个乡镇综合文

---

① 《中共中央国务院关于深化医药卫生体制改革的意见》，《人民日报》2009 年 3 月 17 日。

② 即新型农村合作医疗。

③ 中华人民共和国国务院新闻办公室：《中国的医疗卫生事业》白皮书，2012 年 12 月。

化站、15个省级美术馆实现了无障碍、零门槛进入，公共空间设施场地全部免费开放，所提供的基本服务项目全部免费。[①] 广播电视村村通工程、农村电影放映工程、文化信息资源共享工程、农家书屋工程、乡镇综合文化站建设工程等一大批文化惠民工程，让人民群众享受到日益丰富的精神食粮。

中国是规模最大的发展中国家，教育、医疗、卫生和文化事业的发展极大地提高了13亿中国人的文化和身体素质，为经济发展、社会进步和民生改善做出了重大贡献。但是也要清醒地认识到，中国实现从人口大国向人力资源大国的转变任重道远，居民的文化素质还远远不能适应科技创新的需求，居民的健康水平极不平衡，教育和医疗卫生事业的发展与全面建成小康社会的要求存在一定的差距，与发达经济体的先进水平还有相当的距离。

（三）人民生活

党的十六大以来，党和政府坚持民生优先，把保障和改善民生作为一切工作的出发点和落脚点，逐步推进分配领域的各项改革，通过大力支持扩大就业、提高劳动工资最低标准、提高退休工资、不断提高对低收入群体的转移支付水平和覆盖面、三次调高个人所得税起征点等政策措施，千方百计拓宽增收渠道，提高居民收入水平。特别是把增加农民收入作为农村工作的中心任务，坚持工业反哺农业、城市支持农村和“多予少取放活”的方针，不断加大对“三农”的支持力度，农民收入实现了连续多年较快增长。2011年，城镇居民人均可支配收入21810元，比2002年增长1.8倍，扣除价格因素，年均实际增长9.2%；农村居民人均纯收入6977元，比2002年增长1.8倍，扣除价格因素，年均实际增长8.1%。城乡居民收入年均增速超过1979—2011年7.4%的年均增速，是历史上增长最快的时期之一。[②] 2012年的居民收入增长延续了这一势头，城镇居民人均可支配收入24565元，扣除价格因素，比上年增长9.6%；农村居民人均纯收入9717元，扣除价格因素，比上年增长10.7%。[③] 2010年以来，农村居民人均纯收入年增长速度已连续三年超过城镇居民可支配收入增长速度。2002—2012年，城镇居民人均现金消费支出从6030元增加到16674元，增长1.8倍；农村居民人均消费支出从1834元增加到5908元，增长2.2倍。人们的消费方式

① 杨雪梅：《跨越·十年：文化惠民大手笔》，《人民日报》2012年10月17日。

② 国家统计局网站，http://www.stats.gov.cn/ztjc/ztfx/kxfzcjhh/201208/t20120815_72837.html.

③ 国家统计局网站，http://www.stats.gov.cn/tjsj/ndsj/2013/indexch.htm.

和消费观念也在发生潜移默化的变化，消费信用快速扩张，网络消费渐成时尚，居民生活质量明显改善。2002—2012 年，城乡居民家庭恩格尔系数分别从 37.7%和 46.2%下降到了 36.2%和 39.3%，分别下降 1.5 个百分点和 6.9 个百分点。在促进低碳经济发展和进一步深化文化体制改革的影响下，低碳绿色消费、循环消费、文化消费等热点悄然兴起，促进了经济可持续发展。同时，一些新型高科技产品、消费比重不大的升级消费品，也逐渐成为市场新宠。[①] 商品消费热点的变化集中体现了居民消费从生存型、温饱型向发展型、享受型的转换。这种转换还体现在人们对休闲娱乐的追求特别是旅游业的发展上，2002—2012 年，国内旅游人数从 8.8 亿人次增加到 29.6 亿人次，人均国内旅游消费从 441.8 元增加到 767.9 元，高速公路、高速铁路的快速发展极大地方便了人们的交通出行。居民出境旅游呈井喷之势，出境(过夜)旅游人数自 2000 年突破 1000 万人次大关以来，2002 年为 1660.2 万人次，到 2012 年达到 8318.3 万人次[②]；2012 年，中国一跃成为世界第一大出境旅游消费国，出境旅游消费 1020 亿美元。[③]

这十年，把保障和改善民生放在更加突出的位置。民生指标备受重视："人均"概念写入"十一五"规划；"十二五"规划提出"居民收入增长和经济发展同步"等目标；在干部政绩考核体系中，提高了就业率、社会保险率等民生指标考核权重。民生政策频频出台：全面取消农业税，推广新农合、新农保，连续降低药品零售价格，连续 8 年提高企业退休人员基本养老金，多次上调个税起征点，提高国家扶贫标准。在国际金融危机汹涌袭来时，在保增长的同时更注重惠民生：千方百计解决就业、保障困难群众生活，加快完善社会保障体系；四万亿投资中，保障和改善民生的投资占中央政府投资的一半以上。

(四) 推进城市公共服务均等化

2003 年 1 月，国务院办公厅发布《关于做好农民进城务工就业管理和服务工作的通知》，提出公平对待、合理引导、完善管理、搞好服务的新方针，要求保护农民工的合法权益，取消对农民进城务工就业的职业工种限制，解决拖欠和克扣农民工工资问题，改善农民工的生产生活条件，多渠道安排农民工子女就学等。2004 年，中共中央、国务院一号文件《关于促进农

---

① 《消费品市场繁荣稳定——从十六大到十八大经济社会发展成就系列报告之五》，国家统计局网站，http://www.stats.gov.cn/ztjc/ztfx/kxfzcjhh/201208/t20120822_72841.html.

② http://www.cnta.gov.cn/html/2008-6/2008-6-2-14-52-49-60.html.

③ 《中国成世界第一大出境旅游消费国》，《人民日报》2013 年 10 月 25 日。

民增加收入若干政策的意见》，首次给农民工群体以定义性结论："进城就业的农民工已经成为产业工人的重要组成部分"，城市政府要切实"把对进城农民工的职业培训、子女教育、劳动保障及其他服务和管理经费，纳入正常的财政预算"，"健全有关法律法规，依法保障进城就业农民的各项权益。推进大中城市户籍制度改革，放宽农民进城就业和定居的条件"。

2003 年 12 月，财政部、劳动保障部、公安部、教育部、人口计生委联合发出《关于将农民工管理等有关经费纳入财政预算支出范围有关问题的通知》，要求"按照输入地属地管理的原则，将对农民工的管理服务纳入输入地公共管理和服务工作范围"。"地方各级财政部门要将涉及农民工的治安管理、计划生育、劳动就业、子女教育等有关经费，纳入正常的财政预算支出范围。"

保护农民工权益方面：开始允许农民承包田地合理流转，"在承包期内，农户对承包的土地有自主的使用权、收益权和流转权，有权依法自主决定承包地是否流转和流转的形式"。2003 年 11 月，国务院办公厅发出《关于切实解决建设领域拖欠工程款问题的通知》，提出从 2004 年起，用 3 年时间基本解决建设领域拖欠工程款以及拖欠农民工工资问题。

社会保障方面：2004 年 5 月，劳动和社会保障部办公厅《关于推进混合所有制企业和非公有制经济组织从业人员参加医疗保险的意见》，规定"逐步将与用人单位形成劳动关系的农村进城务工人员纳入医疗保险范围"，"用人单位要按规定为其缴纳医疗保险费。对在城镇从事个体经营等灵活就业的农村进城务工人员，可以按照灵活就业人员参保的有关规定参加医疗保险"。2004 年 6 月，劳动和社会保障部发布的《关于农民工参加工伤保险有关问题的通知》以及后来发布的《关于实施农民工"平安计划"加快推进农民工参加工伤保险工作的通知》和《关于加快推进农民工参加工伤保险实施"平安计划"工作的函》，对农民工参加工伤保险在工伤认定、劳动能力鉴定和待遇支付等方面做出了具体规定。2009 年 3 月，国务院关于印发《医药卫生体制改革近期重点实施方案（2009—2011 年）》的通知，明确提出 3 年内"积极推进城镇非公有制经济组织从业人员、灵活就业人员和农民工参加城镇职工医保"。"参加城镇职工医保有困难的农民工，可以自愿选择参加城镇居民医保或户籍所在地的新农合。"2009 年 12 月，国务院办公厅关于转发人力资源社会保障部、财政部《城镇企业职工基本养老保险关系转移接续暂行办法》的通知，明确"本办法适用于参加城镇企业职工基本养老保险的所有人员，包括农民工"。2010 年 6 月，住房和城乡建设部等六部门联合印发《关于做好住房保障规划编制工作的通知》，将“加快建设公共租赁住房、限价商品住房，着力解决新就业职工、进城务工人员等中等偏下收入家庭的住房困难”作为规划编制的重点之一，首次将流动人口纳入住房保障范围。

子女义务教育方面：2003 年 9 月，国务院办公厅转发教育部、中央编办、公安部、发展改革委、财政部、劳动保障部《关于进一步做好进城务工就业农民子女义务教育工作意见的通知》，要求“农民工子女上学以流入地公办中小学为主”，“设立民办‘民工学校’条件酌情放宽”，取消流动儿童借读费、赞助费。

职业培训方面：2003 年 9 月，国务院办公厅转发农业部等六部门《2003—2010 年全国农民工培训规划》的通知，制定了 2003—2005 年对拟向非农产业和城镇转移的 1000 万名农村劳动力开展转移就业前的引导性培训，2006—2010 年对拟向非农产业和城镇转移的 5000 万名农村劳动力开展转移就业前的引导性培训。同时，制订了对已进入非农产业就业的 2 亿多名农民工开展岗位培训的计划。2004 年 12 月，中共中央、国务院发布 2005 年一号文件《关于进一步加强农村工作提高农业综合生产能力若干政策的意见》，进一步搞好农民转业转岗培训工作，扩大“农村劳动力转移培训阳光工程”实施规模，加快农村劳动力转移。

三、进一步加强和完善社会管理和服务体系

随着改革逐渐进入关键时期，经济失调、社会失序、人们心理失衡、社会矛盾增多的问题日益突出，社会管理面临新的形势和任务。2002 年，党的十六大从维护社会稳定的角度提出要改进社会管理、保持良好的社会秩序。2004 年，中共十六届四中全会提出要加强社会建设和管理，推进社会管理体制创新，深入研究社会管理规律，完善社会管理体系和政策法规，整合社会管理资源，建立健全党委领导、政府负责、社会协同、公众参与的社会管理格局。① 2006 年 10 月，中共十六届六中全会提出推进社会管理体制的改革与创新。在逐步实现基本公共服务均等化目标后，党的十七大进一步提出要“完善社会管理，维护社会安定团结”，并对如何完善社会管理进行了全面部署。2010 年 10 月，中共中央政法委员会、中央社会治安综合治理委员会确定了 35 个市、县(市、区)作为全国社会管理创新综合试点，

① 《十六大以来重要文献选编》(中)，中央文献出版社 2006 年版，第 287 页。

并制定了《全国社会管理创新综合试点指导意见》，细化了社会管理创新的主要内容。2011年2月，胡锦涛在中央党校举办的以研究社会管理为主题的省部级主要领导干部培训班开班式上强调，提高社会管理科学化水平，建设中国特色社会主义社会管理体系。[①] 2011年7月5日，中共中央、国务院印发《关于加强和创新社会管理的意见》，进一步明确了加强和创新社会管理的指导思想、基本原则、目标任务和主要措施。

进入21世纪，农村劳动力外出务工规模继续快速增长，2001年有7800多万人，2002年有9400多万人，2003年有9900多万人，2004年突破1亿人，至2009年底突破2亿人。[②] 中央政府对于农民工这一庞大流动群体的关注，开始转为关心他们在城市的就业、子女教育、社会保险等权益保护，并提上了中央政府工作的议事日程。2003年6月28日，十届全国人大常委会三次会议通过《中华人民共和国居民身份证法》，取代了实行17年的《居民身份证条例》，新法将警察查验居民身份证的范围进行了详细界定，警察不得在法律规定范围以外随意检查居民身份证，这意味着城市不再存在是否携带身份证的“三无”人员，《居民身份证法》的实施，对于保障城市外来人员的合法权益具有法律效力。2003年10月，中共中央十六届三中全会通过的《中共中央关于完善社会主义市场经济体制若干问题的决定》提出，“深化户籍制度改革，完善流动人口管理，引导农村富余劳动力平稳有序转移”。要求各地区、各有关部门取消对企业使用农民工的行政审批，取消对农民进城务工就业的职业工种限制。2005年3月，劳动和社会保障部(劳社部函〔2005〕18号)《关于废止〈农村劳动力跨省流动就业管理暂行规定〉及有关配套文件的通知》，规定废止原劳动部颁布的《农村劳动力跨省流动就业管理暂行规定》(劳部发〔1994〕458号)、原劳动部《关于严禁滥发流动就业证卡的紧急通知》(劳部发〔1995〕59号)、原劳动部办公厅《关于“外出人员就业登记卡”发放和管理有关问题的通知》(劳办发〔1996〕99号)。2006年12月，中共中央、国务院发布了《关于全面加强人口和计划生育工作统筹解决人口问题的决定》，提出完善流动人口管理服务，建立城乡统一人口登记制度，实行流动人口居住证制度，将流动人口管理服务纳入地方经济社会发展规划；解决流动人口就业、就医、定居、子女入托入学方面的困难；逐步将进城务工人员纳入社会保障体系，促进流动人口融

① 《胡锦涛文选》(第3卷)，人民出版社2016年版，第499—500页。

② 侯亚非、张展新：《流动人口的城市融入：个人、家庭、社区透视和制度变迁研究》，中国经济出版社2010年版，第146页。

入城市社会生活。

2002年以来,进一步加强和完善社会管理和服务体系。加强和完善流动人口和特殊人群管理和服务,建立健全实有人口动态管理机制,完善特殊人群管理和服务政策。2010年5月,国务院批转发展改革委《关于2010年深化经济体制改革重点工作的意见》,首次提出在全国范围内实行居住证制度,要求"深化户籍制度改革,加快落实放宽中小城市、小城镇特别是县城和中心镇落户条件的政策。进一步完善暂住人口登记制度,逐步在全国范围内实行居住证制度"。

管理中体现服务,服务中延伸管理。十年间,矛盾纠纷排查化解、流动人口和特殊人群服务管理、互联网服务管理、公共安全体系建设,解决影响社会和谐稳定的突出问题,无不凸显"服务"二字。为加强和创新流动人口服务管理,天津市滨海新区建立对长期工作、工地临时、散居社区的三类流动人口进行分类管理,建立功能区、街镇、居村(建筑工地)三级平台、一站式服务,建立以解困救助、维权法律援助、落户激励保障三层保障为主要内容的"三个三"工作模式。云南省楚雄市制定了《楚雄市流动人口服务管理暂行办法(试行)》等规章制度。

从对特殊人群帮教服务管理中可见服务理念的深入。北京市朝阳区加强"阳光中途之家"建设,强化对"无家可归、无亲可投、无业可就"的刑释解教人员收留、教育、培训和帮助就业工作。山东省泰安市对闲散青少年、有严重不良行为的未成年人、流浪儿童、农村留守儿童、服刑在教人员未成年子女等重点群体分别研究制定了有针对性的教育帮助措施。内蒙古自治区鄂尔多斯市建立流浪未成年人救助保护中心、九个刑释解教人员安置帮教基地。甘肃省嘉峪关市制定八个方面重点人群服务管理办法。河北省石家庄市转发市综治委《关于构建"三位一体"大帮扶体系的实施意见》。

2003年3月,"孙志刚事件"经媒体报道后,引起了全国各地乃至海外各界人士的强烈反响。为从根本上解决城市生活无着的流浪乞讨人员的问题,完善社会救助制度和相关法规,2003年6月20日,国务院颁布《城市生活无着的流浪乞讨人员救助管理办法》,同时废止1982年5月国务院发布的《城市流浪乞讨人员收容遣送办法》。由以"加强社会治安、维护社会稳定"为目的改为"保障其基本生活权益,完善社会救助",救助行政主体由"公安部门为主,民政部门参与"变为"县级以上人民政府民政部门负责流浪乞讨人员的救助工作";工作方式由"强制为主"变为"救助、引导、帮扶"。2003年7月16日,民政部第三次部务会议通过《城市生活无着的流浪乞讨人员救助管理办法实施细则》,自 2003 年 8 月 1 日起施行。该实施细则的实行,使《城市生活无着的流浪乞讨人员救助管理办法》内容的落实更具有操作性。

为保障服务质量,各试点地区摒弃粗放的管理模式,推动社会管理向精细化、前端化管理转变。浙江省宁波市创新基层公共安全监管体系,在乡镇(街道)设立公共安全监管所,在行政村(社区)、企事业单位建立公共安全协管员队伍,并建立“安全生产隐患排查治理信息平台”,建立食品、药品和饮用水安全等监管机制,建立食品药品质量追溯制度。辽宁省沈阳市构建全方位、全天候、立体化的社会治安防控网络。

四、解决影响社会和谐稳定的突出问题

进入 21 世纪,正值加快改革开放和发展的步伐,并准备迎接奥运会在北京举办的时候,中国先后经受了多场历史上罕见的自然灾害的考验。

2003 年,一场突如其来的“非典”疫情袭来。2003 年 2 月中下旬,“非典”疫情在广东省局部地区流行,3 月上旬在华北地区传播和蔓延。中国 24 个省区市先后发生“非典”疫情,共波及 266 个县和市(区)。截至 2003 年 8 月 16 日 10 时,我国内地累计报告病例 5327 例,治愈出院 4959 例,死亡 349 例。全球有 30 多个国家和地区陆续发生疫情。面对严峻的疫情,中共中央、国务院将防治“非典”列为各项工作的重中之重,发出坚持“两手抓”、夺取抗击“非典”和促进发展“双胜利”的号召,及时做出一系列重大部署。国务院先后召开十多次常务会议,分别于 4 月 13 日和 5 月 6 日召开全国非典型肺炎防治工作会议、全国农村防治非典型肺炎电视电话会议,研究制定了一系列重要防治措施。4 月 24 日,组建了由 30 多个中央国家机关部门组成的全国防治非典型肺炎指挥部,统一领导全国防治工作,按照“沉着应对、措施果断,依靠科学、有效防治,加强合作、完善机制”的总体要求,全力以赴开展防治工作。5 月 12 日,《突发公共卫生事件应急条例》公布实施,将防治工作纳入依法、科学、规范、有序的轨道。经过不懈努力,逐步有效控制住了“非典”疫情。从 5 月中旬开始,疫情趋于平缓。6 月 24 日,世界卫生组织宣布解除对北京的旅行警告,中国取得抗击“非典”的胜利。8 月 16 日,中国内地最后一批“非典”合并症患者将结束在北京地坛医院的治疗,康复出院。

2008 年 1 月中旬至 2 月上旬,我国南方地区遭遇了一场 50 年来罕见的低温雨雪冰冻灾害,先后造成 21 个省(区、市)不同程度受灾。京广、沪

昆铁路因断电运输受阻,京珠高速公路出现严重阻塞,近22万千米的普通公路不能正常通车,14个民航机场被迫关闭;电网设施大面积受损,13个省(区、市)输电线路因覆冰发生电塔垮塌断线事故,170个县(市)供电中断。农作物受灾面积2.17亿亩,工业企业大面积停产,居民正常生活受到严重影响。灾情发生后,中共中央、国务院迅速部署开展大规模抗灾救灾工作。胡锦涛、温家宝等领导人先后深入灾区指导抗灾救灾。国务院成立抢险救灾指挥中心领导部署具体工作。在全社会共同努力下,抗击低温雨雪冰冻灾害斗争取得重大胜利。

2008年5月12日,四川省汶川发生里氏8.0级特大地震,波及四川、甘肃、陕西、重庆等10个省(自治区、直辖市),灾区总面积约50万平方千米,共有69227人遇难,17923人失踪,需要紧急转移安置的受灾群众达1510万人,造成的直接经济损失达8451亿多元,引发的崩塌、滑坡、泥石流、堰塞湖等次生灾害举世罕见。[①] 这是新中国成立以来破坏性最强、波及范围最广、救灾难度最大的一次地震。中共中央、国务院及时启动应急响应机制。当晚,中共中央政治局常务委员会召开会议,全面部署抗震救灾工作,决定设立由温家宝任总指挥的国务院抗震救灾总指挥部,并立即启动应对突发事件的国家一级预案,从全国、全军组织部队、公安干警、抢险救灾专业队伍和医疗救援队伍以及设备、物资等,赶赴四川地震灾区抗震救灾。震后第14天,中共中央做出建立对口支援机制,举全国之力,加快恢复重建的决策,举国上下形成了全党动员、全军集结、全民行动的救灾格局,组织开展了中国历史上救援速度最快、动员范围最广、投入力量最大的抗震救灾斗争,最大限度地挽救了受灾群众生命,最大限度地降低了灾害造成的损失。84017名群众被从废墟中抢救出来,149万名被困群众得到解救,430多万名伤病员得到及时救治,1510万名紧急转移安置的受灾群众基本生活得到妥善安排,881万名灾区受困群众得到救助,灾区中小学在新学期开始前全面复课开学。在夺取抗震救灾斗争胜利后,迅速制订灾区灾后恢复重建计划[②],决定用三年时间完成灾后恢复重建任务,并动员全国力量实行对口支援。到2010年9月底,三年重建任务在两年内基本完成,受灾地区的基础设施和群众的生产生活水平大大超过灾前,创造了灾后重

① 《十七大以来重要文献选编》(上),中央文献出版社2009年版,第631—632页。

② 《汶川地震灾后恢复重建条例》(2008年6月8日发布),这是中国政府第一次颁布重建条例;发布实施《国务院关于支持汶川地震灾后恢复重建政策措施的意见》(2008年6月29日)、《国务院关于做好汶川地震灾后恢复重建工作的指导意见》(2008年7月3日)。

建的奇迹。

2010年又接连发生严重自然灾害，再一次考验着中国人民战胜灾难的意志和能力。4月14日，青海省玉树藏族自治州玉树县（现更名为“玉树市”）发生了7.1级地震，造成2698人遇难，270人失踪。8月8日，甘肃省舟曲发生特大山洪泥石流灾害，造成1471人遇难，294人失踪。按照中央的决策和部署，各地区各部门一方面全力以赴支援灾区渡过难关，另一方面继续推进经济社会各项建设。在抗击特大自然灾害的斗争中，能够迅速动员前所未有的大量人力、物力和财力，在较短的时间内渡过难关，把灾害的损失降到最低限度，这充分体现了中国特色社会主义制度的优越性，即在短时间内能够动员如此巨大的力量投入赈灾，既包括自上而下的政府动员，也包括自下而上的社会自发动员，同时说明了经过30多年的改革开放和现代化建设，中国已经拥有了空前强大的综合国力和雄厚的物质基础。

随着改革开放的深入推进，民族问题与社会问题开始相互交织，由于对民族问题长期性、复杂性认识不够，出现以激进或简单化的方式处理民族问题的现象，西藏、新疆出现的极端事件及其与境外势力的勾连和交互影响，相继出现1989年西藏拉萨的骚乱、1990年新疆巴仁乡的暴力事件。1992年1月，召开第一次中央民族工作会议，研究确定了20世纪90年代民族工作的方针和任务，要求坚持和完善民族区域自治制度，加强各族人民的大团结，为实现现代化建设的第二步战略目标共同奋斗。江泽民指出，为了加强各民族大团结，既要反对大民族主义，也要反对地方民族主义。为了维护祖国的统一，必须同极少数分裂主义分子进行坚决斗争。1994年，国务院召开了第二次全国民族团结进步表彰大会。同年，中央召开了第三次西藏工作座谈会，进一步加大了支援西藏发展的力度。中共中央、国务院强调依法管理宗教事务，坚决打击境外敌对势力和分裂势力利用宗教问题进行分裂祖国的活动。1995年，围绕班禅转世灵童问题，中央政府挫败了达赖集团的企图。1999年，第二次中央民族工作会议暨国务院第三次全国民族团结进步表彰大会召开，提出在21世纪的第一个十年的民族工作任务，加快少数民族和民族地区的经济发展和社会进步，加强民族团结，逐步实现各民族的共同发展和共同繁荣。

2005年，中共中央、国务院召开第三次中央民族工作会议暨国务院第四次全国民族团结进步表彰大会，提出“促进民族地区实现全面建成小康社会的宏伟目标，进一步开创我国各民族共同团结奋斗、共同繁荣发展的新局面”的任务。2005年，国务院正式颁布《实施〈中华人民共和国民族区域自治法〉若干规定》,以制定自治条例和单行条例为主要内容的地方民族立法也取得了新的进展,推动制定贯彻实施民族区域自治法的配套规定,修订《城市民族工作条例》和《民族乡行政工作条例》,依法办事逐渐成为处理民族问题、开展民族工作的重要手段。

2008 年 3 月 14 日拉萨等地打砸抢烧严重暴力犯罪事件和 2009 年 7 月 5 日乌鲁木齐打砸抢烧严重暴力犯罪事件,引发了一系列后续影响,达赖集团提出了所谓"中间道路"的"高度自治"方案,一些藏族聚居地区持续出现僧人等"自焚"的极端行为,新疆地区持续发生的极端暴力恐怖事件并向内地延伸。针对暴力恐怖势力、民族分裂势力和宗教极端势力的破坏活动,为了维护民族团结和社会稳定,国家采取了一系列重大措施。民族工作部门配合有关部门及时深入寺庙开展法制宣传教育,对民族宗教界人士和宗教信徒及各族群众进行了积极引导,协助有关部门为维护社会稳定发挥了重要作用。围绕《中华人民共和国民族区域自治法》,逐步建立健全了与之配套的法规体系和监督机制,截至 2012 年 10 月,民族自治地方共制定自治条例、单行条例和变通或补充规定近 700 个,中国民族法律法规体系初步建立。对破坏民族关系、民族团结和社会稳定的突发事件,中共中央、国务院及有关部门及时采取措施,坚决将其解决在萌芽状态,保持了民族关系的和睦。2009 年 9 月,举行国务院第五次全国民族团结进步表彰大会。2010 年 1 月,中共中央、国务院召开第五次西藏工作座谈会,提出坚持走有中国特色、西藏特点的发展路子,抓住发展和稳定两件大事,确保经济社会跨越式发展,确保国家安全和西藏长治久安。会议还对加快四川、云南、甘肃、青海四省藏区经济社会发展做出全面部署,切实加大了有关政策扶持力度。同年 5 月,中共中央、国务院召开新疆工作座谈会,提出做好新形势下新疆工作必须紧紧围绕推进新疆跨越式发展和长治久安这个重大而紧迫的任务来进行,坚持走具有中国特色、符合新疆实际的发展路子。2010—2012 年,中央相继召开四次全国对口支援新疆工作会议,建立起人才、技术、管理、资金等方面援助新疆的有效机制。推进西藏、新疆跨越式发展和长治久安工作全面有序展开。2012 年,中共中央、国务院发布的《关于进一步加强民族工作加快少数民族和民族地区经济社会发展的决定》包括六个方面三十项政策原则和工作要求,有针对性地对加快少数民族和民族地区经济社会发展进程中面临的一系列新问题做出具体部署。

第四节　整合和引领多样化社会思潮，最大限度地形成社会思想共识

改革开放以来，特别是进入新世纪新阶段以后，改革发展到了关键期，人们的思维方式、思想观念、价值标准相继发生了巨大的变化，各种社会思潮相互激荡和碰撞，此起彼伏，各种观念交相杂陈，既有积极健康的一面，也有消极失调的一面。胡锦涛指出："一个社会是否和谐，一个国家能否实现长治久安，很大程度上取决于全体社会成员的思想道德素质。没有共同的理想信念，没有良好的道德规范，是无法实现社会和谐的。"①

加强和创新社会管理，必须整合和引领多样化社会思潮，构建社会主义核心价值体系，最大限度地形成社会思想共识。

一、多元多样多变的社会思潮

进入 21 世纪，我国已进入改革发展的关键时期，经济体制深刻变革，社会结构深刻变动，利益格局深刻调整，思想观念深刻变化。这种空前的社会变革，给我国发展进步带来巨大活力，也必然带来这样那样的矛盾和问题。② 同时，全面参与经济全球化的新机遇新挑战，又面临着工业化、信息化、城镇化、市场化、国际化深入发展的新形势新任务③，这一时期，是从传统农业社会向工业社会和后工业社会、从计划经济体制向社会主义市场经济体制的快速转型时期，各种社会思潮激荡和碰撞，是社会思潮最为活跃的时期。

2003 年底召开的全国宣传思想工作会议分析指出："随着改革开放的不断推进，人们思想活动的独立性、选择性、多变性、差异性日益增强，社会思想空前活跃，各种思想观念相互交织，各种文化相互激荡，社会意识出现多样化的趋势，错误思想的影响难以避免。思想理论领域杂音噪音时有出现，一些非马克思主义的思想意识也有所滋长。"④

这一时期，社会思潮不仅异常活跃，而且呈现出空前的多样性：既有传统、现代、后现代思潮之分，又有左、中、右之别，还有社会主义、封建主义、

---

① 《十六大以来重要文献选编》(中)，中央文献出版社 2006 年版，第 710 页。
② 《十六大以来重要文献选编》(下)，中央文献出版社 2008 年版，第 649 页。
③ 《十七大以来重要文献选编》(上)，中央文献出版社 2009 年版，第 11 页。
④ 《十六大以来重要文献选编》(上)，中央文献出版社 2005 年版，第 530 页。

资本主义思潮的交锋和冲撞。居于主体的是爱国主义、集体主义、社会主义,右翼的有新自由主义、民主社会主义、历史虚无主义、后现代主义等,左翼的有“新左派”、“新权威主义”、新保守主义、新民族主义、民粹主义等。整个社会的各种思潮多元、多样、多变,其中正确错误并存。2005 年 2 月 19 日,胡锦涛在省部级主要领导干部提高构建社会主义和谐社会能力专题研讨班上的讲话中指出:“各种思想文化相互激荡,人们受各种思想观念影响的渠道明显增多、程度明显加深,人们思想活动的独立性、选择性、多变性、差异性明显增强。”[①]2007 年 10 月,党的十七大再次强调,“人民精神文化需求日趋旺盛”,人们对“发展社会主义先进文化提出了更高要求”。[②]

关于这一时期社会思潮的性质可以做出如下基本判断。

第一个基本判断:社会思潮的主旋律是科学发展和社会和谐,主流是爱国主义、集体主义和社会主义思想。

第二个基本判断:当代中国社会思潮呈现出差异性和多样性。

第三个基本判断:当代中国社会思潮中确实存在着一些错误的、腐朽的思想倾向。[③]

多样化的社会思潮是人们对社会环境与矛盾进行反思的产物,不同思潮对应不同的社会问题。不同思潮之所以不早不晚地在某一时段出现,恰恰与这一时期的社会疑难与矛盾存在着对应关系。

多样化的社会思潮与不同社会阶层及其面临的困境大致对应。大体上看,追求自由与个体权利的自由主义思潮,确实在中间阶层中有相当多的支持者。强调秩序与稳定的“新权威主义”,在官员与大企业家中有更多的赞同人。呼唤平等与社会公正的“新左派”则在青年一代而不是中老年人中,有许多支持者。“新左派”中的温和派,其中相当数量的人与大学文学批评专业有关,因为他们比较多地受西方后现代文学批评思潮的影响。“新左派”中的激进派或民粹主义派,在中西部地区的底层弱势群体与“愤青”中有许多支持者。在“70 后”的知识型白领、中间阶层、企业家中,文化保守主义有较大的影响。民主社会主义在某些饱经政治风霜的老干部中有相当多的支持者。

社会思潮的多元并存,形成事实上的百家争鸣的局面,也起到相互制

① 《十六大以来重要文献选编》(中),中央文献出版社 2006 年版,第 697 页。

② 《十七大以来重要文献选编》(上),中央文献出版社 2009 年版,第 11 页。

③ 朱士群:《当代中国社会思潮:回应与引领》,《安徽师范大学学报(人文社会科学版)》2008 年第 4 期。

衡的作用。当今中国民间思想的多元制衡格局已经形成，例如，激进自由派提出的“政党注册论”的激进观点，就受到“新左派”与“新权威主义”的批判与制衡；而“极端新左派”提出的为“文革”与“四人帮”翻案的言论，同样受到自由派与文化保守主义思潮的强烈反击与有效制衡。随着中国社会的日益健康发育，理性的声音在社会上将越来越有影响力，来自不同思潮的极端声音虽然会始终存在，但只会处于边缘，任何极端与激进的言论，只能是多元声音中的一种“不同凡响”的异端而已。任何极端声音，在一个日益多元化的社会里，都不可能在社会上产生连锁反应，它总会受到不同思潮的制衡。社会思潮多元性的意义就在于，它提供了更多的思想方案与试错机会。而这种方案与机会越多，一个社会做出不同选择的机会就越多，社会的应变与适应能力也就越强。

这一时期，社会转型，人们逐渐脱离原来的熟人社会形态；在社会转型中，市场经济秩序不完善，法律法规不完善或得不到很好执行，欺诈行为时有发生；在资讯发达的今天，人们获得了更多的间接上当受骗的经历，这一切使得人际信任不断降低。2009 年，“三鹿毒奶粉事件”已经把食品企业的诚信缺失推向极致；2011 年，“郭美美事件”引起轩然大波，“慈善”两个字的神圣光环也日渐消散。让公众频频质疑的还有政府或相关机构组织行为透明度不高，比如财务收支、公车数量等。当所有的不信任集中在一起时，社会氛围就会改变，最直接的表现就是冷漠。“小悦悦事件”“南京彭宇案”引发的路人跌倒要不要扶的热议，甚至刘翔奥运会摔倒后的质疑，都成为社会信任恶化的注脚。[①] 2011 年 4 月 21 日至 5 月 26 日，针对当时由拆迁动迁所引起的冲突事件以及“被精神病”事件等，《人民日报》开辟“关注社会心态”专栏，连续发表了 5 篇评论。随着市场经济体制的确立，人们的生活节奏明显加快，工作压力加大，社会分化和竞争加剧，焦虑不再是“弱势群体”的专利，而逐渐成为一种普遍心态。但是，新形势下社会矛盾的凸显同时也显示出了社会心态存在不和谐、不积极的一面，比较普遍的、不同程度的焦虑情绪和心理失衡成为诱发社会矛盾的温床。因此，需要积极培育和践行社会主义核心价值观，加强社会思想道德和社会诚信建设，使全体社会成员在价值认同上找到最大公约数，有效避免社会分化可能带来的思想分化、对立和混乱，最大限度地形成社会思想共识，促进社会团结和谐。

① 吴晓东：《社会信任下降主因是人们风险意识提高》，《中国青年报》2013 年 2 月 17 日。

二、从先进文化到建设社会主义核心价值体系

21世纪以来，以突出强调先进文化建设为特征，社会主义精神文明建设仍在不断向前推进，已被纳入先进文化的建设范畴，着眼于提升国家综合国力。党的十五大确定文化"是综合国力的重要标志"，把文化建设提升到战略高度，并且把文化建设与精神文明建设紧密联系在一起，"有中国特色社会主义的文化，就其主要内容来说，同改革开放以来我们一贯倡导的社会主义精神文明建设是一致的"①，是凝聚和激励全国各族人民的重要力量。进入21世纪后，先进文化建设成为一项重大战略任务，与党治国理政的各项工作相联系。2000年2月，江泽民提出"三个代表"重要思想，由此形成"先进文化"的概念。

中共十六届四中全会将发展先进文化作为党的五种执政能力之一，先进文化建设也是党提出构建社会主义和谐社会的任务之一，发展先进文化又是党的先进性的体现。这就突出了先进文化的重要地位，体现了统领价值。这一阶段，精神文明建设依然受到高度重视，但与此前有所不同的是，精神文明建设已被作为先进文化建设的组成部分加以阐述。2004年10月，胡锦涛同北京市基层干部座谈时指出，"发展先进文化是全面建设小康社会的内在要求"，强调加强基层文化建设，包含着精神文明建设的内容。②2005年，胡锦涛在中共十六届五中全会上的讲话中阐述"加强社会主义先进文化建设"，其中就包括精神文明建设的要求。③

2006年3月，胡锦涛看望全国政协委员时提出以"八荣八耻"为主要内容的社会主义荣辱观。2006年10月，中共十六届六中全会通过《中共中央关于构建社会主义和谐社会若干重大问题的决定》，该决定着眼于和谐社会建设，在"先进文化"概念的基础上又提出了"和谐文化"的概念，指出："建设和谐文化，是构建社会主义和谐社会的重要任务。社会主义核心价值体系是建设和谐文化的根本"，"坚持以社会主义核心价值体系引领社会思潮，尊重差异，包容多样，最大限度地形成社会思想共识"。④ 该决定从社会建设方面，从构建社会主义和谐社会的战略高度，从建设和谐文化的角

① 《十五大以来重要文献选编》(上)，人民出版社2000年版，第35页。
② 《十六大以来重要文献选编》(中)，中央文献出版社2006年版，第362页。
③ 《十六大以来重要文献选编》(中)，中央文献出版社2006年版，第1031页。
④ 《十六大以来重要文献选编》(下)，中央文献出版社2008年版，第660—661页。

度，第一次提出社会主义核心价值体系[1]及基本内容，并把社会主义核心价值体系定位为建设和谐文化的根本，建设社会主义核心价值体系的指向是形成全民族奋发向上的精神力量和团结和睦的精神纽带。

2007 年 10 月，党的十七大做了进一步阐述，从文化建设方面，从推动社会主义文化大发展大繁荣的战略高度，从意识形态的角度对社会主义核心价值体系进行了新的定位，“建设社会主义核心价值体系，增强社会主义意识形态的吸引力和凝聚力”，“积极探索用社会主义核心价值体系引领社会思潮的有效途径，主动做好意识形态工作，既尊重差异、包容多样，又有力抵制各种错误和腐朽思想的影响”。[2] 党的十七大从意识形态建设的角度提出了建设社会主义核心价值体系的战略任务，目标指向是增强社会主义意识形态的吸引力和凝聚力，巩固全党全国各族人民团结奋斗的共同思想基础，十七大通过的党章修正案把社会主义核心价值体系的基本内容纳入党章总纲之中。

在 2008 年初的全国宣传思想工作会议上，进一步提出把社会主义核心价值体系的研究纳入马克思主义理论研究和建设工程，把社会主义核心价值体系建设贯穿精神文明建设全过程，把社会主义核心价值体系寓于大学生思想政治教育和未成年人思想道德建设中。2009 年 9 月，中共十七届四中全会通过《中共中央关于加强和改进新形势下党的建设若干重大问题的决定》，向全党提出“开展社会主义核心价值体系学习教育”的任务，号召“党员、干部模范学习践行社会主义核心价值体系”。[3] 社会主义核心价值体系概念的提出，进一步丰富和发展了精神文明建设和先进文化建设的内涵和外延，赋予精神文明建设和先进文化建设以崭新的时代精神。

2011 年 10 月，中共十七届六中全会对文化建设进行了专门研究和部署，并做出了《中共中央关于深化文化体制改革推动社会主义文化大发展大繁荣若干重大问题的决定》，全会对社会主义核心价值体系做了更加深刻和更高的定位，提出“社会主义核心价值体系是兴国之魂，是社会主义先进文化的精髓，决定着中国特色社会主义发展方向”，并从这一高度，从建设社会主义文化强国的目标出发，对推进社会主义核心价值体系建设进行

① 社会主义核心价值体系的基本内容，即马克思主义指导思想、中国特色社会主义共同理想、以爱国主义为核心的民族精神和以改革创新为核心的时代精神、社会主义荣辱观。

② 《十七大以来重要文献选编》(上)，中央文献出版社 2009 年版，第 26—27 页。

③ 《中国共产党第十七届中央委员会第四次全体会议文件汇编》，人民出版社 2009 年版，第 12 页。

了具体部署。

改革开放后,思想的多样性和选择的自主性成为客观的事实,但主流意识形态和主导思想不可缺失。在意识形态上搞多元化,只能导致社会的思想混乱、道德失范、是非困惑、价值迷茫和行为无矩。马克思主义基本理论告诉我们,历史从哪里开始,思想就从哪里发端,思想演进的过程与历史发展的过程呈一致性。精神文明、先进文化、核心价值体系不是相互替代的关系,它们的先后提出反映了党领导思想战线工作的步步深入。建设社会主义核心价值体系是一项重要的基础工程和灵魂工程,具有“凝魂聚气、强基固本”①的作用。建设社会主义核心价值体系作为一项时代任务被提出来,其思想根植于中国特色社会主义的丰富实践,既为现实所需要,又为历史所必然。社会主义核心价值就是竖起的一座思想航标,指引全国各族人民排除任何干扰和困惑,巩固精神支柱,形成共同理想,整合各方力量,凝聚民智民力,继续创造中国特色社会主义事业的新成就。

把核心价值体系建设融入日常工作生活中,体现到政策法规制定和社会管理之中,使之转化为人民的自觉追求。“党的十六大以来,三届评选产生的162名‘全国道德模范’已经成为感召全民的群像;形式多样的公民道德建设与宣传,正在神州大地播撒善与爱的种子。”“杨善洲、沈浩、郭明义、王顺友、吕清森、陈贤妹……在这些普通而又不平凡的中国人身上,世界看到中国在转型期定位的精神坐标,也看到中华民族引以为傲的核心价值观。”“公民们在排队乘车、相互礼让中领悟着文明的真谛,在文明城市、文明村镇创建中品尝着文明的成果,在反腐倡廉、扫黄打非行动中感知着文明的力量。”“从首善之区到沙漠腹地,从高原之巅到海岛边陲,各个地方的中国人,都在用实际行动寻找着核心价值观的‘本地化’表达。”②

三、公民道德建设和社会诚信建设

随着改革开放和现代化建设事业的深入发展,社会主义精神文明建设呈现出积极健康向上的良好态势,中华民族的传统美德与体现时代要求的新的道德观念相融合,成为我国公民道德建设发展的主流。但是,我国公民道德建设方面仍然存在着不少问题。社会的一些领域和一些地方道德失范,是非、善恶、美丑界限混淆,拜金主义、享乐主义、极端个人主义有所

---

① 中共中央宣传部编:《社会主义核心价值体系学习读本》,学习出版社2009年版,第2页。

② 《中国转型十年:如何构建核心价值体系成新课题》,新华网,http://www.chinanews.com/gn/2012/10-30/4286909_3.shtml.

滋长，见利忘义、损公肥私行为时有发生，不讲信用、欺骗欺诈成为社会公害，以权谋私、腐化堕落现象严重存在。这些问题如果得不到及时有效解决，必然损害正常的经济和社会秩序，损害改革发展稳定的大局。① 新时期新阶段的社会矛盾和社会心态固然折射出了中国改革和发展中存在的一些问题，我们的社会转型并不是同步推进的，社会转型滞后于经济转型，社会价值多元而无序，尚未形成一条与新的经济体制和社会体制相适应的能让公民共同遵守的道德底线。加强社会主义思想道德和社会诚信建设，是发展先进文化的重要内容和中心环节，对形成追求高尚、激励先进的良好社会风气，保证社会主义市场经济的健康发展，具有十分重要的意义。

2000 年，江泽民在中央思想政治工作会议上讲话时提出“以德治国”思想。2001 年，《公民道德建设实施纲要》指出：要逐步形成与发展社会主义市场经济相适应的社会主义道德体系，在全社会大力倡导“爱国守法、明礼诚信、团结友善、勤俭自强、敬业奉献”的基本道德规范；坚持道德教育与社会管理相配合，要求“建立健全有关法律法规和制度，把公民道德建设融于科学有效的社会管理之中，逐步完善道德教育与社会管理、自律与他律相互补充和促进的运行机制，综合运用教育、法律、行政、舆论等手段，更有效地引导人们的思想，规范人们的行为”②。这是改革开放以来，在党的重要文件中，第一次将“不讲信用欺诈欺骗”与“社会公害”联系在一起，并把公民道德建设融于科学有效的社会管理之中。

2002 年，党的十六大报告明确指出，“依法治国与以德治国相辅相成”，要“切实加强思想道德建设”，要“建立与社会主义市场经济相适应、与社会主义法律规范相协调、与中华民族传统美德相承接的社会主义思想道德体系”。③ 此后，学界以及社会各界对于道德领域的诚信、信用等一系列问题的关注不断升温。检阅中国知网，在 2002 年以后，有关“诚信”的研究文章大幅增加，2002 年是诚信研究趋热的一个重要节点。2001 年，有关“诚信”的研究文章 366 篇，2002 年同类文章激增至 2868 篇，2004 年同类文章增长到 3943 篇，此后相关研究文章的年均数量都是在 4000 篇以上。围绕“诚信”进行的讨论文章，从经济现象切入的最多。但对诚信问题的解读和分析并不限于经济学视域本身，对社会失信的探讨指向了法律、政府责任

① 《十五大以来重要文献选编》(下)，人民出版社 2003 年版，第 1980—1983 页。

② 《十五大以来重要文献选编》(下)，人民出版社 2003 年版，第 1980—1983 页。

③ 《十六大以来重要文献选编》(上)，中央文献出版社 2005 年版，第 30 页。

与管理,以及伦理与道德层面。[①]

2003 年 12 月 6 日,李长春在全国宣传思想工作会议上讲话指出,思想道德建设是精神文明建设的中心环节,“要认真贯彻公民道德建设实施纲要,以为人民服务为核心,以集体主义为原则,以诚实守信为重点,加强社会公德、职业道德和家庭美德建设”。大力加强全社会的道德建设,要“充分调动和发挥各方面参加道德建设的积极性和创造性,形成公民道德建设的合力”,要广泛开展“以讲文明树新风为主要内容,以创建文明城市、文明村镇、文明行业为主要载体的群众性精神文明创建活动”,逐步建立与社会主义市场经济相适应、与社会主义法律规范相协调、与中华民族传统美德相承接的社会主义思想道德体系。[②] 此后,中央就进一步加强和改进未成年人思想道德建设多次召开会议、下发文件。2004 年 2 月和 10 月,中共中央、国务院先后颁发《关于进一步加强和改进未成年人思想道德建设的若干意见》和《关于进一步加强和改进大学生思想政治教育的意见》。2004 年 5 月和 2005 年 1 月,全国加强和改进未成年人思想道德建设工作会议、全国加强和改进大学生思想政治教育工作会议先后在北京召开。胡锦涛在两次会议上分别发表重要讲话,深刻阐明了新形势下加强和改进未成年人思想道德建设以及大学生思想政治教育工作的重要性和紧迫性,明确提出了相应的指导思想、重要原则和主要任务。两个《意见》、两次会议、两篇重要讲话,表明中共中央和国务院对于新形势下未成年人思想道德建设和大学生思想政治教育的高度重视,有力地推动了未成年人思想道德建设和大学生思想政治教育工作的开展。

社会诚信体系的重建除了加强道德约束以外,更多地要依靠强化法治保障。这一任务早在党的十六大、中共十六届三中全会时就已经提出来了。诚信体系建设是重建社会信任的基础性工程,其中的关键在于政务诚信和司法公信建设。公开透明、让公权力在阳光下运行,是制约和防止公权力腐败、提升政务诚信的有效措施。

2007 年 10 月,党的十七大报告指出:要“以增强诚信意识为重点,加强社会公德、职业道德、家庭美德、个人品德建设”,要“切实把社会主义核心价值体系融入国民教育和精神文明建设全过程,转化为人民的自觉追求”。[③] 2011 年 7 月下发的《中共中央国务院关于加强和创新社会管理的

① 王处辉主编:《国学及其现代性》,知识产权出版社 2013 年,第 359 页。

② 《十六大以来重要文献选编》(上),中央文献出版社 2005 年版,第 539—540 页。

③ 《十七大以来重要文献选编》(上),中央文献出版社 2009 年版,第 26—27 页。

意见》将诚信建设作为社会管理的一项重要内容来强调，提出要建立健全社会诚信制度，制定社会信用管理法律法规，完善社会诚信行为规范。2011年，中共十七届六中全会提出，“要深入开展社会主义荣辱观宣传教育，弘扬中华传统美德，推进公民道德建设工程，加强社会公德、职业道德、家庭美德、个人品德教育”，并且要求“把诚信建设摆在突出位置，大力推进政务诚信、商务诚信、社会诚信和司法公信建设，抓紧建立健全覆盖全社会的征信系统”①。之后召开的国务院常务会议部署制定社会信用体系建设规划。

2002年以来，进一步加强和完善思想道德建设，加强社会主义精神文明建设，加强社会主义核心价值体系建设，增强社会诚信。十年来，以沈浩、杨善洲、王瑛等为代表的好干部，以“当代雷锋”郭明义为代表的普通共产党人，以“最美妈妈”“最美护士”等为代表的平民英雄，成千上万，层出不穷。这是时代精神的深刻体现，是中国品格的有力表达。②

① 《十七大以来重要文献选编》(下)，中央文献出版社2013年版，第566页。

② 《奋进十年 中国品格——十六大以来中国改革发展历程述评之六》，《人民日报》2012年7月25日。

第六章

新型发展：全面推进社会治理现代化（2012—2018）

选择什么样的道路，关乎国家前途、民族命运、人民幸福。在中国这样一个经济文化十分落后的国家探索民族复兴道路，是极为艰巨的任务。九十多年来，历经千辛万苦，付出各种代价，取得革命建设改革的伟大胜利，从根本上改变了中国人民和中华民族的前途命运。因此，实现中华民族伟大复兴，实现国家富强、民族振兴、人民幸福的中国梦，必须坚定不移走中国特色社会主义道路。

2012 年，党的十八大报告将社会管理和民生并列为社会建设的重要内容，并且在社会管理体制中增加了“法治保障”这一新内容，对社会管理的措施提出了新要求，体现了社会管理与依法治国的结合，实现了从社会管理格局向社会管理体制的转变。2013 年，中共十八届三中全会将推进国家治理体系和治理能力现代化作为全面深化改革的总目标之一，第一次提出“社会治理”概念，并在全会通过的《中共中央关于全面深化改革若干重大问题的决定》中专列一章全面部署创新社会治理体制。在全面深化改革的实践探索中，不断健全和完善符合中国国情、充满生机活力的社会治理体制机制，不断推进社会治理体系和治理能力的现代化。

第一节　社会治理理论的新发展

2012 年 11 月，党的十八大报告将社会管理和民生并列为社会建设的重要内容，提出“在改善民生和创新管理中加强社会建设”；并在中共十六届四中全会提出社会管理格局是"党委领导、政府负责、社会协同、公众参与"的基础上，提出要加快形成"党委领导、政府负责、社会协同、公众参与、法治保障"的社会管理体制。报告中首次明确了"社会管理体制"这个概念，实现了从社会管理格局向社会管理体制的转变，体现了在健全社会管理体制上正在积极向前推进；在社会管理体制中增加了"法治保障"这一新内容，可见在社会管理这个问题上依法治国的决心，体现了社会管理与依法治国的结合，社会管理不仅是行政性的管理，而且将法治作为社会管理基础性的保障。

同时对加强社会管理的措施提出了新要求。首先，强调"社会管理法律、体制机制、能力、人才队伍和信息化建设"。其次，强调"改进政府提供公共服务方式"。最后，强调社会管理的重点工作在于"加强基层社会管理和服务体系建设，增强城乡社区服务功能，充分发挥群众参与社会管理的基础作用"。

党的十八大报告指出了中国特色社会主义社会管理体系的四个组成部分，分别是合作共治的社会管理体制、健全完备的基本公共服务体系、法制规范的现代社会组织体制、相互结合的社会管理机制。报告中的相关表述为："加强社会建设，必须加快推进社会体制改革。要围绕构建中国特色社会主义社会管理体系，加快形成党委领导、政府负责、社会协同、公众参与、法治保障的社会管理体制，加快形成政府主导、覆盖城乡、可持续的基本公共服务体系，加快形成政社分开、权责明确、依法自治的现代社会组织体制，加快形成源头治理、动态管理、应急处置相结合的社会管理机制。"①

2013 年 11 月，中共十八届三中全会召开，会议通过《中共中央关于全面深化改革若干重大问题的决定》(以下简称《决定》)，明确全面深化改革的总目标是完善和发展中国特色社会主义制度，推进国家治理体系和治理能力现代化。《决定》专列一章部署创新社会治理体制，创新社会治理"必须着眼于维护最广大人民根本利益，最大限度地增加和谐因素，增强社会发展活力，提高社会治理水平，全面推进平安中国建设，维护国家安全，确保人民安居乐业、社会安定有序"，从改进社会治理方式、激发社会组织活力、创新有效预防和化解社会矛盾体制和健全公共安全体系等方面对如何创新社会治理体制进行了阐述。深化社会体制改革，推进社会领域制度创新，推进基本公共服务均等化，加快形成科学有效的社会治理体制。中共

① 《十八大以来重要文献选编》(上)，中央文献出版社 2014 年版，第 27 页。

十八届三中全会对创新社会治理体制进行了部署，提出要改革社会治理方式，要求坚持系统治理、依法治理、综合治理和源头治理。① 社会治理理论是在总结我国长期以来形成的治国理政经验基础上，顺应国际治理潮流，在吸收学术界研究成果基础上，与时俱进提出的新概念、新理论，是社会管理理论的新发展、新成果，是社会管理的升级版。传统社会管理更多地侧重单一主体的政府管理、自上而下的政府管控，而社会治理更加强调多元参与、共同治理，更加强调民主协调、依法管理，更加强调以人为本、维护权利，是共治与自治的结合、法治与德治的并用。中共十八届三中全会提出，社会治理要“发挥政府主导作用”，这是一个重要的新思想。把“政府负责”改为“政府主导”，不仅表述更加准确，也意味着社会管理的职能主要由政府承担。2011 年，中央确立了以各级政法委牵头的社会管理领导体制，把原来的中央社会治安综合治理委员会更名为中央社会管理综合治理委员会，绝大多数地方政法委也仿效中央的机构设置，调整成立社会管理综合治理委员会。几年来，各级政法系统在加强和创新社会管理中进行了积极探索，为维护社会稳定、促进社会和谐发挥了重要作用。但是，以政法委为主导的社会管理领导体制，在实际运行中存在诸多困难和问题，一是其统筹协调能力较弱，二是工作方法偏重管控。“政府主导”意味着社会管理中政府的职能定位更加清晰、作用更加突出，也意味着党委和政府对社会进行管理的体制将会进行适当改革和完善。在社会治理中，发挥政府主导作用，并不是包揽社会治理的所有事务，而是鼓励和支持社会各方面参与，实现政府治理和社会自我调节、居民自治的良性互动。② 这是中国共产党成立以来在党的正式文件中第一次提出“社会治理”概念，第一次在中央文件中独立成篇，“社会治理”成为国家治理体系和治理能力现代化的重要内容，在理论上丰富了社会治理的现代化内涵，也赋予了中国特色社会治理理论时代意蕴。

2014 年 3 月，十二届全国人大二次会议的政府工作报告对“推进社会治理创新”做了具体部署，要求“注重运用法治方式，实行多元主体共同治理”③。中共十八届四中全会把“推进法治社会建设”作为全面依法治国的重要内容，第一次明确提出“提高社会治理法治化水平”的概念，在依法治国的基本方略下，把社会治理纳入法治化轨道，努力实现社会治理体系和

① 《十八大以来重要文献选编》(上)，中央文献出版社 2014 年版，第 539—540 页。

② 龚维斌主编：《中国社会体制改革报告(2014)》，社会科学文献出版社 2014 年版，第 2 页。

③ 《十八大以来重要文献选编》(上)，中央文献出版社 2014 年版，第 850 页。

运行机制的法治化、制度化。

2017 年,党的十九大报告指出,社会主要矛盾已经由“人民日益增长的物质文化需要同落后的社会生产之间的矛盾”转化为“人民日益增长的美好生活需要和不平衡不充分的发展之间的矛盾”。报告还指出,人民群众对美好生活的需要日益广泛,不仅对物质文化生活提出了更高要求,而且在民主、法治、公平、正义、安全、环境等方面的要求日益增长。为了有效回应这些新需要,解决社会的新矛盾,党的十九大报告在加强和创新社会治理领域,提出要打造共建共治共享的社会治理格局,并且提出了社会治理的制度建设、提高四化水平和加强四个体系建设。同时,在实现社会主义现代化强国的目标中,提出到 2035 年“基本形成现代社会治理格局”的目标。

第二节　推进社会治理现代化的重大进展

2012 年以来,随着全面深化改革的推进,中国的社会体制改革进入新阶段,社会治理体系和治理能力现代化建设取得了显著进展,政府社会管理和公共服务职能得到加强,就业、教育、医疗卫生和社会保障等民生事业得到进一步发展,公共安全体系和应急管理建设不断加强,基层社区服务管理有序推进。

一、社会体制改革:多元主体,依法治理

党的十八大报告要求“加快形成党委领导、政府负责、社会协同、公众参与、法治保障的社会管理体制”,将“社会管理格局”更加准确地表述为“社会管理体制”,突出了社会治理的多元主体和依法进行社会管理的理念,主要体现在改革基层社区服务管理、社会组织管理体制及事业单位改革方面。2014 年 3 月,十二届全国人大二次会议政府工作报告要求“注重运用法治方式,实行多元主体共同治理”①,规定了社会体制改革的方向:多元主体,依法治理。

(一) 基层社区服务管理

2013 年 5 月 2 日,民政部印发《村民委员会选举规程》,对村民选举委员会的产生、提名确定候选人、投票选举、村民委员会成员的罢免和补选等

① 《十八大以来重要文献选编》(上),中央文献出版社 2014 年版,第 850 页。

内容做出详细规定。

2014 年 7 月,国务院印发《关于同意建立全国社区建设部际联席会议制度的批复》,建立由民政部牵头,中央组织部、中央综治办等 13 个部门和单位组成全国社区建设部际联席会议制度,同商社区建设事宜,标志着我国社区建设进入顶层设计、整体布局和部门联动的新阶段。有关推进城乡社区治理现代化、城乡社区民主协商、农村社区建设等主题的制度规范性文件,都已基本完成前期调研,进入制度设计与文本起草、部门间协调等相关工作环节。2014 年,全国 31 个省、自治区、直辖市陆续开展新一轮村(居)委会换届选举。民政部专门印发《村民委员会选举规程》等文件,加强对城乡村(居)委会选举的指导和监督,继续推动全国和谐社区建设示范及指导工作,推进社区治理创新,增强社区自治和服务功能。党对社区治理的领导进一步强化规范,全国不少地方建立健全了党员领导干部联系社区制度、到社区挂职任职制度、承诺践诺制度。2014 年 1 月,中央一号文件《关于全面深化农村改革加快推进农业现代化的若干意见》,从加强农村基层党的建设、健全基层民主制度和创新基层管理服务等方面专门对乡村治理进行了安排。以社区党组织为核心、社区自治组织为主导、社区居民为主体、社区组织和驻区单位共同参与的社区治理体制正在逐步建立和完善。社区减负增效取得一定进展,社区自治和服务功能有所加强。民政部将推进社区减负增效工作纳入巩固和扩大教育实践活动成果长效机制、落实中央八项规定具体举措。福建、浙江、内蒙古、重庆等地出台有关社区减负增效的文件,从省级层面进行统一部署。以社区信息化建设为着力点,切实改善社区服务质量。2014 年 10 月,《社区公共服务综合信息平台基本规范》发布,民政部等有关部门开展社区服务信息惠民计划试点工作,指导各地加快推进社区公共服务综合信息平台和智慧社区建设。安徽、山东、广西等在省区层面出台社区公共服务综合信息平台文件,全国社区公共服务综合信息平台覆盖率达 10%。①

(二) 改革社会组织管理体制

2012 年 11 月,党的十八大报告从三个方面对社会组织做了更深刻、具体的阐述,一是完善基层民主制度方面,发挥基层各类组织的协同作用,实现政府管理和基层民主有机结合;二是社会建设方面,提出“要围绕构建中

① 龚维斌主编:《中国社会体制改革报告(2015)》,社会科学文献出版社 2015 年版,第 5—6 页。

国特色社会主义社会管理体系”，实行“四个加快”，明确指出“加快形成政社分开、权责明确、依法自治的现代社会组织体制”，将建设“现代社会组织体制”作为社会建设和社会体制改革的一个重要组成部分，第一次在党代会报告中对社会组织的发展方向予以规划和阐述；三是党建方面，提出要落实党建工作责任制，加大非公有制经济组织、社会组织党建工作力度。①党的十八大报告进一步明确社会组织发展方向，对于确保我国社会组织建设和发展的正确方向，引导社会组织健康有序发展，在创新社会服务管理中发挥更加积极的作用具有重要意义。

2013 年 3 月 14 日，十二届全国人大一次会议通过《国务院机构改革和职能转变方案》，要求改革社会组织管理制度，加快形成现代社会组织体制。一是逐步推进行业协会商会与行政机关脱钩，引入竞争机制，探索一业多会，以改变行业协会商会行政化倾向，增强其自主性和活力。二是重点培育、优先发展行业协会商会类、科技类、公益慈善类、城乡社区服务类社会组织。成立这些社会组织，直接向民政部门依法申请登记，不再需要业务主管单位审查同意。民政部门要依法加强登记审查和监督管理，切实履行责任。三是坚持一手抓积极引导发展、一手抓严格依法管理，建立健全统一登记、各司其职、协调配合、分级负责、依法监管的社会组织管理体制，健全管理制度，推动社会组织完善内部治理结构。②

2013 年 11 月，中共十八届三中全会提出激发社会组织活力，进一步提出要鼓励和支持社会组织参与社会治理，提出一系列改革举措，反映出党和政府高度重视社会组织在国家治理中的作用。在经济建设方面，要注重发挥行业协会商会在建立开放型市场体系中的作用，发挥社会组织在社会主义新农村建设中的积极作用。在民主政治建设方面，强调人民主体地位，要求拓宽包括社会组织在内的协商民主渠道。在社会建设方面，要求“完善慈善捐助减免税制度，支持慈善事业发挥扶贫济困积极作用”，“支持和发展志愿服务组织”，支持社会组织在教育评估和社会力量办学办医等方面发挥积极作用。在文化建设方面，强调提高文化开放水平，通过培育发展文化非营利组织，发挥其在中外文化交流中的作用。在社会治理方面，正确处理政府和社会关系，加快实施政社分开，推进社会组织明确权责、依法自治、发挥作用。适合由社会组织提供的公共服务和解决的事项，

① 《中国共产党第十八次全国代表大会文件汇编》，人民出版社 2012 年版，第 25、35、49 页。

② 《十八大以来重要文献选编》(上)，中央文献出版社 2014 年版，第 230—231 页。

交由社会组织承担。支持和发展志愿服务组织。限期实现行业协会商会与行政机关真正脱钩。在党的建设方面,“要坚持党的群众路线,建立社会参与机制”,“完善并严格执行领导干部亲属担任社会组织职务”等相关制度规定。[①]

中共十八届四中全会通过的《中共中央关于全面推进依法治国若干重大问题的决定》,首次明确提出“加强社会组织立法,规范和引导各类社会组织健康发展”[②],积极发挥社会组织在立法协商、普法和守法、推进法治建设方面的作用。

2012 年以来,我国出台了一系列规定,规范社会组织发展,加速政社分开,为社会组织参与公共服务、社会管理明确了基本方向,同时也提供了重要保障,有效地促进了社会组织的健康发展。

一是法制改革,依法监管,进一步规范社会组织发展。2014 年,国家陆续出台《中共中央组织部关于规范退(离)休领导干部在社会团体兼职问题的通知》(6 月)、《关于推进行业协会商会诚信自律建设工作的意见》(10 月)、《关于促进助残社会组织发展的指导意见》(11 月)、《关于加强社会团体分支(代表)机构财务管理的通知》(12 月)、《关于促进慈善事业健康发展的指导意见》(12 月)等一系列文件,用于规范社会组织,保障社会组织健康有序发展。第十一届全国人民代表大会常务委员会第二十八次会议通过的《中华人民共和国民事诉讼法》修订案首次明确将社会组织作为公益诉讼主体之一,为更好地发挥社会组织在公益事业中的积极作用提供了法律保障。为规范境外非政府组织在中国境内的活动,2014 年 12 月 22 日,国务院提请全国人大常委会审议《境外非政府组织管理法(草案)》。该草案规定了境外非政府组织在中国境内设立代表机构和开展一次性临时活动的申请登记许可程序,也明确了违反本法规定行为的相应法律责任。

二是改革登记管理制度,降低登记门槛,简化登记程序。2012 年,根据“十二五”规划纲要,民政部启动了全国性社会组织直接登记工作。2013 年中共十八届二中全会与十二届全国人大一次会议审议通过的《国务院机构改革和职能转变方案》明确把城乡社区服务类、社会组织等四大类社会组织列为重点培育、优先发展的行业,它们可直接向民政部门依法申请登记,不再需要业务主管单位审查同意。在此背景下,很多省市纷纷出台相应的

① 《中共中央关于全面深化改革若干重大问题的决定》,人民出版社 2013 年版。

② 《中国共产党第十八届中央委员会第四次全体会议文件汇编》,人民出版社 2014 年版,第 33 页。

法规条例或管理办法，进一步贯彻落实中共中央和国务院这一指示精神。

三是社会组织与行政机关脱钩。2012年9月23日，国务院发布《关于第六批取消和调整行政审批项目的决定》。该决定指出，凡公民、法人或者其他组织能够自主决定，市场竞争机制能够有效调节，行业组织或者中介机构能够自律管理的事项，政府都要退出。2014年6月，中组部发布《关于规范退（离）休领导干部在社会团体兼职问题的通知》，清理、规范党政领导干部在行业协会担任领导职务的现状。为加快转变政府职能，实现行业协会商会与行政机关脱钩，促进行业协会商会规范发展，2015年7月，中共中央办公厅、国务院办公厅印发《行业协会商会与行政机关脱钩总体方案》，脱钩的主体是各级行政机关与其主办、主管、联系、挂靠的行业协会商会，其他依照和参照公务员法管理的单位与其主办、主管、联系、挂靠的行业协会商会，参照本方案执行。

四是加大财税支持，进一步引导社会组织发挥作用。2012年，中央财政安排2亿元专项资金，用于支持社会组织参与社会服务。这是中央政府首次建立公共财政资助机制，加强对社会组织的培育和扶持。同时，一些部门和地方政府也建立了专项资金用于支持社会组织发展。2012年2月14日，民政部颁布《关于印发〈2013年中央财政支持社会组织参与社会服务项目实施方案〉的通知》，2013年中央财政支持社会组织参与社会服务的项目预算总资金为2亿元左右，持续的资金投入将进一步促进社会组织自身能力提升，在经济社会中发挥更大的积极作用。

（三）事业单位改革新进展

随着我国社会体制改革步入加速期，事业单位改革问题日益凸显并变得更加迫切。2011年，中共中央、国务院发布《关于分类推进事业单位改革的指导意见》，随后又陆续出台十个配套文件。事业单位分类改革的总目标是，到2020年，建立起功能明确、治理完善、运行高效、监管有力的管理体制和运行机制，形成中国特色公益服务体系。中共十八届三中全会提出，加快事业单位分类改革。一是加大政府购买公共服务力度，推动公办事业单位与主管部门理顺关系和去行政化；二是建立事业单位法人治理结构，推进有条件的事业单位转为企业或社会组织；三是建立各类事业单位统一登记管理制度。①

根据中央编办《关于开展事业单位清理规范工作的通知》，针对现有事

① 《十八大以来重要文献选编》(上)，中央文献出版社2014年版，第521页。

业单位进行清理整顿，截至2012年底，中央编办正式宣布，我国事业单位清理规范工作已经在全国范围内基本完成。[①] 2014年4月，我国首部系统规范事业单位人事管理的行政法规《事业单位人事管理条例》（以下简称《条例》）由国务院公布，自2014年7月1日起施行。《条例》确立了事业单位人事管理的基本制度。《条例》的颁布和实施，对于建立权责清晰、分类科学、机制灵活、监管有力、符合事业单位特点和人才成长规律的人事管理制度，建设高素质的事业单位工作人员队伍，促进公共服务发展，具有十分重要的意义。与此同时，事业单位收入分配、社会保险等也进行了配套改革。2015年1月15日，国务院召开全国机关事业单位养老保险制度改革工作电视电话会议，改革的基本思路是"一个统一、五个同步"，即机关事业单位与企业等城镇从业人员统一实行社会统筹与个人账户相结合的基本养老保险制度；机关与事业单位同步改革，职业年金与基本养老保险制度同步建立，养老保险制度改革与完善工资制度同步推进，待遇调整机制与计发办法同步改革，改革在全国范围内同步实施。改革的方法是实行"老人老办法、新人新制度、中人逐步过渡"。对改革前已退休的"老人"，保持现有待遇并参加今后的待遇调整；对改革后参加工作的"新人"，通过建立新机制，实现待遇的合理衔接；对改革前参加工作、改革后退休的"中人"，通过将改革前的工作年限"视同缴费年限"和实行过渡性措施，保持待遇水平不降低。[②] 同月，国务院发布《关于机关事业单位工作人员养老保险制度改革的决定》，长期实行的"养老金双轨制"开始进入并轨，将建立与企业相同的基本养老保险制度。

二、加快公共服务和民生事业发展，推进城乡一体化协调发展

（一）政府购买服务

2013年，政府购买服务成为社会热门话题，"顶层设计"更是紧锣密鼓地进行。3月，《国务院机构改革和职能转变方案》在第十二届全国人民代表大会第一次会议上获批通过，提出了"加大政府购买服务力度"，确定了政府购买服务政策的出台时间表；5月，国务院常务会议要求加快出台政府向社会组织购买服务的指导意见；7月，李克强总理主持召开国务院常务会

---

① 龚维斌主编：《中国社会体制改革报告（2015）》，社会科学文献出版社2015年版，第224页。

② 《马凯在全国电视电话会议上强调推进机关事业单位养老保险制度改革》，《人民日报》2015年1月16日第2版。

议，研究推进政府向社会力量购买服务，要求各地制定政府购买服务指导性目录；9 月 26 日，国务院办公厅发布《关于政府向社会力量购买服务的指导意见》，明确要求在公共服务领域更多地利用社会力量，加大政府购买服务力度，规范运作程序，明确制度保障，提出到 2020 年建立起比较完善的政府向社会力量购买服务体系；11 月，《中共中央关于全面深化改革若干重大问题的决定》在中共十八届三中全会上获准通过，进一步明确推广政府购买服务和加大购买力度的要求；12 月，财政部发布《关于做好政府购买服务工作有关问题的通知》，要求各地积极有序推进政府购买服务工作，各地各级政府配合通知要求，相继出台政府购买服务相关规范性文件。至此，政府向社会力量购买服务的框架性“顶层设计”初步完成。政府向社会力量购买服务将成为新一届政府的工作重点之一，一个向社会力量购买服务的“热潮”正在各地掀起。

2014 年 10 月，财政部、民政部发布《关于支持和规范社会组织承接政府购买服务的通知》，提出建立健全社会组织承接政府购买服务信用记录管理机制。2014 年 12 月，财政部、民政部和国家工商总局印发《政府购买服务管理办法（暂行）》，支持和规范社会组织更好地承接政府购买服务，自 2015 年 1 月 1 日起施行。截至 2014 年 12 月底，30 个省、自治区、直辖市出台政府购买服务的指导意见、实施意见或暂行办法。北上广等 10 余省市 2014 年购买服务资金规模超过 4 亿元。中央财政连续三年向社会组织购买服务，向社会组织等社会力量购买服务成为诸多公共服务的主要供给方式。

2015 年 1 月，中共中央办公厅、国务院办公厅印发《关于加快构建现代公共文化服务体系的意见》，对加快构建现代公共文化服务体系，推进基本公共文化服务标准化均等化，保障人民群众基本文化权益做了全面部署，坚持政府主导、社会参与、共建共享、改革创新的原则，到 2020 年，基本建成覆盖城乡、便捷高效、保基本、促公平的现代公共文化服务体系。与意见一同印发的《国家基本公共文化服务指导标准（2015—2020 年）》，对各级政府应向人民群众提供的基本公共文化服务项目和硬件设施条件、人员配备等做出了明确规定。在该标准的基础上，各地将从实际出发，制定适合本地区的实施标准，并落实保障资金。有关部门将加大监督检查力度，对意见和标准的落实情况进行督查。①

(二)民生事业的发展

2012年以来,面对世界经济复苏艰难、国内经济下行压力持续加大、多重困难和挑战相互交织的局面,我国全面深化改革,从容应对挑战,全面建成小康社会又迈出坚实步伐,民生事业取得重大成就。三年来,经济社会发展总体平稳,稳中有进,经济运行处于合理区间。2013年,国内生产总值达到56.9万亿元,比上年增长7.7%;2014年,国内生产总值达到63.6万亿元,比上年增长7.4%。

就业稳,价格稳,稳中有进,人民生活有新的改善。2013年,居民收入和经济效益持续提高,城镇新增就业1310万人,居民消费价格涨幅控制在2.6%;城镇居民人均可支配收入实际增长7%,农村居民人均纯收入实际增长9.3%,农村贫困人口减少1650万人,城乡居民收入差距继续缩小。2014年,城镇新增就业1322万人,居民消费价格上涨2%;人民生活有新的改善,全国居民人均可支配收入实际增长8%,快于经济增长;农村居民人均可支配收入实际增长9.2%,快于城镇居民收入增长;农村贫困人口减少1232万人;6600多万农村人口饮水安全问题得到解决;出境旅游人数超过1亿人次。②

三年来,社会事业蓬勃发展。教育、科技、文化、卫生等领域取得新进步。2015年国务院政府工作报告在回顾2014年工作中指出,“织密织牢民生保障网,增进人民福祉”,2014年持续增加民生投入,保基本、兜底线、建机制。尽管财政收入增速放缓、支出压力加大,但财政支出用于民生的比例达到70%以上。

就业和社会保障方面:完善就业促进政策,推出创业引领计划,高校毕业生就业稳中有升;统一城乡居民基本养老保险制度,企业退休人员基本养老金水平提高10%;新开工保障性安居工程740万套,基本建成511万套。全面建立临时救助制度,城乡低保标准分别提高9.97%和14.1%。

教育公平方面:加强贫困地区义务教育薄弱学校建设,提高家庭经济困难学生资助水平;实行义务教育免试就近入学政策,28个省(区、市)实现了农民工随迁子女在流入地参加高考;全国财政性教育经费支出占国内生

---

① 张贺:《中办国办印发〈意见〉促进城乡公共文化服务均等化》,《人民日报》2015年1月15日第2版。

② 参见《2014年国务院政府工作报告》《2015年国务院政府工作报告》。

产总值比例超过4%。

医药卫生方面：城乡居民大病保险试点扩大到所有省(区、市)，疾病应急救助制度基本建立，全民医保覆盖面超过95%；基层医疗卫生机构综合改革深化，县乡村服务网络逐步完善；公立医院改革试点县市达到1300多个。

文化事业方面：推动重大文化惠民项目建设，广播电视"村村通"工程向"户户通"升级。

（三）推进城乡一体化协调发展

2013年初，国务院批转发展改革委、财政部、人力资源社会保障部制定的《关于深化收入分配制度改革的若干意见》(以下简称《意见》)。《意见》提出：坚持以经济建设为中心，在发展中调整收入分配结构，着力创造公开公平公正的体制环境；加快健全以税收、社会保障、转移支付为主要手段的再分配调节机制，以增加城乡居民收入、缩小收入分配差距、规范收入分配秩序为重点，努力实现居民收入增长和经济发展同步，劳动报酬增长和劳动生产率提高同步，逐步形成合理有序的收入分配格局。

2013年11月，为了促进城镇化健康发展，中央召开了城镇化工作会议，提出走新型城镇化道路，对城镇布局、城镇管理、进城农民市民化等问题做了部署。与推进新型城镇化进程相适应，中央提出坚持统筹规划、因地制宜、分类指导，促进有能力在城镇稳定就业和生活的常住人口有序实现市民化。中共十八届三中全会再次提出"改革收入分配制度，促进共同富裕"，"形成合理有序的收入分配格局"。2013年，城乡居民收入差距继续缩小，城镇居民人均可支配收入与农民人均纯收入之比为3.03∶1，基尼系数相应有所下降。2014年2月，国务院先后印发了《关于建立统一的城乡居民基本养老保险制度的意见》和《社会救助暂行办法》，这两个政策性文件体现了保基本、兜底线、惠民生、促公平原则，对城乡困难群众和弱势群体的基本权益保障有重要意义。

公安部门指导、推进各地加快改革户籍制度，全面放开建制镇和小城市落户条件，有序放开中等城市落户限制，合理确定大城市落户条件，严格控制特大城市人口规模。创新人口管理，抓紧建立和完善三项制度：一是建立城乡统一的户口登记制度，取消城乡居民的身份差别，为消除城镇壁垒、推进城乡发展一体化创造有利条件；二是建立实施居住证制度，建立健全与居住限制等条件相挂钩的基本公共服务提供机制，建立完善与居住年限等条件相挂钩的积分落户制度，解决暂不具备落户条件或者不愿落户城镇的流动人口当前面临的就业、教育、医疗等方面的突出问题,为公平有序落户城镇提供阶梯式政策通道;三是健全实际居住人口登记制度,建立和完善覆盖全国人口的国家人口基础信息库,为跨地区人口流动服务和管理提供支撑。①

三、公共安全和应急管理建设

三年来,我国妥善应对自然灾害和突发事件,建立健全公共安全工作机制,加强食品药品监管,加强应急管理建设,打击网络谣言,强化源头防范,保障人民生命安全,维护良好的社会秩序。

根据党的十八大改革完善食品药品监管体制的决策部署,国务院组建国家食品药品监督管理总局,对食品药品实行集中统一监管。2013 年 5 月底,国家食品药品监督管理总局机构组建、职能整合、人员划转、内设机构全部到位,积极推进地方机构改革。同时,配合开展《食品安全法》修订工作,完成《医疗器械监督管理条例》修订,启动《药品管理法》和《化妆品卫生监督条例》修订起草工作。国家食品药品监督管理总局开展了重点领域突出问题专项整治行动,集中整治肉类产品掺假售假违法违规行为、保健食品打“四非”专项行动、药品“两打两建”专项行动。加强药品、医疗器械等注册审批、检查认证、检验检测、稽查办案工作。2013 年全年,食品药品系统共立案查处各类食品药品违法违规案件近 30 万起,移送司法机关 3390 件,捣毁制假窝点 2986 个。② 2014 年着力治理餐桌污染,食品药品安全形势总体稳定。

2013 年 8 月 19—20 日,中央召开全国宣传思想工作会议,强调意识形态工作是党的一项极端重要的工作,对新时期宣传思想工作需要的指导思想、基本遵循和重点任务进行部署。公安部部署全国公安机关开展专项行动,集中打击网络有组织制谣传谣等违法犯罪行为,将网络言论自由纳入法治轨道。2013 年 8 月 20 日,北京警方打掉一家网络推手公司——北京尔玛互动营销策划有限公司。随后,公安机关又因网络造谣传谣抓捕周禄宝、傅学胜等网络名人。2013 年 9 月 4 日,国家互联网信息办公室召开“打击网络谣言网民座谈会”,就网络言论责任进行讨论。2013 年 9 月 9 日,最高人民法院、最高人民检察院出台《关于办理利用信息网络实施诽谤等刑

① 《2015 年国务院政府工作报告》,《人民日报》2015 年 3 月 13 日。

② 龚维斌主编:《中国社会体制改革报告(2014)》,社会科学文献出版社 2014 年版,第 5 页。

事案件适用法律若干问题的解释》，利用网络诽谤他人，同一诽谤信息实际被点击、浏览次数达到5000次以上，或被转发次数达到500次以上的，可构成诽谤罪。由此拉开了打击网络谣言、规范网络秩序的行动，通过建立健全法律，实现网络治理法治化，促进网络社会健康运转。

应急管理工作取得重要进展，形成了统一领导、综合协调、分类管理、分级负责、属地管理为主的应急管理体制，应急管理机制逐步完善，健全完善了应急处置机制，应急预案体系建设得到加强。截至2012年底，有24个省(区、市)成立了应急委，其余7个省(区)明确了应急管理领导机构。2014年，云南鲁甸、景谷等地发生较强地震，及时高效展开抗震救灾，灾后恢复重建工作顺利推进。积极援非抗击埃博拉疫情，有效防控疫情输入。加强安全生产工作，事故总量、重特大事故、重点行业事故持续下降。

四、改革信访制度，维护群众权益

作为密切联系群众的重要渠道和构建和谐社会的基础性工作，信访治理是社会治理的重要组成部分，信访治理改革已被纳入全面深化改革的总目标，是创新社会治理体制的重要内容。中共十八届三中全会明确提出，要“改革信访工作制度，实行网上受理信访制度，健全及时就地解决群众合理诉求机制。把涉法涉诉信访纳入法治轨道解决，建立涉法涉诉信访依法终结制度”①。这为深化信访治理改革指明了努力方向。

信访制度的改革和创新进一步推进，在涉法涉诉信访工作改革、探索网上信访、用群众工作统揽信访工作和改革信访情况通报制度等方面取得重要进展。

(一)涉法涉诉信访工作改革

2013年1月7日，全国政法工作会议召开，把涉法涉诉信访工作机制改革确定为政法系统的重点改革之一，明确了试点先行的工作思路。2013年12月开始，信访部门对涉法涉诉信访事项采取“不受理、不交办、不协调”，支持政法机关依法处理涉法涉诉信访问题。2014年3月，中共中央办公厅、国务院办公厅印发《关于依法处理涉法涉诉信访问题的意见》，全面阐述了建立涉法涉诉信访依法终结制度、依法处理涉法涉诉信访问题的主要内容、配套措施和具体工作要求。2014年9月，中央政法委制定下发《关于建立涉法涉诉信访事项导入法律程序工作机制的意见》《关于建立涉法

---

① 《中共中央关于全面深化改革若干重大问题的决定》，《人民日报》2013年11月16日。

涉诉信访执法错误纠正和瑕疵补正机制的指导意见》《关于健全涉法涉诉信访依法终结制度的实施意见》,旨在推动政法机关建立健全导入、纠错、退出机制,着力破解入口不顺、程序空转、出口不畅等难题,推动涉法涉诉信访改革深入开展。

(二)用群众工作统揽信访工作

信访工作作为党的群众工作的重要组成部分,用群众工作统揽信访工作,来自多年信访工作的实践,是对党的群众工作、信访工作理论的丰富和发展。2005 年,河南省义马市成立群众工作部,探索用群众工作统揽信访工作、促进社会和谐稳定。2011 年,海南省成立全国第一个省级群众工作部——中共海南省委群众工作部,将群众工作统揽信访工作提高到省级层面。2012 年 7 月,全国已有 29 个省(区、市)的 180 多个市(地、州),1300 多个县(市、区)开展了试点工作。[①] "群众工作部"的设立,实际上是把信访工作与党的群众工作、政府的社会管理工作有机地融为一体,对现有信访组织及其功能进行了整合,增强信访机构的职能,提高其协调解决信访问题的能力。[②] 2014 年 2 月,中共中央办公厅、国务院办公厅印发《关于创新群众工作方法解决信访突出问题的意见》,对新形势下创新群众工作方法、提高解决信访突出问题能力做了全面部署。

(三)探索网上信访,畅通信访渠道

建立以互联网为依托的全国网上信访受理平台,引导群众多上网、少走访,逐步把网上信访作为解决信访问题的主渠道。2013 年 7 月 1 日,国家投诉受理中心成立并开展"网上信访",建立"网下办理,网上流转"的群众信访事项办理程序。随着全国信访信息系统不断完善,各省、区、市和 46 个中央部门与全国信访数据中心实现互联互通,网上信访逐步成为群众信访的重要渠道。网上信访大大提高了办理速度和效率。大部分地方可以做到 2 个工作日信访部门完成接收和办理工作,5 个工作日投诉的信访事项可以转到相关责任单位。2013 年 11 月 1 日,国家信访局启动群众满意度评价试点工作,把办理工作置于群众的监督之下。

(四)改革信访情况通报制度,引导依法逐级走访

从 2013 年 2 月开始,实行"点对点、一对一"地对有关地方通报进京非

① 《第六次全国信访工作会议以来信访工作成就综述》,《人民日报》2012 年 7 月 13 日。

② 《重唱"群众"这首歌 多个地方党委成立群众工作部》,《南方周末》2011 年 7 月 7 日。

正常上访的情况和问题，改变过去“大排名、大通报”的做法，增强了工作的针对性和指导性，也减轻了地方和基层干部的压力。2014 年 4 月，国家信访局发布《关于进一步规范信访事项受理办理程序引导来访人依法逐级走访的办法》。不受理越级上访，实行逐级上访，引导网上信访，能够大大降低信访成本，有利于提高信访工作效率，构建规范、有序的信访秩序，解决基层信访不断向中央集中等突出问题，从制度上明确各级党政机关信访责任，进一步落实逐级解决信访事项机制。

2014 年新年伊始，习近平总书记在中央政法工作会议上讲话明确提出，维稳的实质是维权，要求完善对维护群众切身利益具有重大作用的制度，强化法律在化解矛盾中的权威地位；要求把维护群众合法权益放在首位，推动解决保障和改善民生的突出问题，筑牢社会和谐稳定的民心基础。妥善应对自然灾害和突发事件，有序化解社会矛盾，建立健全机制，强化源头防范，保障人民生命安全，维护良好的社会秩序。

第三节　社会治理改革面临的诸多挑战

经过 30 多年的持续高速发展，经济社会发展进入一个新阶段，突出特征就是经济持续快速发展，政治保持总体稳定，社会大局稳定，社会发展总体良好。社会治理体制创新也取得了明显进展：社会治理主体的职能不断明确，社会治理的运行逐渐顺畅，相关法律法规日趋完善，财政投入持续增加，人才队伍建设大大加强。我国作为一个拥有 13 亿多人口的发展中大国，面对人类历史上规模空前的深刻变革和快速发展，能够保持社会和谐稳定，充分证明我国社会治理与我国国情和社会主义制度基本上是相适应的。

同时，也要看到经济社会发展面临的艰巨任务，受到诸多因素的影响，其中一个重要原因就是，现有的社会治理体制在一些方面不能完全适应快速的工业化、城镇化、市场化和国际化进程。2011 年春，中央举办省部级领导干部关于社会管理及其创新的专题研讨班，胡锦涛在开班式上讲话指出：当前我国既处于发展的重要战略机遇期，又处于社会矛盾凸显期，社会管理领域存在的问题还不少。从总体上看，我国社会管理领域存在的问题，是我国经济社会发展水平和阶段性特征的集中反映。①

① 人民网，http://cpc.people.com.cn/GB/64093/64094/13958405.html.

当前，我国发展进入新阶段，改革进入攻坚期和深水区。进行社会治理的创新，与目前国家在各个方面所面临的问题与挑战是分不开的。一方面，改革开放以来，我国经济体制深刻变革，利益格局不断调整，思想观念日新月异，社会活力显著增强，社会结构的诸多变化，使得社会治理的外部环境发生了深刻变革，创新社会治理的迫切性和重要性日益突出。另一方面，既有的社会治理体制存在一些问题，在社会治理体制创新过程中，仍然面临许多制约性因素，还存在一些不符合社会治理现代化的情况，与社会的需求产生了一定差距，已经难以适应当下的发展要求。

一、创新社会治理的迫切性和重要性日益突出

2013 年 11 月，中共十八届三中全会通过《中共中央关于全面深化改革若干重大问题的决定》，明确创新社会治理的目的是“必须着眼于维护最广大人民根本利益，最大限度增加和谐因素，增强社会发展活力，提高社会治理水平，全面推进平安中国建设，维护国家安全，确保人民安居乐业、社会安定有序”①。在经济社会发生巨变的现实背景下，社会体制的改革和社会治理的创新已经成为一个难以绕开的重要改革领域，这不仅关系到民生改善、民主发展、公共安全，更影响着整个社会的长治久安。

(一) 社会经济重大变化的新挑战

经过 30 多年的持续高速发展，我国面临的国际形势已经发生了深刻变化，经济发展进入了新常态，法治中国建设亦拉开了全面推进的序幕，这些构成了当前社会治理的宏观背景。随着社会主义市场经济的深入发展，我国社会也发生了巨大变迁，规模之大、速度之快、涉及面之广、影响之深、势头之猛，在世界现代化历史上是罕见的。在新形势下，我国的社会治理体制在许多方面面临着一系列重大社会变化的挑战。

社会结构在深刻变化。随着经济体制的深刻变革，我国社会生活的组织方式也发生从“单位人”到“社会人”的变化，计划经济时期实行的以单位制、城市街居、农村社队相结合的基层社会管理模式逐步演化成更加开放和多元的新型社会关系体系，机关和企事业单位等承担的社会管理职能大部分已经剥离出去。整个社会结构也由原有的工人、农民、干部和知识分子的简单社会阶层结构，转化成由许多不同利益诉求群体组成的复杂多样的社会阶层结构。即便是同一社会阶层中，经济社会地位和利益诉求也有

① 《十八大以来重要文献选编》(上)，中央文献出版社 2014 年版，第 539 页。

了很大差异，如在工人队伍中，有垄断行业职工、外资企业职工、一般竞争业的城市工人，还有农民工，等等。如何在新形势下整合和协调好各阶层的利益，形成既充满竞争活力、又和谐相处的秩序，成为社会治理的重要任务。非公有制经济组织、社会组织快速发展，城乡流动人口大量增加，新的社会阶层不断出现，使得城乡结构、就业结构、人口结构、居住结构等都发生了重大变化。社会双重"二元结构"，再加上贫富差距扩大、地区发展不平衡等，共同形成阻隔基本公共服务均衡"流动"的最大藩篱，构成影响和制约我国和谐社会建设的严重障碍，成为引发社会矛盾、影响社会稳定、阻碍社会融合的重大消极因素。而老年型社会的到来与不断深化，呈现出来的是家庭规模小型化与少子高龄化现象，代际关系也不再像过去那样紧密，很多过去可以由家庭和代际帮助解决的问题，都逐步显现为社会问题。由这种变化而导致的各种社会问题层出不穷，单凭政府的力量来加以解决已经远远不够。

利益格局在深刻调整。30 多年的经济持续快速发展，我国从一个收入分配均等化程度很高的国家，转变成一个在国际比较中收入差距较大的国家。收入差距的扩大、分配不公以及与此相联系的腐败问题，成为导致干部、群众不满和引发很多社会问题的深层原因。地区之间、城乡之间的发展差距以及部分社会成员之间的收入分配差距依然较大，统筹各方利益难度增加；工业用地、城市用地需求激增，农村土地征收征用、城镇房屋拆迁等容易产生大量矛盾。如何调整收入分配结构、建立公平合理的收入分配秩序，成为维护社会和谐稳定需要解决的深层问题。面对多年形成的利益失衡格局，必须打破利益失衡与利益固化的藩篱，畅通不同社会阶层向上流动的通道，形成利益相对均衡的新常态，这必然触及一些人的既得利益，由此导致的社会问题可能会更加复杂，需要通过社会治理解决的问题也会更加复杂。

社会规范和价值观念变化带来了挑战。市场转型促进了经济的发展，显著地改善了民生，但也带来社会行为规范和价值观念的变化，人们思想活动的独立性、选择性、多变性、差异性越来越强，各种社会群体和公民个人越来越积极主动地表达利益诉求与维护自身权利，对个人利益的追求获得了正当性和合理性。但社会生活和生产行为的复杂性大大增加，部分社会成员思想道德失范，从泛滥猖獗的假冒伪劣商品，到文凭造假、学术造假、新闻造假、政绩造假等，社会失信，虚假横行，不仅会增加社会运作成本，而且会导致一系列严重社会问题。"信仰危机、信任危机、信心危机"在不同程度上存在,尤其是整个社会缺乏信任感,进而造成社会诚信和社会价值体系的危机,这是产生诸多社会问题的重要原因。市场经济条件下,人们的价值理念发生深刻变化,与这种变化相适应的社会道德和诚信体系建设却滞后于变化。另外,约束、监督追求个人利益的行为规范没有建立完善,适应这种复杂性的社会治理水平和监督监控技术没有得到符合要求的提高。不依法用权就会导致权力失范,不为民用权就会造成权力侵害权利。强摊、强派,强拆、强征等一幕幕权力“乱作为”闹剧,构成了“推动”社会问题的重要原因。同时,面对复杂局面、深层次问题,一些部门缩手缩脚、明哲保身,严重“不作为”。“乱作为”和“不作为”构成了权力失范这枚硬币的正反两面。

面对上述各方面的新问题,过去看似行之有效的治理理念、治理制度、治理手段都已经难以完全适应当前中国社会发展的需要,对社会的治理需要新思维、新方法。这些巨大变化对我国社会治理体制提出的挑战,迫切要求加强和创新社会治理,走出一条与社会主义民主政治和市场经济相适应的社会治理的新路子。

(二)社会治理面临的新情况新问题

在社会的大变动、大转型时期,当前我国社会治理面临的新情况、新问题,既有国际的、也有国内的。世界格局日益复杂,国际思潮相互激荡,意识形态渗透愈演愈烈;我国既处于发展的重要战略机遇期,又处于社会矛盾凸显期,改革进入攻坚阶段,触及深层次利益矛盾,社会各阶层的利益结构不断分化、重组,由于错综复杂的利益冲突、价值冲突和规则冲突,不可避免会引发种种社会问题。在社会生活全球化和信息传播网络化的情况下,国际国内面临的问题也相互影响和交织在一起。2013 年国务院政府工作报告指出,经济社会发展中还存在不少矛盾和问题,其中社会治理方面主要是:经济发展与资源环境的矛盾日趋尖锐;城乡、区域发展差距和居民收入分配差距较大;社会矛盾明显增多,教育、就业、社会保障、医疗、住房、生态环境、食品药品安全、安全生产、社会治安等关系群众切身利益的问题不少,部分群众生活困难;制约科学发展的体制机制障碍较多;政府职能转变不到位,一些领域腐败现象易发多发。

中国社会治理现代化是一个不断提升的历史进程。在这一发展进程中,社会治理面临一系列社会问题。这些问题必须依靠现代化的社会治理体系和治理能力才能真正得到解决。中国社会治理现代化面临的问题涵盖了社会问题的方方面面,既包括政治性社会问题、经济性社会问题,又包括文化性社会问题和日常生活中的社会问题;既包括普遍性社会问题,又包括特殊性社会问题;既包括冲突类社会问题(如群体冲突问题、社会治安问题、公共危机问题等),又包括源头类社会问题(如人口问题、环境问题、失业问题、教育问题、家庭问题、交通问题等)。这些问题,有些是长期积累的,有些是经济社会发展过程中出现的,有些是政府工作中的不足造成的。

21 世纪以来的各类问题,既有历史遗留问题,也有随着经济社会发展而出现的新问题。新老问题交织在一起,困扰着我国的社会稳定、社会秩序。有一些问题在不断发生变化,如失业下岗问题。20 世纪 90 年代,国有企业大批人员下岗,现在国有企业人员下岗的少了,但还有两大群体——大学生群体和农民工群体的就业安置问题直接影响社会的稳定。除了一些体制性的问题长期得不到解决外,还有一些新问题,如互联网问题,网络犯罪日益猖獗。网络犯罪主要通过网络窃密、制作和传播网络病毒、高科技侵害、高科技污染等手段,开展网上盗窃、网上诈骗、网上色情、网上赌博、网上洗钱、网上教唆、网上恐怖、网上报复、网上盯梢等多种形式的犯罪活动。由于犯罪成本低,传播速度快、范围广,互动性、隐蔽性强,取证困难,网络犯罪严重危害社会安全和稳定。

从近几年的情况看,群体性冲突不断增多,各地发生了不少参与人数众多、冲突激烈、影响广泛的群体性冲突事件,并且出现了一些值得注意的新特点,呈现出利益矛盾普遍化、矛盾主体多元化、一般问题复杂化、单一问题扩大化、利益问题政治化、个体问题群体化、群体问题组织化、组织发动网络化、诉求表达对抗化、内部矛盾外部化的趋势。群体性冲突出现了一些新的诱发因素。例如,中间阶层要求教育公平,实现异地高考平权;新生代农民工要求合法权利、体面劳动和分享企业发展成果,导致“发展型抗争、分利型抗争”增多。在事件演变、转化的过程中,由于互联网的扩散和放大,互联网、微博、微信、QQ 等成为群体冲突组织动员的工具,意见领袖以及网络大 V 则成为重要推手,潜在的群体冲突由某一偶发事件激化出来,形成大量无直接利益冲突人群的泄愤式参与。

公平正义是社会发展的价值追求之一,不平等是各种社会问题的根源。当物质水平提高对人类生活质量的贡献越来越小的时候,降低不平等程度是改善社会环境的最佳途径。在改革发展过程中,城乡差距、地区差距、不同方面群众的发展差距在扩大,要求收入分配公平、教育机会公平、发展机会公平、利益补偿公正、司法公正、执法公正等诉求日益成为引发群众不满和群体间冲突的重要原因。中国文化尤其强调“不患寡而患不均”,

邓小平早就指出,“发展起来以后的问题不比不发展时少”①。2012年,我国人均GDP越过8000美元关口,按照世界银行制定的标准,我国已迈进中上等收入国家或地区门槛,但以居民收入的平均水平为标准的中等收入群体比重普遍偏低,低收入人群比重太大。目前,我国社会结构尚处于“上小下大”的金字塔型,中等收入阶层自我认同度低,被剥夺感增强,社会心理浮躁。贪污腐败现象造成群情汹汹,反复上演的“富二代”炫富闹剧使民众的神经被一再刺激,对社会不公的主观感受被不断强化。社会成员受各种各样的价值观念的冲击,容易导致价值体系的紊乱,从而无所适从,诱发许多社会问题,甚至会引发某些群体性事件。部分社会成员存在“仇富”“仇官”“仇警”的心态,再加上越来越多的人感觉自己在这个社会上“虽然吃得饱,但是吃了亏”,汇成了一种烦躁、反感、怨恨的社会心态,这种日益恶化的社会心态是一片片看不见火苗的“暗火”。②

以上社会管理面临的新情况、新问题,有的是在社会结构转型和体制转轨过程中,因结构冲突、体制摩擦、规范空白、法律法规不健全造成的,也有的是快速发展过程中由于各种原因历史遗留的,还有的是因社会管理工作缺位、方法不当或某些工作失误形成的。这些问题都需要在加强和创新社会管理的过程中逐步加以解决。

(三)对社会治理和公共服务的提供日益高企

社会成员的生存压力包括两个方面:绝对压力和相对压力。绝对压力和相对压力共同构成了催生社会问题的主要动力和原因。一方面,我们面对着绝对生存压力,这方面的压力主要涉及大量亟待解决的基本民生问题。尽管近年来我国各级政府加大了民生保障和公共产品供给力度,但随着经济社会的不断发展,我国城乡居民对公共服务产品的需求快速增长,公共服务尤其是优质公共服务总量相对不足,供需矛盾仍较突出,公共服务的数量和质量与人民群众多样化多层次的需求还不对称不适应。另一方面,相对生存压力仍然比较严峻。解决社会成员的基本需求问题以及公共安全问题(也即绝对生存压力),是化解当前社会问题的主攻方向之一,这已经成为共识。但我们有一种错觉,总是认为解决了绝对生存压力就会天下太平。实际上,人性是复杂的,人的需求层次是不断提升的。化解绝对压力只是社会和谐的第一步,或者说,化解绝对压力只是社会和谐的必

① 《邓小平年谱(1975—1997)》(下),中央文献出版社2004年版,第1364页。

② 殷昭举:《中国社会治理的现代化》,《社会学评论》2014年第3期。

要条件，而不是充分条件，这之后还有相对压力等。共同贫穷的时代早已成为历史，新时期的民生诉求在全面升级，已不再满足于吃饭、穿衣问题，而是普遍要求公平正义与全面提升生活质量，包括对教育、就业、分配、社会保障、安全、环境、健康等的诉求都在持续升级。群众的需求结构趋向多样化、差异化，需求的标准趋向高级化。不同群体之间、代与代之间的需求存在较大差异。总体而言，群众的需求由生存向发展转变，由生存向生态转变，由温饱向环保转变。人们的维权意识与维权方式也在发生重大变化，从个体维权到集体维权，从底线维权到发展维权，正在成为一种新常态。

人们的价值取向已经多元化，舆论生态也已经多元化、复杂化，传统的与现代的、境内的与境外的、左的与右的观念同时并存，而发达的互联网则成了放大器。截至 2018 年 6 月，我国网民规模为 8.02 亿，手机网民规模达 7.88 亿，网络支付用户规模达到 5.69 亿，网约出租车用户规模达到 3.46亿，互联网正在全方位地改变着人们生活的方方面面，揭示了新时期的社会治理不可能再简单地延续过去的方式方法了。

任何国家转型都存在传统与现代摩擦与对抗的问题，发展结构失衡、管理制度失序、道德伦理失范等问题，停滞、倒退、偏离、异化等问题。这些问题表现为政治、经济、社会、文化等问题，甚至是心理上的问题。这是社会转型中普遍存在的问题。东亚和东南亚地区有好多社会转型成功例子，像日本、韩国，还有泰国、新加坡等地。这些成功的地方，都是小国或中等国家。而中国面临着与它们不一样的挑战，“社会管理是人类社会必不可少的一项管理活动。在我们这样一个有 13 亿人口、经济社会快速发展的国家，社会管理任务更为艰巨繁重。”①我们国家的转型面临的特殊问题是前所未有的。

二、社会治理体系和治理能力的滞后性

根据经济社会发展巨大变迁的客观实际，我国高度重视社会治理创新，不断改革社会管理体制机制，调整社会管理方式方法，在改善社会治理方面做了大量工作，取得了重要进展。但是，我国仍处于快速转型时期，面临着国际国内社会环境空前变革所带来的前所未有的机遇和挑战，社会治理能力和体系的现代化仍滞后于经济社会的发展需求。

---

① 人民网，http://cpc.people.com.cn/GB/64093/64094/13958405.html.

（一）政府部门社会治理的理念和方式的滞后

在快速激变的今天，传统的社会整合力量趋向弱化，而新的社会整合机制又不健全，特别是各级政府及其部门习惯于传统的行政管理方式，官本位依然大行其道，政府社会管理方式明显滞后于社会形势发展的要求，从而导致社会整体整合力量特别是国家行政整合能力明显不足。在社会治理方式和方法上也存在不少问题。不少地方将大量人力、物力、财力用于化解社会问题，但社会矛盾和冲突的数量不但没减，反而不断增加。“权宜性治理”方式、“运动式治理”模式非常普遍，社会治理缺乏保健意识、法治意识、系统意识、社会意识，突出表现在：一些政府部门漠视群众合法权益，重“平息事端”、轻“社会保健”，重“眼前应对”、轻“长治久安”，重“局部化解”、轻“全局统筹”。不少干部对本地区、本部门群众关注的热点、难点问题知之甚少或不管不问，致使一些本不该发生的问题层出不穷，一些本该在本地区本部门解决的问题难以解决或无法解决。民众的利益一旦受损或遭受侵害，政府部门不能有效解决，利益受损人必然要到更高层去寻求保护，而一旦问题得到解决，就会进一步弱化政府的威信和社会控制力。如此不断恶性循环，社会矛盾和社会问题就会越积越多。

如何应对这些矛盾和问题，许多地方又往往会陷入两种截然不同的误区：一种是“失之过宽”，另一种是“失之过严”。所谓“失之过宽”，是指面对社会矛盾纠纷，有些地方领导长期忽视、扭曲甚至排斥法律的作用，不惜“以妥协求和谐”、依赖于“花钱买平安”，导致出现“大闹大解决，小闹小解决，不闹不解决”的局面，助长社会矛盾愈加激烈，维稳成本成为各级地方政府和社会的一个日益沉重的负担，这反过来又相对削弱了政府在民生方面的投入。所谓“失之过严”，是指将群众的利益诉求与社会稳定对立起来，将公民正当的利益表达视为不稳定因素，以“左”的心态将群众权益或利益矛盾政治化或意识形态化。

（二）社会治理结构调整和优化不足，多元共治的合力不强

社会治理结构实质上是确立治理主体、客体、行为准则、治理方式及其相互关系的制度安排。良好的社会治理结构，需要各治理主体既保持相对的自主性和独立性，又能够通力合作，形成一种和谐有序、自律自治的制度化治理机制。但从现状来看，这种良好的社会治理结构尚未形成，还是比较重视自上而下的社会管理，而社会自治功能则相对不足。

第一，城乡居民自治制度不完善。在农村，随着村民自治的实施，国家权力从乡村收缩，农村基层组织控制力减弱。村民自治组织代替原有国家

权力在乡村的职能,实行村民自我管理、自我服务、自我监督。但村民自治组织很不健全,部分乡村的村务公开、财务公开工作以及对村干部的监督管理机制仍然薄弱,农民参与意识和能力不足,一些地区出现了基层村委会瘫痪或半瘫痪的状况,自治无序化现象并不少见。自1994年实行分税制以来,相当一部分乡镇财政在高额负债运行。取消农业税以后,一些农业生产地区的基层财政主要靠转移支付,财政状况更加困难。在一些地方,基层事权和财权不匹配的情况比较突出,各种需要地方财政配套拨款的社会事务较多。加之改革开放以来一些地方历届政府积累了许多社会问题,而基层往往容易注重当前政绩,对积压的问题不予解决,致使当前涉及基层干群关系的问题较多,甚至形成民怨。在一些农村地区,出现了乡村空心化和凋敝现象。

第二,基层治理能力不足。尽管我们不断强调转变政府职能,但政府究竟应该管什么、怎么管、管到什么程度,什么事情应该放,放到什么程度,仍然是一个不是很清楚的问题。多数地方政府还是延续着"大政府"的惯性,对社会管理采取包揽的态度,实际上很多问题却管不了,因而出现很多"失灵"状况。一些地方黑恶势力乘虚而入。

第三,社会组织发展滞后。近年来,我国社会组织虽然不断发展,逐步成为社会治理不可或缺的力量,但与社会主义市场经济要求相比,社会组织尚未发挥应有的作用,还未真正成为政府职能转移的载体,其作用尚未得到充分发挥,社会资本的开发利用不足,社会的自主性及自我组织能力不够强。

(三)重经济发展轻社会建设,公共服务和社会治理能力不足

在过去40余年的改革和发展进程中,由于在发展观和发展理念上的偏差,片面追求经济的快速增长,以致各级政府在履行职能和推进职能转变方面,主要精力放在了履行经济管理职能以及相应的经济管理领域的改革,以适应经济建设和经济体制改革的需要,而对社会发展和社会管理领域改革没有引起应有的重视,造成政府在社会管理职能方面的转变步伐明显滞后,社会管理体制创新不足,存在着许多体制性障碍,社会事业发展受阻。

在工业化、城市化和市场化过程中,群众对就业、住房、医疗卫生、生活服务、交通出行、养老保障、子女教育、环境卫生、文化娱乐、社会交往等方面的公共服务需求更加强烈。但现实情况是,一方面,公共服务总体供给不足;另一方面,资源配置不合理、不公平,少部分人占有较多较好的资源

和服务，特别是进城的农民工及其家属子女、城市生活困难群众在社会保障和基本公共服务等方面的基本需求难以满足。

有些群体性冲突是现实的物质利益原因造成的，有些是价值观念冲突造成的；有些群体性冲突发生在当事人之间，有些是有关群众借偶发事件发泄怨气造成的；有些群体性冲突是政策原因造成的，有些是工作方式不当造成的。群体性冲突无论哪种形式、何种原因，根本在于缺乏科学有效的权益保障机制和利益协调机制，领导干部群众观念不强，不善于处理复杂形势下的人民内部矛盾。

第四节　构建中国特色社会治理体系的路径选择

毛泽东曾经说过："社会主义制度的建立给我们开辟了一条达到理想境界的道路，而理想境界的实现还要我们的辛勤劳动。"①可以说，中国特色社会主义事业已经确立，社会治理能力和治理体系现代化的目标已经确立，而理想境界的实现还必须采取切实有效的措施。党的十八大报告指出，"提高社会管理科学化水平，必须加强社会管理法律、体制机制、能力、人才队伍和信息化建设"。因此，要加强法律制度建设，坚固社会管理的"腿脚"；加强体制机制建设，增强社会管理的"体魄"；加强能力建设，优化社会管理的"筋骨"；加强人才队伍建设，升级社会管理的"大脑"；加强信息化建设，疏通社会管理的"血脉"。

加强和创新社会管理，是社会管理领域的一场改革，必须从我国实际出发，走自己的路。我国社会管理体制改革是社会主义社会管理体制的自我完善和发展，必须正确处理发挥传统优势同与时俱进、创新发展的关系，决不能全盘否定过去，推倒重来，另搞一套。近年来，针对经济社会发展面临的突出问题，各地各部门从实际出发，开展了各种各样的探索，积累了不少经验。② 我们既要树立世界眼光，借鉴国外社会管理的有益经验，"任何民族和国家的法律文化都不可能脱离世界法律文化而独自发展，都必须吸收和借鉴世界各国优秀的法律文化成果。"③同时，又要立足自身，发扬光荣传统和优良作风。正如文艺复兴前，处于世界先进水平的中国，无法将处于世界先进水平的封建文明通过丝绸之路全部输出到西方一样；同样，西

① 《毛泽东文集》(第7卷)，人民出版社1999年版，第226页。

② 魏礼群主编：《社会管理创新案例选编》，人民出版社2011年版。

③ 朱力宇、张曙光主编：《立法学》，中国人民大学出版社2001年版，第39页。

方的“法治”也不可能完全照搬到中国。[①] 加强和创新社会管理，必须立足现实，总揽全局，扎扎实实提高社会管理科学化水平，建设中国特色社会主义社会管理体系。

由于我国还处在转型期，我国是世界上最大的发展中国家。经济、政治、文化、社会、生态文明领域的体制改革尚未完成，与西方发达国家具有健全的法律制度架构、完备的市场经济体系、良好的社会组织发育情况不同，因而对加强和完善社会治理不可能力求一步到位，必须立足于当前中国发展的国情、政情、社情。

加强社会治理创新，事关经济社会协调发展，事关社会和谐稳定，事关人民群众切身利益。在中国社会治理创新的宏观布局中，在中国社会建设与发展的过程中，中国共产党既是社会成长的主要支撑力量，也是整合社会的主要力量，党的基层组织和党员是加强和创新社会治理最基本、最直接、最有效的力量。只有全面推进基层党组织和党员队伍建设，切实提高基层党组织加强基层社会治理的能力，发挥基层党组织在基层社会治理中的领导核心作用，真正将社会治理和服务工作落在基层、落到实处，才能牢牢把握加强和创新社会治理的总体要求，推动科学发展、促进社会和谐，确保社会既充满活力又和谐稳定，为“中国梦”的实现创造良好的社会环境。

一、系统治理，在协调推进“四个全面”中创新社会治理

2014 年 12 月，习近平总书记在江苏调研时第一次提出了“四个全面”的战略思想和战略布局。[②] 2015 年 2 月，习近平总书记在省部级主要领导干部学习贯彻十八届四中全会精神全面推进依法治国专题研讨班开班式上对“四个全面”的定位和相互关系进行了阐发，全面建成小康社会是我们的战略总目标，全面深化改革、全面依法治国、全面从严治党是三大战略举措。[③] 全面建成小康社会，就是让人民群众生活得更加幸福美好，社会公平正义得到更好维护，社会更加和谐稳定，资源节约型、环境友好型社会建设取得重大进展。社会治理的基本任务是规范社会行为、协调社会关系、解决社会问题、化解社会矛盾、应对社会风险、促进社会公正、保持社会稳定。

① 刘海年，等主编:《依法治国建设社会主义法治国家》，社会科学文献出版社 2008 年版，第 264 页。

② 《人民日报》2014 年 12 月 15 日。

③ 马占成:《领导干部要做尊法学法守法用法的模范 带动全党全国共同全面推进依法治国》，《人民日报》2015 年 2 月 3 日。

全面建成小康社会是创新社会治理的目的和归宿，也是前提和基础；创新社会治理是全面建成小康社会的必然要求和重要保障，两者相辅相成、不可分割。因此，必须把社会治理纳入到全面建成小康社会的总体布局中，再去谋划和推进，不能简单地就社会治理抓社会治理，否则很容易走向社会管控的老路。在社会建设中，需要突出抓好改善民生，重点解决人民群众的就业、收入分配、住房、教育、医疗、社会保障、环境保护等问题，为社会长治久安打下坚实的物质基础，从源头上防范社会问题和社会矛盾。

全面深化改革、全面依法治国、全面从严治党是三大战略举措。全面创新和改革社会治理，就必须在全面深化改革布局中推进社会体制改革，以经济建设为中心、以社会建设为基础、以党的建设为保障，推进社会服务体制改革、社会组织体制改革、街道体制改革、社区治理体制创新和社会领域党建创新，从国家层面完善体制、加强顶层设计、统筹规划、全面推进；在全面依法治国布局中，全面推进法治社会建设，必须进一步健全和完善社会治理的法律法规，增强社会治理工作人员法律意识和法治理念，加大社会治理执法的力度；在全面从严治党布局中加强和创新社会领域党建工作，加快推进社会领域党组织和党的工作全覆盖，深化党管理社会的理念和原则，以广大人民群众切身利益和实际需求为导向，引导和动员广大人民群众和不同社会阶层积极有序参与公共事务和社会治理。

当前，社会治理问题突出，这是具有全局性的问题，是与我国社会大变革、大转型进程相伴随的特有现象。社会治理工作关系全局、牵涉各方的工作，仅仅依靠单一部门根本不可能解决所有的治理问题。要切实加强和创新社会治理工作，更重要的是要拓宽视野，跳出治理看治理，站在时代的高度和宏观的角度，从完善和发展中国特色社会主义制度、推进国家治理体系和治理能力现代化的总体布局出发，立足于政治、经济、文化和生态文明等方面的全面发展，通过大力发展生产力，维护社会公平，促进共同富裕，不断增强社会经济基础；通过大力推进和谐社会建设，彻底消除产生社会问题的根源；通过发展社会主义民主，不断加强政治保证；通过发展社会主义先进文化，不断巩固智力支持和精神支撑；通过生态文明建设，保障经济社会的永续发展。必须着眼于维护最广大人民的根本利益，最大限度地增加和谐因素，增强社会发展活力，全面推进平安中国建设，全面提高和推进社会治理体系和治理能力现代化，维护国家安全，确保人民安居乐业、社会安定有序。

二、加快社会体制改革，健全社会治理法律规范体系

社会治理现代化意味着治理要更加科学、更加民主、更加法治，同时也要制度化、规范化、程序化。加强社会建设，必须加快推进社会体制改革。同样，构建中国特色社会治理体系的基本路径也是加快推进社会体制改革。首先，要改革一元化的行政管理体制，行政、经济和社会体制改革相互配合，理顺政府、市场、社会的关系，最大限度地解放和发展社会生产力，解放和增强社会活力，形成政府、市场、社会既相对独立又相互制约、相互支撑的开放型治理结构，建立合作共治的社会治理体制。其次，要改革社会组织的行政化组织模式，培育社会组织力量，激发社会组织活力，构建公私合作伙伴关系，建立法治规范的现代社会组织体制，有序引导公民参与。再次，改革政府公共服务方式，健全完备的基本公共服务体系。最后，改革静态的社会矛盾处理模式，改变过往单一主体式、运动式、命令式的管理方式，推动治理与法治化、民主化、社会化的有机结合，建立相互结合的社会治理机制。

改革开放以来，我国法治建设取得巨大成就，依法治国的局面基本形成，中国特色社会主义法律体系基本宣告形成，但与经济领域的立法相比，我国在社会领域的立法还相对滞后。特别是在社会治理方面，无法可依、有法不依和以行政决定代替依法治理的情况，在一些地方还相当普遍。社会治理的法律法规，是中国特色社会主义法律体系的重要组成部分，为适应构建社会主义和谐社会以及把社会建设摆在突出位置的需要，坚持法治国家、法治政府、法治社会一体建设，开创依法治国新局面。要切实加快社会治理领域的立法工作，依靠法律来规范个人、组织的行为，协调社会关系，监督和限制公共权力，保护公民合法权益，防止公共权力对公民权利的侵犯。有学者从完善社会政策体系、构建公民权利保障体系、优化基本公共服务体系、强化社会组织培育体系、建立社会行为规范体系、创新社区治理体系、巩固公共安全体系、健全社会风险预警与应对机制等八个方面提出推进社会治理体系和治理能力现代化的实施策略。① 尤其应当在社会组织、新兴媒体、劳资关系、城市管理、公共安全和社会风险等矛盾集中的环节和领域加快立法进程，进一步强化社会治理中的依法治理，维护社会和谐稳定。

① 姜晓萍：《国家治理现代化进程中的社会治理体制创新》，《中国行政管理》2014 年第 2 期。

三、多元主体协同，完善社会治理体制

要加快形成科学有效的社会治理体制，形成和完善党委总揽全局、政府负责实施、社会各方协同、公众广泛参与的社会治理格局，确保社会既充满活力又和谐有序。这就必须从中国的国情出发，既不能走把治理权力都集中到政府、政府包管一切社会事务的老路，也不可能走一些西方国家倡导的完全依赖民间组织发育社会的道路。

第一，实现党对社会的有效整合，发挥凝聚和引领作用。创新社会治理要坚持以党的组织引领社会组织，不断扩大党的组织和工作覆盖面。坚持把党的基层组织渗透到社区、企业、市场、流动人员居住地等社会的每一个角落，确立党组织与社会组织之间合理的结构关系。党组织要发挥凝聚和领导作用，充分发挥社会治理的主体——人民群众的积极性，通过宣传、教育、发动、组织、指导人民群众参与社会建设和社会治理，让人民群众通过社会组织有序地参与社会治理，使广大群众凝聚在党组织周围，成为多元治理的主体，形成多方参与、共同治理的局面。

第二，正确处理政府和社会的关系，尽快实施政社分开，培育各类社会组织。各类社会组织，或称为非政府组织，在公共管理体系和政治文明建设中都是必不可少的因素和环节。对于公共管理而言，它扮演着三分天下有其一的角色，与政府、企业共同构成多元治理结构。① 2013 年，《关于国务院机构改革和职能转变方案的说明》指出："让人民群众依法通过社会组织实行自我管理、自我服务和参与社会事务管理，有利于更好地发挥人民主人翁精神，推动社会和谐发展。"要改革社会组织管理制度，推进行业协会商会与行政机关脱钩，引入竞争机制，探索一业多会，以改变行业协会商会行政化倾向，增强其自主性和活力。重点培育、优先发展行业协会商会类、科技类、公益慈善类、城乡社区服务类社会组织。加快事业单位的分类改革，引导和强调企业承担社会责任，建立一批承担更多社会责任的"社会企业"，发展壮大承接政府购买社会服务的社会组织。与此同时，推进政府民主行政，完善民主决策，建立民众参与决策制度，如公共决策听证制度。推进政府信息公开，扩大民主参与、加强民主监督。

第三，完善基层群众自治制度，创新有效预防和化解社会矛盾体制。统筹发展城乡村(居)民自治和社区建设，健全以城乡社区党组织为核心、

① 马庆钰：《中国非政府组织发展与管理》，国家行政学院出版社 2007 年版，第 332 页。

以群众自治组织为主体、社会各方广泛参与的新型城乡社区管理服务体系，发挥城乡社区在发展民主自治、扩大有序参与、提供公益服务、加强社会管理、防化矛盾纠纷、维护社会稳定方面的作用。搞好社区治理，是社会治理现代化的基础性工程。社区治理的首要任务，是培育以地域为基础的真实的生活共同体，塑造社区文化与社区认同，改进社会治理方式，进一步树立起与社会平等合作的治理理念。

第四，构建“多中心、协作型、整体性”治理模式，发挥政府主导作用，鼓励和支持社会各方参与，实现政府治理和社会自我调节、居民自治良性互动，形成政府与第三部门合作伙伴关系，逐步迈向多主体参与、整体性协作、网络化治理的模式，实现治理结构良性和均衡。

四、创新社会治理理念，推进社会治理的科学化和现代化

在走向国家治理的进程中，我们要树立与当前政治、经济、社会、文化发展水平相适应的价值理念和目标体系，即适应现实的中国国情、中国社会生态条件的价值排序，要把“社会公正”“公共利益”“社会和谐”置于与“经济效率”和“发展增长”同等重要的地位，在有条件的情况下，甚至要放在更为重要的位置上。社会治理体制既包括社会治理过程中的治理主体、治理范围、治理方式、治理绩效，也包括社会治理体制的本质内涵、价值诉求和基本原则，理应是兼顾工具理性与价值理性的制度系统。创新治理理念，必须坚持以人为本，实现科学发展；坚持公共利益至上，实现和谐发展，逐步从集权向共治转变，从人治向法治转变，从管理向服务转变，从权力本位向责任本位转变，从封闭管理向透明治理转变，从政府本位向社会本位转变。中共十八届三中全会的决定不仅对创新社会治理体制的主要任务做了具体部署，也明确了在推进国家治理现代化进程中创新社会治理体制的核心价值诉求，即“必须着眼于维护最广大人民根本利益，最大限度增加和谐因素，增强社会发展活力，提高社会治理水平，全面推进平安中国建设，维护国家安全，确保人民安居乐业、社会安定有序”①。

社会治理理念来源于社会治理实践，又指导社会治理实践，引领社会治理实践向前发展。社会治理理念的创新与发展是保障社会治理事业健康发展的前提。一是发展理念。发展是第一要务，在发展中让人民受益，通过发展保障人民安居乐业，在发展中从根本上解决社会问题；社会治理

① 《十八大以来重要文献选编》(上)，中央文献出版社 2014 年版，第 539 页。

工作涉及经济社会各个领域，社会治理工作做好了，才能有更多精力来谋发展、抓发展。二是大局理念。不断深化对党和国家工作大局的认识，不断调整社会治理工作大局，坚持服从服务大局。当前要围绕推进国家治理体系和治理能力现代化，在具体工作中找准服务大局的结合点和着力点，创新社会治理工作机制方法，化解社会矛盾，推进和谐社会建设。三是群众理念。社会治理工作本质上是党的群众工作，要始终坚持以人为本、执政为民，把群众工作理念贯穿到社会治理工作全过程，提高新形势下做好群众工作的能力，积极探索用群众工作理念和方法做好社会治理工作的新途径新办法。四是法治理念。运用法治思维做好社会治理工作，深入研究推进社会治理工作法治化建设问题。五是科学理念。推动社会治理科学化和现代化，通过建立健全既体现科学理念、科学精神，又具有科学规划、科学规则、科学运作的治理体系，并充分利用现代科学技术进行治理。六是以人为本理念。做到治理与服务相结合，在治理中体现服务，在服务中强化治理，通过改善对社会、企业和基层的服务，推动服务治理方式从“治理型”向“服务型”转变。

五、创新工作方式方法，完善社会治理工作机制

加强社会治理和公共服务是一项立足长远的工作，需要在实际工作中不断总结经验，创新工作方式方法，建立健全一系列长效工作机制，以制度建设推动社会治理和公共服务工作不断深化和发展。

深化社会治理改革，必须采取综合治理，积极探索社会治理工作机制，灵活运用各种行之有效的治理方法。与新的社会治理理念、工作格局和制度体系相适应，在用好传统手段的同时，还要善于学习运用新方式，综合运用多种手段。具体而言，要改变社会治理手段单一的问题，在运用行政手段的同时，更多地运用法律规范、经济调节、道德约束、心理疏导、舆论引导等手段。充分发挥各类手段的比较优势，并注重发挥党的政治优势，从而达到规范社会行为、减少社会问题、调节利益关系、化解社会矛盾的目的。① 解决群众合理诉求、维护群众合法权益是社会治理工作的核心。整合社会资源，理顺工作关系，把传统有效做法与现代科技手段有机结合起来。对于各种社会矛盾纠纷，应当针对其不同特点，综合运用政策、法律、经济、行政等手段以及教育、协商、调解、疏导、听证等办法综合施策，使各项工作运

① 胡颖廉：《用好社会管理三大规范体系》，《学习时报》2012 年 7 月 16 日。

转更加协调规范有序。对于可能影响本地区社会稳定的重大矛盾和突出问题，要本着“预防为主、教育疏导、依法处理、防止激化”的原则，综合采取各种措施，努力把矛盾纠纷化解在基层，化解在萌芽状态。针对信息化的快速发展，工作方法上：运用网格化手段，实现社会治理精细化；运用信息化手段，实现社会治理动态化；运用科技化手段，实现社会治理数字化。作为东方经验，应充分发挥调解在化解社会矛盾、缓和社会冲突、消解社会对立、促进社会和谐方面的重要作用和优势，通过人民调解、行政调解和司法调解的有机结合，实现诉讼和调解的对接，充分发挥诉讼调解与大调解机制的优势，提高调解解决纠纷的效率。[①]

社会治理的现代化和科学化要实现“自上而下”的社会管理与“自下而上”的社会自治“纵向有机结合”，“自外而内”的法治与“自内而外”的德治“横向有机结合”，“纵向治理”与“横向治理”相结合，以及注重源头治理、动态管理与应急处置的相互结合。在社会治理手段上，要实现市场、政府与社会“三手”(市场的无形之手、政府的有形之手、社会的隐形之手)的有机结合。从资源配置方面来看：市场的无形之手配置经济资源，主要遵循效率原则；政府的有形之手保障秩序、配置公共产品，主要遵循公平原则；社会的隐形之手维系人们的基本公共生活，主要遵循自治原则。针对社会治理领域存在的突出问题，从源头上、根本上、基础上预防和减少突出问题的产生，提升治理的层次和水平，最大限度激发社会活力，最大限度增加和谐因素，最大限度减少不和谐因素。

六、寓治理于服务中，以公共服务体系创新引领社会治理创新

寓治理于服务中，只有把关系老百姓切身利益的事情办好，把他们生产生活中的困难和问题解决好，才能从源头上、根本上减少社会矛盾、解决社会问题。现实生活中日趋严重的社会不公正现象所导致的大面积负面效应情况，迫切需要以政府为核心的公共管理部门强化公共服务职能，完善公共服务体系，提高公共服务水平，加快推进实施公共服务均等化标准，实现人人享有基本公共服务的目标。基本公共服务体系，是指以满足社会成员基本生存与发展需求为目标，向社会成员提供就业、社会保障、基础教育、公共卫生、公共文化、环境安全等基本公共品的一系列制度安排。旨在

① 诉调对接主要是两种模式：一种是司法主导诉前调解和诉讼调解模式；另一种是 ADR (alternative dispute resolution)模式，即“替代性”纠纷解决方式，是指除了司法诉讼和仲裁以外的解决争议方法，是当事人之间达成的自愿解决争议的方法。

根据公共需求优化配置公共资源，最大限度地解决民生问题，化解社会矛盾、促进社会公平。基本公共服务的均等化，其实质在于政府要为全体成员提供基本而有保障的公共产品和公共服务。政府关注的焦点应当从过分强调效率优先转向更加强调社会公平上来，政府工作的重点应更多地转向提供包括医疗卫生、公共教育、劳动就业、社会保障、公共交通、环境保护等公共产品和公共服务的领域，使经济发展成果更多地体现在改善民生上，让全体人民都能享受到改革开放和现代化建设的成果。

一要提升基本公共服务体系的法治化水平，加快就业、社会保障、公共财政等方面的专项立法，规范政府公共服务供给过程，控制公共服务领域的自由裁量权，建立质量控制与绩效评估体系，防止权力寻租。二要创新基本公共服务供给方式，构建多元主体协同供给机制。三要大力推进城乡基本公共服务制度的有机衔接，实现基本公共服务均衡化。四要加快公共财政体制改革，构建基本公共服务均等化的财政保障机制。

七、重点治理，抓住社会治理创新中的核心环节

做好社会治理和服务工作，关键在于立足实际，抓住社会治理创新中的核心环节，找准社会治理工作的重点任务。

抓住当前的突出矛盾，有步骤地解决一批历史遗留的社会问题。在改革发展过程中，由于体制转变过程中的制度不衔接、不完善等原因，积累了一些历史遗留的民生问题，如部分集体企业职工的社会保障问题、部分失地农民的土地补偿问题、部分转退军人的妥善安置问题等。随着我国财政状况的转好，我国解决这些历史遗留问题的能力大大增强，要采取负责任的态度，尽快逐步解决这些历史遗留的社会问题，严防社会问题的积累留下隐患。

要在建立公平合理的收入分配制度上有所突破，下大力气整顿收入分配秩序，打击各种非法牟利行为，取缔各种非法收入，从源头上治理贪污腐败现象，统筹治理一般竞争行业与垄断行业的收入差距过大问题，规范公务员的工资制度体系，协调劳动收益与资本收益的关系，坚决扭转收入分配差距扩大的趋势，维护社会公平正义，让人民群众共享改革发展的成果。

要建立健全公共安全体系，注重防范新型社会风险。我国用了30多年的时间，完成了很多国家在现代化中用上百年的时间完成的发展转变过程。发展时间的压缩，也使很多不同发展阶段面临的问题压缩到同一时空。随着我国经济快速增长后基本温饱问题的解决和工业化、城镇化的加

速，公民的公共安全需求日益增长，已成为排位靠前的公共服务需求之一。我国当前面临的社会问题，既有传统安全问题，也有难以预测、扩展迅速、容易引起恐慌的核污染、不明传染病、金融危机、恐怖主义等新型社会风险。这些不同性质的安全问题有时交织在一起，增加了处理的难度。要进一步建立健全我国的公共安全体系，增强政府和民众的应急能力，普及公共安全教育，提高防范、抵御和治理新型社会风险的能力，完善公共安全领域的制度建设和法制建设。

营造良好的社会氛围，积极推动社会融合。良性的社会治理需要良好的社会氛围，而媒体无疑承担着重大的责任。在网络发达的今天，亿万人在这样的虚拟平台上了解社会、参与社会，对于社会治理而言是一柄双刃剑，需要有相应的规制与管治来促使网民与自媒体使用者树立应有的责任感。同时建立网络舆情和社会心态监测系统，把握舆情和社会心态演变机理，及时化解社会焦虑，变负能量为正能量，引领人心向善、向上。

要把握重点，抓住社会治理中保障和改善民生这个关键，及时反映和协调群众各方面各层次的利益诉求，满足他们的正当要求，坚持标本兼治、重在治本，重视群众反映强烈、社会关注度高的重要问题，加强对重点地区、重点领域、重点问题的跟踪督查。同时，由于社会治理领域的问题日益多样化、复杂化，社会治理工作还需要针对不同领域、不同人群、不同区域、不同部门实行差异化治理，及时就地化解各种矛盾。

八、发展专业化的社会管理人才队伍，全面提升社会治理能力

重视和加强党的引领能力建设，提高引领水平。引领能力是一种领导能力。对中国共产党来说，引领社会思潮的能力是执政能力的重要组成部分。要引领就得有引领能力，要有能力引领就得重视和加强引领能力建设。只有重视和加强引领能力建设，才能提高引领水平，有效引领社会思潮，最大限度地形成社会思想共识。在意识形态和思想文化领域，除了引领队伍建设之外，引领能力建设的内容主要包括认识能力、创新能力和融入转化能力三个方面。社会治理涉及社会建设的方方面面，包括就业、社会保障、收入分配、教育、医疗、住房等各种民生问题。要把以人为本、关注民生作为新形势下社会治理工作的职业精神和职业道德，大力提高新形势下群众工作的专业化水平，开创社会治理和群众工作的新局面。要通过大力发展志愿者队伍和开展志愿者活动，形成自助互助、奉献诚信的良好社会风气。提高社会治理能力主要是提高两类能力，即提高政府处置社会问

题的能力和社会协同和公众参与的能力。政府要提高统筹社会资源的能力,要提高民间组织把握整体形势和创新的能力,要培养、提高居民自我发展的能力。

九、加强道德和诚信建设,整合多样化社会思潮,提升社会治理的软实力

在创新社会治理体制的过程中,不但要重视硬实力建设,也要注重软实力建设。法治和德治相辅相成,共同构成社会治理的基础。道德建设可以有效地增进社会和谐,要加强以社会公德、职业道德和家庭美德为基本内容的公民道德建设,倡导爱国守法的传统道德、诚信敬业的职业道德和互助友爱的家庭美德。发挥道德规范和道德舆论在遏制拜金主义、享乐主义、极端个人主义、欺骗欺诈、以权谋私、腐化堕落等行为方面的作用,形成鼓励见义勇为、扶危济困、乐于奉献和维护社会公平正义的社会氛围和机制。[①] 当前,重要的是要完善社会主义核心价值体系,注重发挥社会主义先进文化的思想教育和优秀传统文化的道德教化作用。要加强社会主义核心价值体系在民主法治、和谐正义、共同富裕等方面的价值建设,更新社会治理理念,完善与新型社会治理体制相配合的道德秩序、诚信体系和行为规范。

当前,各种社会思潮都与社会发展过程中的某些重大问题和现象有关。各种思潮均与中国现代化的价值追求存在着关联性。各种思潮所强调的不同价值之间的相互激荡与制衡都是社会发展与文明进步所需要的,这些不同的思潮彼此之间也存在着竞争、交汇与思想碰撞,并形成复杂的互动关系。不同思想与思潮并存,是社会多元性在文化领域的反映,这也是中国走向真正的常态社会的进步标志。马克思说过:“你们赞美大自然令人赏心悦目的千姿百态和无穷无尽的丰富宝藏,你们并不要求玫瑰花散发出和紫罗兰一样的芳香,但你们为什么却要求世界上最丰富的东西——精神只能有一种存在形式呢?”[②]一个社会不可能没有不同的声音,不可能让所有的人只有一种思想,不同思想之间可以彼此磨砺,有助于思想的发展与进步,有利于避免社会同质化与死气沉沉。只有单一的思想是可怕的。文明多样、文化差异并不必然导致冲突,需要解决的是如何对待“差

① 李培林:《社会转型与中国经验》,中国社会科学出版社2013年版,第322页。

② 《马克思恩格斯全集》(第1卷),人民出版社1995年版,第111页。

异"和"多样"的观念与实践问题。面对多变、多样、多元的纷繁复杂的社会思潮,应当主动回应、尊重差异、包容多样,多元中立主导、多样中谋共识、多变中有坚持。在发展中坚持,在坚持中创新,在坚持和创新中,积极引领各种社会思潮,最大限度地形成社会思想共识,最终实现国家繁荣富强,人民富裕幸福,那"将是这样一个联合体,在那里,每个人的自由发展是一切人的自由发展的条件"①。

十、从实际出发,加强理论研究,完善社会管理创新的顶层设计

马克思指出:"批判的武器当然不能代替武器的批判,物质力量只能用物质力量来摧毁;但是理论一经掌握群众,也会变成物质力量。理论只要说服人,就能掌握群众;而理论只要彻底,就能说服人。所谓彻底,就是抓住事物的根本。"②中共十八届三中全会通过的《中共中央关于全面深化改革若干重大问题的决定》指出,"坚定走中国特色社会主义道路",要一切从实际出发,"总结国内成功做法,借鉴国外有益经验,勇于推进理论和实践创新"。③ 治理理论是一个舶来品,要在中国发挥作用,能够发展,需要将其中国化。建立起适合我国国情的社会治理制度。我国各地情况千差万别,改革过程中被实践证明的一项成功做法,就是注重总结地方经验。要通过系统总结地方经验并加以提炼,完善社会治理创新的顶层设计,走出一条中国特色社会主义的社会治理道路。体制方面,要理顺政府不同部门之间的权责关系,充分发挥市场在资源配置中的决定性作用,发展社会组织,塑造公民参与治理的模式。机制方面,要完善协作机制,加强治理主体的沟通、参与、合作、协同、整合,建立信任机制、健全责任机制、强化监督机制、完善信息交流机制,构建透明运作型的社会治理模式。

① 《马克思恩格斯选集》(第 1 卷),人民出版社 2012 年版,第 422 页 。

② 《马克思恩格斯全集》(第 3 卷),人民出版社 2002 年版,第 207 页。

③ 《十八大以来重要文献选编》(上),中央文献出版社 2014 年版,第 514 页。

参考文献

REFERENCES

[1] 中共中央文献研究室.建国以来重要文献选编[M].北京:中央文献出版社,1992.

[2] 中共中央文献研究室.改革开放三十年重要文献选编[M].北京:中央文献出版社,2008.

[3] 中共中央党史研究室.中国共产党历史[M].北京:中国党史出版社,2011.

[4] 当代中国研究所.中华人民共和国史稿[M].北京:人民出版社,2012.

[5] 公安部治安管理局.户口管理法律法规规章政策汇编[M].北京:中国人民公安大学出版社,2001.

[6] 刘文华.最新劳动人事政策法律法规汇编[M].北京:中国人事出版社,2001.

[7] 中国社会科学院法学研究所图书资料室.人民调解资料选编[M].北京:群众出版社,1980.

[8] 公安部政策法律研究室.公安法规汇编(1950—1979)[M].北京:群众出版社,1980.

[9] 中华人民共和国国家农业委员会办公厅.农业集体化重要文件汇编(1958—1981)[M].北京:中共中央党校出版社,1981.

[10] 民政部法规办公室.中华人民共和国民政法规大全[M].北京:中国法制出版社,2002.

[11] 姜兴长,关怀.中华人民共和国法库·社会法卷[M].北京:人民法院出版社,2002.

[12] 中共中央办公厅国务院办公厅信访局.全国信访工作会议资料汇编[M].北京:中央办公厅、国务院办公厅信访局,1989.

[13] 国务院法制办公室.中华人民共和国新法规汇编2005第十辑(总第104辑)[M].北京:中国法制出版社,2005.

[14] 民政部社会工作司.中国社会工作相关政策法规汇编[M].北京:中国社会出版社,2010.

[15] 国家统计局国民经济综合统计司.新中国六十年统计资料汇编[M].北京:中国统计出版社,2010.

[16] 中国社会科学院,中央档案馆.1958—1965中华人民共和国经济档案资料选编[M].北京:中国财政经济出版社,2011.

[17] 国务院法制办公室.中华人民共和国新法规汇编2012第二辑(总第180辑)[M].北京:中国法制出版社,2012.

[18] 最新社会保险法律政策全书[M].2版.北京:中国法制出版社,2013.

[19] 国务院法制办公室.中华人民共和国法规汇编(2012年1月—12月)[M].北京:中国法制出版社,2013.

[20] 张翼之,黄华文,郑邦兴.中国农村基层建制的历史演变[M].成都:四川人民出版社,1992.

[21] 刘光人.户口管理学[M].北京:中国检察出版社,1992.

[22] 王世刚.中国社团史[M].合肥:安徽人民出版社,1994.

[23] 殷志静,郁奇虹.中国户籍制度改革[M].北京:中国政法大学出版社,1996.

[24] 吴忠泽,陈金罗.社团管理工作[M].北京:中国社会出版社,1996.

[25] 风笑天,张小山,周清平.社会管理学概论[M].武汉:华中科技大学出版社,1999.

[26] 李路路,李汉林.中国的单位组织:资源、权力与交换[M].杭州:浙江人民出版社,2000.

[27] 中国社团研究会.中国社团发展史[M].北京:当代中国出版社,2001.

[28] 田炳信.中国第一证件:中国户籍制度调查手稿[M].广州:广东人民出版社,2003.

[29] 徐勇.乡村治理与中国政治[M].北京:中国社会科学出版社,2003.

[30] 罗平汉.村民自治史[M].福州:福建人民出版社,2006.

[31] 卢汉龙,等.新中国社会管理体制研究[M].上海:上海人民出版社,2009.

[32] 何增科.中国社会管理体制改革路线图[M].北京:国家行政学院出版社,2009.

[33] 李强.中国社会变迁 30 年(1978—2008)[M].北京:社会科学文献出版社,2008.

[34] 朱汉国,耿向东,等.20 世纪的中国——走向现代化的历程(社会生活卷 1949—2000)[M].北京:人民出版社,2010.

[35] 龚维斌.中国社会体制改革报告(2013)[M].北京:社会科学文献出版社,2013.

[36] 龚维斌.中国社会体制改革报告(2014)[M].北京:社会科学文献出版社,2014.

[37] 龚维斌.中国社会体制改革报告(2015)[M].北京:社会科学文献出版社,2015.

[38] 龚维斌.中国社会体制改革报告(2016)[M].北京:社会科学文献出版社,2016.

[39] 龚维斌.中国社会体制改革报告(2017)[M].北京:社会科学文献出版社,2017.

[40] 龚维斌.中国社会体制改革报告(2018)[M].北京:社会科学文献出版社,2018.

[41] 陆学艺.北京社会建设 60 年[M].北京:科学出版社,2008.

[42] 武力.中国发展道路[M].长沙:湖南出版社,2012.

[43] 莫德升,荆长岭.社会治安综合治理专题研究[M].北京:群众出版社,2003.

[44] 民政部民间组织管理局,国务院法制办政法司.基金会指南[M].北京:中国社会出版社,2004.

[45] 陆学艺.当代中国社会流动[M].北京:社会科学文献出版社,2004.

[46] 潘小娟.中国基层社会重构——社区治理研究[M].北京:中国法制出版社,2004.

[47] 马庆钰.中国非政府组织发展与管理[M].北京:国家行政学院出版社,2007.

[48] 邓伟志.创新社会管理体制[M].上海:上海社会科学院出版社,2008.

[49] 王名.社会组织概论[M].北京:中国社会出版社,2010.

[50] 魏礼群.新形势下加强和创新社会管理研究[M].北京:国家行政学

院出版社,2011.
[51] 吴军营.人民调解理论与社会管理创新[M].上海:上海社会科学院出版社,2011.
[52] 陆学艺.中国社会建设与社会管理:探索·发现[M].北京:社会科学文献出版社,2011.
[53] 赵文远.新中国户籍迁移制度史研究[M].郑州:郑州大学出版社,2012.
[54] 冯仕政.当代中国的社会治理与政治秩序[M].北京:中国人民大学出版社,2013.
[55] 于语和.中国农村纠纷解决机制研究[M].北京:中国法制出版社,2013.
[56] 马福云.户籍制度研究:权益化及其变革[M].北京:中国社会出版社,2013.
[57] 强世功.调解、法制与现代性:中国调解制度研究[M].北京:中国法制出版社,2001.
[58] 勒内·达维德.当代主要法律体系[M].漆竹生,译.上海:上海译文出版社,1984.
[59] 塞缪尔·亨廷顿,琼·纳尔逊.难以抉择[M].汪晓寿,吴志华,项继权,译.北京:华夏出版社,1989.
[60] 米格代尔.农民、政治与革命——第三世界政治与社会变革的压力[M].李玉琪,袁宁,译.北京:中央编译出版社,1996.
[61] 弗里德利希·冯·哈耶克.法律、立法与自由[M].邓正来,等译.北京:中国大百科全书出版社,2000.
[62] 高见泽磨.现代中国的纠纷与法[M].何勤华,李秀清,曲阳,译.北京:法律出版社,2003.
[63] 托马斯·西尔克.亚洲公共事业及其法规[M].中国科学基金研究会,译.北京:科学出版社,2000.
[64] 安东尼·吉登斯.现代性与自我认同[M].赵旭东,方文,译.北京:生活·读书·新知三联书店,1998.
[65] 安东尼·吉登斯.现代性的后果[M].田禾,译.南京:译林出版社,2000.
[66] 尤尔根·哈贝马斯.合法化危机[M].刘北成,曹卫东,译.上海:上海人民出版社,2000.

[67] 詹姆斯·C斯科特.农民的道义经济学:东南亚的反叛与生存[M].程立显,等译.南京:译林出版社,2001.

[68] 奥尔特加·加塞特.大众的反叛[M].刘训练,佟德志,译.长春:吉林人民出版社,2004.

[69] 吉尔伯特·罗兹曼.中国的现代化[M].国家社会科学基金"比较现代化"课题组,译.南京:江苏人民出版社,2003.

后 记

POSTSCRIPT

在世界和中国都在发生广泛而深刻变革的大背景下，中华民族迎来了从站起来、富起来到强起来的伟大飞跃，当代中国的社会治理发展之路也在不断开拓探索前进。独特的历史文化传统，独特的资源禀赋，独特的国情，注定了中国必然走适合自己特点的发展道路。实现中国梦要从当代中国的发展中找答案，同时要从历史的发展中找答案，从这两者发展的交汇点上找答案。在经济社会发生巨变的历史转型时期，又存在诸多变动性和不确定性因素，“建立什么样的社会”以及“怎样进行社会治理”，已成为一个难以绕开的重要议题，这不仅关系到民生改善、民主发展、公共安全，更影响着整个社会的长治久安。

选择这一议题，探讨当代中国社会治理发展道路研究，阐释好中国梦，传播好中国声音，阐释好中国特色，是伟大的时代赋予每位学人的神圣使命和重要任务。“高坛纵论安邦策，伏案长书济世篇”，在这瞬息万变的时代里，诸多智识之士，孜孜以求，究天人之际，通古今之变，为国为民建言献策。当我跃跃欲试投身其中时，由于长期沉陷于史料文献之中，茕茕不知从何而入。得龚维斌教授肯允，我能够进入国家行政学院博士后工作站开展研究工作，得其点拨、指导和教诲，使我能够在社会治理研究方面有所进步。

适逢开启全面建设社会主义现代化国家新征程、迎来中华人民共和国成立 70 周年华诞之际，当代中国研究所副所长武力研究员精心组织、统筹谋划了这一气势恢宏、全面系统的“中华人民共和国经济与社会发展研究丛书(1949—2018)”。能够忝列其中，共襄盛举，倍感荣幸。为保证书稿质量和丛书的顺利出版，华中科技大学出版社付出了辛勤的劳动。感谢本书责任编辑李文星女士的辛勤付出，她高效严谨的专业水平和精益求精的敬业精神，令人深为感动。感谢中国社会科学院大学硕士生贾楠，也为本书付出了辛苦劳动。感谢所有给予诸多指导、关爱和帮助的师友挚爱，唯愿继续努力前行，将这份关爱传递下去。

作　者

2019 年 8 月 15 日